工商管理硕士(MBA)教材

管理经济学

袁志刚　主编

参加编写者　(按篇章顺序排列)

袁志刚　陆　铭　彭　强
葛苏勤　赵　扬　宋　铮

复旦大学出版社

图书在版编目(CIP)数据

管理经济学/袁志刚主编. —上海:复旦大学出版社,1999.11(2020.9重印)
(工商管理硕士(MBA)教材)
ISBN 978-7-309-02358-9

Ⅰ. 管… Ⅱ. 袁… Ⅲ. 管理经济学-研究生教育-教材 Ⅳ. C93-05

中国版本图书馆 CIP 数据核字(1999)第 40411 号

管理经济学
袁志刚　主编
责任编辑/刘子馨

复旦大学出版社有限公司出版发行
上海市国权路 579 号　邮编:200433
网址: fupnet@fudanpress.com　http://www.fudanpress.com
门市零售: 86-21-65102580　团体订购: 86-21-65104505
外埠邮购: 86-21-65642846　出版部电话: 86-21-65642845
上海崇明裕安印刷厂

开本 850×1168　1/32　印张 14.125　字数 363 千
2020 年 9 月第 1 版第 16 次印刷
印数 63 001—64 100

ISBN 978-7-309-02358-9/F·549
定价: 35.00 元

如有印装质量问题,请向复旦大学出版社有限公司出版部调换。
版权所有　侵权必究

前　　言

　　工商管理硕士(MBA)的培养在中国是一项非常年轻且带有开拓意义的事业,而工商管理硕士教材的建设在中国更是一种"前无古人"的尝试。这种尝试,一方面是要努力把欧美基于成熟市场经济之上的成功企业的管理经验和经济学先进研究手段本土化,这是一种引进和消化的过程;另一方面是要努力创新,把中国市场经济的特有环境(政治、制度、文化等),中国企业特有的管理经验上升到经济学和管理学理论的高度,融合到自己编写的MBA教材中,形成中国MBA教材的特色。这样,从实践角度讲,可以做到"有的放矢",理论联系实践,使我们培养的MBA具有较高的实际判断和决策能力。从理论角度讲,中国亦可为全球MBA教材建设贡献自己的一份力量。就是抱着这样的想法,我们推出这一本管理经济学教材。

　　我们在编写这本《管理经济学》时,着重注意以下几个问题的处理:一是如何与理论经济学教材中的微观经济学相区别;二是如何结合中国的企业环境,描述这些环境因素对企业决策的影响;三是如何结合每一篇章的内容寻找合适的中国案例。关于第一个问题,我们是严格从企业的角度出发,根据企业决策的需要考察和讨论微观经济问题。例如,我们在论述需求理论以后,专辟需求的估计和预测章节,在生产理论和成本理论之后,专设生产函数和成本函数的经验估计章节,这些章节直接讨论企业实践中所面临的问题,操作性强,是微观经济学教材中所没有涉及到的。关于第二个问题,我们将中国企业所面临的政策环境与制度环境在严密的理论框架之下作了详细的分析(第三篇),尤其是对中国转轨经济中国有企业的产权安排演变及其对企业决策的影响进行了讨论。对于第三个问题,我们在每一篇(第一篇导论除外)都设置了两个中国案例,如中国转轨时期住房市场需求的收入弹性分析,国有企业产出的计量分析,国有企业的内部股份制改革分析等等。总而言之,经过这些努力,我们希望这本《管理经济学》在理论深度上达到国际 MBA 教材标准这一前提之下,在教材的中国化方面有所贡献。当然,如前面所述,MBA 教材在中国的建设还是一件处于尝试阶段的事物,加之编写者学识和经验的不足,错误一定难免,恳请读者不吝指正。

  本人主要从事经济学理论教学和研究工作,1997 年以来参加复旦大学管理学院部分管理经济学的教学工作,并被复旦大学和香港大学联合举办的沪港管理教育与研究中心聘为兼职教授,这是我主编这本教材的缘起,在本书付印之际,特对郑绍濂院长表示感谢。复旦大学出版社刘子馨先生大力促进本书的写作和出版,也表示我们由衷的谢意。最后我们还要感谢复旦大学经济系陈钊先生为我们提供了一个案例。

  本书由我设计提纲、准备材料和提出具体的写作要求,并完成第一篇的写作,其他篇章的写作次序是:陆铭(第二篇)、彭强(第三篇)、葛苏勤(第四篇)、赵扬(第五篇)、宋铮(第六篇),最后由我统稿。

袁志刚
1999 年 10 月于复旦

目 录

第一篇 导 论

第一章 管理经济学的内涵及外延 ⋯⋯⋯⋯⋯⋯⋯⋯⋯⋯ 2
 第一节 管理经济学的界定 ⋯⋯⋯⋯⋯⋯⋯⋯⋯⋯⋯ 2
 第二节 企业理论 ⋯⋯⋯⋯⋯⋯⋯⋯⋯⋯⋯⋯⋯⋯⋯ 7
 第三节 企业利润与决策 ⋯⋯⋯⋯⋯⋯⋯⋯⋯⋯⋯⋯ 14
第二章 管理经济学的分析工具 ⋯⋯⋯⋯⋯⋯⋯⋯⋯⋯⋯ 21
 第一节 描述经济关系的方法 ⋯⋯⋯⋯⋯⋯⋯⋯⋯⋯ 21
 第二节 在决策制定中的边际分析 ⋯⋯⋯⋯⋯⋯⋯⋯ 28
 第三节 约束条件下的极大化问题 ⋯⋯⋯⋯⋯⋯⋯⋯ 36

第二篇 需 求 分 析

第三章 需求理论 ⋯⋯⋯⋯⋯⋯⋯⋯⋯⋯⋯⋯⋯⋯⋯⋯⋯ 42
 第一节 消费者需求 ⋯⋯⋯⋯⋯⋯⋯⋯⋯⋯⋯⋯⋯⋯ 42
 第二节 需求函数与影响需求的各种因素 ⋯⋯⋯⋯⋯ 45
 第三节 消费者选择理论 ⋯⋯⋯⋯⋯⋯⋯⋯⋯⋯⋯⋯ 50
 第四节 需求的弹性分析 ⋯⋯⋯⋯⋯⋯⋯⋯⋯⋯⋯⋯ 57
第四章 需求的估计和预测 ⋯⋯⋯⋯⋯⋯⋯⋯⋯⋯⋯⋯⋯ 76
 第一节 需求的估计 ⋯⋯⋯⋯⋯⋯⋯⋯⋯⋯⋯⋯⋯⋯ 76
 第二节 需求的预测 ⋯⋯⋯⋯⋯⋯⋯⋯⋯⋯⋯⋯⋯⋯ 89

案例一　中国转轨时期住房市场需求的收入弹性分析 … 110
案例二　对一个家用电器市场展开的消费者调查 …… 114
附录A　回归分析 ………………………………………… 116

第三篇　生产和成本理论

第五章　生产理论 …………………………………………… 128
第一节　生产与生产函数 …………………………… 128
第二节　一种可变要素的生产函数 ………………… 132
第三节　两种可变要素的生产函数 ………………… 141
第四节　投入要素的最优组合 ……………………… 149
第五节　规模报酬 …………………………………… 156
第六节　生产函数的经验估计 ……………………… 158

第六章　成本理论 …………………………………………… 165
第一节　成本的测度 ………………………………… 165
第二节　短期成本函数 ……………………………… 169
第三节　长期成本曲线 ……………………………… 176
第四节　规模经济与范围经济 ……………………… 182
第五节　学习曲线 …………………………………… 185
第六节　损益平衡分析与经营杠杆率 ……………… 187
第七节　成本函数的经验估计 ……………………… 193
案例三　国有企业产出的计量分析 ………………… 203
案例四　企业的成本控制 …………………………… 206

第四篇　市场结构与价格决策

第七章　市场结构：完全竞争和完全垄断 ………………… 212
第一节　完全竞争市场：含义及特征 ……………… 212
第二节　完全竞争市场：短期均衡和长期均衡 …… 218
第三节　完全垄断市场：含义及特征 ……………… 228

第四节　完全垄断市场：短期均衡和长期均衡……… 234
第八章　市场结构：垄断竞争和寡头垄断……… 241
第一节　垄断竞争市场：含义及特征……… 241
第二节　垄断竞争市场：短期均衡和长期均衡……… 244
第三节　寡头垄断市场：含义及特征……… 249
第四节　寡头垄断市场模型……… 254
第五节　博弈论……… 262
第九章　价格决策……… 274
第一节　差别定价法……… 275
第二节　多产品定价法……… 282
第三节　转移价格的制定……… 288
第四节　定价实践……… 294
案例五　寡头垄断市场上的价格竞争……… 300
案例六　差别定价及其条件……… 303

第五篇　政策环境与制度环境

第十章　市场失灵与政府的作用……… 310
第一节　市场失灵的几种形式……… 310
第二节　外部性……… 314
第三节　公共物品……… 320
第四节　垄断和反垄断措施……… 324
第五节　政府干预下企业决策的若干问题……… 331
第十一章　产权制度与企业行为……… 335
第一节　产权理论……… 336
第二节　企业的性质……… 344
第三节　现代企业制度……… 350
第四节　转轨经济中的国有企业改革……… 360
案例七　企业排污的负外部性及政府干预……… 369

案例八　国有企业的内部股份制改革……………………371

第六篇　投资与风险

第十二章　投资决策…………………………………376
　第一节　投资决策概述………………………………376
　第二节　投资决策……………………………………383
　第三节　资金成本……………………………………395
第十三章　风险分析与企业决策……………………404
　第一节　风险分析……………………………………404
　第二节　风险条件下的效用函数以及企业决策………414
　第三节　风险条件下的投资决策……………………426
　案例九　投资20亿元、负债35亿元的中州铝厂………436
　案例十　制止不文明行为……………………………437

第一篇 导 论

20世纪以来,科学发展的一般规律及趋势是,一方面各学科不断向纵深发展,学科之间的分工越来越细,而另一方面,各学科之间的联系又不断加强,新兴学科、交叉学科又不断涌现。经济科学和管理科学是两门相对独立发展的学科,但是它们两者之间又有非常紧密的联系,管理经济学就是这种联系的一个结果。本篇作为管理经济学的导论,由两章构成。首先,我们将在第一章"管理经济学的内涵及外延"讨论何为管理经济学,管理经济学的研究对象是什么,它与传统的微观经济学、企业管理学和决策科学之间有什么关系,为什么需要管理经济学这门学科,在MBA的培养中我们为什么要设置管理经济学这一门课程等问题。在这些讨论的基础上,我们还将概要讨论管理经济学中的核心问题:企业理论及企业的利润目标问题。因为这些核心问题将是管理经济学的论述及推理得以展开的基础问题,这些问题不解决,管理经济学整个推理的基础也就不存在了。其次,我们将在第二章"管理经济学的分析方法"讨论管理经济学中所使用的最为重要的分析方法:最优化决策方法,通过对最优化决策方法的论述,将引进边际分析、机会成本、时间跨度等基本概念。总而言之,本篇作为导论,着重于论述管理经济学的研究对象、研究方法及基本概念,从而为以下各章内容的展开,提供一个最为一般的方法论和概念基础。

第一章 管理经济学的内涵及外延

管理经济学是一门交叉学科,即将传统经济学(或者严格地讲是传统微观经济学)与商务和管理活动中的决策科学相结合的一门学科,管理经济学的基础是微观经济学和决策科学,因此更精确地讲,管理经济学要解决的问题是:如何应用经济理论(主要是微观经济理论)和经济分析方法于商务活动中的决策过程,从而最有效地解决企业所面临的种种管理问题。因此,在这一章里我们将涉及如下的一系列问题:如何精确定义管理经济学?管理经济学与其他学科,如传统微观经济学、企业决策科学的关系如何界定?企业是一个怎样的组织系统,它活动的目标函数是什么?企业追求利润最大这一目标函数在企业决策过程中将起到怎样的作用?等等。

第一节 管理经济学的界定

管理经济学被定义为有关运用经济学理论和决策科学的分析工具,使一个企业组织能够在一定的经济环境中,在面临的各种约束之下,最有效地达到自己既定目标的科学。一般认为,企业的目标函数是追求利润最大,为达到利润最大所作的各种决策被称为最优决策。为作出最优决策,企业的管理者首先必须了解企业所面临的经济环境。对经济环境的科学分析来自于经济学理论,包括微观经济学和宏观经济学。

我们知道,微观经济学是以单个经济主体(个人、家庭、厂商等等)的经济行为作为考察对象：

1. 考察消费者对各种产品的需求行为与生产者对产品的供给行为,以及产品的需求和供给如何决定该产品在市场上的价格和销售量。

2. 考察生产要素的所有者(家庭)供给生产要素的行为和厂商对生产要素的需求如何决定生产要素的价格(构成产品的成本)和生产要素的使用量。

对于上述问题的分析,实际上涉及到一个社会既定的(或有限的)经济资源如何被用来生产不同的产品,这些产品如何来满足社会不同的需求,因而微观经济学所要解决的问题,是经济资源的优化配置的问题。在当今世界,经济资源的优化配置一般被认为是通过市场机制而达到的,而市场机制的最主要部分是市场的价格机制问题,因此微观经济学研究的主要内容是市场机制,其中的核心内容又是市场的价格机制,因而也有人把微观经济理论称为价格理论。

宏观经济学是以一个国家的整体经济活动或经济运行作为考察对象,考察一个国家整体经济的运作情况以及政府如何运用经济政策来影响国家整体经济的运作。宏观经济学所关心的主要问题分短期和长期的问题,就短期的问题来讲,如一个经济为什么会发生周期性的波动？在周期性经济波动中,一个经济为什么会交替出现失业和通货膨胀等宏观非均衡运行现象？全球经济体系如何影响一个国家的经济运行？政府的宏观经济政策在改进一个国家的经济运作上面有多大的作为等等。就长期的问题来讲,宏观经济学主要考察一个国家经济的长期增长和发展的问题,即何种因素决定了一个国家经济的长期增长和经济的可持续的发展。

由此可见,管理经济学所考察的问题,首先是企业所面临的经济环境,包括微观经济环境和宏观经济环境。就微观经济环境来讲,我们要搞清楚企业所生产的产品的市场环境,企业所使用的生产要素的市场环境,因此企业的管理者必须了解,是什么经济力量(如需求的力量和供给的力量)以及这些经济力量如何影响产品的市场环境,同样地,经济力量又是如何影响生产要素市场的市场环境。他们不仅要了解经济环境对他们决策的影响,而且还要了解他们的决策对经济环境的反作用等等。当然,除了微观经济环境之外,企业的管理者还必须了解企业所处的宏观经济环境,如企业的经济活动正好面临什么样的宏观经济环境,宏观经济是处于景气状态,还是处于萧条状态,政府为了治理经济周期的过度波动,正在采取什么样的宏观经济政策等等。这些考虑都将对企业管理者的微观决策具有重要的意义。另外,对于像中国那样处于经济体制转轨状态的经济来讲,企业的管理者还需要对企业经济活动所处的制度环境或者制度的变迁环境要有所了解,因为制度环境也直接影响到企业决策的后果。

管理经济学就是为了便于企业管理者更好地理解企业所面临的各类经济环境,而提供分析工具和手段,因此管理经济学所涉及的内容,应该包括微观经济学和宏观经济学。由于在课程设置上,宏观经济学一般作为一门独立的学科而存在,加上企业所面临的经济环境中,对企业决策有重大影响的主要是企业微观经济环境,因此管理经济学的主要内容更多地是侧重于经济科学中的微观经济学部分。但是,我们又不能简单地把管理经济学等同于微观经济学。微观经济学作为经济科学的一个主要分支部分,是站在经济学的角度,考察和分析微观经济主体的行为及其结果——经市场供求波动从而变动价格去引导经济资源的优化配置问题。而管理经济学则是站在企业管理者的角度,为企业的最优决策提供经济分析工具,因此管理经济学论述的展开是紧紧围绕企业的决策问题而进行的。所以,管理经济学的另一个理论基础是决策科学。所谓决策科学就是研究决策目标的确定,如何在可供决策者选择的步骤和方法中优选出最佳的方案,以达到已确定的目标函数的科学,决策科学一般应用数理经济学和计量经济学等分析工具,对各种决策的成本与效果进行数量分析,把最优决策方案的论证建立在数量分析的基础上。

根据上述分析,可以把管理经济学与经济理论和决策科学之间的关系用图1.1表现出来。

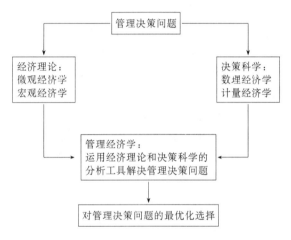

图1.1 管理经济学的性质

从图1.1中可以看到,管理经济学作为一门独立学科的意义在于:它是为了解决企业的管理决策问题而存在的,因此它在进行经济理论推理时,始终围绕着企业的决策问题来展开。例如,管理经济学的第三章就是需求分析,初看起来,它与微观经济学中的需求分析没有什么两样,但是管理经济学中的需求分析不仅是为了理解市场需求机制而设置的,而是为了企业的生产决策而设置的,因此,在完成了一般的需求理论分析之后,紧接着还要展开对需求预测内容的分析。因此就管理经济学和微观经济学的许多方面来说,它们具有很多共同点,它们有共同的内容,采用共同的分析方法,具有共同的假定前提,以及共同的逻辑推理等等。但是它们之间的不同点也是明显的。

1. 它们两者之间的目的是不同的,管理经济学是为企业管理者服务的,其目的是为了解决企业的决策问题而提供经济分析手段。微观经济学是为了揭示微观经济主体的行为,理解价格机制如何实现经济资源的优化配置。

2. 管理经济学和微观经济学各自的着重点不一样,管理经济学的着重点在于企业理论,微观经济学的着重点在于最后引申出整个经济的一般均衡构架,得出资源的帕累托最优配置等福利经济学的结论。因而管理经济学是为企业服务的,微观经济学是为宏观经济学提供理论基础的,既可以为企业服务,也可以为其他经济行为人服务,同时也可以为政府服务。

同样地,管理经济学与数理经济学和计量经济学的关系也十分密切。管理经济学通过运用数理经济学和计量经济学的分析工具,然后判断出企业决策是否最优,为企业的管理决策提供理论依据。举例来说,经济理论假定某一市场对商品的需求量(Q)取决于该商品的价格(P)、消费者的收入(Y)、相关商品的价格 P_c(互补商品的价格)和 P_S(替代商品的价格),因此根据数理经济学,我们可以假定如下的需求方程式:

$$Q = f(P, Y, P_c, P_S) \qquad (1.1)$$

计量经济学所要解决的问题,就是要利用这一市场关于上述变量的统计数据,从而估计出括号内自变量变动所带来的因变量(需求量)的变动情况,有了计量经济学所提供的需求方程,管理经济学就可以把它用来预测自变量变动后需求量的实际变动,为企业决策提供依据。由此可见,管理经济学将涉及数理经济学和计量经济学,但是管理经济学中所运用的只是数理经济学和计量经济学中的一部分内容,而且这部分内容也是紧紧围绕企业的决策问题而展开的。因此,管理经济学也不能简单地等同于数理经济学和计量经济学,而且管理经济学作为一门基础课程,它也不可能包含数理经济学和计量经济学本身的丰富内容,如数理经济学和计量经济学中所讨论的有关宏观经济学的一些方程和模型,管理经济学是不涉及的。

管理经济学是企业管理人才(如 MBA)培养中的一门基础性课程,管理经济学与其他工商管理的功能性课程(如会计、金融、人力资源管理和生产管理等)的关系,相当于基础课或综合课与专业课之间的关系。说其是基础课,因为 MBA 的学生在学习了管理经济学之后,他们就能够更容易地掌握和理解工商管理的功能性课程;说其是综合课,因为管理经济学可以被看作是这些功能性课程的综合。如果 MBA 学生已经学习了上述功能性课程,那么在管理经济学的学习中,就可以很好地把前面学到的知识综合应用,解决企业的具体决策问题。

管理经济学是通过经济学理论和决策科学理论以及方法,改进企业的管理决策,着重通过企业模型的分析,让企业决策者更好地理解现实世界中每个企业所处的市场结构环境和宏观经济环境,增强企业决策的科学性。从这个意义上说,管理经济学是联结理论经济学和应用经济学的桥梁,它是理论经济学向应用经济学方向的延伸,但是它同时又是工商管理方面应用经济学的理论基础。

第二节 企 业 理 论

对于学习和研究管理经济学来说,一个最好的开端莫过于从分析企业本身开始。一个工商企业是人员、物质资产和金融资产以及有关金融、技术、市场营销等信息的集合体。企业的内部人员涉及企业股票持有者(或合伙的股东)、管理者、劳动者,企业的外部人员涉及其他生产要素(如原料、能源等)的供给者和产品的需求者,企业是社会中一个重要的组织形式,企业利用经济资源(一般通过市场购买各类生产要素)生产产品和提供服务。企业的形式有个人所有的小企业、合伙企业、有限责任公司和股份公司等。按照新制度经济学的观点,企业之所以存在,是因为生产者不可能为每一项交换或合作与工人、资本所有者签订合同,因此企业是对市场交换行为的替代,企业一旦组成以后,企业内部实行的是一种自上而下的行政领导和管理,而不是市场的交换行为。举例来说,当工人被一家企业雇用之后,工人在生产过程中必须服从企业管理者的指挥,而不可能在每一项的生产活动上与企业管理者讨价还价。在市场经济发展的初级阶段,企业组织采取的是一种简单的企业制度,其主要特征是:

(1) 企业规模较小;

(2) 企业的管理者即为企业资本的所有者;

(3) 企业内部的决策只涉及管理者和工人。

但是,随着市场经济的发展,企业的规模不断扩大,同时企业的组织形式也随之发生变化。现代企业组织的特征是:

(1) 规模大,经营的产品多;

(2) 企业资本所有者和管理者相分离,也就是所有权和经营权相分离;

(3) 决策体系分为所有者、经营管理者和工人三个层次,比古典企业要复杂。

企业为什么从较小规模发展到较大规模,但又没有无限制地发展下去?如何解释这些现象呢?科斯用交易成本(transaction costs)概念说明这一问题。所谓交易成本,从狭义来看,指的是一项交易所需花费的时间和精力。从广义来看,指的是协议谈判和履行协议所需的各种资源的使用,包括制定谈判所需信息的成本,谈判所花的时间,以及防止谈判各方欺骗行为的成本。从交易成本这一概念,科斯得出一条著名的定义:"法定权利的最初分配从效率角度看是无关紧要的,只要交换的交易成本为零"。科斯定义的一个重要引申是:如果交易成本为零时,则不论如何安排生产和交换,资源配置效率都一样。因此,在交易成本为零时,就没有必要选择企业的各种组织安排。反过来讲,如果交易成本不为零,企业的组织安排对配置的效率的意义十分重大。

因此,科斯用交易成本这个概念解释了企业的出现和企业的发展。由于生产要素的所有者和购买者对要素在生产过程中的使用效率的信息不充分和生产的结果带有很大的或然性时,交易成本就会很高,为了减少这种交易成本,要素所有者和使用者以合同的形式让渡要素的生产权,比如工人通过合同让渡劳动力的使用权,自愿服从企业生产过程中的行政管理,而不是通过市场出售自己的服务和产品。因此,企业这种组织形式使得生产要素的交易内部化。同样的道理也可以说明企业规模的扩大。当企业规模较小时,一个企业的产品往往是另一个企业的投入品,企业与企业的这种依存关系通过市场的交换机制而实现。但是,在这个过程中,由于信息的不完全和不确定,双方要达成一笔交易,就要花费很大的成本,为了消除这部分交易成本,不同的企业就可以联合起来,把产前、产后的企业组成大规模的现代公司,把市场交易关系变成公司内部的行政协调关系。但不管怎样,这个企业集中的过程本身具有一定的限制性,这就是随着公司规模的扩大,行政管理费用也随之上升,当行政管理费用开始超过交易成本时,企业规模就不再扩大。因此,企业规模是交易成本和行政管理费用均衡的结果。

不管企业采取什么样的形式,企业的社会功能是一样的:购买各种经济资源或生产要素,如劳动要素、资本要素和原材料等等,经过企业内部的生产过程,把它们转化为新的产品或服务提供给社会。企业是生产要素的购买者和产品(服务)的销售者,家庭是生产要素的销售者和产品(服务)的购买者,因为家庭通过向企业出售生产要素获得收入,再把收入花到市场上,购买企业所生产的产品和所提供的服务。在不考虑政府和进出口的情况下,企业和家庭的供给和需求行为就构成了一幅完整的生产要素和产品的循环流通图。

企业购买生产要素进行产品的生产和服务的提供,企业从事这些经济活动的目的是为了什么呢?无论是微观经济学还是管理经济学,一般都假定企业追求的是利润最大。这个利润在早期的经济理论中被认为是当期的或短期的利润,但是在现实生活中,一个健康运行的企业,在作出决策时不仅要考虑短期利润的最大化,而且还要考虑企业未来利润或长期利润的最大化。这是因为,一方面企业的经营活动是涉及相当不确定因素的风险活动,我们不可能预期企业的每一次经营活动都能获得成功,但只要从长期的概率来看,其成功的可能性比较大就可以了,因此偶尔的亏损是被认为可以接受的;另一方面,当今的市场经济是一个金融体系高度发达的市场经济,在金融体系高度发达的情况下,货币的时间价值就显得十分重要了,明天的一元钱并不等于今天的一元钱,明天的一元钱必须根据利率进行折现才能计算出它的今天价值。根据这个情况,现代企业理论认为企业的经营活动的目标函数是追求企业价值(value of the firm)的最大化。所谓企业价值就是把企业所有未来的预期利润折算成现值,如果我们用 PV 表示企业价值,那么它就由下列公式给出:

$$PV = \frac{\pi_1}{1+r} + \frac{\pi_2}{(1+r)^2} + \cdots + \frac{\pi_n}{(1+r)^n} \quad (1.2)$$

$$= \sum_{t=1}^{n} \frac{\pi_t}{(1+r)^t} \quad (1.2a)$$

其中,$\pi_1, \pi_2, \cdots, \pi_n$ 代表企业在考察的 n 年中每一年的预期利润,r 是利润的折现率,一般根据银行的年利率来确定,t 表示时间,因此(1.2a)式是(1.2)式的简约形式。

由于每一期的利润 π_t 实际上等于企业在每一期的总收益 (TR) 减去每一期的总成本 (TC),因此上述(1.2)式可以被进一步写成下列形式:

$$PV = \sum_{t=1}^{n} \frac{TR_t - TC_t}{(1+r)^t} \quad (1.3)$$

(1.3)式描述了决定企业价值大小的各种因素,如总收益 TR,其本身又是由企业产品的销售量 Q 和产品价格 P 所共同决定的。总成本 TC 是由企业所使用的生产要素数量和价格共同决定的。折现率 r 的确定很大程度上受银行利率变动的影响,同时企业也可以根据企业经营活动风险大小变动折现率。前者体现了企业借贷货币资本的成本,后者体现了企业风险与企业现值的关系,风险越大,折现率就会越高,企业现值就越小。因此(1.3)式是一个在管理经济学中贯穿全书的重要公式。企业价值的大小,是判断企业经营和管理决策优劣的一个最为主要的标准。其次,决定企业价值大小的所有变量是管理经济学的其他章节详细讨论的问题,如本书的第三、四两章就要讨论市场营销的经济学理论基础、需求分析和需求预测,而这部分内容是直接关系到企业总收益大小的。本书的第五、六两章是讨论企业生产和成本变动,关系到总成本的大小。本书的其他各章,如第七、八、九三章以及第十二、十三和十四章,都无不涉及总收益、总成本的变动问题以及企业价值的变动问题。

因此,我们可以说,企业的各个功能部门,如市场营销部、成本管理部、会计部以及投资部等等,都是围绕着企业价值最大这一主要目标来展开工作的,综合起来看,所有的部门都是在努力增加本企业销售收入,降低各类成本。为了增加销售收入,企业的市场营销部要尽力开拓市场,增加本企业产品的市场份额;研究开发部门要不断创新产品,改进产品;会计部门要注意生产要素价格的变动和产品价格的变动并向有关部门提供这些变动的信息;成本管理部门要根据会计部门提供的信息,控制成本的上升;投资决策部门要根据有关融资的成本信息和投资项目的预期收益信息,提出投资项目的可行性分析,做出是否投资或投资何种项目的决策等等。

前面我们定义了企业价值,并把企业价值最大假定为企业经济活动的目标函数,分析了企业追求企业价值最大的途径。但是企业在追求企业价值最大的过程中将碰到各式各样的约束(constraints),因此企业经营管理的决策问题,实际上就是在面临各式各样的约束之下如何使本企业的价值达到最大。所以在这里我们首先要分析,企业将面临什么样的约束。

1. 企业将面临它所需要的经济资源可获得性上面的约束。如一个企业在短期内可能雇用不到它所需要的有技能的劳动者,买不到它所需要的原材料,在流动资金贷款和固定资产融资渠道上受到限制,在企业空间扩展上受到现有场地的限制等等。

2. 在产品开发、生产过程改进和产品质量提高上受到企业现有技术水平的限制,企业若需要在技术水平上有所提高,就需要在研究和开发(R&D)上面投入更多的资金和人员。

3. 企业将面临许多政府法规的约束,如对企业废水和废气等环境污染方面的法规限制,对雇用劳动力的种种法规要求(最低工资的限制,交纳养老保险、失业保险和医疗保险的限制,对工人安全保护的限制等),对企业规模的限制(如反托拉斯法)以及对竞争手段的限制(反不正当竞争法)等等。

4. 企业将面临制度方面的约束,这里的制度主要指经济制度。例如中国在1978年改革开放之前曾实施计划经济制度,目前正处于计划经济体制向市场经济体制的转轨,在这个转轨过程中,企业的经济活动受到来自制度方面的约束。

5. 企业将面临国家宏观经济政策调控方面的约束,如关于货币政策的约束、产业调整政策的约束等等。

企业是在各种约束之下追求企业价值的最大,因而用决策科学的术语来讲,企业的经济活动实际上就是一种约束最优化的决策过程,关于这一点将在下一章再详细展开讨论。

从前面的论述中可以看出,企业追求企业价值最大这一目标函数是企业理论的核心问题,是研究企业行为的基本出发点。但是,如此重要的一个理论基础在企业理论发展过程中不断受到检验、挑战和批判。挑战和批判主要来自两方面的考虑。

1. 企业的管理者是不是像经济理论所描述的那样始终追求企业价值的最大,还是仅仅追求适度的或令人满意的企业价值?

2. 由于在现代企业制度中,企业的所有权和经营权相分离,这样就出现了企业所有者(股东、股票持有者)与企业管理者利益的分歧。

如果说企业所有者追求的是企业利润最大,或者说是长期的企业价值的最大化,那么企业管理者就未必把企业所有者的目标函数作为自己的目标函数。因为企业管理者作为独立于企业所有者的主体,有其自己的目标函数,如管理者收入的最大化。一旦当这两个利益主体的目标函数不一致时,有什么样的机制可以使他们两者相统一? 使管理者把企业所有者的目标函数放在首位? 企业理论的发展对上述问题作出了不同的回答。

威廉姆森(O. Williamson)通过引进管理者效用函数极大化的模型,论证在企业所有权和管理权相分离的现代公司里,管理者更多地关心和追求自身的效用(可以用工资收入、奖金和股票买卖的特权等衡量)、企业行政人员的规模、豪华的办公设施等,而不是企业的利润。对于上述的第一个问题,以西蒙(W. Simon)等为代表的经济学家由于现代大公司运作的复杂性,企业经济活动的不确定性以及信息的非充分性,认为利润或企业价值极大化假定是不现实的,企业更为关心的可能是适度的企业销售额、适度的利润、市场份额适度的增长,西蒙把这种行为方式称为适度行为。对企业利润或企业价值最大化所作的种种理论探索是有意义的,它们深化了企业理论,使有些问题的考虑更接近于现实。但是,作为一种理论推理的逻辑起点,企业利润或企业价值最大化还是一个不可缺少的假定。因此在下面的论述中,我们还是假定企业决策的目标函数是企业价值的最大。

第三节 企业利润与决策

从上一节的分析中我们已经看到,企业利润在企业理论中是一个核心概念,利润在企业行为中占据着重要的地位。尽管企业是否在追求利润最大化这一问题上是可以讨论的,但是利润和利润最大化并不是一回事情。企业可以不追求利润最大化,可是企业不能没有利润,利润是企业生命的存在和连续的前提条件。不同产权结构的企业,可以追求利润之外的其他目标,但是在一般情况下,一定程度的利润率是所有企业都必须达到的。即使在中国传统的计划经济体制下,利润指标也是考核企业的一个重要指标,尽管传统计划经济体制下的国有企业所追求的是产量最大化目标。企业如果没有利润,那么就会发生亏损,偶尔的亏损可能还能被其他时期的利润所弥补,但如果一个企业发生连续的亏损,这个企业就应该破产、被清算,这个企业的生命就终止了。因此利润是企业生命得以连续的"血液"。

不仅如此,利润还是企业健康发展和成长的前提,因为当一个企业不仅能获得维持企业生命的一个最低程度的利润率,而且利润有所增长时,就意味着该企业可以在社会吸引更多的资本,企业规模就可以扩大。

当一个企业的利润率较高时,这个企业就有条件吸引更多更好的人力资本进入该企业,当科技创新变得越来越重要的知识经济时代,人力资本的拥有量是决定一个企业竞争力的主要因素。因此,从这个角度来看,在市场经济条件下,利润既是衡量企业是否成功的重要标志,又是一个经济配置经济资源的重要信号。当一个企业或一个产业,利润增长较快时,就说明该企业或该产业应该扩张,一方面较高的利润率就会吸引其他企业或其他产业的企业纷纷转产,进入这个行业,另一方面该企业本身也能在社会上通过各种渠道,如银行贷款、股票上市等,获得融资,扩大生产规模。

从宏观经济的角度来讲,现代社会的一个重要特征是储蓄者和投资者相分离,怎样才能使储蓄额全部转化为投资额呢?这是凯恩斯宏观经济理论着重研究的问题。但是,从企业角度来看,关键是企业的利润率,当企业的利润率增长时,投资就会随之增长。因为衡量投资项目优劣的主要标准是投资利润率,因此当企业利润比较丰厚时,一个社会的投资必定高涨,这时该经济的经济增长速度就会很高。所以,一定企业利润的存在及其增长,既是企业健康运作的前提,也是一个宏观经济健康运作的前提。

除此之外,利润还是企业进行管理的一个重要手段。在一个企业内部,尤其是在一个大的企业集团内部,如何衡量公司内部的每个部门或下面的子公司的绩效,是个非常复杂的问题,当然我们可以通过成本管理的方式,以消耗成本作为考核指标,对下属部门或子公司的绩效进行考核。也可以用适合于不同部门和子公司的其他指标,如生产部门产量指标,市场营销部门的市场占有率指标,R&D部门的技术进步指标等等,但是这里都涉及到信息收集的问题,即上级部门很难收集到下属部门或子公司有关这些指标实现的易难程度的准确信息,为了避免管理上的这些复杂性,实际操作中的一种有效方法,就是把下属部门或子公司作为"利润中心"(profit center)来看待,并唯一地用每个部门或子公司所实现的利润来考核他们,同样地也可以用利润留成的办法激励他们,这样就可以使管理费用大大降低,激励程度增强。因此从这个角度来看,利润是大公司内部管理和设置有效激励机制的一个重要手段。

前面我们论述了企业利润概念在管理经济学中的重要性,接下去我们要讨论的问题是:如何定义企业的利润。对企业利润最为近似和笼统的定义是企业的所有收入减去成本之后的剩余。在古典经济学那里,企业在生产过程中所使用的生产要素有四大类:土地、资本、劳动和企业家管理(entrepreneurship),企业的收入中有一部分是补偿生产过程中所消耗的原材料和固定资产的折旧,其余部分为新创造的价值,这部分新创造的价值经过分配分解为上述四种生产要素所有者的报酬:土地所有者获得地租,资本所有者获得利息,工人获得工资,企业管理者获得利润,因此在古典经济学那里,利润是企业家劳动的报酬。但是在管理经济学的分析中,我们有必要定义和区别两类重要的利润概念:工商利润和经济利润。

一、工商利润(business profit)

所谓工商利润指的是企业的总收益减去显性的或者会计成本之后的余额,因此工商利润也被称作会计利润。这里的显性成本或会计成本指的是企业支付的工人的工资、借贷资本的利息、土地和房屋的租金以及购买原材料等生产资料上面的花费,但是它不包括企业管理者的劳动报酬和企业本身所拥有的固定资产等的报酬。对于经济学家来说,这样的利润定义是不怎么确切的。因此经济利润概念就被提出来了。

二、经济利润(economic profit)

所谓经济利润指的是企业的总收益减去显性成本和隐性成本之后的余额。这里的隐性成本包括企业家的管理劳动的工资和企业所拥有的生产要素的使用费用(如自有厂房的租金,投资于固定资产的利息等)。

在这里我们需要引进的另外一个重要概念就是机会成本。

三、机会成本(opportunity costs)

机会成本被定义为某种经济资源因用于某特定用途而放弃了该经济资源在其他用途使用中可能获得的最高收益。如企业家劳动,如果该企业家不为自己的企业服务,他可能受雇于其他企业,可以获一份管理劳动的报酬,现在因为给他自己的企业服务,尽管在会计账户中不出现管理劳动的工资,但是这种劳动并不是免费的,该企业家受雇于其他企业可能获得的报酬就是目前他管理自己企业的机会成本,在经济学家看来,这部分机会成本应该在计算企业利润时扣除掉。同样的推理,机会成本的概念也适合于企业自身所拥有的并用于本企业生产经营活动的生产要素。

由此可见,工商利润概念和经济利润概念各自有它们的用途。前者用于计算企业总收益和实际发生的成本支付之间的差额,是为了反映企业的财务状况和经营成果等目的而设置的。经济利润是为了反映企业的总收益和实际存在的成本之间的差额而设置的。我们通过把工商利润再减去所有隐性的成本就能获得经济利润这一利润指标了。

经济学家认为,如果所考察的企业是处于完全竞争的市场均衡状态下,那么企业的经济利润应该趋于零。这里需要引进的另外两个利润概念是正常利润和超额利润。

1. 正常利润指的是企业处于完全竞争的市场结构中,当市场的供求均衡时,企业的利润正好等于企业家管理劳动的平均报酬。也就是说,当企业总收益扣除了各种会计成本和企业所拥有的其他生产要素的平均报酬之后的盈余正好等于企业家管理者的平均报酬,这时经济利润等于零。但是在现实经济生活当中,完全竞争的市场均衡状态是很少存在的,换句话说,企业的经济利润趋于零的情况是不多见的。

2. 相反,我们在现实经济生活当中发现企业与企业之间利润率之间差异很大,那些高于平均利润率的企业利润被称之为超额利润。例如,根据美国1995年的统计数据,美国可口可乐公司的资产利润率为47.7%,通用汽车公司的资产利润率为44.1%,而钢铁行业的资产利润率只有3.4%,铝制品行业只有1.9%,IBM公司则更低,只有0.1%。为什么企业之间、产业之间的资产利润率会有那样大的差异呢？换句话说,那些超额利润从何而来呢？

对于大于零的经济利润或者说超额利润的存在,有一种解释可以被称为摩擦利润理论(frictional profit theory)。这种解释认为市场可能因为非预期的需求扰动或者成本扰动而处于非均衡状态,从而导致一个企业或一个产业或者获取超额利润,或者遭受巨额亏损。某一种商品市场需求的非正常的大起大落,成本的大起大落都可能导致这样的情况。举例来说,进入1998年以来,我国家庭装潢市场上对PVC材料制作的塑钢门窗的需求越来越大,从而一方面导致了塑钢门窗行业的利润大增,另一方面却使传统钢铁门窗和铝合金门窗的市场需求大跌,那些来不及转产的企业就难免面临亏损的局面。

另一种对超额利润的解释就是垄断利润理论。根据传统的微观经济学理论,处于完全竞争市场结构中的企业是不可能长期获得超额利润的。相反,如果企业是处于完全垄断状态或寡头垄断状态,那么该企业就可以长期获取垄断利润。因此,一个或者由于掌握了垄断性资源和垄断性技术的企业,或者由于其规模较大而导致的垄断企业,只要它们能够成功地阻止竞争企业的进入,它们就可以长期获得垄断利润。

还有一种利润理论把企业的超额利润归咎于企业的创新行为。经济学上的创新(innovation)一词是由奥地利籍经济学家熊彼特引进的,熊彼特把创新定义为新的组合,如新技术与新产品的组合,新技术与新生产过程的组合,新技术与新生产原料的组合,新技术与新市场开发的组合以及新技术与新产业组织的组合,等等。

企业经济活动的创新,按熊彼特的描述,主要发生在以下五个方面:①新产品的生产;②新生产方式的引进;③发现新的生产原料来源;④开发出一个新的市场;⑤实现新的产业组织形式。

实行这些创新活动的企业就可以在某一方面保持垄断地位,在创新被模仿或者推广之前,获取一种超额利润。创新活动的源泉一方面来自于企业家的创新精神,另一方面来自于企业在技术的研究开发上投入大量的人力、物力和财力。在早期经济发展阶段,创新活动主要依赖于企业家的创新精神。在当前的经济发展阶段,尤其是知识经济到来的时代,创新更多地依赖于科学技术的创新,因此目前有越来越多的企业投资于企业内部的研究与开发(R&D)部门,而这种投资 R&D 活动的直接动机,就是为了科技创新,从而导致上述的产品创新、生产过程创新、原料来源创新、市场创新和产业组织的创新,这些创新一旦被实现,企业就可以凭借这种创新,获取比其他企业高得多的超额利润。

除上述各种利润理论之外,还有一些理论把企业的超额利润解释为对高风险经济活动的报酬,如高科技产业是一种高风险的产业,因而高科技产业开发一旦成功之后,其利润回报率就应该比其他产业高。还有把超额利润解释为一种补偿利润,当企业或者由于对市场需求的变化捕捉得特别准确,或者由于在生产和经营过程中管理得特别有效率,市场就会对企业经营管理者的这种敏感性和管理的效率给予回报,使这样的企业获取超额利润。

复习思考题

1. 什么是管理经济学?管理经济学与微观经济学的主要差异体现在哪里?

2. 作为一本以中国读者为主要对象的管理经济学,还应该考察哪些对企业决策有重要影响的因素?

3. 企业理论的核心内容是什么？如果一个大型股份制企业的总经理追求的是个人福利的最大，而不是股东利益的最大，这种变化对企业价值最大化的决策行为将带来什么样的影响？

第二章 管理经济学的分析工具

在第一章我们讨论了管理经济学的内涵和外延,把管理经济学界定为运用经济理论和决策科学的分析工具解决企业管理和决策问题。因此,管理经济学的理论基础是经济理论,其中尤其重要的是企业理论,因为它是以企业为中心,以解决企业管理和决策问题为目的而展开对经济环境的分析和研究。所以在上一章着重讨论了企业行为决策的目标函数:企业利润的最大化或者企业价值的最大化。为了达到这一目标函数,企业的决策的问题就变成企业在各种约束条件之下,如何在可选择的决策中找出最优决策。正因为如此,我们说管理经济学所使用的分析工具或者说研究方法,就是决策科学中的最优化技术,所以我们在这一章要着重介绍最优决策的分析工具。

第一节 描述经济关系的方法

在介绍最优化决策的分析工具之前,首先要知道如何用表格、数字或几何的方式表达现实生活中错综复杂的经济关系。

这里讨论的经济关系,就是现实生活当中一种经济现象与另一种经济现象之间的关系,由于某些经济现象是经济决策者所能控制的,这样我们就有可能讨论如下的问题:经济决策者如何选择某些其所能控制的现象的状态,从而达到他所希望看到的另外相联系的经济现象的变化结果。因此在讨论经济决策者的选择行为之前，我们先要搞清楚，经济现象之间处于一种什么样的联系之中，我们又是用什么样的方式表达这些经济联系，这些问题搞清楚了，我们就可以更好地讨论经济决策者的选择行为问题了。

一、表格

表格是描述经济关系的一种最为简洁、最为直接的方式。例如，为了描述某一商品市场上需求量变动与该商品价格变动之间的关系，我们可以制作市场需求表，一栏表示市场需求量的变化，另一栏表示市场的变化，然后我们把市场不同价格水平上的市场需求量一一记录下来。这样，与每一种价格水平相对应，我们就有了不同的需求量。需求表说明，市场上对某一商品的需求，是随着商品的价格变化而变化的。在正常的情况下，对于大多数商品来讲，市场需求量变化的一般规律是市场需求量随着该商品的价格上升而下降。

二、图示

我们还可以用图示来表示经济关系。像刚才我们讨论的需求表，还可以用二维平面图来表示市场需求的变化，如果用横坐标表示商品的价格，用纵坐标表示商品的需求量，然后再把统计获得的不同价格水平下的需求量在二维平面图上一一标出来，最后再把这些标出来的点用曲线连接起来，我们就获得了需求曲线。

三、数学式

我们也可以用数学式子把上述经济关系表达出来，例如我们可以把需求函数写成下式：

$$D = g(P) \qquad (2.1)$$

其中 D 表示需求量，P 表示商品的价格，g 表示商品价格 P 与需

求量 D 的函数关系。在管理经济学中,为了推理的需要,描述经济关系用得最多的方式是用数学的函数关系来表达经济关系。再举个例子,我们考察下列式子:

$$TR = f(Q) \tag{2.2}$$

这里 TR 表示企业的总收益,Q 是企业生产的产量。上式所要表示的经济关系是,一个企业的总收益是其所生产的并且已经销售出去的产品产量的函数。同时,这里 Q 是自变量,TR 是因变量。由于总收益是企业的产品产量乘上它们的单价,因此我们还可以把上式写成:

$$TR = PQ \tag{2.3}$$

如果该产品的价格在市场上保持不变,假定每单位商品的售价为5元,那么我们就有:

$$TR = 5Q \tag{2.4}$$

上面讨论的 TR 是一个总量变量概念,接下去还要进一步了解总量变量与平均变量和边际变量之间的经济关系,因为这些变量是管理经济学经常使用的变量,也是最优化决策理论中的非常有用的分析手段。总量变量和平均变量比较容易理解,如一个企业一个月的总产量,每天的平均产量可用每月总产量除以一个月的天数(30)获得。企业的总收益是产量(Q)乘以商品单位价格(P),平均收益可以通过总收益除以总产量获得,实际上就是商品的单位价格(这里假定市场的价格始终保持不变)。总量与平均量的关系可以用简单的算术关系来表达,但是总量与边际量的关系就要复杂一些了。所谓边际关系指的是,自变量变化一个单位将引起总量的怎样的变化。

上述例子中,我们要考察的边际关系是:一个企业产品产量变化一个单位,将引起该企业总收益何种程度的变化。在企业成本关系的研究中,我们要考察产量的一个单位的变化,将引起企业总成本何种程度的变化,因产量的微小变动而导致的总成本的变化,被称为边际成本。与此相应的是,有总利润和边际利润之间的关系:产量变化一个单位而导致的总利润的变化,我们称之为边际利润。下面用表 2.1 来描述总量、平均量和边际量的关系。

表 2.1　对于一个假设的利润函数的总量、平均量和边际量之间的关系

(1)产量	(2)总利润 π(元)	(3)边际利润 $\Delta\pi$(元)	(4)平均利润 $\bar{\pi}$(元)
0	0	0	0
1	19	19	19
2	52	33	26
3	93	41	31
4	136	43	34
5	175	39	35
6	210	35	35
7	217	7	31
8	208	−9	26

表 2.1 中的第一栏和第二栏描述了产量和总利润之间的关系,第三栏描述了产量变化一单位而导致的总利润的变化,因此,描述了边际利润的变化,第四栏描述了与每一种产量水平相对应的平均利润的变化。

当产量为一单位时,总利润为 19 元,边际利润为 19 元,平均利润也是 19 元。当产量为 2 单位时,总利润为 52 元,边际利润是总利润的变化,即 52 − 19 = 33 元,这时的平均利润为 52 ÷ 2 = 26 元。从表 2.1 中还可以看到,当边际利润为正时,总利润处于上升阶段;当边际利润为负时,总利润处于下降阶段。当产量小于 7 个单位时,边际利润为正数,因此总利润从 19 上升到 217 的最高点,当产量大于 7 个单位时,边际利润为负,如 8 个单位的产量,边际利润就等于 −9,总利润就从 217 元下降到 208 元。从表 2.1 中能够观察到的另外一个现象是,当边际利润大于平均利润时,平均利润处于上升阶段;当边际利润小于平均利润时,平均利润处于下降阶段。在表 2.1 中,当产量从 4 过渡到 5 时,边际利润为 39

元,它大于产量等于 5 时的平均利润(35 元),在此之前,平均利润一直在上升,但是当产量从 5 过渡到 6 时,边际利润开始下降,并等于这时的平均利润,再进一步扩大产量,边际利润就低于平均利润,平均利润就开始下降了,从 35 元下降到 31 元,等等。

上述表 2.1 所描述的总利润和边际利润、平均利润之间的关系也可以通过图示方式表达,请看图 2.1(a)和(b)。

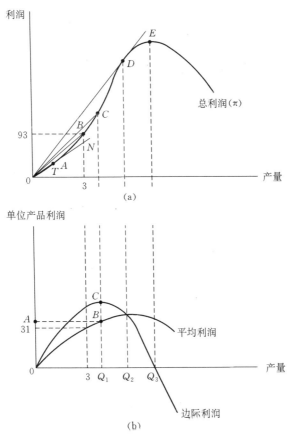

图 2·1　边际利润与平均利润

图 2.1(a)和(b)可以通过表 2.1 的数据,在总利润和产量的二维空间以及平均利润、边际利润和产量的二维空间中,找到一一对应的坐标点,然后把这些点用曲线连接起来获得。

1. 我们可以通过图 2.1(a)和(b),分析总利润曲线与平均利润曲线、边际利润曲线之间的关系。为了理解这些关系,现在我们引进数学中的斜率概念。所谓斜率就是对直线的倾斜或陡峭程度的测量,它可以用直线在纵轴(Y 轴)的变化(上升或下降)程度对水平轴(X 轴)的变动(横向移动)的比率来表示,因此某一直线的斜率可表示为 $\frac{\Delta Y}{\Delta X} = \frac{Y_2 - Y_1}{X_2 - X_1}$。这里的 Δ 表示变动。由于平均利润是与每一产量水平相对应的总利润除以产量获得,因此可以在图 2.1(a)中从原点出发作不同的射线,使这些不同的射线与不同产量水平上的总利润曲线上的点(如图 2.1(a)中的 B、C、D 三点)相交,获得不同的连线,这些连线的斜率就代表了平均利润。

2. 总利润曲线上的每一点的切线的斜率表示产量变化而导致的利润的变化程度,因此这些切线的斜率代表了边际利润,如图 2.1(a)中的 A 点。图中的 D 是一个特殊的点,因为在这一点上,从原点出发的射线与产量等于 6 时的总利润曲线的连线正好等于产量等于 6 时的总利润曲线在该点的切线,因此这时的平均利润与边际利润相等(它们都等于 35)。

3. 把上述(a)和(b)两个图对应起来看,我们发现:

(1) 当边际利润大于平均利润时,平均利润随产量的增加继续上升;当边际利润小于平均利润时,平均利润随产量的增加而下降。因此,边际利润曲线在平均利润曲线的最高点穿过平均利润曲线。

(2) 边际利润曲线比平均利润曲线更早进入下降阶段,即当边际利润下降时,平均利润可能还处于上升阶段。

(3) 当边际利润大于零时,总利润还在随产量的增加而上升

(尽管边际利润和平均利润已分别处于下降阶段),只有当边际利润小于零时,总利润才开始下降。

(4)当产量等于 Q_1 时,图 2.1(b)中的边际利润为 C 点,边际利润值达到最大,相应地,总利润曲线在 C 点的切线的斜率为最大,因此 C 点在数学上被称为拐点(切线的斜率最大或最小的点)。

尽管图表是描述经济关系的非常有用的手段,但是对于问题的解决,尤其是复杂问题的解决,数学函数的表达能更精确反映问题的实质。因为通过函数式子来描述经济关系,我们可以运用数学中的微分分析技术来反映前面描述的边际概念,从而更好地解决目标函数的极大和极小的问题。

在最优化决策问题中,数学中的导数是一个十分有用的概念。导数,亦称"微商",是微积分的一个重要概念。考察一个函数: $Y = f(X)$、如果用 Δ 表示变量的变化,我们可以用 ΔX 表示自变量 X 的变化(或称变量 X 的增量), ΔY 表示因变量 Y 的变化(或称变量 Y 的增量)那么导数概念研究的就是比率 $\left(\dfrac{\Delta Y}{\Delta X}\right)$ 的极限。现在我们用图 2.2 来表示函数 $Y = f(X)$:

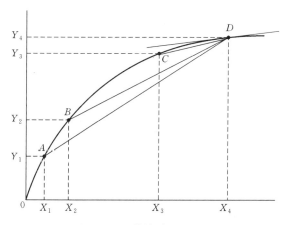

图 2.2 函数关系 $Y = f(X)$

在图 2.2 中，$\frac{\Delta Y}{\Delta X} = \frac{Y_2 - Y_1}{X_2 - X_1}$，自变量 X 的一个微小的变动引起因变量 Y 的一个较大的变动，说明 $Y = f(X)$ 在 $X_2 - X_1$ 处的斜率是很大的。相反，在 $X_4 - X_3$ 处，X 的一个很大变动，引起 Y 的较小的变动，说明函数在 $X_4 - X_3$ 处的斜率较小，因此 $\frac{\Delta Y}{\Delta X}$ 较小。由此可见，$Y = f(X)$ 的导数，在 X 处于不同的数值时，其值是不同的。当反映函数的曲线处于较陡状态时，两个增量的比值较大，当曲线处于较平坦的状态时，两个增量的比值较小。精确的导数的概念就是当 X 的增量 ΔX 趋于很小时的 $\frac{\Delta Y}{\Delta X}$ 的比值，用数学式子表示就是：

$$\frac{dY}{dX} = \lim_{\Delta X \to 0} \frac{\Delta Y}{\Delta X} \tag{2.5}$$

在图 2.2 中，$\frac{dY}{dX}$ 就是 $Y = f(X)$ 曲线上的每一点的切线的斜率，如在 D 点，$\frac{dY}{dX}$ 就是与 D 点相切的切线的斜率。

第二节 在决策制定中的边际分析

一个企业所面临的决策问题，往往需要寻求某一函数的最大值或最小值，如利润的最大值，成本的最小值等等。在这个最大值和最小值的求解过程中，边际分析具有重要的意义。因为对于连续的可求导的函数来讲，当函数的值处于最大值或最小值时，其斜率或者说函数在该点的一阶导数必须等于零。举例来说，一个企业的利润函数如下式所述：

$$\pi = -10\,000 + 400Q - 2Q^2 \tag{2.6}$$

利润 π 是产量 Q 的函数。如果该企业的产量等于零，它的损失就是10 000元(可以理解为固定资本的损失),当产量上升时,利润开始上升。当产量达到29单位时,该企业将消灭亏损,当产量达到100单位时,利润达到最大(10 000元)。如果产量再进一步增加,利润开始下降,当产量达到171单位时,利润复归为零,首先可以把这一利润函数用图2.3表示如下。

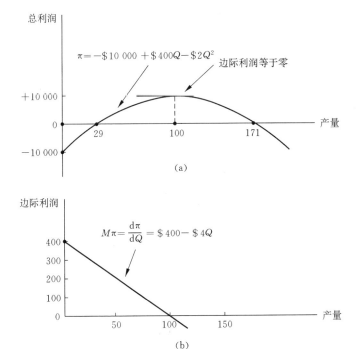

图2.3　总利润与边际利润曲线

图2.3中所表示的最大利润(当产量等于100单位时)也可以直接通过数学求导的方式获得。首先我们求利润函数的一阶导数:

$$\frac{d\pi}{dQ} = 400 - 4Q$$

因为当利润处于最大值时,利润函数的一阶导数必须等于零,因此我们令上式等于零:

$$400 - 4Q = 0$$
$$4Q = 400$$
$$Q = 100 \text{ 单位}$$

因此通过数学求导的方式,我们再一次知道,当产量等于100单位时,该企业的边际利润等于零,总利润达到最大。如果再进一步增加产量,边际利润为负,总利润就开始下降。通过边际分析,可以很快确定企业获得最大利润的产量是多少。

可以说明边际分析在管理经济学中的重要意义的另外一个例子是微观经济学中的一条著名定律:当企业的边际收益等于边际成本时,企业的利润达到最大。如果一个企业已经知道其总收益函数和总成本函数,并且利润被定义为总收益减去总成本,那么要达到利润最大,实际上是使反映总收益函数的总收益曲线和反映总成本函数的总成本曲线的垂直距离最大。在什么样的条件下,这两条曲线的垂直距离最大呢?从数学上来讲,只有当这两条曲线在同一产量水平上,其切线的斜率相等,这时两条曲线的垂直距离最大,从而利润最大。下面我们先用图2.4(a)和(b)来描述总收益和总成本曲线。

图2.4(a)中,我们可以发现四条曲线,开始缓慢上升,过Q_B点以后迅速上升的曲线为总成本曲线(TC),开始迅速上升,然后过Q_B点后下降的曲线为总收益曲线(TR),先下降后上升的"U"型曲线为边际成本曲线(MC),最后那条不断下降的曲线为边际收益曲线(MR)。

从图2.4中我们知道,当企业的产量为Q_A时,总收益和总成本相等,企业的利润为零,当产量超过Q_A时,总收益大于总成本,企业的利润开始上升,但如果产量超过Q_B,总收益上升非常缓慢,

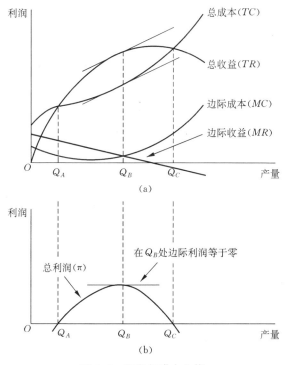

图 2.4 利润与成本曲线

相反总成本迅速上升。当产量达到 Q_C 时,总收益与总成本相抵,企业利润复归于零。显然在这种情况下,企业的产量决策必须在大于 Q_A 和小于 Q_C 之间作出,但是究竟哪一点为最优的呢?从图中我们可以直观地看出,当企业产量定在 Q_B 时,总收益曲线超过总成本曲线的垂直距离最大。为什么这时两条曲线的垂直距离最大呢?在产量为 Q_B 时,总收益曲线和总成本曲线的切线的斜率相等。而总收益曲线在产量为 Q_B 时切线的斜率就是总收益曲线在该点时的导数,因而可称为边际收益,总成本曲线在产量为 Q_B 时切线的斜率就是总成本曲线在该点时的导数,被称为边际成本。

这样我们就获得一个重要的结论：当边际收益等于边际成本时，企业的利润达到最大。任何离开 Q_B 点的产量，这两条曲线上的切线的斜率就不可能相等，因此企业利润就不可能处于最大状态，这时产量的大小变动就可以增加企业的利润。图 2.4(b) 反映的是企业的利润曲线，这是在前面已经讨论过的，当产量达到 Q_B 时，边际利润等于零，这时企业的总利润达到最大。

也可以把上述边际等值的道理用数学的方式来证明。假定我们有如下形式的总收益函数、总成本函数和利润函数：

$$TR = 41.5Q - 1.1Q^2$$

$$TC = 150 + 10Q - 0.5Q^2 + 0.02Q^3$$

$$\begin{aligned}\pi &= TR - TC \\ &= 41.5Q - 1.1Q^2 - (150 + 10Q - 0.5Q^2 + 0.02Q^3) \\ &= -150 + 31.5Q - 0.6Q^2 - 0.02Q^3\end{aligned}$$

上述利润函数的一阶导数就是边际利润：

$$边际利润 = \frac{d\pi}{dQ} = 31.5 - 1.2Q - 0.06Q^2$$

使边际利润等于零，然后再解这个一元二次方程，得到两个解：$Q_1 = -35$ 和 $Q_2 = 15$。产量为负不符合我们的要求，因此我们取 $Q = 15$，这时企业利润达到最大①。

关于边际收益等于边际成本时，企业利润最大的结论还可以通过利润等于总收益减去总成本的一般表达式来推导：

---

① 当一个函数在某一点上的一阶导数等于零时，这个函数值可能是最大值，也可能是最小值。为了鉴定是最大值还是最小值，我们还要进一步考察该函数在这一点上的二阶导数，如果二阶导数为负，该函数值为最大值，如果二阶导数为正，该函数值为最小值。

$$\pi = TR(Q) - TC(Q)$$

上式括号中的 Q 是说明总收益 TR 和总成本 TC 分别都是产量的函数,因此有:

$$边际利润 = \frac{d\pi}{dQ} = \frac{dTR}{dQ} - \frac{dTC}{dQ}$$

从前面的分析中我们知道 $\frac{dTR}{dQ}$ 是边际收益,我们用 MR 表示,而 $\frac{dTC}{dQ}$ 则是边际成本,用 MC 表示。现在令边际利润等于零:

$$\frac{d\pi}{dQ} = MR - MC = 0$$

最后获得:

$$MR = MC$$

由此再一次证明了,当边际收益等于边际成本时,企业利润达到最大。

如果我们再次利用上面假设的企业总收益函数和总成本函数,分别计算边际收益和边际成本,然后再使边际收益和边际成本相等,求出企业利润最大时的产量:

$$MR = \frac{dTR}{dQ} = 41.5 - 2.2Q$$

$$MC = \frac{dTC}{dQ} = 10 - Q + 0.06Q^2$$

根据 $MR = MC$ 时利润最大,我们有:

$$MR = 41.5 - 2.2Q = 10 - Q + 0.06Q^2 = MC$$

整理上式,得:

$$31.5 - 1.2Q - 0.06Q^2 = 0$$

通过解上述一元二次方程,我们同样可以获得企业利润最大时的产量为 15 单位。作为这个例子的总结,用图 2.5 来表示这些总收益函数、总成本函数和利润函数。从中可以看到,当产量为 15 时,总收益函数和总成本函数的斜率相等,即 $MR = MC$,下方的利润函数显示,当 $Q = 15$ 时,利润达到最大,这时 $\dfrac{d\pi}{dQ} = 0$。

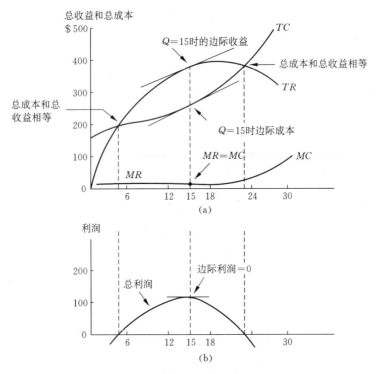

图 2.5 利润与成本函数的实例图解

前面分析了由单变量函数 $Y = f(X)$ 所描述的经济关系,并讨论了边际分析在企业决策中的重要作用。在现实经济生活中,经济关系可能涉及到更多的变量,因此引进和研究多变量的函数关系以及相应导数概念在企业决策中的作用就变得很有必要。前面讲到需求函数时,我们着重分析了市场需求与商品本身的价格之间的关系,而实际上,影响商品市场需求的不仅仅是商品本身的价格,还有需求者的收入水平与偏好、企业的广告投入、其他商品的价格等等多种因素。同样地,影响企业成本的不仅仅是产量,还有投入品价格的变动、技术的变动等等。因此在最优决策分析中,我们必须考虑多变量函数的最优化问题。

为研究多变量函数的最优化问题,我们有必要在这里引进偏导数的概念。现在假定对某一商品的市场需求受两个因素的影响:商品价格(P)和企业的广告投入(A),于是我们可以把需求函数写成如下的形式:

$$Q = f(P, A) \qquad (2.7)$$

(2.7)式是一个具有两个自变量的函数,对于企业决策来讲,我们想搞清楚的是,每一个自变量的变化将对因变量产生怎样的影响,也就是说,商品价格的变化和企业广告费用的变化将分别对商品需求产生怎样的影响?为解决这个问题,一般的做法就是假定其他变量暂时保持不变,考察一个变量变化对因变量的影响程度,而偏导数就是回答这样的问题。就(2.7)式来说,价格变化对需求变化的边际影响为:$\frac{\partial Q}{\partial P}$;广告投入变化对需求变化的边际影响为:$\frac{\partial Q}{\partial A}$。$\frac{\partial Q}{\partial P}$ 和 $\frac{\partial Q}{\partial A}$ 分别被称为需求量对价格的偏导数和需求量对广告投入的偏导数。求偏导数的方法与求普通导数的方法一样,只要我们假定其他变量为常量,唯一地考察一个自变量变动的情况。举例来说,某个企业所面对的需求函数可以被具体地写成如下形式:

$$Q = 5\,000 - 10P + 40A + PA - 0.8A^2 - 0.5P^2 \quad (2.8)$$

需求量对价格的偏导数和需求量对广告费支出的偏导数就分别为:

$$\frac{\partial Q}{\partial P} = 0 - 10 + 0 + A - 0 - P = -10 + A - P$$

$$\frac{\partial Q}{\partial A} = 0 - 0 + 40 + P - 1.6A - 0 = 40 + P - 1.6A$$

对于多变量函数来说，求函数的极大值和极小值的方式与前面单变量函数的方法相同，首先将函数的偏导数等于零：

$$\frac{\partial Q}{\partial P} = 0, \quad \frac{\partial Q}{\partial A} = 0$$

以上面的需求函数(2.8)式为例，将其对价格和广告费支出的偏导数为零，然后求出需求量最大时价格和广告投入的数值。

$$\frac{\partial Q}{\partial P} = -10 + A - P = 0$$

$$\frac{\partial Q}{\partial A} = 40 + P - 1.6A = 0$$

求上述二元一次方程组，得：$P = 40$，$A = 50$，把这两个数字代入到需求方程(2.8)式，得到最大的需求量为 5 800 单位。

第三节 约束条件下的极大化问题

直到目前为止，在这一章所讨论的最大化问题，是非约束的最大化问题，即在目标函数确定以后，决策者选择控制变量的值，从而使目标函数值达到最大。但是在现实生活当中，最优化决策者将面临许多种的约束条件。举例来说，一个企业将面临其生产能力的约束、有技能的熟练工人缺乏的约束以及关键性原材料短缺的约束，另外企业还可能面临来自环境方面的和法律方面的种种约束等等。在这些情况下，我们要讨论的最优化决策问题就是有约束的最优化问题，也就是在满足约束条件下的使目标函数极大或极小的问题。约束条件的存在,实际上减少了企业决策者的操作空间,或者说减少了他们活动的自由度,使他们在无约束条件下能达到的最大值或最小值在有约束情况下难以达到。约束极大化问题在数学上可以通过替代方法或者用拉格朗日乘子方法来解决。

1. 用替代方法解决极大化或极小化问题。用替代的方法就是把有关约束条件的某个方程中的控制变量(自变量)求出来,即把该自变量表达为其他变量的函数,然后再把这个控制变量的表达式替代到目标中去,最后选择另外一个控制变量的值,使目标函数值达到最大或最小。下面通过一个例子来说明这种方式的解法。假定一个企业生产两种产品 X 和 Y,企业的利润是这两种产品产量的函数:

$$\pi = 80X - 2X^2 - XY - 3Y^2 + 100Y \qquad (2.9)$$

该企业所面临的约束条件是,X 和 Y 两种产品的产量相加必须等于 12:

$$X + Y = 12$$

在这个例子中,为求得企业利润的最大,先将控制变量 X 的值表述如下:

$$X = 12 - Y \qquad (2.10)$$

将上述 X 的表达式替代到利润函数(2.9)式,我们获得:

$$\pi = 80(12 - X) - 2(12 - X)^2 - (12 - X)Y - 3Y^2 + 100Y$$
$$= -4Y^2 + 56Y + 672$$

通过这样的替代,我们就把具有约束条件($X + Y = 12$)的最优化决策问题转变成无约束条件的成化决策问题:

$$\pi = -4Y^2 + 56Y + 672$$

这样就可以通过把上述函数对自变量(控制变量)Y 求导,然

后使利润函数对 Y 的一阶导数等于零,求出利润达到最大时的 Y 的值:

$$\frac{d\pi}{dY} = -8Y + 56 = 0$$

$$Y = 7$$

把 $Y = 7$ 代到约束方程 $X + Y = 12$,求得 $X = 5$。这样我们最后知道,根据前面的利润函数和约束条件方程,当企业生产 5 个单位的 X 产品和 7 个单位的 Y 产品时,企业的利润达到最大。如果不设约束条件,本案例就是一个多变量函数的最优化问题,我们可以用前一节介绍的偏导数方法分别求得利润最大的 X 产品产量为 16.52,Y 产品的产量为 13.92。现在因为约束条件的限制,X 产量为 5,Y 产量为 7,把这两个代入到利润函数,我们得到:

$$\pi = 80(5) - 2(5)^2 - (5)(7) - 3(7)^2 + 100(7) = 868(元)$$

我们也可以算出,在无约束条件下,当企业生产 16.52 单位 X 产品和 13.92 单位 Y 产品时,企业的利润为 1 356.52 元,因此约束条件的存在,使决策者的操作空间受到限制,约束条件下的最大利润就要比无约束条件下的最大利润来得少。

2. 通过拉格朗日乘子方法求约束最优化问题。当约束条件方程过分复杂,不能把其表达为一个决策变量的显性函数时,上面介绍的替代法就显得较为困难,或者说根本不可能,这时我们就要考虑另外的方法来求约束极大化或极小化问题,这就是拉格朗日乘子方法。用拉格朗日乘子方法解决约束最优问题的第一步是如何构造拉格朗日函数。拉格朗日函数就是在原来的目标函数(要求最大化或最小化的函数)基础上加上 λ 乘以约束条件方程等于零的表达式构成,这里的 λ 就是拉格朗日乘子。因为拉格朗日函数构造过程中考虑了约束条件方程等于零这一因素,因此拉格朗日函数可以被视作无约束的目标函数来处理,拉格朗日函数的最优化解等同于原目标函数的解。现在我们再一次利用前面的例子,企业的利润函数为(2.9)式所描述的,约束条件方程为 $X+Y=12$,在构造拉格朗日函数时,我们把它变换成:

$$X+Y-12=0$$

根据上述步骤,我们得到拉格朗日函数为:

$$L_\pi = 80X - 2X^2 - XY - 3Y^2 + 100Y + \lambda(X+Y-12) \quad (2.11)$$

现在将上述拉格朗日函数视作无约束条件下的目标函数,分别对变量 X、Y 和 λ 求偏导,这样使 L 最大的 X、Y 的解也就是使利润函数 π 最大的 X 和 Y 的解。为了使 L 的值最大,我们分别使 L 对 X、Y 和 λ 的偏导数等于零,我们有

$$\frac{\partial L_\pi}{\partial X} = 80 - 4X - Y + \lambda = 0 \quad (2.12)$$

$$\frac{\partial L_\pi}{\partial Y} = -X - 6Y + 100 + \lambda = 0 \quad (2.13)$$

$$\frac{\partial L_\pi}{\partial \lambda} = X + Y - 12 = 0 \quad (2.14)$$

实际上(2.14)式就是约束条件方程。现在我们来解(2.12)、(2.13)和(2.14)这个三元一次方程组,首先我们用(2.12)式减去(2.13)式,得到:

$$-20 - 3X + 5Y = 0 \quad (2.15)$$

其次我们将(2.14)式乘以 3,再把它与(2.15)式相加,得:

$$8Y - 56 = 0$$

最后我们得到 $Y=7$,$X=5$。把这两个数字代到利润方程,我们就再一次证明,当企业的 X 和 Y 两种产品的产量分别为 5 和 7

时,企业利润为868,达到约束条件下的最大化。如果把$X=5$和$Y=7$代到(2.13)式,我们也可以获得λ的值:

$$-5-42+100=-\lambda$$

因此$\lambda=-53$。

λ的值具有重要的经济学意义,λ表示约束条件变化对目标函数值的边际影响。例如,把$X+Y$的约束值从12减少到11,约束条件下的最大利润值就会减少53元,相反,如果把$X+Y$的约束值从12放宽到13单位,那么约束条件下的最大利润值就会增加53元。

复习思考题

1. 为什么增量分析或者边际分析在最优决策过程描述中具有重要的意义?
2. 企业的销售收入最大化决策和利润最大化决策有什么差异?
3. "由于企业不可能获得准确的有关未来收入、成本和利率等信息,企业也不可能经常计算每种变量的边际值,因此最优决策过程分析是没有意义的"。你如何看待这一说法?

第二篇　需求分析

一个企业能否在市场上获得成功,关键在于它所提供的产品能否与市场上的需求相适应,生产大量产品但却卖不出去的企业最终只会亏损甚至破产。用马克思的话来说,就是从价值创造到价值实现之间"惊险的一跳"可能会让企业粉身碎骨。因此,任何企业都必须重视对于市场需求的分析,并根据市场需求决定自己产品的产量和价格。本篇将分为两章,在第三章中,主要阐述一般的需求理论,这是需求分析的基础。在第四章中,将介绍需求的估计(estimation)和需求的预测(forecasting),需求的估计主要用于分析现时的市场需求与价格、收入等因素之间的函数关系,而需求预测则用于对未来市场需求的变化作出判断。

第三章 需求理论

需求的估计与预测是应用性较强的方法,而需求理论则是这两种方法的基础。在这一章的第一节中,我们首先针对一种商品来分析消费者需求的形成,从单个消费者的商品需求进而得出整个市场的商品需求。在第二节中,将研究各方面因素对于消费者需求的影响,并讨论企业所面临的市场需求问题。第三节是消费者选择理论,将引入无差异曲线和预算约束的概念,讨论消费者如何决定两种商品的消费量,从而达到自己的效用最大化目标,然后由此推导出单个商品的需求曲线。第四节将引入弹性分析,我们将发现,消费需求弹性分析有助于企业实施正确的定价策略,这对于实现企业的利润最大化目标是非常重要的。消费者选择有时也是以家庭为单位作出的,因此,我们提到消费者时既可以指个人,也可以指家庭。

第一节 消费者需求

一、需求表和需求曲线

从生活中的直觉我们可以知道,消费者对于一般商品的需求受到多种因素的影响,其中最为重要的一个因素是商品的价格。商品的价格越高,则消费者对商品的需求量越小;而商品的价格越低,则消费者对商品的需求量越大。

例如,当VCD片的价格为每张150元时,一个家庭每年购买2张;当价格降至每张80元时,家庭的购买量是每年6张;当VCD片普遍降价至每张20元时,家庭的购买量就可能上升至每年20张。商品价格和商品需求量之间的这种关系可以通过表3.1表示出来,这样的表叫作"需求表"(demand schedule)。如果将表3.1中的数据用图来表示,就可以得到图3.1中的曲线,这样的曲线叫作"需求曲线"(demand curve)。像图3.1这样平滑的需求曲线假定了所考察的商品是可以无限分割的,这当然与现实情况有一定的差距,但仅就理论分析而言,平滑的需求曲线是为研究问题方便而采取的一种理论上的近似。

表 3.1 需求表

VCD片的价格(元/张)	150	80	20
某家庭对VCD片的购买量(张/年)	2	6	20

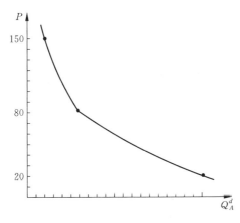

图 3.1 需求曲线

通过表3.1和图3.1,我们可以看到,消费者对于一般商品的需求量和商品的价格之间呈现出反向变动的关系,这种关系又被称为"需求法则"(law of demand)。

二、整个市场的商品需求

上面所分析的是单个消费者对于商品的需求和相应的需求曲线,而整个市场上的商品需求曲线可以通过将单个消费者的需求曲线进行水平的加总而得到。在图 3.2 中,假设市场上仅存在两个消费者(家庭),(a)图和(b)图分别表示 A 和 B 两个家庭对于 VCD 片的需求量和 VCD 片价格之间的关系,将这两张图中每一价格下两个家庭的 VCD 片需求量进行加总,就可以得到每一价格下市场的总需求量,从而可以得出整个 VCD 片市场的需求曲线。与 VCD 片相同,一般商品的市场需求量都与价格成反向变动关系。

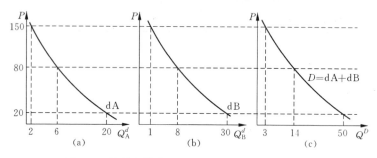

图 3.2 从单个消费者的需求曲线到市场需求曲线

这里需要指出的是,只有假定了不同消费者之间的选择行为是相互独立的,我们才能由单个消费者的需求曲线加总得到市场的需求曲线。形象地说,一个消费者不会因为别人买了 VCD 机,自己没钱也硬着头皮买一台,即没有所谓"潮流效应"(bandwagon effect);而当很多家庭都拥有了 VCD 机的时候,他也不会为了标新立异,偏偏不买 VCD 机,即没有所谓"自欺效应"(snob effect)。

一般来说,我们可以认为"潮流效应"和"自欺效应"都很少发生,所以市场的需求曲线可以由相互独立的单个消费者的需求曲线加总而得到。

第二节 需求函数与影响需求的各种因素

上一节中的需求曲线表示了商品需求量与商品价格之间的关系。实际上,影响商品市场需求量的因素还有很多,只有当假定价格以外的其他因素保持不变的时候,我们才能得到上一节中的商品需求量与商品价格之间的关系。对于经济分析而言,在影响商品需求量的众多因素中,除了商品的价格以外我们通常还考虑消费者的收入、其他相关商品的价格以及消费者自身的偏好与商品需求量之间的关系。

一、单个消费者的需求函数

如果以数学式子来表示消费者对某种商品的需求量与各种因素之间的关系,我们就可以得到一个如下式所示的需求函数:

$$Q_X^d = f(P_X, I, P_Y, T) \tag{3.1}$$

其中,Q_X^d 表示消费者对某种商品的需求量;

P_X 表示该商品的市场价格;

I 表示消费者的收入水平;

P_Y 表示与该商品有关的商品(替代商品或互补商品)的价格;

T 表示消费者的偏好。

我们已经说明,消费者对于一般商品(或者叫正常商品)的需求量与其价格成反向变动关系。那么,其他几种因素与消费者对正常商品的需求量之间的关系又是怎样的呢?

当其他条件不变时,消费者对正常商品的需求量与消费者的收入水平之间成正向变动的关系。例如,当一个家庭的收入水平为每年 2 万元人民币时,如果 VCD 片的价格为 20 元一张,则该家庭可能每年购买 20 张 VCD 片;但如果这个家庭的收入水平增加至每年 4 万元人民币,但 VCD 片价格却保持不变,则该家庭可能会每年购买 40 张 VCD 片。

当其他条件不变时,消费者对正常商品的需求量与替代商品的价格之间成正向变动的关系,而与互补商品的价格之间成反向变动的关系。电影、录像带和 DVD 片都是 VCD 片的替代商品,当电影票的价格上涨时,家庭就会增加 VCD 片的购买量;而当电影票的价格下降时,家庭就可能减少 VCD 片的购买量,而更多地去影院享受电影的声音和画面效果。VCD 机是标准的 VCD 片的互补商品,当 VCD 机的价格下降时,购买 VCD 机的家庭会增加,从而也会带动 VCD 片的消费。

当其他条件不变时,消费者对正常商品的需求量与消费者对该商品的偏好程度成正向变动的关系。例如,当 VCD 出现后,消费者普遍感觉到 VCD 片的清晰度、声音质量、节目选择的方便程度都比录像带要好,于是即使 VCD 片和录像带的价格都不变,家庭也越来越倾向于购买 VCD 片,这时家庭的偏好就发生变化,对 VCD 片的偏好程度提高了,从而带来了对 VCD 片需求量的提高。

消费者对正常商品的需求量与各种影响因素之间的关系可以用图 3.3 中需求曲线的移动加以表示。

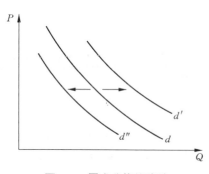

图 3.3 需求曲线的移动

图 3.3 中的需求曲线

仍然表示商品需求量(Q)与商品价格(P)之间的关系。当消费者的收入水平提高、该商品的替代商品的价格上升(或互补商品的价格下降)、消费者对该商品的偏好程度提高时,需求曲线会向右移;反之,则需求曲线会向左移。这里,有必要引入一对新的概念,我们将需求量随商品价格变动而在同一条需求曲线上移动称为"需求量的变化",而将需求曲线本身的移动称为"需求的变化"。

二、市场的需求函数

与单个消费者的需求函数相对应,可以得到如下式所示的市场需求函数:

$$Q_X^D = F(P_X, N, I, P_Y, T) \qquad (3.2)$$

在这个市场需求函数式中,Q_X^D 表示的是整个市场对于某商品的需求量,相应地,我们用大写的 F 表示 Q_X^D 与其他变量之间的函数关系。P_X、I、P_Y、T 这几个符号的含义与单个消费者需求函数中各符号的含义相同,几个变量与市场需求量之间的关系也相同。N 表示的是市场上的消费者数量,当市场上仅有一个消费者时,这时,市场需求函数与单个消费者的需求函数相同。显然,Q_X^D 与 N 成同方向变动关系。

三、企业所面临的商品需求

对于一个特定的企业而言,其面临的商品需求不仅受到上面所提到的商品价格、消费者的收入、相关商品的价格、消费者的数量以及消费者的偏好这些因素的影响,有时企业还需要考虑其他一些因素对企业所面临的商品需求的影响,这些因素主要包括三个方面。

(一)市场结构

一个特定企业所面临的商品需求往往与市场(或行业)需求的

规模、行业的组织形式以及行业内企业的数量这些因素有关,这些因素可以用"市场结构"一词加以概括。我们在第四篇中将指出,根据市场竞争程度的不同,市场结构可以分为完全竞争、垄断竞争、寡头垄断和完全垄断四种类型。在不同的市场上,企业所面临的商品需求与整个市场的需求之间呈现出不同的差异性。这一点我们将在第四篇中再详细展开。

(二) 价格的预期

消费者对于商品的价格预期也是影响企业所面临的商品需求的重要因素。当消费者普遍预期价格将上涨时,他们将增加现期的商品购买量,例如,我国在1988年就曾出现过由于消费者普遍预期价格上涨而导致的"抢购风"。相反,当消费者普遍预期价格将下跌时,他们就将减少现期的商品购买量,例如,在1996年至1997年间,我国先后出现过彩电、VCD机和家用汽车的降价风潮,在商品的生产厂家降价竞争的初期,消费者往往预期价格会在越来越激烈的市场竞争中进一步下跌,这时,消费者反而不会立即增加商品的购买,而是"持币待购"。

(三) 企业所生产的产品的性质

企业所生产的产品是耐用消费品(如汽车、VCD机等),还是非耐用消费品(如一般日常生活用品),这也将影响到企业所面临的商品需求。如果企业所生产的是耐用消费品,那么企业面临的商品需求就较不稳定,因为消费者很容易改变自己对耐用消费品的使用期,如果经济不景气、消费信贷不足,消费者可以通过维修和保养延长耐用消费品的使用期,而将购买新的耐用消费品的时间推迟到经济景气、消费者信贷增加的时期。目前我国居民对于住房的消费很大程度上就受到消费信贷不足的制约,很多居民只能住在老房子里,而无能力承担高昂的住房价格,因此,增加对于居民的住房消费信贷(如住房抵押贷款)是提高我国住房消费量的一个重要举措。

除了以上三个方面外,企业的广告和促销活动也会影响其商品的需求量。综合起来说,可以用下面这样一个线性的函数式来表示企业所面临的商品需求量与各种影响因素之间的关系。

$$Q_X^F = a_0 + a_1 P_X + a_2 N + a_3 I + a_4 P_Y + a_5 T + \cdots \quad (3.3)$$

在上式中,Q_X^F 表示企业所面临的商品需求量,而 P_X、N、I、P_Y 和 T 这几个符号的含义与前面的定义相同,省略号表示其他因素对于企业所面临的商品需求量的影响。$a_i(i = 1, 2, \cdots)$ 是各个变量的系数,表示各种因素对企业所面临的商品需求量的影响程度。上面这个式子是下一章中进行需求估计的基础,通过回归分析的方法,可以估计出各个系数的值,从而确定企业面临的商品需求量与各种影响因素之间的函数关系。在上式列出的五个影响因素中,消费者的偏好(T)是一个较难量化的变量。在一定的考察期内,消费者的偏好也可以被假定为稳定不变的,这样一来,我们就可以在上式中省略去 T 这一影响因素。在需求估计中,也可以通过比较不同时期需求函数的不同,来把握消费者的偏好对于企业面临的商品需求量所产生的影响。

市场上对于某个企业的产品需求的大小,决定了该企业将在生产中使用多少投入品,因此,企业对于投入品的需求成为一种"引致需求"(derived demand)。市场上对某企业产品的需求量越大,该企业就需要使用相应的更多的投入品。至于一个特定的企业在生产中使用多少投入品,是企业在利润最大化目标下的最优决策问题,对这一问题的讨论将放到下一篇中再展开。

至此,我们已经引入了四个需求的概念,即:①单个消费者对某商品的需求,②某商品的市场需求,③企业所面临的某商品的需求,④企业对于投入品的引致需求,读者对于这四个需求的概念应该小心地加以区分,以便于展开下面的学习。

第三节 消费者选择理论

在本章的前两节中所讨论的是消费者对于一种商品的需求。在这一节中,我们将讨论消费者在消费两种商品时,怎样决定两种商品的消费量,从而达到自己的效用最大化目标。对于这一节所要进行的分析而言,假定消费者是效用最大化目标的追求者是非常重要的,而这一假定一般说来总是成立的。

一、无差异曲线

如图 3.4 所示的一组曲线就是无差异曲线(indifference curve),无差异曲线上的任意一点都表示消费者消费两种商品的组合,而在每一条无差异曲线上的不同消费品组合给消费者带来的满足程度(效用)都是相等的。在图 3.4 中,横轴表示的是消费者对商品 X 的消费量,记为 Q_X,纵轴表示的是消费者对商品 Y 的消费量,记为 Q_Y。U_1、U_2、U_3 分别是三条无差异曲线。

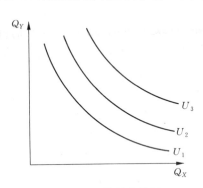

图 3.4 无差异曲线图

从图 3.4 中我们可以看出,无差异曲线具有一些非常重要的性质。

1. 无差异曲线的斜率是负的,同时其形状是凸向原点的。无差异曲线的这一性质表明,当消费者减少商品 X 的消费量时,为了保持原先的效用水平,必须增加商品 Y 的消费量,而且随着商品 Y 消费的增加要用越来越多的 Y 的消费来替代等量的 X 的消费。例如,现在某家庭每年买 20 张 VCD 片来观赏,同时也去电影院看 10 部电影。在其他条件都保持不变的情况下,如果该家庭每年少看一部电影,则需要增加购买 2 张 VCD 片以保持原先的效用水平;如果该家庭每年再少看一部电影,则该家庭会觉得需要再多买 3 张 VCD 片才能达到原先的效用水平。消费者为了增加一种商品的消费量所愿意放弃的另一种商品的消费量,被称为边际替代率(marginal rate of substitution,MRS),即:

$$MRS = \frac{\Delta X}{\Delta Y} \qquad (3.4)$$

当 X 和 Y 的变化量趋于无穷小时,MRS 就等于无差异曲线的斜率。因此,两种商品之间的边际替代率的绝对值是递减的,表现为无差异曲线的斜率是逐渐增大的,而且无差异曲线的形状是凸向原点的。

2. 任意两条无差异曲线之间不能相交。这一点很容易证明。假设 U_1、U_2 两条无差异曲线相交于 A 点,U_1 上有另一点 B,U_2 上有另一点 C。根据无差异曲线的定义,A 与 B 两点间的效用水平应该是相等的,A 与 C 两点间的效用水平也应该是相等的,于是,B 与 C 两点间的效用水平就也应该是相等的,但实际上 B 与 C 却分别落在不同的无差异曲线上,这就与无差异曲线的定义相矛盾了。

3. 越远离原点的无差异曲线所代表的效用水平越高。一般说来,当其他商品的消费量不变时,消费者增加一种商品的消费量总是会给他带来更大的满足。在一组无差异曲线中,如果我们固定一种商品的消费量,则很容易发现,越远离原点的无差异曲线所代表的另一种商品的消费量越大,从而也应代表更高的效用水平。在图 3.4 中,我们可以知道 $U_1 < U_2 < U_3$,但并不知道三个效用水平究竟相差多少,这是因为无差异曲线是建立在序数效用论的基础上的,该理论认为不同的效用水平之间只能通过排序来进行比

较,而不能精确地通过效用的度量来进行比较。与序数效用论相对应,基数效用论者认为可以将效用水平用数字来表示,并在此基础上对不同的效用水平进行比较。

二、消费者的约束:预算线

在消费者决定两种商品的消费量以达到自己的效用最大时,他所面临的主要的约束条件是收入水平,也就是他的支付能力。消费者所面临的收入约束可以用图 3.5 中的预算线(budget line)来加以表示。在图 3.5 中,我们假定两种商品的市场价格都只有一种。当消费者不购买 X 商品,而将其收入全部用于购买 Y 商品时,他所能消费的 Y 的

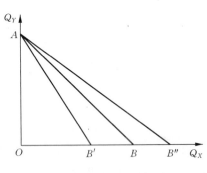

图 3.5 预算线及其移动

数量为 OA。如果消费者将其收入全部用于购买 X 商品,则他所能购买的 X 的数量为 OB。将 A、B 两点相连可以得到一条直线 AB,这条直线就是该消费者所面临的预算线,显然,这条预算线的斜率等于 X、Y 两种商品的价格之比。两种商品的价格如果发生变化,将会影响到预算线的位置。如果两种商品的价格同比例地上涨,则预算线会向靠近原点的方向平行移动。如果两种商品的价格同比例地下降,则预算线会向远离原点的方向平行移动。如果我们假定商品 Y 的价格不发生变化,而仅变动商品 X 的价格,那么,如果 X 商品的价格上涨,预算线会围绕 A 点顺时针方向旋转至 AB' 的位置;如果 X 商品的价格下降,则预算线会围绕 A 点逆时针方向旋转至 AB'' 的位置。

三、消费者均衡

在预算约束给定的情况下,消费者总是可以通过决定两种商品的消费量来达到自己的效用最大化目标。当消费者处于效用最大时,我们就说他已经处于一种消费者均衡(consumer's equilibrium)的状态。最简单的求解消费者均衡的方法是将消费者的一组无差异曲线和他的预算线画在同一张图上(如图3.6所示),这时,我们总可以找到一条(而且是唯一的一条)无差异曲线与消费者的预算线相切,并找到与这一切点相对应的两种商品的消费量,在这一商品组合下,消费者

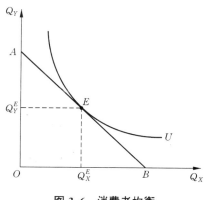

图 3.6 消费者均衡

均衡就实现了。在图3.6中,消费者均衡点位于 E 点,这时消费者对 X 和 Y 两种商品的消费量分别为 Q_X^E 和 Q_Y^E。显然,所有在预算线右边的商品组合点,都超出了消费者的支付能力;而所有在预算线左边和在预算线上的商品组合点(除了 E 点)都落在了效用水平低于 U 的无差异曲线上。

四、需求曲线的推导

在本章的开始,我们是根据生活中的经验来得出需求曲线的,而在这里,我们将根据消费者选择理论推导出需求曲线。在图3.7的 A 图中,横轴与纵轴的定义与图3.6相同,最初消费者的无差异曲线 U_2 与其预算线 AB 相切于 E 点。我们假定消费者的收入以及 Y 商品的价格保持不变,这时消费者对于 X 商品的需求量变

化不受消费者收入水平和相关商品价格的影响。同时,消费者的无差异曲线是给定的一组曲线(U_1、U_2、U_3),也就是说,消费者的偏好也不变。这样一来,消费者对 X 商品需求量的变化就只受到 X 商品的价格变化的影响。根据我们对图 3.5 的解释,当其他条件不变时,商品 X 的价格上涨,预算线将从 AB 旋转至 AB',与新的无差异曲线 U_1 相切于 F 点;而当 X 商品的价格下降时,则预算线从 AB 旋转至 AB'',并与新的无差异曲线 U_3 相切于 G 点。

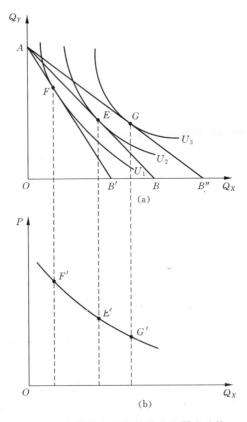

图 3.7 由消费者均衡推导出的需求曲线

现在我们来看图3.7的(a)图,在这张图中,横轴为商品X的需求量,而纵轴为商品X的价格。我们将(a)图中三个不同的消费者均衡点F、E、G所对应的消费者对于商品X的需求量在(b)图中表示出来,可以看出,从F到E再到G,消费者对商品X的需求量在逐渐增大。同时,我们已经知道,F、E、G三个点所对应的商品X的价格在依次减小。因此,我们可以在(b)图中找到与F、E、G相对应的F'、E'、G'三个点,将这三个点连接起来,我们就可以得到一条向右下方倾斜的需求曲线,表示随着商品X的价格下降,消费者对其需求量在相应增加。

五、价格的变化、收入效应和替代效应

上面我们通过分析商品价格发生变化进而消费者均衡的变化推导出了需求曲线,实际上,价格变化导致商品需求量变化的过程中,既有收入效应(income effect)的作用,又有替代效应(substitution effect)的作用。接下来,我们通过图3.8来对价格变化中的这两种效应进行分解。

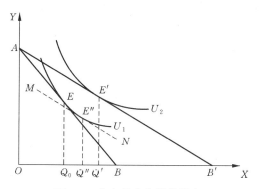

图3.8 收入效应和替代效应

在图3.8中,消费者的预算线AB与其无差异曲线U_1相切于E点。现在商品X的价格降低了,于是消费者的预算线围绕A点

逆时针地旋转到了 AB' 的位置,并与另一条无差异曲线 U_2 相切于 E' 点。在新的消费者均衡下,商品 X 的消费量从原来的 Q 增加到了 Q'。现在,让我们在图中加一条虚线 MN,MN 与 U_1 平行于 AB',并且相切于 E'' 点,E'' 点所对应的 X 的消费量为 Q''。通过在图中加上 MN 线,我们就可以将 X 商品的消费量的变化分解为收入效应和替代效应两种效应。

1. X 商品的价格下降,X 与 Y 两种商品的比价就发生了变化,相当于预算线变为 MN,消费者会增加更为便宜的商品 X 的消费,而减少商品 Y 的消费,这时,替代效应使消费者对于 X 的消费量从 Q 增加到 Q''。

2. 商品 X 的价格下降同时也相当于消费者的实际收入有所提高,这可以理解为在两种商品比价不变的情况下,预算线从 MN 的位置平行移动到 AB' 的位置,这时,收入效应使消费者对于 X 的消费量从 Q'' 增加到 Q'。可见一种商品的价格发生变化从而导致其消费量发生变化的过程是在收入效应和替代效应的共同作用下完成的。

对于某些商品来说,当其价格下降时,收入效应会使消费者对于这种商品的消费量减少,图 3.9 的(a)和(b)所表示的都是这种情况。在图 3.9 的(a)图中,收入效应使 X 商品消费量的减少量小于替代效应使 X 商品消费量的增加量,最终消费者对于 X 商品的消费量还是增加了。而在图 3.9 的(b)图中,收入效应使 X 商品消费量的减少量大于替代效应使 X 商品消费量的增加量,最终消费者对于 X 商品的消费量减少,从而表现为商品 X 的价格下降了,对其消费量也同时下降。现实生活中像图 3.9 的(b)图所表示的这种商品较为少见,经济学家们将这种商品叫作"吉芬商品"(Giffen Goods)。① 之所以这样命名,是因为英国经济学家吉芬(Robert Giffen)发现了这种商品的存在,他曾以 1845 年爱尔兰大饥荒时

---

① 注意,吉芬商品一定是低档商品,但低档商品并不一定是吉芬商品。

的马铃薯为例,说明了有一些低档商品的需求量与其价格是呈同方向变动关系的,这是违反一般需求规律的罕见现象。

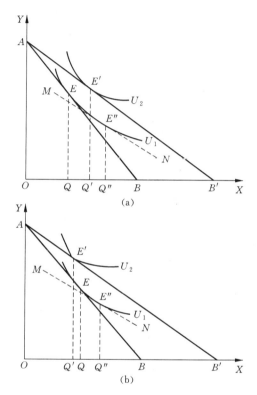

图 3.9 低档商品的收入效应和替代效应

第四节 需求的弹性分析

在上面几节的内容中我们已经指出了影响商品市场需求量的各种因素,每种因素的变化都将导致需求量的相应变化。对于企业而言,他更希望知道影响商品需求量的变量变化一单位,将带来多少单位需求量的相应变化,显然这将影响到企业的决策行为。对于这类问题的分析,就将用到这一节中所讨论的需求弹性分析。根据影响市场需求量的各种不同的因素,我们可以将需求弹性相应地划分为需求的价格弹性(price elasticity of demand)、需求的收入弹性(income elasticity of demand)和需求的交叉价格弹性(cross-price elasticity of demand),下面我们分别就这几种弹性及其在管理经济学中的应用展开讨论。

一、需求的价格弹性

某商品需求量对价格变化产生的反应可以用需求量的变化量(ΔQ)与价格的变化量(ΔP)相除来表示,即$\Delta Q/\Delta P$,显然,如果需求曲线是线性的话,这实际上就是需求曲线的斜率。但这种衡量商品需求量对价格变化产生的反应的方法有两方面缺陷:

1. $\Delta Q/\Delta P$的值与Q和P的单位有关,同样是一定量的需求量和价格的变化,如果将需求量的单位从吨变为公斤或克,或者将价格的单位从元变为角或分,$\Delta Q/\Delta P$的值就有很大的差异。

2. 将不同商品需求量对价格变化产生的反应进行比较就显得没有意义。

为了消除以上两方面的缺陷,我们就需要引入价格弹性分析。[①]

(一)需求的价格点弹性

需求的价格弹性(E_P)也就是在其他变量都保持不变的情况下,用商品需求量变化的百分比除以商品价格变化的百分比。即

$$E_P = \frac{\Delta Q/Q}{\Delta P/P} = \frac{\Delta Q}{\Delta P} \cdot \frac{P}{Q} \tag{3.5}$$

如上式表示的价格弹性计算方法所得到的弹性数值叫作需求的价

[①] 同样道理,在分析需求量对收入、其他商品价格等变量变化产生的反应时,我们也采用弹性分析方法来避免以上两方面问题。

格点弹性(point price elasticity of demand)。从上式中我们可以看出,需求的价格弹性(E_P)一般来说是负数,因为就一般商品而言,商品的需求量与价格是成反向变动关系的。此外,我们还可以看出,需求的价格弹性(E_P)不仅取决于商品需求量和价格的变化量,还取决于变化的初始点在需求曲线上的位置(即 P/Q 的大小),但与需求量和价格的单位却没有关系。如果我们假定有一条线性的需求曲线,那么,某一点上需求的价格点弹性就等于该需求曲线的斜率乘以这一点上价格与需求量之比。在上式中,($\Delta Q/\Delta P$)这一项就是收入水平变量的系数(a_1),这样上式就可以进一步地写作:

$$E_P = a_1 \cdot \frac{P}{Q} \qquad (3.6)$$

在图 3.10 中,B 点的需求价格点弹性可以通过下式来计算:

$$E_P = \frac{\Delta Q/Q}{\Delta P/P} = \frac{-10}{1} \cdot \frac{5}{10} = -5 \qquad (3.7)$$

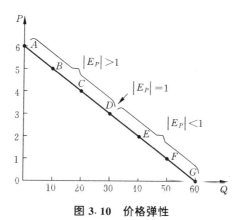

图 3.10 价格弹性

这意味着在 B 点,当其他条件保持不变时,价格每变化 1%,商品需求量就向相反方向变化 5%。用同样的方法,我们也可以计算出

其他一些点上需求的价格点弹性数值,例如,在 C 点 $E_P=-2$;在 D 点 $E_P=-1$;在 F 点 $E_P=-0.5$ 等。通过计算我们还可以发现一个现象,即在线性需求曲线的中点位置上,需求的价格点弹性的绝对值 $|E_P|$ 为 1;在中点位置以上的区域内,$|E_P|>1$;在中点位置以下的区域内,$|E_P|<1$。

(二) 需求的价格弧弹性

需求的价格点弹性的计算方法有时会给我们带来一些不必要的麻烦。让我们来看图 3.10 中的 C 点和 D 点,如果此时市场价格由 4 元下降到 3 元,那么,我们可以计算出 C 点的需求价格点弹性数值为 -2;如果此时市场价格是由 3 元上升到 4 元,那么,我们就应以 D 点为起点计算出需求价格点弹性数值为 -1。由此可见,价格和市场需求量同样是在 C、D 两点间沿着需求曲线变化,但需求的价格点弹性数值却因变化的起点不同有很大差异。为了避免这一问题,实践中常用需求的价格弧弹性(arc price elasticity of demand)代替需求的价格点弹性,来反映当价格和需求量在需求曲线的两个点之间变化时,两个变化量之间的关系。需求的价格弧弹性可以用下面这个公式来计算:

$$E_P = \frac{\Delta Q}{\Delta P} \cdot \frac{(P_2+P_1)/2}{(Q_2+Q_1)/2} = \frac{Q_2-Q_1}{P_2-P_1} \cdot \frac{P_2+P_1}{Q_2+Q_1} \quad (3.8)$$

在上式中,下标 1、2 分别表示价格和需求量变化的起点和终点。用这一个公式来计算 C、D 两点间需求的价格弧弹性,那么可以得到:

$$E_P = \frac{Q_2-Q_1}{P_2-P_1} \cdot \frac{P_2+P_1}{Q_2+Q_1} = \frac{30-20}{3-4} \cdot \frac{3+4}{20+30} = -1.4 \quad (3.9)$$

读者可以自己计算一下,无论价格和需求量变化的起点是 C 点,终点是 D 点,还是反过来,C、D 两点间需求的价格弧弹性都是 -1.4。这

意味着在 C、D 两点之间,价格每变化一个百分点,需求量平均变化 1.4 个百分点。值得注意的是,需求的价格弧弹性数值(-1.4)介于 C、D 两点的需求价格点弹性(分别为 -2 和 -1)之间。

(三)价格弹性、总收益和边际收益

在前文中我们曾经指出过,价格弹性分析对于企业的价格决策有着重要的影响,因为一种商品的价格弹性与企业所能获得的总收益(total revenue)和边际收益(marginal revenue)有着直接的联系。所谓总收益是指商品价格与需求量的乘积,而边际收益是指每单位需求量的变化所带来的总收益的变化量,即:

$$TR = P \cdot Q \tag{3.10}$$

$$MR = \frac{\Delta TR}{\Delta Q} \tag{3.11}$$

为了分析商品的价格弹性与出售该商品的总收益和边际收益之间的关系,让我们再次以一条线性的需求函数为例。图 3.11(b) 中的需求曲线复制了图 3.10 中的需求曲线,根据这一需求曲线上各个商品价格和商品需求量之间的组合,可以很容易地得到各个点所对应的总收益的数值,并可以将结果用图 3.11(a) 中的总收益曲线来表示。显然,当总收益达到最大时,边际收益恰等于零。如果用微分的概念来计算边际收益,那么,当总收益达到最大时有下式成立:

$$MR = \frac{dTR}{dQ} = 0 \tag{3.12}$$

进一步地,我们可以用数学的方法来得出商品的价格弹性与出售该商品的总收益和边际收益之间的关系,即:

$$MR = \frac{dTR}{dQ} = \frac{dPQ}{dQ} = P + Q\frac{dP}{dQ}$$

$$= P\left(1 + \frac{dP}{dQ} \cdot \frac{Q}{P}\right) = P\left(1 + \frac{1}{E_P}\right) \tag{3.13}$$

通过上式我们可以看出,当需求的价格弹性的绝对值 $|E_P|$ 为 1 时,边际收益为零,总收益也达到了最大;当 $|E_P|>1$ 时,边际收益为正,总收益随着价格下降和需求量上升而上升;而当 $|E_P|<1$ 时,边际收益为负,总收益随着价格下降和需求量上升而下降。无论需求曲线的形状是线性与否,由上式所表示的 MR、TR 和 E_P 之间的数学关系都成立。

特别地,如果需求曲线是线性的,那么总收益的最大点,即边

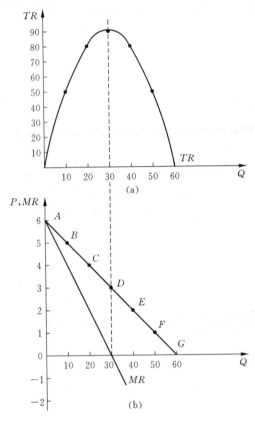

图 3·11 总收益曲线与边际收益曲线

际收益为零的点,恰恰对应着线性需求曲线的中点,因此,线性的边际收益曲线与 X 轴的交点也一定是 OG 的中点。在需求曲线中点以上的区域内,$|E_P|>1$,边际收益为正,表示总收益随着需求量的增大而上升;相反,在需求曲线中点以下的区域内,$|E_P|<1$,边际收益为负,表示总收益随着需求量的增大而下降。这种总收益曲线、边际收益曲线与线性需求曲线的对应关系可以通过图 3.11 反映出来。

MR 与 E_P 之间的关系式在任何市场结构下都是成立的。当企业所处的市场是一个完全竞争市场时,企业的份额市场相对于整个市场需求量而言是非常小的,因而也不能改变市场上的商品价格,这时,他所面临的需求曲线实际上是水平的,如图 3.12 所示。

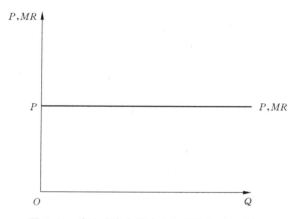

图 3.12 完全竞争市场中企业的边际收益曲线

由于需求曲线是水平的,因此商品的价格弹性为 $-\infty$,可以验证这时边际收益就等于价格,即:

$$MR = P\left(1 + \frac{1}{-\infty}\right) = P \qquad (3.14)$$

(四)影响商品价格弹性的因素

影响商品价格弹性的因素主要有三方面。

1. 替代商品的替代程度和种类多少。一般来说,一种商品的替代商品种类越多,替代程度越强,那么,该商品的价格弹性就越大。例如,电脑的价格弹性就比 VCD 机的价格弹性要小,因为电脑所能完成的功能是其他电器(甚至人)都不能替代的。相比之下,VCD 机的音像功能却可被录像机、DVD 机、电视台的节目以及电影所替代。就在我们编著此书的时候,国内又成功地推出了新一代的音像设备 CVD 机,VCD 机的替代商品种类更多了。

2. 对商品范围的界定。一种商品被界定的范围越小,那么它被替代的可能性越大,其价格弹性就越大。例如,VCD 片的价格弹性就要小于"故事片 VCD"的价格弹性,但又要大于"音像制品"的价格弹性。

3. 考察的时间长短。如果一种商品的价格发生变化,那么,所考察的时间越长,消费者对价格变化作出的反应越明显,商品的价格弹性就越大。例如,VCD 机价格下调,在一个月内可能并不会立即引起购买量的剧增,因为有很多家庭拥有录像机,而且收藏了不少录像带,这时家庭不会立即购买 VCD 机。但一年以后,录像机变得更旧了,所收藏的录像带也跟不上潮流了,这时,家庭就会去购买一台 VCD 机,享受更高品质的影音效果。

考虑到以上这三方面影响商品价格弹性的因素的作用,对于企业的价格决策是很重要的。读者可自己联系实践中的经验作一些更深入的思考。

二、需求的收入弹性

与需求的价格弹性分析相类似地,我们可以用需求的收入弹性分析来反映需求量变化对收入水平变化的敏感程度。需求的收入弹性(E_I)就是当保持其他条件都不变时,用需求量变化的百分比除以收入水平变化的百分比。

(一) 需求的收入点弹性

需求的收入弹性也有点弹性和弧弹性之分。需求的收入点弹性(point income elasticity of demand)计算方法可以用下式来表示：

$$E_I = \frac{\Delta Q/Q}{\Delta I/I} = \frac{\Delta Q}{\Delta I} \cdot \frac{I}{Q} \tag{3.15}$$

上式中 Q 表示需求量，I 表示收入水平。值得引起注意的是，需求的收入弹性所表示的几何含义是在每一个价格水平下需求曲线随收入水平变化而发生的移动。如果我们有一个如式(3.3)所表示的线性的需求函数，那么，上式中的 $(\Delta Q/\Delta I)$ 这一项就是需求函数中收入水平变量的系数(a_3)，这样上式就可以进一步地写作：

$$E_I = a_3 \cdot \frac{I}{Q} \tag{3.16}$$

我们还可以用微分的方法表示需求的收入点弹性，即：

$$E_I = \frac{\partial Q}{\partial I} \cdot \frac{I}{Q} = \frac{\frac{1}{Q} \cdot \frac{\partial Q}{\partial I}}{\frac{1}{I}}$$

$$= \frac{\partial(\ln Q)/\partial I}{\partial(\ln I)/\partial I} = \frac{\partial(\ln Q)}{\partial(\ln I)} \tag{3.17}$$

上式这样一种需求收入弹性的微分表示方法对于需求收入弹性的测算来说是非常重要的，因为从这一种表示方法可以看出，如果我们能通过计量的方法，找到需求量的自然对数和收入水平的自然对数之间的线性关系，即 $\ln Q = a + b(\ln I)$，那么，系数 b 就是所要测算的需求的收入弹性。这时，需求的收入弹性不随收入水平的变化而发生相应的变化。在本篇的最后，我们将给出一个测算我国转轨时期住房需求收入弹性的案例，将用到这里所讨论的方法。

(二) 需求的收入弧弹性

与我们在需求的价格点弹性一节中所作的讨论一样,收入点弹性的计算也会引起一些不必要的麻烦,也就是说,需求的收入点弹性数值取决于收入水平变化(上升或下降)的起点,因此,一般也用需求的收入弧弹性(arc income elasticity of demand)来避免这一问题。需求的收入弧弹性计算方法可以用下面这一式子来表示:

$$E_I = \frac{\Delta Q}{\Delta I} \cdot \frac{(I_2 + I_1)/2}{(Q_2 + Q_1)/2}$$

$$= \frac{Q_2 - Q_1}{I_2 - I_1} \cdot \frac{I_2 + I_1}{Q_2 + Q_1} \qquad (3.18)$$

上式中,下标1、2分别表示收入水平和需求量变化的起点和终点,可见,给定一个收入水平和需求量变化的区间,需求的收入弧弹性计算方法只得出一个具体的数值。

(三) 影响需求的收入弹性的因素

需求的收入弹性的计算结果往往也会受到一些其他因素的影响,这里我们进行一些简要的讨论,目的是为了让读者明白,数据的选取口径和所研究的对象不同都会影响到收入弹性的测算结果,因此也关系到一个具体测算结果的经济学含义,及其对企业决策行为的参考价值。此外,读者尤其应该在实践工作中避免对一些因数据选取口径不同所导致的不同测算结果进行毫无意义的比较。

1. 商品的性质。一般来说,商品的市场需求量会随着居民收入水平的提高而增加,例如 VCD 机等家用电器,VCD 片等音像制品等。但在实际生活中,我们也可以找出一些收入弹性为负的商品,这类商品通常被称为低档商品(inferior goods)。例如,在1998年之前的近5年中,我国居民的收入水平有了大幅度的增长,国内电信业务以每年43%的高速度增长,但同时,电报业务却以30%

的幅度急剧递减。可见,电信服务需求本身虽然在随着居民收入水平的提高而增长,但其中电报服务一项却成为了一种"低档商品",逐渐被更为快捷方便的长途电话、无线寻呼、图文传真、电子邮件等业务取代。①

2. 不同的考察时期。同样还是用电报业务的例子,我们可以看出,一种商品的需求收入弹性大小与考察时期是有关的。在十年前,长途电话、无线寻呼、图文传真、电子邮件等业务在我国居民的眼中还是费用昂贵,或者不能想象的事物。而现在,长途电话的费用寻常百姓家也支付得起,而其他新兴的通讯工具也进入了我们的生活,电报业务也就很自然地开始退出人们的生活了。可见,在不同的考察时期,居民的生活水平发生了变化,而且一种商品的替代品种类也增多了,这种商品的性质也就可能从一般商品变为低档商品。

3. 不同的消费者群体。同样一种商品在不同消费者群体中可能会属于不同性质的商品。例如我们可以看到,目前在国内VCD机和VCD片的需求量正在随着居民收入水平的提高而快速增长,这一点在工薪阶层的消费者中可能表现更为明显,但在这一阶层消费者中,汽车的需求收入弹性就不大,因为他们的收入水平还不足以支付汽车的价格。再让我们来设想一下,在人均收入水平达到每月1万元人民币的消费者群体中情况会是怎样。这一消费者群体可能对于VCD机和VCD片的消费都已经接近于饱和了,而正好进入家用汽车的消费阶段。因此在这一消费者群体中,VCD机和VCD片的需求收入弹性可能都不大,而家用汽车的需求收入弹性就很大。

4. 不同的收入衡量标准。需求收入弹性的测算可以采取不同的收入衡量标准,从而对同一商品在同一阶段的收入弹性测算可

---

① 参见《劳动报》1998年6月2日。

能得出不同的结果。可以作为收入衡量标准的指标包括国民生产总值(GNP)、国民收入、个人收入、个人可支配收入等。读者一定要注意自己所接触到的不同的收入弹性数值是否与不同的收入数据选取有关。

三、需求的交叉价格弹性

在前文中我们已经指出,一种商品的市场需求量也受到与之相关商品的价格变化的影响,在弹性分析中,我们以需求的交叉价格弹性(cross-price elasticity of demand)来反映某种商品的市场需求量变化与相关商品的价格变化之间的关系。需求的交叉价格弹性也有点弹性与弧弹性之分。

(一)需求的交叉价格点弹性

需求的交叉价格点弹性(point cross-price elasticity of demand)计算方法可由下式来表示:

$$E_{XY} = \frac{\Delta Q_X/Q_X}{\Delta P_Y/P_Y} = \frac{\Delta Q_X}{\Delta P_Y} \cdot \frac{P_Y}{Q_X} \qquad (3.19)$$

在上式中,E_{XY}表示需求的交叉价格弹性,它等于商品 X 需求量变化的百分比除以商品 Y 价格变化的百分比。式中的($\Delta Q_X/\Delta P_Y$)这一项就是式 3.3 中相关商品价格变量的系数(a_4),因此上式就可以进一步地写作:

$$E_{XY} = a_4 \cdot \frac{P_Y}{Q_X} \qquad (3.20)$$

(二)需求的交叉价格弧弹性

需求的交叉价格弧弹性(arc cross-price elasticity of demand)计算方法同样可以避免同一个区间内的变化因起点不同而得出两个弹性数值的现象。需求的交叉价格弧弹性计算公式是这样的:

$$E_{XY} = \frac{\Delta Q_X}{\Delta P_Y} \cdot \frac{(P_{Y2} + P_{Y1})/2}{(Q_{X2} + Q_{X1})/2}$$

$$= \frac{Q_{X2} - Q_{X1}}{P_{Y2} - P_{Y1}} \cdot \frac{P_{Y2} + P_{Y1}}{Q_{X2} + Q_{X1}} \qquad (3.21)$$

上式中，下标1、2分别表示 Y 商品价格和 X 商品需求量变化的起点和终点，可见，给定一个 Y 商品价格和 X 商品需求量变化的区间，需求的交叉价格弧弹性计算方法也只得出一个具体的数值。

（三）影响需求的交叉价格弹性的因素

X 商品和 Y 商品之间的关系是影响需求的交叉价格弹性的最重要因素。如果两种商品是互补商品，那么 X 商品的需求量与 Y 商品的价格呈相反方向变化，因此需求的交叉价格弹性的数值是负的。相反，如果两种商品是替代商品，那么 X 商品的需求量与 Y 商品的价格呈相同方向变化，因此需求的交叉价格弹性的数值是正的。例如，VCD 片的价格下降会使更多的家庭加入到购买 VCD 片的行列中来，从而也会有一部分原来不愿购买 VCD 机的家庭因此改变主意。但是，如果说 DVD 机和 DVD 片的价格下降的话，就会有一些家庭转而购买 DVD 机和 DVD 片，VCD 机和 VCD 片的需求量会相应下降。

四、需求的弹性分析在管理经济学中的应用

需求的弹性分析在企业决策中有着重要的作用，对此我们可以列举一些实例进行说明。

1, 如果一家企业想开发新产品，那么它必须了解什么产品具有较为广阔的市场前景，这时企业可以对一些可供选择的产品进行需求收入弹性的测算，只有收入弹性大于1的产品才较适宜作为企业新产品开发的对象，因为这种产品的需求量增长要比居民收入水平的增长速度快。

2. 对于一种产品在不同消费群体中的不同收入弹性分析也有助于企业进行产品定位。同样开发一种产品,是将目标市场定位在高收入阶层,还是低收入阶层,是主要进军城市市场,还是抢占农村市场,等等,都可以通过需求收入弹性的测算帮助企业正确决策。

3. 当企业面临既定的市场需求,企业的价格决策可以借助于价格弹性的分析来完成。如果企业想知道是否能够通过价格调整增加自己的收益,或者企业目前的价格是否已经是给企业带来最大收益的价格,那么它可以研究一下自己产品的价格弹性绝对值是否为1。如果价格弹性绝对值为1,那么它就不能再通过调整价格来增加总收益了。如果价格弹性绝对值不为1,企业就可以相应采取一定的调价措施。

4. 交叉价格弹性的测算也有助于企业进行价格决策。不同品牌的同一类商品是最为标准的替代商品,如果你是一家VCD生产企业市场部的工作人员,现在市场上正掀起新的一轮降价风潮,那么你所在的企业是否一定要跟着降价呢?问题的答案可以通过交叉价格弹性分析来找到。如果你发现本企业的产品需求量与其他企业产品价格变化的交叉价格弹性非常小,那么说明消费者可能对于你所在的企业的产品还是比较喜欢的(可能是因为功能、质量、售后服务或者其他方面的原因),因此企业的正确决策是不跟着其他企业一起降价,否则即使降了价,也并不会有助于企业增加收益。

类似的例子还有很多,建议读者自己开动脑筋,想想身边有些什么样的企业决策问题可以通过弹性分析来解决,这将有助于大家熟练地掌握弹性分析的方法及其应用。

现在让我们来看一个更为具体的例子。假设有一家生产VCD机的企业要预测明年自己产品的市场需求将发生怎样的变化。为了回答这一问题,我们首先需要估计本企业产品市场需求量与各种影响变量的函数关系,这一工作可以通过计量的方法来完成,对此我们将在下一章中再讨论。这里我们先假定各种因素对于商品需求的影响(需求函数的系数)都已经通过计量的方法得知了,从而有下面这样一个需求函数:

$$Q_X = 3 - 2.0P_X + 1.5I - 1P_Y + 1.5P_S + 0.8T \quad (3.22)$$

其中,Q_X 表示的是商品 X 的需求量,即本企业 VCD 机的年市场需求量;P_X 表示的是商品 X 的价格,即本企业生产的 VCD 机的价格;I 表示的是消费者的收入水平,可以用居民每年的可支配收入水平计算;P_Y 表示的是互补商品 Y 的价格,这里我们考虑的是市场上 VCD 片的价格;P_S 表示的是替代商品 S 的价格,这里我们考虑的是市场上其他品牌的 VCD 机的平均价格;T 表示的是消费者的偏好,这一点很难数量化,但实际上我们可以用能够改变消费者偏好的相关变量来表示,这里我们选取广告费用作为与消费者偏好紧密相联的变量。由于别的企业也在做广告,因此对本企业产品需求起到作用的是本企业广告费用与其他企业平均广告费用的差额。

假设今年各有关变量的取值分别为:$P_X = 1, I = 4, P_Y = 1, P_S = 0.8, T = 1$,于是可以计算出本企业产品的需求量为 8 个单位。[①] 也就是说,今年本企业可以实现的 VCD 机销售量为 8 个单位。

现在我们可以进一步计算出各个弹性数值,即本企业 VCD 机需求的价格弹性、收入弹性、与 VCD 片的交叉价格弹性、与其他企业 VCD 机的交叉价格弹性以及与广告费用之间的弹性,计算过程如下:

---

① 为了论述的简便,我们常常在本书中省略变量的单位。在实践中,变量的单位是绝对不能省略的,否则各个变量的值就丧失了应有的经济含义。

$$E_P = -2 \cdot \left(\frac{1}{8}\right) = -0.25$$

$$E_I = 1.5 \cdot \frac{4}{8} = 0.75$$

$$E_{XY} = -1 \cdot \frac{1}{8} = -0.125$$

$$E_{XS} = 1.5 \cdot \frac{0.8}{8} = 0.15$$

$$E_T = 0.8 \cdot \frac{1}{8} = 0.1$$

现在我们就可以用这些弹性的数值来预测明年本企业的VCD市场需求量了。在这里考虑的五个变量中,有些变量是不受本企业控制的,但可以通过理论分析和数量分析估测出这些变量的变化。例如,明年的居民年可支配收入可能比今年增加10%,即增加0.4个单位;VCD片的价格可能进一步下跌至0.8个单位,跌幅为20%;同时,鉴于VCD生产线的重复建设非常严重,市场供给过剩,各企业都将加大降价幅度,那么,其他企业产品的价格可能降到0.72个单位,跌幅为10%。另外的两个变量本企业可以在一定程度上决定,假定本企业的VCD机价格可以降到0.8个单位;同时,如果其他企业加大广告宣传的力度,平均广告费用上升,则本企业也同步提高广告费用,保持高于平均广告费用1个单位。当这些变量的取值都定下来之后,我们就可以通过下式计算出明年的本企业VCD机市场需求量(Q_X'):

$$Q_X' = Q_X + Q_X\left(\frac{\Delta P_X}{\Delta P_X}\right)E_P + Q_X\left(\frac{\Delta I}{I}\right)E_I + Q_X\left(\frac{\Delta P_Y}{P_Y}\right)E_{XY}$$

$$+ Q_X\left(\frac{\Delta P_S}{P_S}\right)E_{XS} + Q_X\left(\frac{\Delta T}{T}\right)E_T$$

$$= 8 + 8(-20\%)(-0.25) + 8(10\%)0.75$$

$$+ 8(-20\%)(-0.125) + 8(-10\%)0.15 + 8(0)0.1$$
$$= 8(1 + 0.05 + 0.075 + 0.025 - 0.015 + 0)$$
$$= 8(1 + 0.135)$$
$$= 9.08$$

通过计算我们可以知道,明年本企业VCD机的销售量可以达到9.08个单位,增长13.5%。现在我们再假设明年出现宏观经济不景气的现象,居民的可支配收入将不增长,其他企业展开价格大战,平均降价幅度达到20%,那么,为了保持本企业今年的产品销售量,企业将采取怎样的价格策略呢(假设企业对其他变量变化量的估计与前面相同)?读者不妨自己计算一下,结果是企业应该降价2%。

复习思考题

1. 下列物品中哪一种的需求弹性最低:香水、水果、冰激凌、盐。
2. 假设一个住房市场。在发生了下列变化(其他条件不变)之后,均衡产量和价格会发生怎样的变化:
   (1)消费者的收入增加;
   (2)政府多征收10%的消费税。
3. 当需求富有弹性、缺乏弹性或弹性为1时,价格的上升会使总收益发生怎样的变化?
4. 对于住房和时装而言,价格的上升对于哪种商品的代替效应更大?对了哪种商品的收入效应更大?
5. 假设食品的价格需求弹性为1,收入需求弹性为0.5。A君每年在食品上的消费支出为1 000元,年收入为10 000元。如果食品价格从2元上升到4元,请问A君对于食品的消费会发生怎样的变化?

6. 由于航空工业管理环境日趋宽松,不少航空公司采取打折的办法降价吸引顾客。试问:

(1) 考虑到需求的价格弹性这一因素,你认为采取降价策略的航空公司究竟是如何判断其所面对的消费需求的?

(2) 你认为这种降价策略在短期(例如春节期间)能够改善公司的赢利状况吗?在长期(如3年至5年)呢?

7. 假设政府为保护某些彩电生产企业,决定对长虹彩电和TCL彩电进行价格控制,并使它们的价格高于市场出清的价格水平。请解释,为什么长虹和TCL彩电将出现过剩,有哪些因素影响其过剩量的大小?在政府的这种市场干预行为下,你预测康佳彩电的价格将发生什么变化?

8. 某皮鞋生产企业的需求函数为 $Q = 90\,000 - 200P$,Q是市场每月对该企业的皮鞋需求量,P为该企业的皮鞋价格。

(1) 假如该企业计划每月销售 25 000 双皮鞋,其皮鞋价格应该为多少?

(2) 假如皮鞋价格定为每双 200 元,该企业能够销售皮鞋多少双?

(3) 假定皮鞋销售量的变化完全取决于价格的变化,当皮鞋销售量从 25 000 双增加为 50 000 双时,请计算皮鞋的需求价格弧弹性。

(4) 计算皮鞋价格为每双 300 元时的需求价格点弹性。

9. 对于美国农产品的需求大部分来自其他国家。假设对美国小麦的总需求函数为 $Q = 3\,550 - 266P$,国内需求为 $Q_d = 1\,000 - 46P$,国内小麦的供给函数为 $Q = 1\,800 - 240P$。假定小麦的出口需求下降了 40%。

(1) 美国农民对小麦出口需求的下降是否关心?美国自由农产品市场上的小麦价格将有什么变化?

（2）假设美国政府每年都要购买足够的小麦，以将小麦的价格提高到每蒲式耳 3 美元。如果没有出口需求，美国政府每年得购买多少小麦？这将使政府每年花费多少钱？

10. 某君到美国攻读 MBA，他打算每月用 100 美元购买食品和支付室温调节费。假定要使室温升高 1 度，每月得花 2 美元；而使室温降低 1 度，每月得花 3 美元，余下的钱则用于购买食品。要求：

（1）假设该君住所 8 月份的自然室温为华氏 85 度，12 月份的自然室温为华氏 30 度。请分别画出该君在 12 月和 8 月的预算曲线。

（2）在 8 月份，该君食品和室温之间的边际替代率是多少？在 12 月，边际替代率又是多少？

第四章 需求的估计和预测

在上一章中,我们从一般理论的角度分析了市场需求量与各种因素之间的关系,但对于企业的价格决策而言,更为重要的是知道价格、收入、其他商品价格等因素影响某商品市场需求量的程度大小及作用的方向。为了达到这一目的,我们需要对需求作出估计,其中所用到的方法主要是建立计量模型,并估计模型中各个参数的值。当一个企业确定地知道各个变量是怎样影响商品的市场需求量之后,它可能还希望预测今后商品市场需求量的变化方向和变化量大小,这就是需求预测所要完成的任务。在本章中,我们将用两节的篇幅来分别阐述需求的估计和预测。

第一节 需求的估计

需求的估计是客观地反映需求量与各个影响变量之间的关系的方法。在讨论需求估计的具体方法之前,我们首先要讨论所谓的"识别问题"(identification problem)。然后我们将重点介绍怎样用计量经济学中的回归分析方法来进行需求估计。掌握了回归分析的基础知识的读者可以直接进入本章的学习,如果觉得这些内容还比较陌生的话,建议你先学习一下本书的附录 A——回归分析的内容。回归分析是进行需求估计的主要方法,除此之外,我们还简要地介绍几种用于需求估计的市场研究方法。

一、需求估计中的识别问题

这一小节中所要讨论的问题是如何通过一些观测到的数据来估计一条需求曲线。当然我们希望观测到的数据正好都落在所要估计的需求曲线上,那么,剩下的问题就只是将数据所对应的点连成一条需求曲线了。但实际上需求估计的过程并不这么简单而直接,因为从观测到的数据到需求曲线之间我们还会碰到所谓的"识别问题"。

经济学的理论告诉我们,如果一个市场是充分自由的,而且需求和供给双方的行为都根据价格信号进行调整的话,那么给定一对一般形状的需求曲线和供给曲线就总能得到一个均衡点,并且有一个均衡的市场成交量和市场价格,这一数量和价格的组合也就能够被我们观测到。我们进一步地要问这样一个问题,被观测到的一系列数量和价格组合点是怎样形成的呢?从理论上来说,我们观测到的一系列数量和价格组合可能是在以下三种情况下形成的:

1. 市场上的需求曲线没有发生变动,但供给曲线发生了移动,如图 4.1(a)所示。

2. 市场上的供给曲线没有发生变动,发生了移动的是需求曲线,如图 4.1(b)所示。

3. 市场上的需求曲线和供给曲线同时发生了移动,如图 4.1(c)所示。

在图 4.1 中我们可以看出,只有当实际情况是第一种,即只有供给曲线发生移动的时候,我们才能直接将观测到的均衡点连接起来进而得到所需要的需求曲线。显然,观测得到的商品需求量、价格组合与需求曲线之间并没有直接的关系,这就是所谓的"识别问题"。

如果现在读者想到的是设法控制需求曲线不发生移动,而只

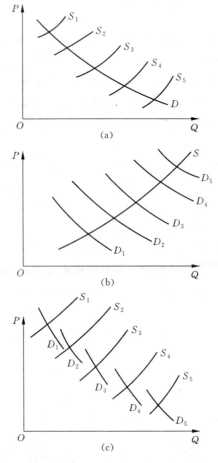

图 4.1 需求量、价格组合与识别问题

变动供给曲线来观测一系列的均衡点，那么我们不得不告诉你，这种想法太天真了。实际操作中，你会发现需求曲线几乎是没法被控制而保持不变状态的，因为在观测过程中，你可能必须面对不同的消费者、不同的市场环境以及不同的时间，从而影响需求量变化的收入水平、相关商品价格、消费者偏好等因素都在发生变化。因此，解决识别问题的方法通常并不在数据的收集过程中，而是在数据的处理过程中，也就是说，我们需要通过一些技术性的方法对所得到的数据进行调整，使得调整的结果是数据都好像落在了一条需求曲线之上。之所以说"好像"，是因为我们不能真的就在图上将一个点搬到另外的位置，然后就说现在所有的点都在同一条需求曲线上了。比较科学的方法是对现有的数据进行计量分析，并考虑进所有可能对需求量造成影响的因素，如收入水平、相关商品的价格变化、消费者的偏好等。

通过计量的方法，我们实际上得到的是一个多元的方程，只有当价格以外的其他变量都被假定不变时，这个多元的方程才能被转化为一个一元的方程，并可以得到一条相应的需求曲线，而且这条需求曲线可能已经不通过原先观测到的那些数量和价格组合点了。

在前文的讨论中我们已经指出，不同的数量和价格组合点不仅可能与需求曲线的移动有关，还可能与供给曲线的移动有关。供给曲线的移动是由观测的不同时间、不同的技术水平、不同的生产要素价格和不同的环境条件（如气候）等引起的。但是在估计需求曲线时，不需要再对数据作供给方面的调整，实际上也正是由于供给曲线发生了变化，才能使我们观测到的数据中包含同一条需求曲线上的信息（如图 4.1(a)所示的情况），否则若需求曲线和供给曲线都不变，我们就只能观测到一个均衡的数量和价格组合点，需求估计也就无从下手了。

二、用回归分析方法进行需求估计

在需求估计的各种方法中，回归分析是最为常用的。这种方法的特点是较为客观，而且所得到的信息也比较完全和精确。为了完成回归分析，我们必须首先构造一个需求函数并确定函数的具体形式,然后再在收集到的数据的基础上用回归分析方法得到函数的具体参数值。最后我们还需要检验回归结果对数据的拟合程度,因为一个没有显著函数关系的回归分析结果是没有意义的。

(一) 需求函数的构造

在上一章中我们已经指出,需求函数的自变量主要包括商品的价格(P_X)、市场上消费者的数量(N)、消费者的收入水平(I)、相关商品的价格(P_Y)以及消费者的偏好(T)等,因此,一个一般形式的需求函数可以用下式来表示。其中,省略号表示的是一些需要考虑的其他影响因素。

$$Q^D X = F(P_X, N, I, P_Y, T, \cdots) \qquad (4.1)$$

就一个具体的回归分析而言,以上各个变量必须具有特定的含义。例如,对于某个生产 VCD 机的企业而言,他最需要考虑的相关产品价格就是对自身产品形成直接替代的其他企业生产的 VCD 机的价格。又如,企业对于一些资本品或生产设备(比如超市里的收银机)的需求量,就与劳动力价格(工资)有很大关系,这时,劳动力实际上就是资本品或生产设备的替代商品。

在进行回归分析时,我们还应该对于研究对象具有深入的了解,否则,在函数构造这一步就可能会漏掉一些很重要的解释变量。

例如,一些耐用消费品的需求量一般会与消费信贷的完善程度有密切的关系。在我国,1998 年银行对于居民的住房抵押贷款额度有大幅度的增长,这会对住房的消费起到很大的促进作用,因此在分析类似住房这样的消费品的需求量变化时,就不能不把消费者信贷的完善程度作为一个重要的解释变量,这在我国市场经济体制不断完善的今天尤其显得重要。

第二个例子是与旅游业相关的商品(包括服务)的需求量,显然这类商品的需求量与季节有很大的关系,如果收集到的数据是月度或季度的数据,就应该引入季节这一解释变量。

第三个例子是最具有中国特色的,那就是我们必须考虑中国市场的一些制度性特征。例如你现在要分析的是城市商品住房的需求,那么你就需要考虑到1998年这个重要的时间界限,因为在这之前,福利分房制度的存在会抑制居民对于商品住房的需求,而1998年之后,随着福利性分房制度的逐步结束,居民的商品住房需求可能会有一个较大幅度的增长。[1] 此外,在分析城市商品住房需求时,收入变量也以采取城市居民收入指标较为合适。在存在户口制度对居民购房建房的限制的情况下,农村居民收入水平对城市商品住房的需求量影响可能不大,所以,包括了农村居民收入的数据就可能不如城市居民收入更具有解释力。

在进行回归分析时应小心不要漏掉重要的解释变量,但这并不意味着解释变量越多越好,因为在模型中包括一些并不重要的解释变量反而会引起一些统计上的问题,有画蛇添足之嫌。一般来说,当解释变量超过 5 至 6 个时,就可能降低模型的自由度(degrees of freedom),甚至引起多重共线性(multicollinearity)问题,这些问题都会影响到模型的解释力。具体请参阅本书的附录 A。

(二) 需求函数形式的确定

上面所构造的需求函数只涉及了变量的选取,但为了完成回归分析,我们必须确定需求函数的具体形式。一种常常被采用的函数形式是线性形式,即:

$$Q_X = a_0 + a_1 P_X + a_2 N + a_3 I + a_4 P_Y + a_5 T + \cdots \quad (4.2)$$

在这个具体的函数形式中, $a_i (i = 1, 2, \cdots)$ 是各个变量前的系数,同时也是模型的参数,其经济含义是当自变量变化一个单位,

---

[1] 在考虑类似问题时,一个常常被采用的方法是用虚拟变量来区分一定时间界限前后的数据,虚拟变量还可用于区分不同的数据组别。对于这种方法本书没有作介绍,读者若有兴趣可以自己找一本计量经济学方面的书进行自学。

会引起应变量变化多少单位。通过回归分析中的最小二乘法(参见本书的附录A),我们可以确定这些模型参数的值,从而得到一个具体的需求函数。

有时,需求函数的形式是非线性的,式4.3表示的就是这样一个柯布-道格拉斯形式的需求函数:

$$Q_X = b(P_X^{a_1})(I^{a_2}) \tag{4.3}$$

在这个简单的需求函数中,我们假定影响商品需求量的因素只有商品价格和收入水平。其中b和$a_i(i=1,2)$是模型的参数,需要我们通过计量的方法加以确定。实际上,要确定这个模型的参数的值也可以使用最小二乘法,方法是将非线性的模型转化为线性的模型。针对上面这个模型,我们可以将其两边取对数,从而化作一个双对数形式的函数,即:

$$\ln Q_X = \ln b + a_1 \ln P_X + a_2 \ln I \tag{4.4}$$

令$Y = \ln Q_X$, $B = \ln b$, $X_1 = \ln P_X$, $X_2 = \ln I$,我们就将一个非线性需求函数的参数估计问题转化成了一个线性函数的参数估计问题,即用最小二乘法估计下式中的B、a_1和a_2:

$$Y = B + a_1 X_1 + a_2 X_2 \tag{4.5}$$

需要特别指出的是,在上面这样一个双对数模型中,模型的参数值$a_i(i=1,2)$分别就是价格弹性和收入弹性的数值,对此我们在上一章中已经作出了说明。在本篇第一个案例中,我们就将运用一个双对数形式的模型来测算商品住房的收入弹性。

很多非线性的模型通过适当的方法都可转化为线性的模型,从而同样可以用最小二乘法来估计模型的参数值,具体请读者参阅本书的附录A。

(三) 数据的收集

当模型的具体形式已经确定下来之后,我们需要针对模型中的变量收集一些数据。数据的形式通常有两种,一种是时序数据(time-series data),另一种是横截面数据(cross-section data)。时序数据指的是针对某一个变量按时间的发展变化(例如按月、按季度或按年)收集一系列数据,横截面数据指的是在某一个确定的时点上,针对不同的经济单位(个人或家庭等)收集的数据。具体收集哪一种数据,应该视研究的需要而定。

在回归分析中也会碰到数据不足的情况,这时我们就不得不作一些理论上的简化。例如消费者的偏好是一个很难量化的变量,对此可以假定在考察期内消费者偏好没有发生变化(如果考察期本身并不长的话),从而将消费者偏好这一变量从模型中略去。另一种可行的近似是用其他的指标来反映消费者偏好的变化,比如说可以认为消费者偏好的变化与企业的广告费用有较强的相关性,我们可以近似地以广告费用这一指标来代替消费者偏好作为模型的解释变量之一。

(四)回归分析及结果的检验

当模型的具体形式已经确定,并且也收集了足够的数据资料之后,接下来所要做的就是用回归分析方法来确定模型的参数值,从而得出一个具体的需求函数。常用的回归分析方法是最小二乘法,对此读者可以通过本书的附录 A 加以了解。随着计算机科学的发展,实际上现在人们大多采用计算机软件代替人脑来完成回归过程。在本书的附录 A 中,我们向读者介绍了一种常用的可以用于回归分析的软件,Microsoft Excel。熟练地掌握计算机软件的使用方法可以大大地提高工作效率,但计算机并不能代替人脑完成前面提到的需求函数的构造和具体函数形式的确定这两项工作。

当我们通过回归分析得到一个具体的需求函数之后,工作才完成了一半,接下来还需要对回归结果进行检验。

1. 看一下各个参数的符号所显示的自变量和应变量的变化关系是否与理论分析的结果相一致。

2. 我们可以通过标准误差和 R^2（以及调整的 R^2）来评价回归结果对数据的拟合程度。

3. 我们还可以用 t 统计值来评价模型参数的显著性，用 F 统计值来评价整个模型的显著性。

对于这几种检验指标的由来及统计学含义，读者可以通过本书的附录 A 加以了解，这里就不再重复了。读者需要引起重视的是，任何一次回归分析都必须到结果通过检验才算完成。一个不能通过统计检验的模型是毫无意义的。

三、几种用于需求估计的市场研究方法

如果针对你所要进行的分析，在现有的统计资料（比如说《统计年鉴》）中可以找到相应的数据，那么回归分析常常是一种很好的分析工具。但有时你要进行的研究显得较为细致（想了解你所在的企业的产品市场需求），这时你所需要的数据资料就并不是轻而易举可以找到的，解决问题的办法是亲自进行一些有针对性的市场研究。这里介绍几种用于需求估计的市场研究方法，包括消费者调查和观察研究（consumer survey and observational research）、消费者会诊（consumer clinics）以及市场实验（market experiments）。这几种市场研究方法一般都会在市场营销课程中有更为详细的介绍，因此，这里我们仅简单介绍几种方法的操作过程，并指出各自的优缺点。

（一）消费者调查和观察研究

现在国内各种消费者调查活动也越来越多了，有时，企业会依靠自己的市场调研部门进行这项工作，有时也会委托专门从事市场调研工作的调查公司来做。据 1998 年 8 月 6 日的《国际金融信息报》报道，当时国内注册的市场与舆论调查机构已达 850 家。中国内地调查业市场增长迅速，1997 年比 1996 年增长了 112%，但目前市场容量仍远远小于日、美等发达国家，调查业在国内仍属于

一个新兴行业。

消费者调查首先需要一套经过精心设计的问卷,其中包括了所要了解的各种信息,尤其是各种影响市场需求的因素发生变化后消费者选择的相应变化。其次是需要一批训练有素的调研人员,他们的职责是直接与消费者见面,尽量获得真实的信息。消费者调查可以采取上门走访的方式,也可以在相对固定的场所(如大型的商场或购物中心)向消费者询问一些问题。

消费者调查的确可以为企业提供一些有用的信息,比如消费者对广告和商品价格的看法等。如果现在企业要采取某项行动,比如降价、改变商品款式和包装、改变商品品质等,企业最好是先通过调查了解消费者对这些行动的看法,看看这些行动是否会对企业有利。由于这些行动还只是设想,所以只能通过调查来了解消费者的看法。消费者调查方法也有一些缺点,其中最为重要的是消费者很难对所问的问题给出确切的回答。一方面原因在于消费者似乎并没有义务为企业提供有关信息。特别是当问到一些令人难堪的问题时,消费者没有作出真实回答的动力。比如说消费者就不会愿意承认自己每天抽三盒烟,而且酗酒,同样地他也不会愿意表现出自己不重视服装的品牌,而对极其微小的价格变化非常敏感。另一方面原因更为重要,那就是消费者面对大量烦琐的问题会显得无所适从,或者说连他自己都不知道该怎样回答,尤其是当你要求他对自己没有经历的情况作出某种设想的时候更是如此。比如说你问消费者如果 VCD 片平均价格下降 5%,或者新鲜果汁的包装从 1 升改为 1.5 升,或者某汽车企业的广告费用增加 1 倍,他会作出什么新的选择,消费者恐怕无法给你一个确切的回答。当然,作为调查方应该尽量采取一些措施获得更为准确的信息:

1. 企业在进行调查研究时可以给合作的消费者一些礼品作为报酬,鼓励其尽可能地提供真实而准确的信息。

2. 调查方应该尽量避免问一些难以回答的问题。

3. 应该发挥调查人员的作用，尽量引导消费者作出真实的回答，从而得到更多的信息。一般而言，调查人员应该自己动笔记录消费者的回答，而不是在一边看着受访者填问卷。

在消费者调查中，虽然调查方可以采取一些手段尽量获得真实而准确的信息，但这种方法对于受访者来说仍然过于烦琐，这就需要我们用观察研究的方法作为消费者调查的补充。观察研究指的是通过观察消费者现实的购买行为来了解其对于商品的偏好和选择。现在商场里的一些设备（如监视器、产品的电子扫描仪等）以及一些家用的仪表都能够帮助调查者观察消费者的行为。需要指出的是，观察研究并不能取代消费者调查，因为如果企业需要了解消费者对于一些计划中的行动的看法，观察研究的方法就没有用武之地了。

在我国，也有一些运用消费者调查和观察研究方法，成功把握市场需求的案例。1996年，海尔洗衣机在四川农村市场销售不畅。经过一段时间的调查分析，他们发现当地农民经常用洗衣机来洗地瓜，由于泥多而排水口网眼小，很容易造成堵塞。海尔集团获此信息后，立即组织技术人员开发出了一种能洗地瓜的洗衣机，果然大受欢迎，成功地在当地市场站稳了脚跟。

（二）消费者会诊

消费者会诊这种市场研究方法就好比一位医生将一些病人集中在诊所里面，然后观察并记录他们在外界条件发生变化时的反映。在采用消费者会诊这种方法时，调查方要先发给消费者一笔钱，然后让其根据自己的喜好在一个模拟的商场里购买商品，而调查者则改变模拟商场里的商品价格、产品的外包装、相关商品的价格等条件，了解消费者对商品需求的变化。在消费者会诊中，消费者能够将其购买的商品据为己有，因此他完全能够真实地在购买过程中反映出自己对商品的偏好。对于企业而言，在采用这种方法时应该选择有代表性的消费者参加进来,使得对小部分消费者的观察能够尽量反映整个市场的情况。

消费者会诊方法也存在一些优点和缺点。其优点是相对于消费者调查和观察研究来说更能获得准确的信息,而相对于下面将要介绍的市场实验来说则易于对整个过程实施较好的控制,观察结果较少受到外界的干扰因素影响。消费者会诊方法的缺点也显而易见:

1. 这种方法耗费的成本太大了,这是因为为了保证信息的真实性,必须保证消费者能够把自己买的东西带走!如果所要研究的是一个洗发水市场问题还不大,但恐怕没有一家生产VCD机的企业会采取这种方法来研究市场需求,就更不用说那些生产汽车的企业了。

2. 由于这种方法耗费的成本较大,常常只能抽取有限的样本进行研究,从统计学的角度来说,要以小样本的情况来反映总体情况必然使准确性下降。

3. 消费者会诊方法所得到的信息可能也存在着一些扭曲,因为当消费者知道他们在被观察的话,他们的行为就不会像日常生活中那样随意和放松。于是他们可能会对价格、包装等条件的变化显得比平常更加敏感。

虽然消费者会诊的市场研究方法存在着这几方面的缺点,但它仍不失为一种可以提供很多有关市场需求信息的方法,尤其是作为对消费者调查和观察研究的补充效果更好。

(三)市场实验

市场实验指的是调查者找一些具有相近社会经济特征的市场,然后在不同的市场上分别设置不同的价格,了解消费者选择有什么不同。只要运用得适当,这种方法还可以用于了解其他因素(比如年龄、性别、收入水平、受教育程度、家庭结构类型等)对于消费者选择行为的影响。在运用市场实验方法的时候,调查方通常以地域为界划分不同的市场,但地域差别不能影响到不同市场之间社会经济特征的相似性。有时,调查方也可以把同一地区不同的商场和购物中心作为不同的市场。

与消费者会诊方法相比,市场实验的优点在于实验的规模相对较大,从而获得的信息更具有统计学意义上的可靠性。此外,市场实验也显得更为真实。由于消费者并不知道自己是实验的对象,使得实验的结果具有更高的可信度。当企业想推出一种新的产品时,市场实验的方法也比较适用。但是市场实验的缺点也很明显:

1. 为了控制市场实验的成本,实验的规模必须限制在一个有限的范围和时间内,从而不能了解更大范围内,尤其是更长时间内消费者选择的变化情况。

2. 市场实验的方法特别容易受到一些不可控制的外来因素的影响,从而影响实验的效果,甚至导致实验失败。比如说,一家出口纺织品的中国企业想于1997年在东南亚市场上推出一种新的产品,并想通过市场实验的方法了解消费者对于产品价格的敏感程度,但东南亚金融危机的来临使得该地区货币普遍贬值,导致该地区对于中国的出口产品需求普遍降低,市场实验便无法再进行下去。类似这样难以意料的外部因素还包括天气、宏观经济政策、竞争对手企业的有意干扰甚至流行疾病等。

3. 市场实验也会给企业带来一些意想不到的损失,比如企业的原意是通过提高价格看看消费者对于价格的敏感程度,但结果可能是使企业永远地失去了一批顾客。

读者了解市场实验方法的缺点主要还是为了能在实践中小心采用,并且尽量避免一些外部因素对实验的影响,从而获得更准确和真实的信息。

第二节 需求的预测

我们在本章的一开始就谈到了需求预测的重要性,而需求预测的重要性根本上是因为每一个企业所作出的决策都面临着一定程度的风险和不确定性。如果企业现在想生产一种产品,那么生产过程总要耗费一定的时间,因此企业需要知道当产品生产出来之后市场上的需求情况,然后再决定是否值得生产这种产品,生产多少,价格定在什么水平上,用多少钱做广告,目标市场定位在哪里等等。如果事先不进行需求预测而盲目地生产,就可能给企业带来不必要的损失,所以需求预测的目的就是为了降低企业决策所需面临的风险和不确定性。

这一节中我们将介绍几种需求预测的方法,每种方法都有其特定的适用情况,也有各自的优点和缺点。实践中具体采取哪一种方法,取决于这样几方面的因素:①所用方法给企业带来的成本和收益比较;②进行决策的时间期限;③预测期的长短;④所要求的准确程度;⑤所拥有的数据的质量和完备程度;⑥所需预测的变量间关系的复杂程度。读者可以在学习下面内容时悉心比较各种方法之间在适用性方面的差异。

一、定性的预测

从企业的角度来看,需求预测的结果最好是定量(数量型)的,但定量的数据有时却并不一定具备,这时我们就需要采取一些质量型的变量来预测需求,相应的预测方法就被称为定性的预测。相对而言,进行定性预测的数据收集过程较为简单,而且数据处理过程也较容易,因此这种方法经常被采用,有时也被用来作为定量预测的补充。特别当要预测新产品的需求时较为有用。这里我们将要介绍怎样用调查(survey)和民意测验(opinion polling)的方法进行需求预测。对于一些跨国公司来说,同样的方法也能够用于对国际市场的需求进行预测,对此我们就不另作介绍了。

(一)调查方法

由于经济决策一般都是在实际支出之前进行的,因此调查方法的目的是为了得到一些有关企业和消费者决策的信息。在美国,有专门的组织机构对企业经营者进行有关生产设备支出计划的调查,以及对于存货变动计划和销售预期的调查,同时也发表一些调查结果。这类调查有助于掌握特定行业内企业的动向,也有助于掌握企业对于生产要素的需求。而在我国,从事类似工作的组织机构还不多,此类调查结果的发表也不多见,这也表现出我国在商业信息的收集方面与发达国家之间的差距。

另外有一类比较常见的调查针对的是消费者的支出计划,这类调查近年来在我国发展很快,一些调查公司也多将调查重点放在这方面,调查的结果也常常作为公开的信息发表于报纸和杂志上。例如,《劳动报》1998年5月26日发表过国家统计局中国经济景气监测中心完成的一项调查结果。这项调查显示,在北京、上海、广州等12个都市里,1/3家庭每月花在吃上的钱为300元至500元;每1 000个家庭里有3户表示1998年"肯定"会买一辆轿车,3%的家庭表示"有可能"购买,但尚未作出最后决定;有37%的家庭购买了商业保险,但渗透率在地域分布上很不平衡——上海高达54%,沈阳只有23%。对于企业而言,类似这样的调查结果具有很高的参考价值,因为我们在上一章中所介绍的由企业独立抽取消费者样本,然后对其消费行为进行观察的方法越来越难了。消费者已经越来越不愿意参加那些既费时又费力,甚至会被问到一些私人性质的问题的市场研究活动。总之,读者不妨培养自己在日常生活中收集公开发表的调查数据的习惯。

(二)民意测验

民意测验的方法是专门被企业用来了解关于自己产品的销售情

况的。一个企业产品的销售情况并不只取决于外部宏观环境和行业的总体情况,更为重要的是自身采取的策略措施是否能够促进销售。为了了解这方面信息,企业便需要对一些专门人士展开民意测验。根据测验对象的不同,民意测验方法可以分为以下三种类型。

1. 对部门管理人员的民意测验。这种方法的理论基础是各部门的管理人员对于企业情况的了解程度一般来说总是高过于企业的一般员工。受调查的人员可以来自于企业的销售部门、生产部门、人事部门和财务部门等,这些部门的主管对企业的销售现状和前景都会有一些评价,虽然他们的评价较为主观,但仍能为企业提供有价值的信息。为了防止参加民意测验的人员之间互相影响,可以采取一种所谓的"德尔费方法"(Delphi method),也就是说,有关人员是分开来参加民意测验的,而且意见的反馈中也无须标明谁对某观点负责。

2. 对销售人员的民意测验。销售人员是最接近市场的人员,对于企业的销售前景也有最为直观的感受,因此他们的意见往往能够给企业领导层提供非常有价值的信息。特别是一些大企业往往在全国各地设有自己的分销中心,在这样一个大范围的市场内,特定区域或特定产品的专门销售人员对自己所面对的小范围市场就更有发言权了。

3. 消费者意愿的民意测验。对于企业而言,了解消费者的意愿永远是最为重要的。消费者往往能够在民意测验中传递一些非常重要的关于自己偏好的信息。把握消费者的偏好、购买意愿及其变化趋势对企业预测未来的市场前景非常有用。耐用消费品的单位价值一般较高,如果企业生产的是这类产品,例如汽车、住房、家具、家用电器等,那么能否把握消费者偏好和购买意愿的变化趋势往往成为企业成败的决定性因素。就以近年我国的住房市场为例吧,市场上滞销的主要都是一些房型过时的住房,而一些房型较好的住房仍能在房市总体趋冷的情况下卖得热火朝天,其中的奥妙就在于有些商家能够在投资决策时把握消费者的偏好、购买意愿及其变化趋势。要做到这一点,对消费者进行民意测验无疑是非常有用的一种方法。

二、简单预测

简单预测(naive forecasting)通常所采用的是时间序列数据(time-series data)。时间序列数据就是将某个变量按照天、周、月、季度、年等时间单位进行收集记录,并且可以在图中描点得到时间序列图。我们经常见到的表示一国国内生产总值在一段时间内的变化的图就属于时间序列图。我们可以采用这样的图预测一个变量的今后走势,但这种方法有一个关键的假定,那就是所预测的变量在未来的变化会保持目前的趋势。这个假定有时是不能成立的,因为影响一个经济变量的因素太多了,"简单预测"也由此而得名。这一小节中,我们首先介绍时间序列分析方法,并讨论如何在数据存在波动的情况下运用这种方法进行预测。然后我们将讨论一些对数据波动进行修正的方法,主要包括平均修正法和气压法(barometric methods)。

(一)时间序列分析和数据的波动

时间序列数据中存在的波动通常是在四种因素的共同作用下产生的,这四种因素分别是:

1. 长期趋势(secular trends)。这指的是一个变量在长期内增长或下降的趋势,这在图 4.2(a)中用一条实线表示。例如,一国的国内生产总值一般来说在长期内是呈上升趋势的;而一些已经过时的消费品(如黑白电视机和前面提到的电报服务)的市场需求量在一定时期内则可能呈下降趋势。

2. 周期性波动(cyclical fluctuations)。周期性波动指的是时间序列数据中出现的以若干年为单位的起伏,这在图 4.2(a)中用一条虚线表示。经济变量的周期性波动通常与商业周期(business cycles)有关。

3. 季节性波动(seasonal variations)。这指的是经济变量每一年中的规律性波动,在图 4.2(b)中用一条虚线表示。经济变量的季节性波动通常与人们的社会习惯或气候因素有关。例如与旅游业相关产品和服务的市场需求量就与季节因素有很强的相关性。农产品的产量和价格也同样与季节性因素紧密相关。

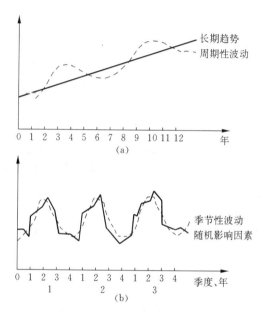

图 4.2 时间序列数据及波动

4. 不规则或随机影响因素(irregular or random influences)。这类因素的出现是没有规律可循的,例如战争、自然灾害、罢工、技术革新、外来的干扰因素等。在图 4.2(b)中,经济变量的变动趋势除有规律可循的部分已经用虚线表示出来了以外,还有一些波动使得数据的变化呈现出无规律的特点,这可以用图中的实线表示出来。

在以上四种因素中,经济学家们对于商业周期形成原因的认识还不统一,通常需要对其单独进行测度,我们将在后文中再来讨论这一问题。此外,随机因素是一种不可预测的因素。因此,先来讨论一下如何运用数据的长期趋势和季节性波动对经济变量的变化作出预测。

1. 趋势预测(trend projection)。这种方法是用一条回归直线来拟合一个经济变量的长期趋势,并且得到下面这样一个方程:

$$V_t = V_0 + a \cdot t \tag{4.6}$$

这里 V_t 是所预测变量在时期 t 的值,V_0 是该变量在基期($t=0$)的值,a 为每单位时间里所预测变量的变化量,而 t 则表示预测时期。由于时间序列数据可能存在着一定程度的波动,这样一条直线的拟合优度可能也并不很高,但用来预测长期趋势还是可以的,对于数据波动的处理我们在后文中再考虑。当得到这条直线方程后,任意给定一个时间 t 值,就可以由方程得到一个特定的变量值。

当每一单位时间里变量的变化相等的时候,上面这种直线回归方程的趋势预测较为适用,但有时一个经济变量常常是以一个稳定的变化速度在变化着,这时假定每一单位时间内变量的变化量均相等就不合适了。在这种情况下,一个较为合适的拟合方程是指数形式的,即:

$$V_t = V_0(1+g)^t \tag{4.7}$$

其中,g 是一个稳定的增长速度,也就是说,所预测的变量值在某一期总是上一期的 $(1+g)$ 倍。为了估计这个指数形式的方程的参数值,我们可以通过附录 A 中介绍的方法将上面这个非线性模型转化为线性模型,即:

$$\ln V_t = \ln V_0 + t \cdot \ln(1+g) \tag{4.8}$$

这样我们就也可以用最小二乘法来估计模型的参数值了。如果给定一个 t 值,我们也可以用回归所得的方程来预测变量在 t 期的值。

如果预测时期不是很远,通过上述两种形式的方程式所预测的结果可能相差不会太大,但所预测的时期越远,预测结果相差越是明显。如果你面对一些数据却不能决定用哪一种形式的方程较为合适,那么你不妨将两种形式都尝试一下,然后采取对数据的拟合程度较高(R^2 的值较大)的方程形式。

2. 季节波动。运用长期预测的方法并不能体现出变量值的季节性波动,这就可能导致预测值和实际值之间有一定程度的差异,但我们可以在长期预测方法的基础上对预测结果进行调整。

假设我们有 n 年的数据,每一年都有四个季节性数据,那么一共有 $4n$ 个数据,每一个数据可以表示为 $V_{ij}(i = 1, 2, \cdots n; j = 1, 2, 3, 4)$。相应地,我们把回归方程所预测的变量值表示为 $\hat{V}_{ij}(i = 1, 2, \cdots n; j = 1, 2, 3, 4)$。由此,我们可以通过计算得到一个季节波动的修正值 $b_j,(j = 1, 2, 3, 4)$,计算的方法是:

$$b_j = \frac{\sum_{i=1}^{n} \frac{V_{ij}}{\hat{V}_{ij}}}{n} \qquad (4.9)$$

上式的含义是将每一年中某一季节的变量真实值与预测值相除,得到一个比率,再将所有 n 年这一季节两个值的比率取平均。如果我们通过回归方程的方法得到了一个预测值,那么要使预测结果更为准确,我们只需将这一预测值与(4.9)式中的修正值相乘即可。我们举一个例子来更为形象地说明季节波动的修正方法。例如我们运用一个直线方程预测明年第一季度上海市市场上 VCD 片的需求量是 20 万张。但从前几年的数据来看,第一季度的 VCD 需求量总是比方程给出的数值偏高,平均地来看,真实需求量是方程预测值的 11/10。于是我们可以更为准确地预测明年第一季度上海市市场上 VCD 片的需求量是 20 × 11/10 = 22 万张。

另一种进行季节波动修正的方法是用虚拟变量(又叫哑变量,dummy variable)的方法。这里我们对此方法作一个简单的介绍,读者可以找一本计量经济学方面的书籍进一步了解这种方法的运用。用虚拟变量的方法我们可以有下面这样一个回归方程：

$$V_t = V_0 + a_1 D_{1t} + a_2 D_{2t} + a_3 D_{3t} + a \cdot t \quad (4.10)$$

这个方程中，我们以第四个季度作为预测的基期。D_{1t}在第一季度为1，在其他季度为0，这意味着只有在第一季度中a_1才对V_t的值产生影响，从而起到了修正变量值在第一季度的波动的作用。同样道理，D_{2t}在第二季度为1，在其他季度为0；D_{3t}在第三季度为1，在其他季度为0。在第四季度中，D_{1t}、D_{2t}和D_{3t}都为0，这时数据在第四季度的波动已经在V_0和a这两个参数中有所反映了。如果数据确实存在着较为明显的季节性波动的话，(4.10)这一个方程的拟合优度一定会大大地高于简单线性回归方程的拟合优度。

这里所介绍的两种季节波动修正方法所得到的实际结果是很相近的，所以可以互相替代。另外，读者需要牢记一点，那就是用时间序列数据进行趋势预测假定了目前变量变化的趋势会继续下去，但有时现实情况并不是这样的，所以读者应该小心运用这种方法。在专门的计量经济学课程中有一种更为复杂但也更为精确的时间序列分析方法，叫作"博克斯-詹金斯技术"(Box-Jenkins technique)，这种方法的难度已经超出了本书的水平，读者若有兴趣可以自己找相关的计量经济学书籍自学。[①]

(二) 平均修正法

在趋势预测中，时间序列数据一般都有较明显的长期趋势，季节性的波动也较有规律。但有时时间序列数据的长期趋势并不一定明显，季节性的波动也不大，而不规则的随机波动反而非常显著。这时如果我们想以过去的数据为基础来预测变量未来的变化，

---

① 这种方法是博克斯和詹金斯两人提出的，参见 Box, G. E. P., and G. M. Jenkins, *Time Series Analysis, Forecasting, and Control*. San Francisco: Holden Day, 1970.

就需要用到平均修正法,将数据中存在的异常波动通过平均的方法剔除掉。平均修正法也属于简单预测的一种。这里我们主要介绍两种平均修正法——移动平均法(moving averages)和指数平均法(exponential smoothing)。

1. 移动平均法。让我们通过一个实例来介绍移动平均法,请看表 4.1。某家企业有过去 12 个季度产品的销售量记录,现在要用这些数据来预测未来一个季度(第 13 个季度)的产品销售量。用三个季度的移动平均预测,可以将季度 1 至季度 3 的销售量平均得到季度 4 的销售量,即 (15 + 13 + 16)/3 = 14.67。计算季度 5 的销售量时,去掉季度 1 的数据,加上季度 4 的数据,可以计算得 (13 + 16 + 19)/3 = 16。依次类推,我们就可以得到之后每个季度的销售量,而所预测的第 13 个季度的销售量就等于第 10 至 12 个季度销售量的平均。同样道理,我们也可以用五个季度的移动平均来计算预测值,如表 4.1 中的第 6 列所示。

表 4.1 移动平均预测

季度	产品的实际需求量(A)	三个季度的移动平均预测(F)	$A-F$	$(A-F)^2$	五个季度的移动平均预测(F)	$A-F$	$(A-F)^2$
1	15	/	/	/	/	/	/
2	13	/	/	/	/	/	/
3	16	/	/	/	/	/	/
4	19	14.67	4.33	18.78	/	/	/
5	17	16.00	1.00	1.00	/	/	/
6	17	17.33	−0.33	0.11	16	1.00	1.00
7	21	17.67	3.33	11.11	16.4	4.60	21.16
8	14	18.33	−4.33	18.78	18	−4.00	16.00
9	15	17.33	−2.33	5.44	17.6	−2.60	6.76
10	18	16.67	1.33	1.78	16.8	1.20	1.44
11	20	15.67	4.33	18.78	17	3.00	9.00
12	18	17.67	0.33	0.11	17.6	0.40	0.16
				和 75.89			和 55.52
13	/	18.67			17		

现在读者会提一个问题,既然用三个季度移动平均和五个季度移动平均都可以预测未来一个季度的销售量(当然用四个季度或六个季度的移动平均也可以),那么用哪一种移动平均方法所得的预测值更为可信呢?这里我们提供一种衡量指标,叫作"平均误差平方的根"(root-mean-square error,RMSE),这一数值越小,预测结果越为可信。$RMSE$ 的计算公式是:

$$RMSE = \sqrt{\frac{\sum(A_t - F_t)^2}{n}} \qquad (4.11)$$

其中,A 表示的是已知的实际销售量;F 是用移动平均法预测的销售量;n 为预测的销售量的个数(不包括最后一个真正需要预测的值)。在我们所举的例子中,如果用三个季度移动平均预测,n 为 9,所以有

$$RMSE = \sqrt{\frac{75.89}{9}} = 2.904 \qquad (4.12)$$

而在用五个季度移动平均预测时,n 为 7,所以有

$$RMSE = \sqrt{\frac{55.52}{7}} = 2.816 \qquad (4.13)$$

通过比较可以发现,在此例中,用五个季度移动平均预测的结果要比用三个季度移动平均预测的结果更为可信。在实际应用中,我们可以变换移动平均过程中的平均对象数量,找出 $RMSE$ 最小的一个预测过程,即可将这一预测值作为最终的预测结果。

2. 指数平均法。上面介绍的移动平均法有一个重要的缺陷,即所有的观察数据在计算过程中的权重(weight)是相同的。实际上我们往往更加希望近一些的观察值在求平均的过程中显得更为重要,从而表现出近一些的趋势对预测结果影响也更大。所以在实践中,指数平均法比移动平均法更为常用,我们仍然通过一个同样

的实例来介绍这种方法。

在运用指数平均法时,t 期的数值(A_t)被加上了一个大于 0 小于 1 的权重(w),而 t 期的预测数值(F_t)的权重为 $(1-w)$。于是我们可以用式(4.14)来计算 $t+1$ 期的预测数值。显然,w 的值越大,t 期的观察数值与 t 期前的数值相比对预测结果影响更大。

$$F_{t+1} = wA_t + (1-w)F_t \qquad (4.14)$$

在运用指数平均法时,需要我们找到一个最初的预测值,即 F_1,这样才能继续进行以后一系列的预测。一种较为简便的确定 F_1 的方法是将所有已知的变量值进行平均。在本例中,12 个已知销售量的平均值为 16.92,所以就将 F_1 设定为 16.92。然后分别设定 $w=0.3$ 和 $w=0.5$,我们就可以得到表 4.2 中第三列和第六列两种预测结果。

表 4.2 指数平均预测

季度	产品的实际需求量(A)	$w=0.3$ 时的预测(F)	$A-F$	$(A-F)^2$	$w=0.5$ 时的预测(F)	$A-F$	$(A-F)^2$
1	15	16.92	−1.92	3.69	16.92	−1.92	3.69
2	13	16.34	−3.34	11.18	15.96	−2.96	8.76
3	16	15.34	0.66	0.43	14.67	1.33	1.76
4	19	15.54	3.46	11.98	15.67	3.33	11.09
5	17	16.58	0.42	0.18	17.27	−0.27	0.07
6	17	16.70	0.30	0.09	16.79	0.21	0.04
7	21	16.79	4.21	17.70	16.85	4.15	17.21
8	14	18.05	−4.05	16.44	18.90	−4.90	23.97
9	15	16.84	−1.84	3.38	16.03	−1.03	1.06
10	18	16.29	1.71	2.93	15.92	2.08	4.33
11	20	16.80	3.20	10.23	17.14	2.86	8.16
12	18	17.76	0.24	0.06	18.40	−0.40	0.16
			和	78.69		和	80.63
13	/	17.83			17.88		

同样地，我们也可以用 $RMSE$ 这一指标来决定采取哪一个 w 值为最好。就上面这一个例子而言，当 $w=0.3$ 时 $RMSE$ 为：

$$RMSE = \sqrt{\frac{78.69}{12}} = 2.561 \qquad (4.15)$$

而当 $w=0.5$ 时 $RMSE$ 为：

$$RMSE = \sqrt{\frac{80.63}{12}} = 2.592 \qquad (4.16)$$

可见，取 $w=0.3$ 时预测的结果更为可信。在实践中，读者可以反复地试几个权重的取值，然后通过比较 $RMSE$ 决定究竟取 w 为多少。一般而言，指数平均法得到的预测结果总是比移动平均法得到的预测结果更为可信，所以在实践中也更为常用。[①]

三、气压法

上面我们已经讨论了怎样预测长期趋势和季度波动，以及怎样修正数据的随机波动，接下来要讨论的是怎样预测时间序列数据未来的周期性波动。要预测一个经济变量在较短的时期内怎样随着经济周期产生波动，通常需要用到一些先行的经济指标（leading economic indicators）。这些经济指标能够预先反映整体经济活动水平的波动，就好像气压计里的水银柱可以预报天气的变化一样，"气压法"也由此而得名。

根据经济指标变化与经济周期的关系，可以将经济指标划分为三类。

[①] 有时，时间序列数据同时表现出较明显的长期趋势和无规律的随机波动，这就需要我们采取"双指数平均技术"（double exponential smoothing technique）来进行预测。本书不再对这种方法加以介绍，有兴趣的读者可以找一些专门论述商业预测的书籍自行学习。

1. 变化领先于经济周期的指标叫作"先行经济指标";

2. 变化与经济周期同步的指标叫作"同步经济指标"(coincident indicators);

3. 而变化滞后于经济周期的指标叫作"滞后经济指标"(lagging indicators)。

由于我们希望能够预先知道经济周期的变化,所以常常用到的是先行经济指标。在美国,通常被采用的先行指标有11种,主要包括消费者预期指数、股票价格指数、货币供给(M_2)、一些重要的原材料价格的变化等等。每一种先行指标的变化领先于经济周期变化的时间是不同的,对此我国还没有系统的研究说明每一种指标的领先时间,这就给我们对"气压法"的运用带来了困难。所以,一般只有政府有关研究机构才对经济周期的变化作一些预测,有时也公布一些研究结果,读者不妨多加留意。

在运用"气压法"进行经济周期变化的预测时,通常并不是采取个别的指标,而是采取综合指数(composite indices)或离散指数(diffusion index)。综合指数是个别指标的加权平均数,对预测作用大的指标所占的权重也相对较大。由加权平均得到的综合指数避免了个别指标受随机因素影响发生的异常波动,从而更为可靠。离散指数是指所有个别指标中上升的指标所占的比例。在美国,如果11个先行指标都上升了,那么离散指数就是100。如果上升的指标有8个,那么离散指数就是(8/11)(100),即73。一般来说,如果离散指数高于50,说明经济总体情况有所改进,而且该指数越接近于100,对经济总体情况有所改进的判断越可靠。如果现在出现的情况是月度的综合指数连续下降3至4个月,或者离散指数低于50,那就预示着经济衰退的到来,也就是说,国内生产总值可能会持续下降2个季度或更长时间。

采取综合指数或离散指数来预测经济周期的变化确实是一种好方法,但这种方法的缺点也很明显。其中最为主要的问题就是,我们用这种方法只能预测到经济周期的变化方向,但却不能知道经济活动水平的上升或衰退究竟程度如何,所以这种方法只是一种定性的预测方法。在现实的运用中,采取综合指数或离散指数来预测经济周期的变化,比起简单预测来更能准确地预知经济活动水平在较短时期内的转折点,但为了能够掌握经济活动水平变化的程度,最好将气压法与下面将要介绍的计量模型方法结合起来使用。

四、计量模型的运用

现在,企业已经越来越多地使用计量模型来对经济变量的变化进行预测。与前面所介绍的几种方法相比,计量模型的方法确实有其独特的优点。

1. 计量模型可以明确地表示出不同解释变量(或者叫作影响因素)的相对重要性。

2. 计量模型不像其他方法那样仅仅依赖于所预测变量的过去值或者一些宏观的经济指数,而是能够明确地表示出变量之间的数量关系,帮助企业进行科学的最优决策。

3. 计量模型往往同样能够达到趋势预测、季节波动调整、平均修正法和"气压法"所能达到的一些目标。所以说,计量模型的方法具有较为明显的优越性。

在上一章介绍需求估计方法时,我们已经接触到了计量模型,并且讨论了价格、收入等变量与需求量之间的关系。有时一些宏观经济指标也是单个企业产品需求量的重要解释变量,在实际进行预测时也应加以考虑。计量模型方法通常可以分为两类,如果变量之间的关系可以用一个方程来反映,那么所用到的模型就是单方程模型。有时,预测过程中涉及到的经济变量之间的关系不是能够用一个方程来反映的,这时就需要使用联立方程模型(multiple-equation models)了。下面分别介绍这两种计量模型及其运用。

(一) 单方程模型

运用计量模型进行需求量的预测，必须以需求估计为基础。如果知道需求量与哪些变量有关，我们就可以确定一个函数形式，并且用计量的方法确定模型的参数值。计量方法不仅可以帮助我们确定模型的参数值，还能够帮助我们选择一个较为合适的函数形式，以及决定解释变量的取舍。最终我们将能够得到一个对已有数据拟合程度最高的函数，并以这个函数表示出需求量与各个影响变量之间的关系。最后我们将预测期内各个影响变量的值代入这个函数，就可以预测出该期的需求量。

这里一个关键的问题是确定预测期各个变量的值。我们可以将模型的解释变量分为三类，确定每一类变量的未来值的方法也各不相同。

1. 第一类变量是能够由企业自身决定的变量，这类变量包括广告费用、产品价格等。既然这类变量是由企业自身决定的，那么未来变量的值就可以由企业决策来确定。实际上，企业往往需要变化有关变量的取值，然后比较哪一种取值下的需求量对实现企业的目标最为有利。需要提醒读者注意的是，并不是需求量越大就越好，读者不妨再回顾一下上一章中有关需求弹性的内容，加深对这一问题的理解。

2. 第二类变量是由其他企业决定的变量，例如其他企业的广告费用和产品价格等。对于这类变量的未来值，可以采取时间序列分析或平均法来确定。

3. 以上两类变量都是微观变量，另一类变量是宏观变量，例如居民的人均收入水平、人口数量等，对于这类变量未来值的确定，可以从政府有关部门或一些研究机构的出版物中直接获得。在历史数据齐全的情况下，我们也可以自己作一些分析来确定宏观经济变量的未来值。比如说，在《中国统计年鉴》上可以找到以前历年居民的人均收入水平和人口数量数据，运用时间序列分析、平均法和计量方法都可以预测这些变量的未来值。

(二)联立方程模型

在需求预测中最为常用的是单方程模型,但有时各经济变量之间的关系远不是由一个方程可以表示清楚的。如果有一些宏观经济变量(如国内生产总值、一些主要经济部门的需求量和销售量等)成了模型的解释变量,就会导致变量之间的关系更为复杂,这时我们就需要运用联立方程模型了。一个联立方程模型往往包括几个,甚至成百上千个方程,这里我们仅以下面这样一个由三个方程组成的联立方程模型作为例子。

$$C_t = \alpha_1 + \beta_1 \text{GDP}_t + \varepsilon_{1t} \qquad (4.17)$$

$$I_t = \alpha_2 + \beta_2 \pi_{t-1} + \varepsilon_{2t} \qquad (4.18)$$

$$\text{GDP}_t \equiv C_t + I_t + G_t \qquad (4.19)$$

在这一组式子中,C 表示消费支出,GDP 表示 t 年的国内生产总值,I 表示投资,π 表示利润,G 表示政府支出,ε 表示随机扰动因素(或称随机误差项),t 表示的是年份,$t-1$ 表示的是前一年。

从式(4.17)中我们可以看出 t 年的消费支出是同一年 GDP 的线性函数。式(4.18)表示的是 t 年的投资与前一年利润之间的线性函数关系。式(4.19)是一个恒等式,表示的是 GDP 与消费支出、投资、政府支出之间的关系。我们可以将上面这组式子中的变量划分为两类。一类变量叫作"内生变量"(endogenous variables),如 GDP_t、C_t 和 I_t,这类变量需要通过模型本身进行预测。另一类变量叫作"外生变量"(exogenous variables),如 G_t 和 π_{t-1},这类变量是由模型外的因素决定的。从模型的结构可以看出,三个内生变量之间是相互影响的,因此,我们在本书附录 A 中介绍的最小二乘法不能被用来估计这个联立方程模型的参数值。限于篇幅,这里我们也不再对估计联立方程模型参数值的方法进行介绍了,有兴趣的读者可以找计量经济学方面的书籍进行自学。

现在我们假定模型的参数值已经通过计量方法得知了,接下来要做的是运用这个模型来预测未来 GDP 的值。其实读者已经可以发现,如果确定了两个外生变量(G_t 和 π_{t-1})的值,问题就变成了求解一个方程组。只要将前两个式子代入第三个式子,再进行一系列的数学变换,就可以得到下面这个预测 GDP 的算式。

$$\text{GDP}_t = \frac{\alpha_1 + \alpha_2 + \beta_2 \pi_{t-1} + G_t}{1 - \beta_1} \quad (4.20)$$

上面这个式子叫作化简方程(reduced-form equation),在式中除了模型的参数外,就只有 G_t 和 π_{t-1} 两个外生变量。用同样的方法,我们也可以预测另两个内生变量(C_t 和 I_t)的未来值。读者不妨自己推导一下预测 C_t 和 I_t 的化简方程。

像上面这样一个用于预测国内生产总值的联立方程模型对于企业而言应用性并不强,类似的工作主要是由专门的研究机构完成的,企业只要了解预测的结果就可以了。有时,这种预测要用到成百上千个方程和大量的数据处理工作,即使企业想自己做预测恐怕也力不从心。我们学习联立方程模型的目的还是为了了解这种方法的原理和用途,在进行需求预测的时候,如果变量之间的关系不能用单方程模型来表示,就只能运用联立方程模型了。

五、投入产出法预测

投入产出分析(input-output analysis)是由瓦西里·里昂惕夫(Wassily Leontief)开创的,这种方法对于分析不同行业间对投入品需求的变化怎样影响到各行业的产出水平特别有用。企业也可以用这种方法进行需求的预测,特别是用于分析不同行业间需求变化的相互影响。在这一小节中,我们简单地对投入产出分析方法进行介绍,其内容包括投入产出表(input-output table)、直接需要矩阵(direct requirement matrix)、总需要矩阵(total requirement matrix)、投入产出法预测以及这种方法的用途和缺点。

（一）投入产出表

表 4.3 这样的表就是一张简单的投入产出表，其中仅涉及到 3 个行业。在实际运用投入产出分析方法的时候常常会涉及 30 到 400 个行业，而常见的投入产出分析一般涉及 40 到 100 个行业。

表 4.3　三部门的投入—产出表

供给行业	生产行业			最终需求	总计
	A	B	C		
A	10	30	15	45	100
B	40	45	10	55	150
C	20	15	5	10	50
增加值	30	60	20		110
总计	100	150	50	110	

先看上表中的第一行，这一行表示 A 行业共生产出了 100 元的产品，其中分别作为投入品供应给 A 行业 10 元的产品，B 行业 30 元的产品，C 行业 15 元的产品，其余有 45 元的产品作为最终需求到了消费者手中。其他几行的含义与此相同。然后我们再来看表的第一列，这一列表示在 A 行业所生产的 100 元的产品价值中，有 10 元的产品价值来自于本行业提供的投入品，有 40 元的产品价值来自于 B 行业所提供的投入品，有 20 元的产品价值来自于 C 行业所提供的投入品，自己在生产过程中增加的产品价值是剩余的 30 元。其他几列的含义也与此相同。增加的产品价值包括了利润、工资、利息支出、税收等。从表中还可看出，第一行的总计和第一列的总计是相等的，其他各行和列的总计也分别相等，而且作为最终需求的总计也等于增加值的总计。

（二）直接需要矩阵

像表 4.4 这样的一组数据就构成了一个直接需要矩阵。表中数据的计算方法是将表 4.3 中每一个行业投入品的需求量除以每一列的总计,其含义是如果某行业生产 1 元的产品,相应地需要各行业提供多少投入品。以第一列的数据为例,0.1、0.4 和 0.2 分别为表 4.3 中第一列的 10、40 和 20 与第一列总计 100 相除的结果,其含义是,如果 A 行业要生产 1 元的产品,将分别需要 0.1 元来自 A 行业的投入品、0.4 元来自 B 行业的投入品和 0.2 元来自 C 行业的投入品。同样地,如果 A 行业要增加生产 100 元的产品,将分别增加来自三个行业的投入品 10 元、40 元和 20 元。进一步地,如果对 B 行业投入品需求增加,又会再导致 A、B、C 三个行业产品需求增加,但在直接需要矩阵中没有考虑这种非直接的需求(或称次级的需求)。

表 4.4 直接需要矩阵

供给行业	生 产 行 业		
	A	B	C
A	0.1	0.2	0.3
B	0.4	0.3	0.2
C	0.2	0.1	0.1

(三)总需要矩阵

直接需要矩阵没有考虑非直接的需求,而总需要矩阵就既考虑了直接需求,又考虑了非直接需求。如果我们用 A 来表示上面这样一个直接需要矩阵的话,那么总需要矩阵就为 $(I-A)^{-1}$,其中 I 表示单位矩阵,上标(-1)表示原矩阵的逆矩阵。这里需要用到一些线性代数的知识,读者不妨先复习一下矩阵的相关内容。在美国,投入产出法常常被政府部门采取,这些部门也常常会公布相应的总需要矩阵,企业就不再需要自己进行这样复杂的计算了。

表 4.5 就是我们所举的这个例子的总需要矩阵,其经济含义是某行业如果生产 1 元产品共需要各行业提供多少投入品。以第

一列的数据为例,对于 A 行业来说,生产 1 元的产品将总共需要 1.47 元来自 A 行业的投入品、0.96 元来自 B 行业的投入品和 0.43 元来自 C 行业的投入品。同样道理,如果 A 行业要增加生产 100 元的产品,将分别增加来自三个行业的投入品 147 元、96 元和 43 元。如果用总需要矩阵与最终需求向量相乘的话,则可以得到总需求向量(如表 4.6 所示),也就是表 4.3 中最后一列所对应的三个数字。

表 4.5　总需要矩阵

供给行业	生　产　行　业		
	A	B	C
A	1.47	0.51	0.60
B	0.96	1.81	0.72
C	0.43	0.31	1.33

表 4.6　总需求矩阵、最终需求向量和总需求向量

总需要矩阵	最终需求向量	总需求向量
$\begin{pmatrix} 1.47 & 0.51 & 0.60 \\ 0.96 & 1.81 & 0.72 \\ 0.43 & 0.31 & 1.33 \end{pmatrix}$	$\begin{pmatrix} 45 \\ 55 \\ 10 \end{pmatrix}$ =	$\begin{pmatrix} 100 \\ 150 \\ 50 \end{pmatrix}$

(四)用投入产出表进行预测

假设通过预测我们已经知道明年行业 A 的最终需求量将从目前的 45 元增加到 50 元,那么三个行业的总需求将会产生怎样的变化呢?我们只要将表 4.6 中 A 行业的最终需求数量改为 50,再重新进行一遍计算,就可以得到如下计算结果(结果取了整数)。

$$\begin{pmatrix} 1.47 & 0.51 & 0.60 \\ 0.96 & 1.81 & 0.72 \\ 0.43 & 0.31 & 1.33 \end{pmatrix} \begin{pmatrix} 50 \\ 55 \\ 10 \end{pmatrix} = \begin{pmatrix} 108 \\ 155 \\ 52 \end{pmatrix} \quad (4.21)$$

当最终需求发生了变化以后,投入产出表也会发生相应的变化。根据变化后的总产量,分别乘以直接需要矩阵中的相应数字,就可以得到表 4.7 中的一组数据(结果取了一位小数)。具体地说,表 4.7 中第一列数据是用 A 行业的总产量 108 分别与直接需要矩阵中第一列的系数 0.1、0.4 和 0.2 相乘得来的。

表 4.7 修改后的三部门投入产出表

供给行业	生产行业			最终需求	总计
	A	B	C		
A	10.8	31.0	15.6	50	108
B	43.2	46.5	10.4	55	155
C	21.6	15.5	5.2	10	52

(五)投入产出法预测的用途和缺点

投入产出法预测的优点是很明显的,与前面介绍的几种方法相比,投入产出法考虑了不同行业之间的相互关联,特别是考虑了一个行业需求变化对其他各个相关行业产出变化的影响。因此,这种方法经常被政府有关部门用来预测一个行业需求的变化给整体经济所带来的影响。如果数据齐全的话,企业当然也可以用这种方法来进行需求的预测。

投入产出法预测也有一些缺点:

1. 为了使得整个方法能够具有操作性,投入产出法必须假定各个行业的投入产出比都是不变的,而且也没有要素之间的相互替代。

2. 这种方法还假定了商品的价格是不变的,因此也没有产品之间的相互替代效应。

3. 由于投入产出法涉及到的数据规模庞大,收集相应的数据需要经历相当长的时间,这就使得已有的数据资料可能显得有些过时,使得预测过程出现"时滞"现象。比如说,当我们要预测 2000

年产出变化的时候,可能只能用 1990 年的投入产出表,在这样长的时间里各行业之间的关系可能已经发生了不小的变化。

4．投入产出预测法不能独立运用,它必须以其他预测的结果为基础。其预测的准确性也相应地决定于其他预测的准确性。比如说,要预测消费者对于一种产品的需求量提高会给经济带来怎样的影响,首先就要预测这种产品的需求量究竟会发生多大的变化。

以上四点缺点都会影响到投入产出法预测的准确程度,但这种方法考虑到了不同行业间的相互关系,还没有其他更好的方法取代它的这种功能。

案例一 中国转轨时期住房市场需求的收入弹性分析

住房制度改革在 1998 年成为我国经济体制改革最为重要的一项工作,同时也将对住房市场的前景和房地产业的发展产生重大影响。对于房地产开发商来说,住房市场的前景无疑是影响企业决策的重要因素。在这一案例中,我们分析的是住房制度改革过程中城镇居民对市场化住房的需求,重点是测算住房市场需求的收入弹性。

一、城镇居民市场化住房的需求函数

本案例分析是以当前城镇居民市场化住房的需求函数为基础的,我们将这一需求函数表示为:

$$Q = f(I, P, P_Y, q, Z)$$

其中,Q 为居民对住房的市场需求量;

I 为居民实际收入水平;

P 为住房的市场价格;

P_Y 是其他商品价格;

q 为居民已拥有的非市场化住房(以实物福利形式分配的公房)的数量;

Z 代表住房消费意识、制度环境等影响住房需求的其他因素。

在上述需求函数中,核心的概念是住房需求量 Q。一般的研究多用住房所提供的服务量(housing services)作为对 Q 的衡量。实际收入通常被认为是决定住房需求的重要变量,而且现期收入对住房需求量的变化有更好的解释力。[①] P 是住房的市场价格水平,由商品住房价格以及与之相联系的市场化房租等因素共同决定。在需求函数中加入 q 这一变量是由我国住房需求的体制性特征所决定的,q 表示居民拥有的非市场化住房的数量。Z 作为对居民的住房消费意识、制度环境等因素的衡量较难直接量化,它同实物福利性住房的房租水平、住房分配制度、个人对住房拥有的产权构成、居民购房心理变化等因素有关。

二、住房需求收入弹性的计算

在下面的计量分析中,我们按照国外较为常用的方法,选用横截面数据分析住房需求的收入弹性。利用横截面数据,可以近似认为对于不同收入组别的居民而言,面对的是不变的价格体系(包括住房价格和其他商品价格)、不变的制度环境和住房消费意识。在下面的计量分析中,我们采用住房支出量作为对住房需求量的衡量,并选取个人的现期收入水平作为收入变量 I。这样,我们就可以建立下面这一计量模型:

$$\ln Q = a\ln I + C + \varepsilon$$

其中,Q 是市场化住房需求,用住房支出量表示;

I 是城镇居民的实际收入水平;

---

① 参见 Goodman, Allen C., "An Econometric Model of Housing Price, Permanent Income, Tenure Choice, and Housing Demand," Journal of Urban Economics, 23, pp. 327—353, 1988.

α 即住房需求的收入弹性;

C 是个常量;

ε 为随机误差项。

我们所选取的原始数据来自《中国统计年鉴》1993—1997各年城镇居民消费构成的抽样调查数据。在回归过程中,我们将原始数据按城镇居民消费价格总指数折算成了1992年可比价格。这样做对收入弹性 α 并无实际影响,同时又使得后文中不同年份的需求—收入线之间具有可比性。之后我们利用普通最小二乘法对住房支出量与实际收入水平的自然对数值作一元线性回归,结果如表4.8。

表 4.8

年份	住房需求收入弹性	T 检验值	常数项	T 检验值	F 检验值	R^2
1992	1.2167	10.75	−5.6969	−6.62	115.62	0.959
1993	1.2847	16.95	−6.0961	−10.46	287.25	0.983
1994	1.2696	24.19	−5.9061	−14.50	585.15	0.992
1995	1.1795	12.06	−5.1442	−6.73	145.41	0.967
1996	1.0807	15.51	−4.3116	−7.89	240.59	0.980

由截面数据回归结果可见,1992—1996年我国城镇居民的住房需求收入弹性分别约为1.22、1.28、1.27、1.18和1.08。这表明,现阶段我国城镇居民对住房的需求富有收入弹性。

三、需求—收入线的时序性变动

除了收入变量之外,其他因素(需求函数中的 P、P_Y、q 与 Z)的变化也会影响居民对住房的需求。这些非收入因素对于需求的影响,我们将通过对需求—收入线时序性变动的分析来得出。

根据回归所得,我们可以将特定年份中居民收入水平与相应的住房需求量(均取其自然对数值)一一对应,得到一条需求—收入线。通过将分别代表不同年份的需求—收入线绘在同一坐标平面上,便得到了时序性变动的一组需求—收入线(见图4.3)。

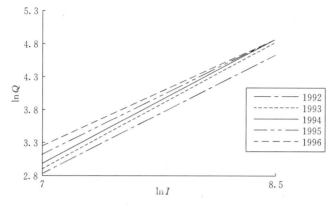

图 4.3 需求—收入线的时序变动

从图 4.3 中我们可以发现,近年来住房需求—收入线时序性变动有两个特点:

(1) 随着时间的推移,需求—收入线基本上呈向上方移动的趋势。这表明住房制度改革中一些非收入因素的变化起到了促进居民住房需求的作用。

(2) 随着时间的推移,需求—收入线在不同收入水平下上移的幅度是有所不同的。在高收入区域,需求—收入线随时间而上移的幅度在减少,在较低收入区域,需求—收入线上移的幅度没有减少,甚至还有进一步增加的趋势。这表明住房制度改革对不同收入组别居民的影响是不同的。

四、结论

根据本案例分析可以得出以下两点结论:

(1) 现阶段我国城镇居民的住房需求收入弹性大于 1,这意味着住房商品需求增长将快于居民收入增长,房地产市场前景看好。

(2) 根据本文的分析,近年来高收入居民的住房需求增长明显放慢,而中低收入居民将是今后我国住房需求增长的主体。这表明房地产开发商应进一步注重投资结构调整,控制高标准商品房的开发规模,加大中低标准商品房的开发力度。同时,住房金融也应为中低收入居民提供消费信贷支持。

案例二 对一个家用电器市场展开的消费者调查

这里我们通过一个消费者调查的案例来看一下怎样通过市场研究来对需求进行分析。这一个案例是国内一家生产家用电器的企业进行的一次消费者调查,其目的是为了了解市场前景、市场竞争态势、自己产品的形象和需求情况。出于企业的要求,我们隐去了企业的名称,并以字母 A 来代表产品的类别。读者主要通过这一个实例来了解进行消费者调查的方法。

该企业的调查采用了问卷的形式,并且邀请了一家专门从事调查研究的专业公司来进行。为了达到调查的目的,问卷中对受访者问了一系列的问题,其中主要涉及以下几个方面:①受访者的基本背景资料;②产品 A 的市场前景和竞争态势;③自己产品的形象和品牌知名度;④消费者的消费行为和购买欲望;⑤一些因素(如年龄、受教育程度、职业、家庭结构、受访者的婚姻状况、受访者的个人收入以及家庭人均月收入等)对消费行为的影响。

例如,为了了解消费者的消费行为和购买欲望,问卷中有这样两个问题(见表 4.9):

表 4.9

*请问您的家庭准备什么时候购买产品 A?

| 1. 3 个月内 | 2. 半年内 | 3. 一年内 |
| 4. 两年内 | 5. 三年内 | 6. 其他 (　　) |

*请问您的家庭购买产品 A 时对下列因素的注重程度如何?

	很不注重	不大注重	一般	比较注重	十分注重
1. 价格	1	2	3	4	5
2. 质量	1	2	3	4	5
3. 功能	1	2	3	4	5

4. 广告	1	2	3	4	5
5. 品牌	1	2	3	4	5
6. 售后服务	1	2	3	4	5

又如,为了了解价格对需求的影响,问卷中问了这样一个问题:

*请问产品 A 的价格为多少时您一定会购买? (填写)

在问卷调查的基础上,调查者用一些统计方法对所获得的信息进行分析,从而得出一些有意义的结论。仅以上面这几个问题为例,调查者将消费者按照年龄、受教育程度、职业、家庭结构、受访者的婚姻状况、受访者的个人收入以及家庭人均月收入等分组,然后比较不同组别的消费者购买产品 A 的时间有何不同,对于产品 A 的不同方面关注程度有何不同。这样的分析有助于企业实施正确的产品定位策略。又如,通过了解消费者一定会购买产品 A 时的价格,调查者得到了图 4.4,反映出相应价格下肯定购买产品 A 的消费者所占的比例。

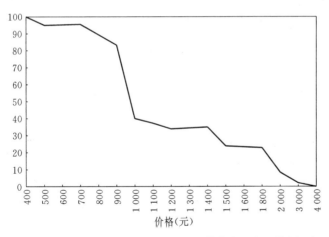

图 4.4 相应价格下肯定购买产品 A 的消费者所占的比例(%)

实际上,图 4.4 就是一条需求曲线,如果将图的纵轴变成家庭数量的话,这张图就变成了一张价格与需求量之间的关系图。

从这张图中我们可以看出，消费者心中有三个极为明显的心理价位：1 000元、1 500元和2 000元，如果产品 A 的市场价格降至这几个心理价位以下，消费者的购买意向会出现较为明显的上升趋势。结合这次对于消费者购买产品 A 的调查结果，该企业发现，有相当数量没有购买产品 A 的消费者的心理价位实际上高于市场上的现行价格。这在一定程度上说明消费者对于产品 A 市场价格缺乏了解，如果企业在这方面加强宣传力度，可以较为容易地争取到一批顾客。

附录 A 回归分析

回归分析是计量经济学中最为基础的一部分内容，也是管理经济学中最常用的一种分析工具。在第四章中，我们已经介绍了如何构造一个模型来作为回归分析的基础。在这一个附录中，我们将简要地介绍回归分析中估计模型具体参数值的方法。①

一、一元线性回归与最小二乘法

回归分析中最为简单的是一元线性回归。首先，我们要在理论分析的基础上建立如下式所示的一元线性模型②：

$$y = b_0 + b_1 x + \varepsilon$$

其中，y 为应变量，x 为自变量，b_0 为模型的截距（也就是 y 值中与 x 值变化无关的部分），b_1 为 x 变量的系数（表示 y 与 x 之间变化的比率），ε 为随机误差项（表示一个具体的 y 值不能被线性模型解释的部分）。

---

① 我们介绍的内容主要针对管理经济学中用到的知识。读者可以另外找些计量经济学的书籍加深对于计量方法的理解。
② 计量模型自变量和应变量之间的关系应有理论支持。就经济学研究而言，缺乏理论基础，而仅有计量结果支持的变量间相互关系并不一定具有经济学意义。

如果现在我们有一系列的 y 值和 x 值,我们可用很多方法来找到一个线性的方程(直线),例如任意地连接两个特定的点,但这种方法显然不能给出一条最好的拟合直线。另一种方法是找一条直线,使得直线与已有的点之间的距离的和最小,但由于这条直线与点之间的距离有时为正有时为负,求和时会相互抵消,所以用这种方法找到的直线也并不一定最好。于是,我们想到要找一条这样的直线,使得直线与点之间的距离的平方和最小,即这条直线能够使下式的值最小:

$$\sum_{i=1}^{n}(y_i - \hat{y}_i)$$

其中,y_i 表示的是 y 的观测值,而 $\hat{y}$ 表示的是根据拟合直线方程计算得出的 y 值,即:

$$\hat{y}_i = \hat{b}_0 + \hat{b}_1 x_i$$

其中,$\hat{b}_0$ 和 $\hat{b}_1$ 所表示的是根据计量方法得出的模型参数的估计值。这里所用的寻找拟合直线的方法就叫做最小二乘法。根据最小二乘法的定义,即 $\min \sum_{i=1}^{n}(y_i - \hat{y}_i)$,可以经过一系列的数学推导得到以下几个计算公式,用来估计模型的参数值。

$$\hat{b}_1 = \frac{SS_{xy}}{SS_x}$$

$$\hat{b}_0 = \overline{y} - \hat{b}_1 \overline{x}$$

其中,

$$SS_{xy} = \sum(x_i - \overline{x})(y_i - \overline{y})$$

$$SS_x = \sum(x_i - \overline{x})^2$$

$$\overline{y} = \frac{\sum y_i}{n}$$

$$\overline{x} = \frac{\sum x_i}{n}$$

此外,我们还有两个计算 SS_{xy} 和 SS_x 的简便公式,即:

$$SS_{xy} = \sum x_i y_i - \frac{\sum x_i \sum y_i}{n}$$

$$SS_x = \sum x_i^2 - \frac{\left(\sum x_i\right)^2}{n}$$

因此,实际上我们只要计算出四个和的值(即 $\sum x_i$,$\sum y_i$,$\sum x_i^2$ 和 $\sum x_i y_i$),就可以得到回归方程了。

二、多元线性回归

有时,应变量的值与两个或者更多的自变量有关,相应地我们可以建立一个多元的线性模型:

$$y = b_0 + b_i x_i + \varepsilon \quad (i = 1, 2, \cdots, k)$$

模型中各个符号的含义与前面相同。为了估计模型中各个参数的值,我们就要用到多元线性回归的方法。在多元线性回归中,我们也可以使用最小二乘法,但计算过程太复杂了,因此我们通常用计算机来进行这样复杂的回归分析。

三、非线性模型向线性模型的转换

最小二乘法是用来进行线性回归分析的,但实际上如果一个非线性的模型能够转换为线性的模型,就同样可以使用最小二乘法来估计模型的参数值。例如,某企业认为其产品的市场需求量(Q)与产品的价格(P)和居民收入水平(I)之间有着这样的函数关系:

$$Q = b_0 + b_1 P + b_2 P^2 + b_3 \ln I$$

那么,可以令 $x_1 = P$,$x_2 = P^2$,$x_3 = \ln I$,从而将原来的方程转换为 $Q = b_0 + b_i x_i (i = 1, 2, 3)$ 这样一个多元线性方程的形式,

并用最小二乘法来估计各参数的值。

同理,如果碰到一些更为复杂的函数式,也可以用类似的代换法来将非线性模型转换为线性模型。通过熟练地掌握类似的转换方法,可以大大地扩大最小二乘法的应用范围。读者可以尝试着将下面两个非线性模型转换为线性模型:

(1) $y = b_0 + b_1 x^3 + b_2 \dfrac{1}{x}$

(2) $Y = AL^a K^b$,(这是一个柯布-道格拉斯式的生产函数,L 和 K 分别代表劳动和资本,A 为技术水平,要求读者能够用最小二乘法估计出 A,a 和 b 的值。)

四、回归方程的检验

当我们通过计量方法得到一个回归方程后,我们需要知道这一方程对于数据的拟合究竟有多好,为此我们可以通过一些指标来衡量。为了使这些指标对于回归方程的检验有效,随机误差项 ε 需要满足以下四个条件:

(1) ε 的概率分布是正态分布;

(2) ε 的概率分布的均值为零,即 $E(\varepsilon) = 0$;

(3) ε 的标准差(σ_ε)是一个常数,与 x 的值无关;

(4) 与任意两个 y 值相对应的 ε 值之间是相互独立的,也就是说,某一点上的 ε 值不会影响到其他任意一点上 ε 的值。

如果回归方程能够满足以上四个条件,那么我们就可以用下面这四个指标来评价一个回归方程对数据的拟合程度。

1. 标准误差(standard error of estimate,记作 s_ε)

标准误差 s_ε 是对 ε 的标准差 σ_ε 的无偏估计,在一元线性回归中,s_ε 的计算方法是:

$$s_\varepsilon = \sqrt{\dfrac{SSE}{n-2}}$$

其中,n 为观察值的个数;

$$SSE = \sum (y_i - \hat{y}_i)^2 = SS_y - \dfrac{SS_{xy}^2}{SS_x};$$

$$SS_y = \sum(y_i - \bar{y})^2 = \sum y_i^2 - \frac{(\sum y_i)^2}{n}。$$

在多元线性回归中，s_ε 的计算方法是：

$$s_\varepsilon = \sqrt{\frac{SSE}{n-k-1}}$$

其中，k 为自变量的个数。

从以上一组式子中我们可以看出，s_ε 越小，意味着 SSE 也越小，回归方程的拟合程度越高。人们常用 s_ε 与应变量的平均值($\bar{y}$)作比较来判断 s_ε 是小还是大。但是，并没有一个明确标准来判断 s_ε 究竟小到怎样的程度才能说方程的拟合程度是可以被接受的，因此这个指标并不常用。

2. 相关系数指标(coefficient of determination，记作 R^2)

R^2 所反映的是回归方程的拟合优度，其计算方法是：

$$R^2 = \frac{SS_{xy}^2}{SS_x \cdot SS_y} = 1 - \frac{SSE}{SS_y} = \frac{SSR}{SS_y}$$

其中，
$$SS_y = \sum(y_i - \bar{y})^2$$
$$SSE = \sum(y_i - \hat{y}_i)^2$$
$$SSR = \sum(\hat{y}_i - \bar{y})^2$$

从上面的计算方法我们可以看出，R^2 的含义是应变量的实际值(y)与应变量的平均值($\bar{y}$)之间的偏离有多少被回归方程解释了。显然 R^2 越是接近于 1，回归方程对数据的拟合程度越高。

R^2 的值有时会因为观察值数量太少而显得很高，但这又不能说明回归方程对数据的拟合程度就很高，所以有时我们需要用自由度对 R^2 的值进行调整，从而得出调整的 R^2 的值。调整的 R^2 的值可用下式计算得出（其中，n 和 k 的含义与前面相同）：

$$\text{调整的 } R^2 = 1 - \frac{SSE/(n-k-1)}{SS_y/(n-1)}$$

3. t 统计值

t 统计值是用来检验某个参数是否具有显著性的,或者说是用来检验应变量与某个自变量之间是否具有线性关系的。这里要用到假设检验的方法,如果我们想知道某个变量的系数(例如 x 变量的系数 b_1)是否具有显著性,那么我们就要进行如下的假设检验:①

$$H_0: b_1 = 0$$

$$H_A: b_1 \neq 0$$

为了完成这一检验,我们选取 t 统计值作为依据,

$$t = \frac{\hat{b}_1 - b_1}{s_{\hat{b}_1}}$$

其中, $$s_{\hat{b}_1} = \frac{s_\varepsilon}{\sqrt{SS_x}}$$

如果误差项是正态分布的,那么 t 统计值就是呈 t 分布的(自由度为 $n-2$)。如果 $|t| > t_{\alpha/2, n-2}$(α 为显著水平),那么我们就拒绝上述原假设,也就是说应变量与自变量之间具有显著的线性关系;反之则说明两者之间的线性关系不显著。显然,$|t|$ 越大越能说明两个变量间的线性关系显著。

4. F 统计值

F 统计值是用来检验整个回归方程(或者说拟合直线)是否具有显著性的,相应地我们要进行下面这样一个假设检验:

$$H_0: b_1 = b_2 = \cdots = b_k = 0$$

H_A:至少有一个变量的系数不为零。

为了完成这一检验,我们选取 F 统计值作为依据,

$$F = \frac{SSR/k}{SSE/(n-k-1)}$$

---

① 引入假设检验的概念是为了帮助读者理解 t 统计值和下面所要介绍的 F 统计值的含义,读者可以自己找到相关的书籍,进一步了解假设检验的概念及运用。

F 统计值是服从 F 分布的(自由度为 $k, n-k-1$),如果 $F > F_{\alpha, k, n-k-1}$(α 为显著水平),那么我们就拒绝上述原假设,也就是说整个回归方程具有显著性;反之则说明整个回归方程不具有显著性。显然,F 越大越能说明整个回归方程具有显著性。需要指出的是,在一元线性回归中,F 统计值检验和 t 统计值检验是等价的。

五、回归分析中可能出现的一些问题

1. 多重共线性(multicollinearity)

多重共线性指的是回归分析中有两个或两个以上的自变量(解释变量)之间高度的相关。例如,某企业在进行需求分析时,将本企业的广告费用和所有促销活动的费用同时作为产品需求量的解释变量,但我们知道,广告费用本身就是所有促销活动费用的一部分,两者是高度相关的。这种情况的出现会增大标准误差的值,降低 t 统计值从而使得参数显著程度下降。解决多重共线性的方法主要四种:①收集更多的数据,扩大样本的范围;②运用一些以前已经获得的信息,例如某两个参数之间的关系;③将函数形式作一些变化;④舍去一个引起多重共线性问题的变量,例如在刚才提到的例子中,可以省略广告费用这一解释变量。

2. 异方差(heteroscedasticity)

如果回归分析中误差项的方差是一个常数这一条件不能满足,我们就说回归分析发生了异方差问题。这一问题经常发生在回归分析采取了横截面数据(cross-section data)的时候,例如,对同一时点上不同年龄的人群进行研究,年龄较大组别与年龄较小组别之间数据的误差项的方差就可能是不同的。当误差项方差不同时,我们上面所用到的统计检验方法就会失效,从而可能给出一些错误的信息。为了避免异方差问题,我们可以采取两种方法:①对可能引起异方差问题的变量采取对数形式;②使用加权的最小二乘回归方法(weighted least-squares regression),也就是将应变量和所有自变量的数值都用引起异方差问题的变量数值去除一下,然后再用调整过的数据进行回归分析。

3. 自相关(autocorrelation)

自相关出现在数据的残差项(residuals,即观察到的数值与方程给出的值之间的差值)之间存在相关性的时候,也就是说数据的残差项之间不是相互独立的。发生自相关现象时,会表现出回归方程的 D-W 值(杜宾-瓦森检验值)大大偏离 2。在 D-W 值表中,我们可以先找到与观察值(n, $n \geqslant 15$)相应的行,再找到与解释变量数(k)相应的列,就可以找到两个数值,d_L 表示下界,d_U 表示上界。如果回归方程的 D-W 检验值超过了这个范围,那么就发生了自相关现象;反之,我们就可以认为没有发生自相关现象。

消除自相关现象的方法有很多,最简单的方法有:①加入新的解释变量;②重新考虑模型的形式,例如将线性的模型变为非线性的模型。

六、怎样用计算机软件来做回归分析

可以用来做回归分析的计算机软件非常多,这里我们介绍一种最为常用而且非常方便的工具,Microsoft Excel。① 如果你的电脑已经安装了 Microsoft Excel 的话,你需要首先将要进行回归分析的数据输入 Excel 表格,注意,所输入的数据必须在相邻的列内。如果你要做的是一个非线性模型的参数估计的话,那么你需要先将数据根据转换后的线性模型进行换算,并将换算结果输入表格中。然后,你可以选择"工具(Tools)"菜单,选择"数据分析(Data Analysis)",再选择"回归(Regression)"。这时,Excel 会要求你分别输入 Y 和 X 数据的范围,你可以拖动鼠标来完成这一步骤,也可以直接用键盘来做(比如键入 \$A1:\$A101,其中字母表示列,数字表示行)。最后,用鼠标点击"完成(OK)",Excel 就会将回归结果用一张表格的形式输出在屏幕上,你所要做的只是会读这张表。下面给出的是中文 Excel 输出的回归结果的一个例子(见表4.10)。

---

① Minitab 和 TSP 也是较为常用的用来做回归分析的软件,这里我们就不另作介绍了,读者可以根据自己的方便选择适用的软件。

表 4.10

回 归 统 计	
R 的倍数	0.981379
R 的平方	0.963106
调整的 R 平方	0.958494
标准误差	29.25666
观察值个数	10

ANOVA

	自由度	SS	MS	F	显著水平 F
回归	1	178 752.4	178 752.4	208.8345	5.14E-07
残差	8	6 847.619	855.952 4		
总和	9	185 600			

	系数	标准误差	t 统计	P-值
截距	183.3333	32.92729	5.567824	0.00053
X 变量 1	65.2381	4.514401	14.45111	5.14E-07

根据这张表给出的信息,我们首先可以写出回归方程为 $y = 183.3333 + 65.2381x$。其次,我们可以找到几个有用的数据(如 R^2、标准误差、t 统计值和 F 值)来评价回归方程对数据的拟合程度。

复习思考题

1. 什么是需求估计?主要采用哪些方法?
2. 什么是需求估计中的"识别问题"?解决这一问题可以通过哪些手段?
3. 用回归分析法估计需求,主要有哪几个步骤,请解释之。
4. 在回归分析中,应当怎样测定回归模型和每个回归系数对因变量的解释能力。

5. 需求预测有哪几种主要方法？请分析之。

6. 以下是某产品在过去 12 个月中的月销量，试运用移动平均法预测下个月的销量。分别运用三个月和五个月的数据进行移动平均预测，并求各自的 $RMSE$，比较哪一个预测结果更为可信。

	1	2	3	4	5	6	7	8	9	10	11	12
销量	150	136	143	158	170	176	180	165	160	160	155	140

7. 运用指数平均法对上述数据进行预测，分别令 w 等于 0.3 和 0.5 进行预测，并求各自的 $RMSE$，比较预测结果。

8. 某企业生产的产品在不同价格水平下的销售量数据如下：

价格(元/件)	日销售量(件)
10	70
14	64
17	52
21	43
28	31
32	20

（1）根据以上数据，在直角坐标系上画出散点图，并将其连成一条需求曲线。

（2）用回归分析法求需求曲线的方程。

（3）如果价格为 25 元/件，估计日销售量是多少？

9. 某食品公司在一中等城市中有八家连锁店，各店按统一价格销售公司产品。当价格为 12 元/公斤时，平均每店每月销售 3 860 公斤(假定该城市的各地区居民收入水平比较接近，故各店销量较接近)。公司为了估计产品的需求曲线和价格弹性，除将一家连锁店的价格保持不变外，其余七家的价格都做了变动。价格变化后，各店的销售情况如下：

编号	1	2	3	4	5	6	7	8
价格 X_i(元/公斤)	12	11.6	16.8	13.7	14.9	9.5	10	15.4
销售量 Y_i(公斤)	3 860	4 200	2 530	3 420	3 030	5 300	4 680	2 890

假定产品的价格和销量之间的关系为线性关系,请用最小二乘法估计需求曲线,并据此估计各个价格水平上的需求价格弹性。

10. 下面是一张假想的关于住房、建材、钢铁、机械四个行业的投入产出表:

投入\产出	住房	建材	钢铁	机械	总计
住房	50	40	20	40	1 000
建材	400	40	80	50	600
钢铁	150	200	500	1 000	2 000
机械	200	200	700	500	1 700
总计	1 000	600	2 000	1 700	

(1) 计算该表的直接需要矩阵。

(2) 计算总需要矩阵。

(3) 如果社会对这四个行业的最终需求分别是 1 400,800,2 500 和 2 100,请计算总需求向量。

(4) 如果对住房的需求增加到 2 000,则总需求会增加多少?

第三篇　生产和成本理论

在第二篇，我们通过对商品市场上消费者自发消费行为进行剖析，比较合理地解释了市场需求的一般规律。市场总是由需求与供给这两极构成的，并通过它们的相互作用而达到均衡。本篇的主要任务，就是从生产者的角度在理论上对供给的形成进行探讨。通过这一篇的学习，读者将了解到企业最优要素投入组合决策的理论基础。

市场向企业传递了市场上需要什么和需要多少的信号，至于具体应该生产多少，企业必须综合考察自己的生产能力和生产成本，并结合需求状况作出决策。决定产量后，企业面临的主要问题就是如何组织生产以最有效地或者说花费成本最小地把这个既定产量生产出来。这些问题的解答涉及到生产和成本理论。本篇第五章对企业的生产理论进行分析，第六章考察企业的生产成本，并对成本函数进行估计。在上篇和本篇的理论准备之后，我们就可以对不同市场结构下需求和供给的均衡展开详细讨论了。

第五章 生 产 理 论

本章以企业生产为研究对象。经济分析中的企业,通常指以赚取利润为目的而从事生产的经济组织。由于利润只有量的大小而无质的区别,因而我们可以合理地假定企业追求利润极大化,这是我们展开生产理论研究的出发点。生产理论涉及企业用资源(投入)生产产品(产出)的全过程。在这个过程中,企业面临着两个基本的生产决策:

1. 如何组织劳动、资本等生产要素的投入,最有效地把既定的产量生产出来?

2. 如果企业需要扩大生产能力,应该怎样进行规划?

通过本章的理论研究,我们可以对这两个问题作出解答,加深对企业生产决策的理解,并为更深入的分析打下基础。

第一节 生产与生产函数

一、生产与生产要素

生产,指企业把其可以支配的资源转变为物质产品或服务的过程。这一过程不单纯指生产资源物质形态的改变,它包含了与提供物质产品和服务有关的一切活动。企业雇用劳动力,培训职工,筹措营运资金购置设备、原材料,举行会议进行生产决策,产品加工和质量监督等活动都是生产过程的构成部分。企业的产出,可以是服装、面包等最终产品;也可以是再用于生产的中间产品,如布料、面粉等。企业的产品还可以是各种无形的服务,例如银行提供借贷款服务,美发厅为顾客美容美发服务等。

企业进行生产,需要有一定数量可供支配的资源作为投入,如土地、厂房、设备和原材料、管理者和技术工人等。这些企业投入生产过程用以生产物质产品或劳务的资源称为生产要素或投入要素。经济学中为方便起见,一般把生产要素分为三类:①劳动,包括企业家才能[①];②土地、矿藏、森林、水等自然资源;③已经生产出来再用于生产过程的资本财货。

二、生产函数

企业的生产,总表现为投入一定量的各种生产要素,然后得到一定量的产出,投入要素与产出之间的这种数量关系可以用生产函数来描述。所谓生产函数(production function),就是指在特定的技术条件下,各种生产要素一定投入量的组合与所生产的最大产量之间的函数关系式,其一般形式为:

$$Q(q_1, q_2, \cdots q_m) = f(x_1, x_2, \cdots x_n) \qquad (5.1)$$

式中 $q_1, q_2, \cdots q_m$ 表示企业生产的 m 种产品的产出数量,$x_1, x_2, \cdots x_n$ 表示 n 种生产要素的投入量。例如,某家电企业在一段时期内同时生产空调和冰箱两种产品各一千台,需要投入劳动、钢材、电子原件、厂房等生产要素各若干,空调与冰箱的产量和各种生产要素的最小投入量之间的函数关系,即该厂在这段时期的生产函数,这一函数关系也可以用上式来表示。

[①] 有些经济学家为了突出企业家的作用,将企业家的才能作为一种独立的生产要素以区别于普通劳动者的劳动。一定产量和最小生产要素投入量的关系是生产函数的另一种等价的定义方式。

为分析的方便,我们假定企业只生产一种产品,仅使用劳动和资本两种生产要素,分别用 L 和 K 表示,则方程 5.1 可以简化为:

$$Q = f(L、K) \qquad (5.2)$$

方程 5.2 代表着一个用两种投入要素生产一种产品的简单生产体系。在这个体系的生产过程中,产品 Q 的产出数量取决于劳动和资本的投入数量。产品 Q 可以是一种有形的物质产品,如计算机、轮船、汽车等,也可能是一种无形的服务,如广播、教育、医疗保健等。劳动指企业雇用的工人、技师、经理等人员的数量或他们提供的劳动小时数,资本则指生产中所使用的各种设施的数量。为了方便,我们假定劳动(或资本)的各个单位都是同质的或等效的。当然,实际情况可能并不如此。例如,一般来说,一名经理的素质要高于一名工人的素质,前者对生产的贡献要大于后者。但由于我们讨论的是要素投入量与产量的关系,所以把这种要素质量的差异抽象掉是一种合理的简化,并不影响结论的正确性。需要指出的是,尽管我们本章讨论的生产体系非常简单(只有两种投入和一种产出),然而我们得出的结论却具有普遍意义,它们同样适用于有两种以上生产要素且产品多于一种的场合。

表 5.1 两种投入要素一种产品的生产函数

资本投入量 (K)	产出量 Q							
8	21	39	62	73	82	90	97	90
7	21	38	58	72	84	95	104	86
6	20	35	54	69	80	90	98	78
5	18	33	49	62	72	80	86	68
4	15	28	42	54	62	68	72	57
3	11	21	33	42	49	54	56	44
2	6	13	21	28	33	36	35	28
1	2	6	12	16	19	21	19	16
	1	2	3	4	5	6	7	8
	劳动投入量(L)							

为加深对生产函数基本性质的理解,我们在表格 5.1 中给出了一个假设的生产函数。表中每个产量数据皆是劳动和资本各一定量的组合所能生产的最大产量,例如,2 单位 K 与 3 单位 L 相结合可以生产出 21 单位 Q;7 单位 K 与 2 单位 L 结合起来能够生产出 38 单位的 Q,等等。必须强调的是,生产函数表示的是具有技术效率的生产方法,它意味着,在现有的技术条件下,不存在其他的生产方法能够用同样的投入得到更大的产出,或者用更少的投入生产出同等数量的产出。注意,技术上富有效率的生产方法并不一定就具有经济效率(即生产一定数量的产品耗费的成本最小)。从表 5.1 可以看到,$2K$ 与 $3L$ 结合和 $3K$ 与 $2L$ 结合都能生产出 21 单位 Q,这两种生产方法均有技术效率。设 K 和 L 的单位价格分别是 10 元和 20 元,那么,生产同样 21 单位 Q,前一种生产方法耗费的成本是 80 元,而后者则只耗费 70 元,显然 $2K$ 与 $3L$ 结合的生产方式不具有经济效率。还应注意,生产函数取决于企业当时的技术水平,它只适用于一定的时期。如果一段时间之后企业技术进步了,就会产生新的生产函数,表现为与前期相比,同样的投入能够生产出更多的产品。

三、短期和长期

在对生产理论作进一步研究之前,先区分一下短期和长期这两个重要概念。之所以说它们重要,是因为企业在短期和长期的行为大不相同。与短、长期的区分相适应,我们的生产分析也需划分为短期分析和长期分析。

短期(short run),指的是期间至少有一种生产要素的投入量固定不变的时期,这种固定不可变动的生产要素称为固定要素或固定投入(fixed inputs);而所谓长期(long run),则指期间所有生产要素的投入量都可以变动的时期,这些可以变动的生产要素称为可变要素或可变投入(variable inputs)。从长、短期的定义可以知道,短期与长期的划分标准是有无要素投入量发生变化,而非具体时间的长短。一定时期内生产要素变动的难易跟企业所属行业的性质紧密相关,因而短期或长期的时间跨度一般取决于企业所属的行业。例如,一家快餐店的开张往往只需几个星期,而组建一个汽车企业通常要三到五年的时间。这样,对于前者,短短的几个星期就算是长期,而后者的长期却长达几年之久。

在短期,因为固定要素(厂房、设备等)无法变动或变动成本无限大,企业只能通过增加可变要素(工人、原料等)的投入来扩大产量。而在长期,由于所有要素都能变动,企业就可以扩建厂房、增添设备、扩大生产能力以更经济有效地增加产量。因此,我们常将企业在短期内的活动称为"经营"(operating),而将其在长期内的活动称为"规划"(planning)。

第二节 一种可变要素的生产函数

这一节我们讨论只有一种要素可以变动,其他要素固定不变情况下投入和产出之间的关系。由于可变要素限于一种,因而我们可以方便地找出该要素投入量与总产量、平均产量的内在联系,并引出边际产量的概念。我们将发现,可变要素的边际报酬是递减的,以此为依据,我们可以把生产划分为三个阶段,而可变要素的最优投入量就落在生产的第二阶段上。

一、总产量、平均产量和边际产量

总产量(total product)测定生产体系中使用一定数量的生产要素所生产出来的产品总量,它其实就是方程 5.2 中的 Q。我们先考察单一可变要素的投入量与总产量之间的关系。假定资本固定不变(K 为常数,以 $\overline{K}$ 表示),劳动投入可以变化,那么企业的短期生产函数可由式 5.2 推得:

$$Q = f(L, \overline{K}) = f(L) \qquad (5.3)$$

该式表示,在资本的投入量固定不变的条件下,总产量 Q 是可变要素劳动投入量的函数,即总产量取决于可变要素 L 的投入量。

以表 5.1 代表的生产函数为例,设资本投入量固定为 2 个单位,劳动投入可以自由变动,于是短期内企业的生产函数就由表 5.1 中与 $K=2$ 相应的那一行产量数据表示,我们把这些数字复制在表 5.2 中的第二栏。显然,当劳动投入为零时,总产量也等于零。

表 5.2 可变要素劳动的总产量、平均产量、边际产量与产出弹性

$(K=2)$

劳动投入量 L	总 产 量 TP	劳动的平均产量 $AP_L = TP/L$	劳动的边际产量 $MP_L = \Delta TP/\Delta L$	劳动的产出弹性 $E_L = \dfrac{\Delta Q/Q}{\Delta L/L}$
0	0	0	—	—
1	6	6	6	1
2	13	6.5	7	1.08
3	21	7	8	1.14
4	28	7	7	1
5	33	6.6	5	0.76
6	36	6	3	0.5
7	35	5	-1	-0.2
8	28	3.5	-7	-2

已知某生产要素的总产量函数,可以很容易地推导出该要素的平均产量(average product)和边际产量(marginal product)。平均产量 AP 是每单位要素平均所生产的产品数量,它等于总产量除以该要素的投入总量。表 5.2 的第三栏是劳动的平均产量,用 AP_L 表示,它由第二栏的总产量 TP 除以第一栏中相应的劳动投入量 L 得到.

$$AP_L = \frac{TP}{L} \qquad (5.4)$$

一种生产要素的边际产量 MP 是指在其他生产要素固定不

变的条件下,该投入要素一定量变化所导致的总产量的变化量。对表 5.2 表示的离散型总产量函数来讲,劳动的边际产量可以用下式表示:

$$MP_L = \frac{\Delta TP}{\Delta L} \tag{5.5}$$

式(5.5)中的 ΔTP 是可变要素劳动的投入量变化 ΔL 单位引起的总产量的变化量。劳动的边际产量列于表 5.2 的第四栏。例如,当 $L = 3$ 时,$TP = 21$,$AP_L = TP/L = 7$;当 $L = 4$ 时,$TP = 28$,$AP_L = TP/L = 7$,此时 $MP_L = \Delta TP/\Delta L = (28 - 21)/(4 - 3) = 7$。

请注意,可变要素的边际产量不仅与其本身的投入量有关,还取决于固定要素的投入量。一般情况下,固定要素的数量越多,单位可变要素平均配置的固定要素也越多,因而其生产率会更高,表现为边际产量更大。为证明这一点,读者可以计算一下表 5.1 中当 K 固定为 3 时(代表另一个短期生产函数)各单位劳动的边际产量,然后与表 5.2 中各相应单位的劳动的边际产量相比较。

表 5.2 中的第五栏是劳动的产出弹性 E_L(output elasticity of labor)。产出弹性是衡量总产量对投入要素变化率的敏感程度的参数,它等于总产量的变化率除以可变要素投入量的变化率,即:

$$E_L = \frac{\Delta Q/Q}{\Delta L/L} \tag{5.6}$$

重新整理,可得:

$$E_L = \frac{\Delta Q/\Delta L}{Q/L} = \frac{MP_L}{AP_L} \tag{5.7}$$

这说明,劳动的产出弹性就等于劳动的边际产量与平均产量之比。例如,当 $L = 6$ 时,$MP_L = 3$,$AP_L = 6$,于是 $E_L = MP_L/AP_L = 3/6 = 0.5$。产出弹性是个非常有用的概念。在实际生产中,一般不易了解生产要素的边际产量,因而难以根据边际产量来推算增加一定产量需要增加多少投入要素。但是,我们通常可以先根据经验数据估算出该要素的产出弹性,然后再利用产出弹性大致估计出所需增加的要素投入量。

为了直观地反映总产量、平均产量和边际产量随可变要素劳动投入量的增加而变化的情形,我们把表 5.2 中它们的有关数据描绘在图 5.1 中。其中(a)图反映的是在资本固定不变的条件下,总产量和劳动投入量的关系,该曲线称为总产量曲线。(b)图反映劳动投入量与其平均产量和边际产量的关系,相应地,两条曲线分别叫平均产量曲线和边际产量曲线。注意,边际产量曲线上各点的横坐标均对应着相邻两单位劳动投入的中点,例如 I 点($MP_L = 8$)的横坐标为 $2.5L$,这种描绘方式是由边际产量的定义决定的。

假定劳动投入可以连续变化(比如工人的工作时间可以任意调整),则总产量函数为连续函数,相应的其图形变为光滑曲线,如图 5.2 所示。此时,

$$MP_L = \lim_{\Delta L \to 0} \Delta TP/\Delta L = \frac{dTP}{dL} \tag{5.8}$$

所以,对于连续的总产量函数,由式 5.8 和 5.4 可知,其可变要素的边际产量等于总产量曲线的斜率,而平均产量则等于原点与总产量曲线上某点连线的斜率。我们看到,图 5.2(a)中 TP 曲线的斜率上升至 I 点(拐点)后开始下降,并于 K 点减为零。相应地,(b)图中 MP_L 曲线升至最高点 I' 后转而下降,并在 K' 点与横轴相交。另一方面,TP 曲线和原点连线的斜率在 J 点之前不断增大,之后不断减小,反映在(b)图中则是 AP_L 曲线在 J' 前上升,J' 点之后下降。从图 5.2 中,我们可以总结出总产量、平均产量和边际产量三者之间的几个具有一般意义的重要关系:

1. 随着劳动投入量的增加,总产量、边际产量和平均产量的变化表现出一个共同的特点,即它们开始都趋于上升,达到最大值

之后,又均趋于下降。

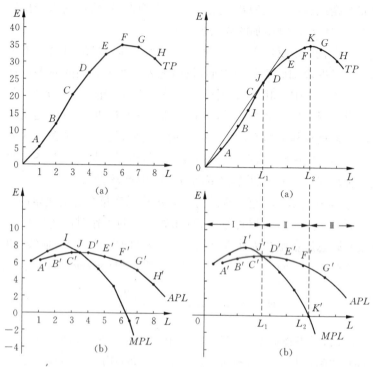

图 5.1 劳动投入可变条件下的总产量、平均产量和边际产量

图 5.2 劳动投入连续可变条件下的总产量曲线、平均产量曲线和边际产量曲线

2. 总产量和边际产量之间存在着显著的相关关系。当边际产量递增时,总产量增加的速度越来越快;当边际产量越过最高点 I' 开始递减时,相应地,总产量以拐点 I 为转折点,开始以递减的比率增加;当边际产量降到 0 时,总产量在 K 点达到最大值;当边际产量最终减为负值之后,总产量趋于递减。

3. 边际产量先于平均产量开始递减,但只要边际产量大于平均产量,平均产量就不断递增,直到最大值 J' 点;而一旦边际产量小于平均产量,平均产量就开始递减。由此可见,平均产量必然在等于边际产量时达到最大值①,反映在图(b)中则表现为 MP_L 曲线与 AP_L 曲线相交于 AP_L 曲线的最高点 J'。边际产量与平均产量之间的这种关系,也可以通过比较总产量曲线上各点的斜率(等于 MP_L)与各点和原点连线的斜率(等于 AP_L)得到证实。例如,总产量曲线上 J 点和原点的连线与总产量曲线相切于 J 点,因而在 J 点 $MP_L = AP_L$。

二、边际报酬递减规律

在图 5.2(b)中,劳动的边际产量自 I' 点开始不断下降,并在越过 K' 点之后减为负数。与此相对应,总产量在 I 点之后虽仍在增加,但其增加的速度却逐渐递减,并最终于 K 点达到最大值后转而下降。总产量的这种变化是劳动边际报酬递减的表现。一般而言,边际报酬递减规律(the law of diminishing returns)是指在其他生产要素固定不变的条件下,如果连续地增加某种生产要素的投入量,那么在到达一定点之后,总产量的增加量开始递减。

我们发现,(a)图中边际报酬递减发生在 I 点之后,而在此之前,总产量增加的速度越来越快,即劳动的边际产量是递增的,也就是说 I 点之前劳动的边际报酬递增。劳动的边际报酬之所以先递增而后又递减,其原因在于,一开始可变要素劳动相对于固定要素资本来说数量太少,固定要素的效率不能充分发挥。随着劳动投入量的增加,劳动和资本的比例趋向最优,资本得到越来越有效的利用,因而生产率不断提高,劳动的边际报酬递增。但是,在固定要

---

① 这一点可以用数学方法进行证明。在连续可导函数的最大值点,一阶导数必然等于 0,因而当 $\frac{\mathrm{d}AP_L}{\mathrm{d}L} = 0$ 时,AP_L 值最大。$\because \frac{\mathrm{d}AP_L}{\mathrm{d}L} = \frac{\mathrm{d}}{\mathrm{d}L}\left(\frac{Q}{L}\right) = \frac{L\mathrm{d}Q - Q\mathrm{d}L}{\mathrm{d}L} = L \cdot \frac{\mathrm{d}Q}{\mathrm{d}L} - Q = 0$。$\therefore \frac{\mathrm{d}Q}{\mathrm{d}L} = \frac{Q}{L}$,即:$MP_L = AP_L$。当 $\mathrm{d}AP_L/\mathrm{d}L > 0$ 时,即 $MP_L > AP_L$ 时,AP_L 递增;反之则递减。

素得到最优利用之后,继续增加可变要素劳动的投入,则使得可变要素与固定要素相比数量太多,生产率转而下降,于是劳动的边际报酬开始递减。

边际报酬递减是一条经验性的规律,它从无数的生产实践中总结而来。虽然无法用数理或逻辑方法对之加以证明,但考察所有的生产体系,几乎都可观察到该规律在某种情形下发生着作用。

边际报酬递减规律一般应用于至少有一种生产要素固定不变的场合,若所有要素投入量同时以相同比例增加,该规律可能不起作用。还应注意,边际报酬递减发生在技术条件不变的场合,如果技术有了进步,生产函数会发生变化,同样的投入将产出更多的产品,反映在图中则是总产量曲线整个地向上移动。在这种情况下,技术进步对产出的贡献很可能掩盖生产要素边际报酬的递减,使得我们难以区分出边际报酬递减因素对产量变化的影响。

也许有的读者会认为劳动的边际报酬递减是因为后雇用的劳动者素质更低所致。这是不正确的。请回忆一下,在前文中我们已经假定生产要素各单位都是同质或等效的,并不存在素质的差异。边际报酬递减完全是由于固定要素的使用限制造成的,而并非新增可变要素的质量有所下降。

三、生产三阶段与企业的理性选择

根据图 5.2(b)中边际产量曲线和平均产量曲线的相互关系,我们可以把可变要素的投入划分为三个区域,分别称之为生产的第一、第二和第三阶段,并判断企业在哪个阶段进行生产才是合理的。

生产第一阶段:从原点到 L_1 这一阶段的边际产量大于平均产量。由于企业增加一单位劳动投入带来的产出增加量大于投入增加前的平均产量,因而会使平均产量上升。在劳动和产品的价格仍保持不变的情况下,企业继续增加劳动投入将使利润增加,因此企业不会让投入停留在第一阶段。

生产第二阶段:从 L_1 到 L_2。在该阶段劳动的边际产量小于平均产量但为正值,平均产量虽在递减而总产量却仍在增加。企业将选择在这一阶段进行生产,但具体应使可变要素的投入停留在该阶段的哪一点,需要结合更多的条件才能确定。

生产第三阶段:L_2 的右边部分。在这一区域,边际产量不断递减且为负值,因而总产量连续下降。此时,企业减少劳动的投入量反而能增加总产量。显然,即使劳动要素可以无偿取得,企业也决不会在这一阶段进行生产①。

四、单一可变要素的最优利用

在上面讨论的生产第二阶段,为实现最大利润,企业应该投入多少可变要素劳动?这是单一可变要素的最优利用问题。由于涉及到利润,因而我们要对使用生产要素的成本和收益进行分析与比较。

企业从事生产只是一种手段,目的是为了取得利润。为了实现利润,它还必须在市场上把自己的产品销售出去以转化成货币。为了展开后文的讨论,让我们先来简单回顾一下在上一篇中已经引入的几个重要概念。产品的销售所得就是企业的总收益 TR,它等于售出的产品数量 Q 和产品价格 P 的乘积:

$$TR = P \cdot Q \tag{5.9}$$

---

① 在劳动投入的第一阶段,由于固定要素资本的投入量与可变要素劳动的投入量相比是如此充裕,以致资本的边际产量成为负值,即此时资本投入处于资本要素的生产第三阶段,所以企业不会在该阶段进行生产。同样,劳动要素的生产第三阶段恰对应着资本要素的生产第一阶段,因而企业也不会在这一阶段进行生产。总之,我们不能在讨论可变要素的时候就完全遗忘了固定要素,因为它们只有结合在一起,才能使生产得以进行。

与此相关的一个重要概念是边际收益 MR，即增加一单位产品销售带来的收益，它等于增加的单位产品销量与总收益的增加量之比：

$$MR = \frac{\Delta TR}{\Delta Q} \tag{5.10}$$

在产品价格不变的情况下，边际收益就等于产品价格，这是因为：

$$MR = \frac{\Delta TR}{\Delta Q} = \frac{P\Delta Q}{\Delta Q} = P \tag{5.11}$$

即产品销售数量增加一单位，总收益增加 P 元。

以往我们对生产要素的讨论主要集中在它的实物生产率（要素的边际产量，表示要素生产产品的能力）上面。为了便于和成本进行比较，必须把投入一产出的实物关系转换为经济关系，因而我们需要转而研究生产要素提供收益的能力。经济学中用边际收益产品(marginal revenue of product)这一概念来衡量生产要素提供收益的能力。所谓边际收益产品 MRP，是指增加一单位要素投入所获得的产品销售收益增加量，它等于生产要素的边际产量 MP 乘以相应的边际收益 MR：

$$MRP = (MP) \times (MR) \tag{5.12}$$

例如，如果增加一单位劳动投入可以增产 10 件产品，单位产品价格固定为 5 元，那么，劳动的边际产量就等于 10 件，边际收益等于 5 元，因而劳动的边际收益产品就是 50 元。

生产要素的使用能给企业带来收益，但取得生产要素需要付出成本。所以，企业在追加某种要素的投入前还应了解将因此增加的成本。增加一单位生产要素的投入所导致的总成本增加量称为生产要素的边际要素成本(marginal resource cost, MRC)，它等于总成本增加量除以投入要素的增加量：

$$MRC_x = \frac{\Delta TC}{\Delta X} \qquad (5.13)$$

式中 ΔX 是要素 X 的增加量，ΔTC 是总成本的增加量。假定要素 X 的价格 P_X 保持不变，其他生产要素的数量和价格也固定不变，那么 ΔTC 就等于 ΔX 与 P_X 的乘积。于是

$$MRC_x = \frac{P_X \Delta X}{\Delta X} = P_X \qquad (5.14)$$

即边际要素成本等于不变的要素价格。

通过对生产要素边际收益产品和边际要素成本的比较，企业可以决定该要素的最优使用量。显然，只要生产要素的边际收益产品大于其边际要素成本，增加它的投入就可以扩大利润量，从而应该继续投入该生产要素。例如，假设增加一单位劳动的使用能够带来 50 元的额外收益（$MRP_L = 50$ 元），同时因雇用该单位劳动使总成本增加 30 元（$MRC = 30$ 元），那么，增加这一单位劳动的投入可使利润增加 20 元，这对企业来说是合算的。相反，如果生产要素的边际收益产品小于其边际要素成本，则增加它的使用量会减少利润总量，因而企业不应继续投入该生产要素。综合起来，我们可以推论出，当生产要素的边际收益产品等于它的边际要素成本时，有下式成立：

$$MRP = MRC \qquad (5.15)$$

这时，企业从使用该生产要素中得到了最大利润，此时的要素投入量就是最佳使用量。

第三节 两种可变要素的生产函数

上节讨论了只有劳动投入可以变化的生产函数，但在实际生产中，企业能够变动的生产要素往往不仅限于一种。即使在短期，

资本也并非总是完全不可变动——或许企业能临时购置或租入一些设备来扩大生产。因此,需要进一步分析更一般的情况。本节探讨具有代表性的劳动和资本两种生产要素均可变动情况下的生产函数,这里将涉及几个新的概念。

一、产量面

由于存在着两种可变要素,生产函数反映的是劳动和资本投入量的不同组合与产出量之间的关系,因而我们要用三维空间坐标图才能对之进行描述。如图5.3,水平坐标轴、斜坐标轴和垂直坐标轴分别表示劳动投入量、资本投入量与产量,假定要素投入无限可分,那么,与任一劳动和资本投入量相对应,存在一个最大产量点(如A、D、H、E点),所有这些点组成了一个空间曲面(OL_2DHEK_2),该曲面即为产量面,它是生产函数的直观描述。

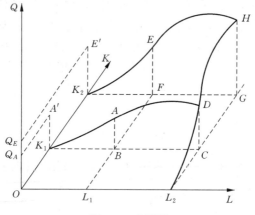

图 5.3　产量面

在图 5.3 中,如果把资本投入量固定为 K_1,只允许劳动投入变动,我们得到截面 K_1ADCB,它与产量面的交线 K_1AD,就是我们熟悉的劳动要素的总产量曲线,该曲线代表着一个以劳动为唯一可变要素的短期生产函数。

二、等产量线

第二篇研究消费者理论时我们引入了无差异曲线这一重要概念,与此极为类似,本章将运用一个同等重要的分析工具——等产量线来研究企业的生产行为。所谓等产量线(isoquant curve),是由可生产出同一产量的不同投入品组合形成的曲线。在图 5.4 中,任一平行于坐标面 KOL 的平面与产量面相截都可得到一条连续曲线(如 AD、BC),显然每条这样的连续曲线上各点代表的产量均相等。该曲线在 KOL 坐标面上的投影就是等产量线(即 $A'D'$,$B'C'$),用平面坐标表示则如图 5.5 所示。等产量线具有如下性质:

1. 等产量线向右下方倾斜。这是因为,要使产量维持不变,减少一种要素投入量的同时,必须增加另一要素的投入量。

2. 等产量线在图中的位置越高,它所代表的产量也越高。图 5.5 中等产量线 $B'C'$ 在 $A'D'$ 的右上方,因而 Q_B 大于 Q_A。全体等产量线的集合组成等产量图,该图是生产函数的另一种描述方式。

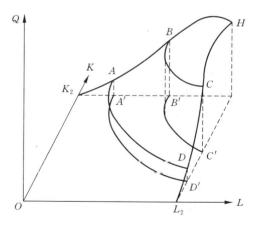

图 5.4 等产量线投影图

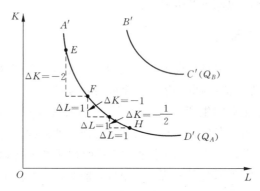

图 5.5 等产量线图

3. 在等产量线图中,任意两条等产量线不可能相交。由于每一条等产量线都对应着一个特定的产量,假如两条等产量线相交,那么意味着用交点表示的生产要素的组合可以生产出两个不同的产量,这与我们对生产函数在技术上富有效率的假定相矛盾。

4. 等产量线凸向原点,其原因在于我们即将介绍的生产要素边际技术替代率递减。

我们发现,等产量线和无差异曲线的几何特性非常相似。但是,它们之间存在着重大区别。等产量线代表一定的产量水平,它是企业物质技术关系的客观反映;而无差异曲线只是效用的排序,反映了消费者对商品效用的主观评价。

等产量线给出了企业进行生产决策的可行性空间——生产特定的产量,可以使用不同的投入要素组合。这个可行性空间对企业的生产决策有着十分重要的意义。例如,企业在受到某种生产要素的数量约束时,有了可行性空间,就可以考虑选择另一种少用该要素的投入组合,这使企业的生产组织具有了一定的灵活性。

三、边际技术替代率

在上一篇我们分析消费者行为时,指出过当两种商品可以相互替代时,消费者常常增加一种商品的消费同时减少另一商品的消费来保持既有的效用水平。同样,如果两种生产要素能够彼此替换,企业就可以考虑多用自己相对富裕的生产要素,而少用自己比较稀缺的那种生产要素。边际技术替代率(the marginal rate of technical substitution),是指在产量不变的条件下,增加一单位某种生产要素的投入量可以减少的另一种生产要素的数量。譬如,劳动和资本在一定程度上是可以相互替代的,如果用 ΔL 表示劳动投入增加量,ΔK 表示资本投入减少量,用 $MRTS_{LK}$ 表示以 L 代替 K 的边际技术替代率,那么:

$$MRTS_{LK} = -\frac{\Delta K}{\Delta L} \quad (5.16)$$

在图 5.5 中的等产量线 $A'D'$ 上,当要素组合由 E 点变化到 F 点,劳动增加量 $\Delta L = 1$,资本减少量 $\Delta K = -2$(负号表示减少),边际技术替代率 $MRTS_{LK} = -(-2)/1 = 2$。注意,边际技术替代率总是正数,这纯粹是为了分析和表述上的方便,并没有更深的含义。

在两种生产要素只能部分替代的情况下,如果不断地增加一种生产要素以代替另一种生产要素,那么在产量不变的条件下,一单位这种生产要素所能代替的另一种生产要素的数量将不断减少,这一规律被称为边际技术替代率递减。图 5.5 中,从 E 点到 H 点,每增加 1 单位劳动投入可以替代的资本分别为 2、1、1/2 单位,相应的 $MRTS_{LK}$ 依次等于 2,1 和 1/2。生产要素的边际技术替代率递减是由要素边际报酬递减规律造成的。假设产出保持不变,增加劳动投入减少资本投入,劳动投入的增加将使总产量增加,增加量等于新增劳动的边际产出乘以该劳动增加量($MP_L \cdot \Delta L$);相反,资本投入的减少则会使总产量下降,减少量等于资本的边际产出乘以该资本减少量($MP_K \cdot \Delta K$)。由于处在同一条等产量线上,

总产出不变,其改变量为 0,因而

$$MP_L \cdot \Delta L + MP_K \cdot \Delta K = 0 \quad (5.17)$$

重新整理后得到:

$$MRTS_{LK} = -\frac{\Delta K}{\Delta L} = \frac{MP_L}{MP_K} \quad (5.18)$$

即边际技术替代率等于投入要素边际产量之比。根据边际报酬递减规律,随着劳动投入的连续增加,其边际产量不断下降;而伴随资本投入量的减少,其边际产量却不断上升。所以,由 5.18 式可知 $MRTS_{LK}$ 不断递减。

当劳动投入变化量 ΔL 趋近于 0 时,

$$MRTS_{LK} = \lim_{\Delta L \to 0}\left(-\frac{\Delta K}{\Delta L}\right) = -\frac{dK}{dL} \quad (5.19)$$

这意味着边际技术替代率等于等产量线斜率的绝对值。由于边际技术替代率递减,因而等产量线斜率的绝对值越来越小,反映在图 5.5 上,就是等产量线凸向原点。

以上我们讨论的是生产要素可以部分替代的情况。一个典型的例子就是,钢铁公司不能只有工人而没有机器,也不能只有机器而没有工人。但是,有关生产过程中投入要素的替代,存在着两种极端的情形:一种是生产要素相互可以完全替代,另一种则是生产要素彼此完全不可替代。

(一) 完全替代

等产量线的形状反映了生产中一种要素所能替代另一种要素的程度,其规律是:等产量线的曲率越小,替代程度越大。当等产量为一直线时,生产要素之间存在着完全替代的关系。如图 5.6,等产量线 AD 为直线,其上每一点的切线都和它重合,即边际替代率恒等于该直线斜率的绝对值,这意味着在生产中劳动(资本)可以以不变的比率替换资本(劳动)。沿着等产量线不断地用劳动替代资本,最终到达 D 点,该点表示仅用劳动就可以把产量 Q_1 生产出来。同样,A 点表示仅用资本,也可以把产量 Q_1 生产出来。

完全替代的例子在现实生活中也可以找到。例如,银行兑付存款既可以完全由人工操作也可以用自动取款机来进行等等。

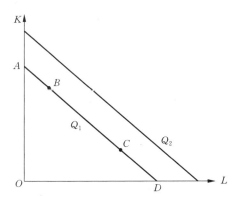

图 5.6 生产要素完全可替代时的等产量线

(二)完全不可替代

生产要素完全不可替代是要素替代的另一种极端情形。此时,等产量线呈直角形状,如图 5.7 所示。在这种情况下,劳动和资本之间不能进行任何替代(边际替代率等于0),生产一个既定产量,劳动投入量和资本投入量的比率必须是固定的。要增加产量,就必须以相同比率同时增加两种要素的投入量,而仅单独增加其中任何一种要素都只能使产量停留在原有水平上,图 5.7 对此进行了描述。在等产量线 Q_1 的 A 点,L 和 K 各 1 单位,产量为 Q_1。保持 L 不变,增加 1 个单位 K 的投入,我们得到点 C,C 点和 A 点同在一条等产量线上,因而产量仍为 Q_1。只有同时增加 L、K 各 1 单位,使投入组合落在等产量线 Q_2 的 B 点,才能使产量从 Q_1 增加到 Q_2。

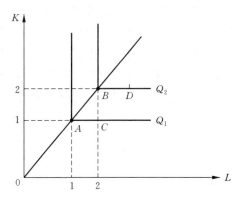

图 5.7 生产要素完全不可替代时的等产量线

两种彼此完全不可替代的生产要素也称互补投入(complementary input)。互补投入的例子也很多,例如,一辆电车只需一个司机,一个司机两辆电车或者两个司机一辆电车都只能造成资源的闲置而不能增加客运量。再如用氢(H_2)和氧(O_2)造水(H_2O),只有把两种气体按特定比例同时投入反应才能增加水的生成,而仅增加两种气体中的一种是无济于事的。

四、生产经济区

等产量线的斜率并不总是负数,如图 5.8,它也可以有正的斜率部分。等产量线正斜率部分的经济含义是:要保持产量不变,就必须同时增加两种生产要素的投入量。从等产量线Ⅲ的 F 点出发,单独增加劳动要素的投入量直至等产量线Ⅱ的 K 点,产量反而由 Q_3 下降到 Q_2,即 MP_L 小于零,此时劳动投入处于生产第三阶段;同理,从 E 点到 L 点,劳动固定不变而资本投入增加,产量也从 Q_3 减为 Q_2,资本投入处在生产第三阶段。由于企业不会在生产第三阶段进行生产,所以等产量线正斜率部分是无经济效率的,企业将选择等产量线的负斜率区域进行生产。我们把等产量线的负斜率部分称为生产经济区。

在图 5.8 中,对任一等产量线各作一条垂直切线和一条水平切线,可得到两个切点(如Ⅰ上的 A、B 点),分别把所有的垂直切线的切点(如 A、C、E 点)和水平切线的切点(如 B、D、F 点)连接起来,得到两条曲线 OG 和 OH,这两条曲线称为脊线(ridge line)。可见,脊线是指从原点出发的经过各等产量曲线有效部分和无效部分交接点的曲线。显而易见,两条脊线 OG 与 OH 之间的区域就是生产经济区。

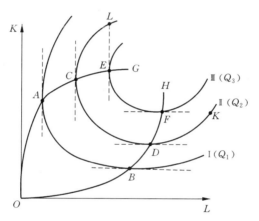

图 5.8　脊线与生产经济区($Q_1<Q_2<Q_3$)

第四节　投入要素的最优组合

如前所述,在生产要素能够相互替代的情况下,企业有无数要素投入组合可供选择。那么,究竟哪个投入组合是企业应加以选择的最优组合呢?这是在本节要解决的主要问题。为此,我们先介绍等成本线(isocost lines)这个概念,接着综合利用等成本线与等产量线找出要素投入的最优组合,然后再检验这个最优组合是否与企业利润最大化的目标相一致。

一、等成本线

等成本线是在生产要素价格不变的条件下,花费一定的成本所能购买的生产要素组合点的轨迹,它实际上就是企业的成本预算或成本约束。为简单起见,我们仍假定企业只使用劳动和资本两种生产要素,其中劳动的单位价格等于工资率 w,资本的单位价格等于租金率 r。于是:

$$C = wL + rK \qquad (5.20)$$

该式表示企业的总成本 C 由劳动支出(wL)和资本支出(rK)构

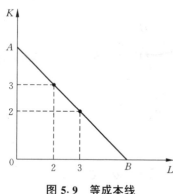

图 5.9 等成本线

成,它是一个定义恒等式,又称成本方程。该成本方程给出了企业用既定成本所能使用的劳动和资本的各种数量组合,故而它就是等成本线的方程。例如,假设 $C = 50$ 元,$w = r = 10$ 元。则企业既可以雇用 $2L$ 同时租用 $3K$,也可以雇用 $3L$ 而租用 $2K$,等等。图 5.9 中的直线 AB 即为此例的等成本线。

重新整理式 5.20,使之成为直线方程形式:

$$K = \frac{C}{r} - \frac{w}{r}L \qquad (5.21)$$

式中 C/r 是等产量线在 K 轴上的截距,它表示全部成本都用来租用资本时可以取得的资本数量;$-w/r$ 是两种投入要素价格之比的负值,等于等成本线的斜率。由此可见,总成本的变化将导致等成本线的平行移动,而投入要素相对价格的变化则会引起等成本线斜率的变化。

二、生产要素的最优投入组合

企业在决定生产要素的投入时,会遇到两种情况。一种是目标产量已定,企业面临的问题是如何组织要素投入以使生产该既定产量花费的成本最小,我们称之为最小成本原则。另一种情况则是企业的成本给定,任务是组织要素投入,在既定的成本下得到最大的产量,我们称之为最大产量原则。下面我们在劳动和资本价格一定的条件下分别对这两种情况进行讨论。

(一)最小成本原则下生产要素的最优投入组合

由于目标产量 Q 已定,因而其对应的等产量线也已确定,如图 5.10 所示。图中有三条等成本线,分别代表成本 C_1、C_2 和 C_3。假设企业起初的预算支出是 C_1,虽然它在三个成本中最小,但却无法取得足够的投入要素以生产出产量 Q。如果企业进而决定把成本增加到 C_3,则其在 A、B 两个要素组合点都可以生产出产量 Q,但问题是花费的成本太高,因为企业可以在更低的成本水平上

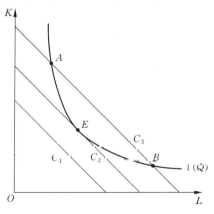

图 5.10　成本最小原则

把 Q 生产出来。我们注意到,等成本线 C_2 是能使产量 Q 得以生产出来的最低的一条等成本线,它与等产量线相切于 E 点。因此,C_2 即是生产目标产量的最小成本,而 E 点代表的投入组合就是最小成本原则下生产要素的最优投入组合。在 E 这个最优投入组合点,等产量线的切线与等成本线重合,两者的斜率相等。我们已经知道,等成本线的斜率等于 $-w/r$,而等产量线切线斜率的绝对值则等于是生产要素的边际技术替代率,因而我们得到如下关系式:

$$MRTS_{LK} = -\frac{dK}{dL} = -\left(-\frac{w}{r}\right) = \frac{w}{r} \quad (5.22)$$

因为 $MRTS_{LK} = \frac{MP_L}{MP_K}$,代入上式,可得:

$$\frac{MP_L}{MP_K} = \frac{w}{r} \quad (5.23)$$

这说明,在最优投入组合点,各生产要素的边际产量之比等于它们的价格之比。进一步整理 5.23 式,得到:

$$\frac{MP_L}{w} = \frac{MP_K}{r} \quad (5.24)$$

该式的经济含义更为直观,它意味着要用既定成本得到最大产量,必须使每一元钱雇用的劳动所带来的边际产量等于每一元钱租入的资本所带来的边际产量。任何不满足 5.24 式的劳动和资本的结合方式都不是最佳的,可以通过要素的重新组合来增加产量(或减少成本)。假设 $MP_L = 20, MP_K = 10, w = r = 2$。这时,$\frac{MP_L}{w} = \frac{20}{2} > \frac{MP_K}{r} = \frac{10}{2}$,每一元钱劳动的边际产量大于每一元钱资本的边际产量,企业用劳动代替资本是有利可图的。企业将继续这个替代过程,直到在边际报酬递减规律作用下(MP_L 下降,MP_K 上升)使 5.24 式成立为止。

5.24 式还可以方便地推广到生产要素多于两种的情况:

$$\frac{MP_X}{P_X} = \frac{MP_Y}{P_Y} = \frac{MP_Z}{P_Z} = \cdots \quad (5.25)$$

下标 X、Y、Z 代表各种生产要素。5.25 式表示,不论生产要素有多少种,只要在每一种投入要素上增加一元钱所增加的产量都相等,它们就达到了最优投入组合比例。

(二) 最大产量原则下生产要素的最优投入组合

与最小成本原则不同,最大产量原则是企业在成本既定的约束条件下使生产的产量最大。这个问题可以重新表述为:求出成本线上的某一点使之与尽可能最高的等产量线相联系,该点可在图 5.11 中找到。

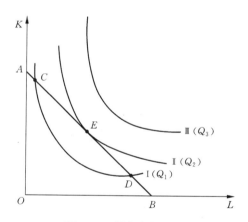

图 5.11 最大产量原则

图 5.11 中的等成本线 AB 代表既定的成本约束,等产量线 Ⅰ、Ⅱ、Ⅲ 分别代表产量 Q_1、Q_2 和 Q_3。等成本线 AB 与等产量线相切于 E 点,它就是要找的最优投入组合点。一方面,虽然等产量线 Ⅰ 和等成本线 AB 有交点,意味着可以生产出 Q_1,但 Q_1 小于 Q_2,因而不符合最大产量原则的要求;另一方面,尽管等产量线 Ⅲ

代表的产量 Q_3 高于 Q_2,可是其上任何一点代表的要素组合都超过了企业的支付能力,违背了既定成本这个前提条件。

由于最大产量原则下的最优投入组合点仍然是等成本线与等产量线的切点,因而各投入要素之间应满足的数量条件和最小成本原则下完全相同。

三、利润最大化

我们已假定企业从事生产的目的是追求利润最大,为达到这一目的,企业必须控制其生产要素的投入量,使每一种投入要素的边际收益产品都等于使用该种要素所花费的边际要素成本。假设企业使用劳动和资本两种可变要素进行生产,则它实现利润最大的条件就是:

$$MRP_L = MRC_L \tag{5.26}$$

$$MRP_K = MRC_K \tag{5.27}$$

这其实是第二节讨论的单一可变要素最优利用条件在多种可变要素情况下的直接推广。若生产要素市场是完全竞争性的市场,生产要素的价格保持不变,那么边际要素成本就等于要素的价格。因而以上两式可改写为:

$$MRP_L = w \tag{5.28}$$

$$MRP_K = r \tag{5.29}$$

我们知道,边际收益产品(MRP)等于要素的边际产量(MP)乘以出售产品得到的边际收益(MR),即 $MRP = MP \times MR$,代入 5.28,5.29 式,得到:

$$(MP_L)(MR) = w \tag{5.30}$$

$$(MP_K)(MR) = r \tag{5.31}$$

重新整理 5.30, 5.31 两式,我们得到:

$$\frac{MP_L}{w} = \frac{MP_K}{r} = \frac{1}{MR} \qquad (5.32)$$

该式包含了我们在 5.4.2 中推导出的关系式 5.24。这就说明,要实现利润的最大化,生产要素的投入组合一定要是成本最小或产量最大原则下的最优投入组合。但应注意的是,最小成本原则(或最大产量原则)与利润最大化的目标并不完全一致,生产要素的最优投入组合并不意味着利润一定达到最大。这是因为利润极大化不仅要求 $MP_L/w = MP_K/r$,还要求它们等于边际收益的倒数 $1/MR$。所以,最小成本原则(或最大产量原则)仅是获得最大利润的必要条件而非充分条件。

四、扩展线

在图 5.12 中,假定劳动与资本的价格固定不变,当成本增加时,等成本线 C_1 向 C_2、C_3 移动,它们分别与等产量线 Ⅰ、Ⅱ、Ⅲ 相切于 A、B 和 C 点,这些点均代表着成本最小或产量最大原则下生产要素的最优投入组合。把所有等成本线和等产量线的切点

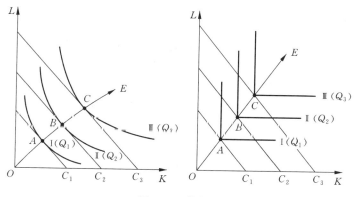

图 5.12 扩展线

连接起来,就得到了扩展线(extension path)。因为该曲线描绘了企业在每一产出水平上所选择的成本最小化的劳动和资本组合,所以扩展线代表着各产量水平下的最低长期总成本,它为企业扩大生产规模指明了最优路径。

第五节 规 模 报 酬

本章前面对最优投入组合的讨论,一直集中在研究各生产要素投入量怎样结合才算合理这一问题。企业在生产的长期规划中需要考虑的另一个与要素投入密切相关的问题是:如果所有要素的投入量等比例增加时总产量将如何变化?这就是规模报酬(return to scale)问题。在经济现实中存在着三种类型的规模报酬:

(1) 如果总产量的增长比例大于要素投入的增加比例,那么,规模报酬递增;

(2) 若总产量的增长比例等于要素投入的增加比例,则是规模报酬不变;

(3) 要是总产量的增长比例小于要素的增加比例,就叫规模报酬递减。

我们可以用数学方法对规模报酬进行表述。以一般生产函数 5.2 为例,

$$Q = f(L, K) \tag{5.33}$$

假设劳动与资本投入量同时增加 h 倍(即 L,K 均乘以系数 h),若产量随之增长 λ 倍,那么上式可进一步写为:

$$\lambda Q = f(hL, hK) \tag{5.34}$$

这样,通过系数 λ 与 h 之间的比较,可以得到以下三种关系。

1. $\lambda > h$,生产函数的规模报酬递增。如图 5.13(a),起初劳动与资本投入各为 5 个单位,产量为 $100Q$。当两种要素投入各增加

1倍变为各10单位,产量增长到300Q。可见λ=3＞h=2,因而A图显示了递增的规模报酬。规模报酬递增的主要原因在于生产规模的扩大会使得劳动分工更为专业化,能够利用更大规模的厂房和更先进的设备,从而提高了生产效率。一个典型的例子是汽车制造业,一般来说,汽车生产企业的生产规模越大,它的生产成本往往越低,因而更具有竞争优势。

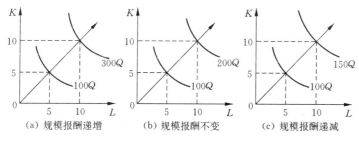

(a) 规模报酬递增　　(b) 规模报酬不变　　(c) 规模报酬递减

图 5.13　规模报酬

2. λ=h,生产函数的规模报酬不变。如同图5.13(b),投入增加一倍,产出也增加一倍,即λ=h=2,所以(b)图表示的是不变的规模报酬。出现这种情况的理由是:企业可以对现有的生产能力进行复制。如果所有的要素投入都增加两倍,企业就可建造两座同样的工厂,使产量也增长两倍。例如一家快餐店为扩大经营规模,常常在别的地方开设连锁店,可以推测,其营业额的增长率和要素投入增长率大致相等。

3. λ＜h,生产函数的规模报酬递减。图5.13(c)描述了这种情况。图中投入增加了一倍(h=2),但产出只增长了0.5倍(λ=1.5),这说明规模报酬是递减的。规模报酬递减一般出现在企业的生产规模过于庞大的场合。这时,专业化分工的好处已充分利用,而信息的传递缺乏效率;部门林立导致磨擦增多;管理者和生产者缺少必要的交流等等。这些因素都会降低生产要素的生产率,使得产出的增长率落后于投入的增长率。即使在汽车制造业这样的行业,规模报酬递增也不是绝对的。如果一家汽车生产企业不断扩大生产规模,最终必然进入规模报酬递减的阶段。

必须注意:不要把规模报酬和边际报酬混淆起来,它们是两个完全不同的概念。前者阐述的是增加所有要素的投入时产量将怎样变动,而后者则指增加一种可变要素的投入量而其他要素固定不变时边际产量将如何变化。所以,一种生产函数既显示出递增的规模报酬又显示出生产要素边际报酬递减是完全可能的。

第六节 生产函数的经验估计

生产函数对企业的生产决策具有重要的参考意义,它不仅可以帮助决策者确定最优产出量,最优要素投入组合等,而且只有了解在现有技术条件下生产富有效率时投入和产出之间的关系,企业才能正确评价过去和目前的生产效率究竟谁高谁低,从而明确差距,发现问题并解决问题,这一切有赖于能否把真正反映了企业生产实际的生产函数找出来。应该指出,生产函数只是对现实生产的近似的经验估计,它不可能是先验的。企业并不是先凭空编制一个生产函数,然后再据此组织生产。相反,企业是根据实际生产来估计生产函数的,它建立在大量收集和占有数据与资料的基础上。下面,就生产函数经验估计的方法和步骤做一个一般性的介绍。

一、生产函数经验估计的方法与步骤

和需求函数的估计一样,估计生产函数最常用的方法也是回归分析。通过第四章的学习,我们对回归分析的技术方法已有了一定的了解,因此本节不再对此进行过多的叙述,而把重点放在估计生产函数的步骤和需要注意的问题上。读者可以通过本书的附录了解回归分析技术的详细内容。

为了用回归分析法来估计生产函数,首先需要收集充分的有

关投入与产出的数据资料。数据的来源可以是本企业，也可以是同行业其他类似企业或有代表性的企业，具体怎么选择视需要与方便而定。我们知道，要使回归分析得到的函数和样本的拟合程度符合要求，所收集的样本容量必须足够大，这就对数据的收集提出了一个要求。通常，我们用来估计生产函数的数据是时间序列数据或横截面数据。前者取自抽样企业的各个不同生产时期，而后者取自许多样本企业的特定生产时期。一般来说，采用时间序列数据，由于只需从很少的企业（本企业或代表性企业）进行抽样，因而数据的收集比较容易。但是，时间序列数据覆盖的时间跨度大，难以保证期间企业的生产技术没有发生变化，而这恰恰是生产函数得以成立的一个基本前提。

与时间序列数据相比，横截面数据的时间跨度小，可以排除在此期间技术进步的可能性。但是，横截面数据的采集需要考察为数众多的企业，这具有一定的难度。另外，运用横截面数据隐含地假定了各抽样企业的技术水平没有差异，这和实际情况不一定相符。不过，我们可以认为据此估计的生产函数反映了行业的平均（或有代表性的）技术水平，因此，横截面数据仍然具有重要意义。

收集到充分的数据资料之后，下一步就是数据处理工作。首先，需要把各种数据分门别类整理好，剔除那些不重要、不可靠或与问题无关的数据。接下来，对数据进行初步的比较和分析，尽量找出生产要素与产出之间，生产要素与生产要素之间的大致关系。在此基础上，设计一个能总体上反映这些关系的回归方程，然后运用样本进行回归分析，求出回归方程的参数。最后，检验得到的回归方程与样本的拟合程度，若满足要求，那么，经验生产函数就估计出来了。

二、几种常用的经验生产函数

设计回归方程是个比较复杂的工作。但是，在注意样本的特殊规律的同时,可以考虑能否借用几种常用的经验生产函数。

(一) 三次方程生产函数

从理论上讲,三次方程是最合适的生产函数形式,它的一般形式为:

$$Q = a + bKL + cK^2L + dKL^2 - eK^3L - fKL^3 \quad (5.35)$$

其中 a、b、c、d、e、f 都是大于零的参数。这种生产函数具有普遍性[①],它既体现了任一要素的边际产量同时取决于资本和劳动这一重要特点[②],又反映了投入要素的边际产量先递增后递减的性质[③]。

方程 5.35 看起来参数多、比较复杂,而且是一个非线性回归模型。但是我们可以把它化为熟悉的多元线性回归模型。令 $KL = X_1$, $K^2L = X_2$, $KL^2 = X_3$, $K^3L = X_4$, $KL^3 = X_5$, 代入 5.34 式,得:

$$Q = a + bX_1 + cX_2 + dX_3 - eX_4 - fX_5 \quad (5.36)$$

我们可以用这一较简单的模型把参数 a、b、c、d、e、f 估计出来。

(二) 柯布-道格拉斯生产函数

在估计生产函数时,柯布-道格拉斯生产函数(Cobb-Douglas production function)的运用极为广泛。其形式为:

[①] 如果 K 或 L 固定,我们得到短期生产函数,它的图形和图 5.2(a) 的总产量曲线类似。

[②] 例如,由 $MP_L = \dfrac{dQ}{dL} = bk + ck^2 + 2dkL - ek^3 - 3fkL^2$,可知 MP_L 的值既与 K 有关,又与 L 有关。

[③] 设 $bk + ck^2 - ek^3 = s$, $2dk = t$, $3fk = u$,则由(2)可得: $MP_L = s + tL - uL^2$ $\therefore \dfrac{dMP_L}{dL} = t - 2uL$,$\therefore$ 当 $L < \dfrac{t}{2u}$,$\dfrac{dMP_L}{dL} > 0$,边际产量递增;当 $L > \dfrac{t}{2u}$,$\dfrac{dMP_L}{dL} < 0$,边际产量递减。

$$Q = AK^\alpha L^\beta \qquad (5.37)$$

式中 A、α、β 为大于零的参数。柯布-道格拉斯生产函数之所以经常用于生产研究,是因为它具有几个非常有用的性质。

1. 如果我们对式 5.37 两边取对数,可得:

$$\ln Q = \ln A + \alpha \ln K + \beta \ln L \qquad (5.38)$$

可见,柯布-道格拉斯生产函数的对数形式是线性方程,因而可以用最小二乘法估计方程 5.38 的系数,也即方程 5.37 的参数。

2. 与三次型生产函数一样,柯-道生产函数中生产要素的边际量也同时取决于劳动和资本两种生产要素,这和实际生产的表现相吻合。

3. 柯-道生产函数中 K 和 L 的指数 α 与 β 分别等于 K 和 L 的产出弹性 E_K 与 E_L。

例如:$$E_K = \frac{MP_K}{AP_K} = \frac{\frac{\partial}{\partial K}(AK^\alpha L^\beta)}{AK^{\alpha-1}L^\beta} = \frac{A\alpha K^{\alpha-1}L^\beta}{AK^{\alpha-1}L^\beta} = \alpha$$

(5.39)

4. 把方程 5.37 中的 K 和 L 同时乘以系数 t,可得:

$$Q = A(tK)^\alpha(tL)^\beta = t^{\alpha+\beta}AK^\alpha L^\beta$$

这样,由 $\alpha + \beta$ 之值的大小,可以直接判断规模报酬的性质,即:如果 $\alpha + \beta > 1$,规模报酬递增;$\alpha + \beta = 1$,规模报酬不变;$\alpha + \beta < 1$,规模报酬递减。

(三) 固定比例生产函数

在第五节我们讨论了两种生产要素完全不可替代的投入方式,这时,只有一种生产方法,即该两种生产要素以固定比例投入生产。相应地,我们称这种生产函数为固定比例生产函数,其公式为:

$$Q = \min\left(\frac{K}{\alpha}, \frac{L}{\beta}\right) \quad (5.40)$$

式中 α 和 β 分别为资本 K 和劳动 L 的技术系数。这种生产函数意味着，对产量发生决定性影响的只是那种成为"瓶颈"因素的限制性生产要素。例如，设 $\alpha=4$，$\beta=2$，需要生产 100 单位 Q，为此，必须同时投入 400 单位 K 和 200 单位 L，使 $K/L=\alpha/\beta=2$，才能得到既定产量。而无论是资本还是劳动投入量小于要求数量，都会导致产量的下降。

固定比例生产函数也称为里昂惕夫生产函数（Leontief production function），由于它只适用于采用一种固定生产方法的场合，因而在实际分析中运用较少。

复习思考题

1. 什么是生产函数？短期生产函数与长期生产函数有何区别？为什么在短期生产中劳动的边际产出会显示出先上升后下降的现象？在长期这种现象会发生吗？

2. 等产量线是和短期相关还是和长期相关，为什么？等产量线和无差异曲线有何相同与不同之处？为什么等产量线之间不能相交？

3. 假如两个企业面对相同的劳动工资率和资本租金率，但雇佣的劳动和资本的数量却不相同，问：

(1) 这两个企业的等成本线有无差异？如果工资率上升，等成本线将如何变化？

(2) 在工资率上升的情况下，企业投入生产的资本和劳动的比率将如何变化？

(3) 资本劳动比率和扩展路径之间有何区别与联系？

4. 某企业经理认为，不论成本如何，雇佣一名素质好、生产率高的工人总比雇佣一名素质差、生产率低的工人合算。这种观点正确吗？为什么？

5. 假定考试的目标是使各门功课的总分最大化，并且复习迎考的时间是有限的。你认为在复习的过程中是否存在着边际报酬递减的现象？如果存在，你认为应如何分配有限的时间，以取得最高的总分？

6. 技术进步和规模经济之间有什么区别？假设技术进步不是中性的（即各种要素单位投入的生产率不是同比率增加），而是劳动节约型的（即劳动生产率的增加低于资本生产率的增加），如何用等产量线对之进行描述？

7. 某企业资本固定为1个单位，而劳动投入可以变化，其短期生产函数如下表所示。要求：

（1）根据总产量、平均产量和边际产量之间的经济关系完成该表。

（2）假如该企业的资本存量增加到2个单位，你认为表中各单位劳动投入所生产的总产量将有何变化？

L	0	1	2	3	4	5	6	7	8	9	10
TP_L	0	50	150	300	400						
AP_L	—										
MP_L	—					75	50	25	0	−10	−25

8. 某企业单位劳动投入的边际产量为8个单位。已知此时劳动与资本之间的边际技术替代率等于2，试求资本的边际产量。

9. 假设生产函数 $Q = K^{0.5}L^{0.5}$，劳动价格 $\omega = 2$，资本价格 $r = 3$。试计算：

（1）生产100单位产量，所需花费的最小成本是多少？

（2）如果成本预算为50单位，可以生产的最大产量是多少？

10. 某企业的生产函数为 $Q = 5K^{0.6}L^{0.9}$，问：

(1) 资本和劳动的产出弹性各为多少？如果企业增加资本（或劳动）的投入量10%，产出将增长多少？

(2) 该企业的规模报酬是递增、递减、还是不变？如果企业同时增加资本和劳动投入量各10%，产出增加多少？

第六章 成本理论

上一章主要研究企业的生产理论,揭示了投入与产出之间的技术关系,解决了企业应该怎样组织生产这一基本问题。但是,迄今为止,我们所关心的两个重要问题仍未得到解决。那就是,在生产规模一定的情况下,企业应该如何决定最优产量？它又该如何确定最佳的生产规模？这两项经济决策必须建立在成本分析的基础之上。实际上,企业一切经营管理决策的制定都需要预先估计和比较决策的实施将引起的成本以及将取得的收益,并力图使两者的差额——利润最大。成本分析正确与否,直接决定了经营管理决策的科学程度,并很可能因此决定了企业的前途和命运。所以,成本分析是经营管理决策的关键一环,它在管理经济学中占有极其重要的地位。

第一节 成本的测度

有关成本的概念非常之多,站在不同的立场,从不同的角度,都会得出具有独特意义的成本概念。因此,在展开成本如何决定的分析之前,有必要首先了解各种成本的涵义以及它们的测度方法。

一、经济成本与会计成本

由于出发点不同,经济学家和企业会计人员对成本的看法大不相同,会计人员必须按照税法和企业会计准则的要求,把与企业已发生的一切经济活动有关的实际支付、费用等计入成本,以客观公正地反映企业的财务状况和经营成果。我们把这种财务会计意义上的成本称为会计成本(accounting costs)。

与企业会计人员习惯于回顾企业的财务状况不同,经济学家是前瞻的,他们更为关注企业的经济前景,希望通过优化资源配置来提高经济效益。为此,经济学家非常重视机会成本(opportunity costs),即经济资源因用于某特定用途而放弃的、在其他可供替代的使用机会中能够取得的最高收益。例如,假设有一名企业家,同时有A、B、C三家公司聘请他出任总经理,月薪分别为15 000元、12 000元和10 000元,但他只能选择其中的一家就职。显然,为使机会成本最低,他应该选择A公司,"付出"12 000元的机会成本。而无论他选择B公司还是C公司,他的机会成本都是15 000元。可见,机会成本是一种经济学意义上的成本概念,也就是说,它是一种经济成本(economic costs)。机会成本也称替换成本(alternative costs)。

为了加深对经济成本与会计成本的区别的理解,我们举一个固定资产折旧的例子。某企业花费十万元购入一辆货车,预计使用寿命为十年,以直线折旧法进行折旧(每年折旧一万元)。到第十年底,这辆货车的会计账面价值减为零。假设此时发现该货车仍可继续使用一年,或者可以五千元的价格转让给另一企业。在会计人员看来,既然货车的账面价值为零,因而这额外一年的使用成本就是零。但是,对经济学家来说,如果继续使用,就放弃了转让获利的机会,因而货车这一年的使用成本等于转让费五千元。为得出更有意义的结论,我们进一步假定如果企业留用这辆高龄货车,可以从使用中获益三千元。在这种情况下,企业应该如何决定该辆货车的去或留呢?显然,企业应当决定把这辆货车转让出去。理由是继续使用的机会成本(5 000元)大于收益(3 000元),而转让的收益(5 000元)却大于机会成本(3 000元)。注意,如果企业以会计成本作为决策的依据,就会得出继续使用可获净收益3 000

元的结论,从而作出留用的决策。同样道理,考虑到资金的机会成本,企业只有当某项目的利润率高于银行储蓄率时,才应投资于该项目。如果一个项目的利润是正的,但却小于相同的钱在同期可获得的利息,那么这个项目就是"明盈暗亏"的。从这些例子中我们可以认识到,企业的经营决策者在成本分析时应充分重视经济成本这一概念的运用。

二、显性成本与隐性成本

显性成本(explicit costs)与隐性成本(implicit costs)是企业成本分析中非常重要的一对概念,它们的涵义与经济成本、会计成本紧密相关。

显性成本指企业为取得生产所需的各种生产要素而发生的实际支出,包括工资、水电费、材料费用、中间产品费用和资产的租金等。由于显性成本涉及到企业对与之有经济往来的企业或个人的直接支付,因而它包含在会计成本之中。

在生产过程中,企业经常使用一些自己拥有的生产要素,如厂房、办公楼等。由于是自有要素,因此企业不需为使用它们而发生任何实际支出,但这并不意味着自有要素的使用就没有成本。事实上,如果企业不使用自己的生产要素,而是把它们出租或出售给其他企业,就能够取得一定的收益,这种收益构成了企业使用自有要素的机会成本,也即隐性成本。现在我们来下一个较为正式的定义:所谓隐性成本,指的是企业在生产活动中使用的自有要素的价值,这种价值由机会成本来衡量。由于隐性成本没有牵涉到现金支出,因而它在分析决策时常常被人忽略。假设有一个亲自管理其企业的私营企业主,他并不因自己的管理工作而给自己支付工资,能否因此认为他从事管理工作的成本就等于零呢?答案当然是"否",因为他有着其他的就业机会,完全可以从中挑选一份最好的工作领取一份可观的工资,这份工资就是他管理自己企业的隐性成本。

必须强调,企业进行成本分析时,显性成本与隐性成本都要予以考虑,只有把它们均计入产品的成本,企业才能正确估价自己的经营成果,判断是否获得了正常利润,从而作出正确的管理决策。

三、增量成本与沉淀成本

增量成本和沉淀成本也是企业进行决策分析时需要慎重对待的两个成本概念,对它们的处理正确与否将直接影响企业决策的正确性。

增量成本(incremental cost),指一项经营管理决策所引起的总成本的增加量。例如,某企业决定增设一条VCD生产线以扩大产量,由此需引进设备、增雇工人、增加购买原材料等,所有这些经济活动都会增加企业的总成本,其增加量就是增量成本。既然增量成本由企业决策决定,因而我们也可以把它理解为随决策而变动的成本。

正确估价增量成本对企业的经济决策至关重要,过大的偏差将导致决策的失误。增量成本的高估,会使企业错以为决策不可行,从而放弃本可获取利润的机会;而增量成本的低估,则会令企业的决策者盲目乐观,看不到可能造成亏损的危险,从而作出不应作出的决策。这里举一个增量成本低估的例子加以说明。假设市场对VCD机的需求增加,可在原价1 000元的价位上增加一万台VCD机的消费。某VCD机生产厂以目前的生产成本为参照,预计增产一万台VCD机只会增加总成本800万元,从而可获净利200万元。因此,该厂决定增产并与销售商订下供货合同。可是,由于对市场的调研不充分,企业没有预料到原材料价格的连续上涨使总成本实际增加了1 020万元,该厂因此净亏损20万元,其亏损的直接原因就在于过低地估计了增产决策的增量成本。

沉淀成本(sunk cost)是已经发生且无法收回的费用,由于它是无法收回的,因而不应影响企业的决策。例如,某百货公司打算购买一幢销售大楼，为此，它花 20 万元订金取得了甲区一幢标价 100 万元大楼的优先购买权。若最终成交，需补交购楼款 80 万元，若不成交，订金不予归还。在这种情况下，由于不管今后买不买这幢楼，已经付出的订金都不能收回，因而这 20 万元订金是沉淀成本，而买楼需补交的 80 万元则是决定成交的增量成本。假设后来该百货公司又在乙区发现一幢位置同样理想的大楼，标价是 90 万元。此时，该公司应决定购买哪一幢楼？比较一下两种决策的增量成本：决定购买甲楼的增量成本是 80 万元，而决定购买乙楼的增量成本为 90 万元，所以应该购买甲楼。可能犯的错误是，误把订金计入决定购买甲楼的增量成本之中，从而得出购买乙楼合算的结论。这里我们需要弄清楚的是，订金乃前期决策的产物，它是沉淀成本，已经付诸东流，因而不应影响企业本期的决策。

第二节 短期成本函数

在短期，企业受固定要素（厂房、设备等）的限制，其生产能力基本确定，因而它的主要任务就是利用现有生产能力组织生产创造利润。在运用各种有关成本概念进行成本分析以决定最优产量和产品价格时，企业需要了解其产品成本与产量的关系，即短期成本函数。既然产品成本源于投入要素，所以成本函数可由各种产量水平下的最优投入组合及投入要素的价格推导而出。

一、短期总量成本函数及单位成本函数

我们知道，在短期，企业至少有一种投入要素固定不变，无论期间企业是否生产，也不管其生产多少，发生在这些固定要素上的支出都不可变动。这种不随产量增减而变动的成本称为固定成本（fixed costs）。固定成本包括借入资本的利息、租用厂房和设备的租金、与时间转移有关的折旧费、财产税、受合同约束在停产期间

不能解雇的职工工资等。

与固定成本相反,可变成本(variable costs)是随产量变动而变动的成本,它与企业在可变要素上的支出相联系。可变成本包括:原材料费用、与使用设备有关的折旧费、可随时解雇的工人的工资、货物税以及其他随产量增减而变动的投入要素的成本。短期之中,企业只能通过增减可变要素的投入量来调整产量,这就产生了可变成本函数。可变成本函数的形式为:

$$VC = f(Q) \tag{6.1}$$

方程 6.1 表明,可变成本 VC 是产量 Q 的函数,它描述生产任一产量水平所需的最低可变成本,这是因为企业总是用最优的(也即成本最小的)投入要素组合来进行生产。函数关系取决于生产函数和生产要素的价格。

需要强调,在计算固定成本和可变成本时,生产要素的价格必须用机会成本加以衡量,也就是说,显性成本和隐性成本都应计入生产成本,具体我们在成本函数估计一节中再作讨论。

固定成本(FC)与可变成本(VC)之和就是企业生产的总成本(total costs, TC),即:

$$TC = VC + FC = f(Q) + C \tag{6.2}$$

式中 C 是等于固定成本 FC 的常数。可见,和可变成本函数一样,总成本函数也是产量的函数,它们变化的方向与幅度完全一致,区别只是总成本函数多了一项常数(固定成本)。

企业在很多决策分析中(如价格、产量决策)都要用到单位成本,因此,我们很有必要探讨一下这些单位成本及其函数。由总成本、可变成本和固定成本函数可以方便地推导出与它们相对应的单位成本函数。

平均固定成本(average fixed cost,AFC)是单位产品所分摊的固定成本,它等于固定成本除以总产量。其公式为:

$$AFC = \frac{FC}{Q} \tag{6.3}$$

类似的,平均可变成本(average varible cost,AVC)和平均总成本(average total cost,ATC)分别是平均每单位产品所应分摊的可变成本与总成本,它们分别等于可变成本、总成本除以总产量,即:

$$AVC = \frac{VC}{Q} \tag{6.4}$$

$$ATC = \frac{TC}{Q} = \frac{VC + FC}{Q} = AFC + AVC \tag{6.5}$$

边际成本(marginal cost,MC)是增加一单位产量所引起的总成本增加量,其定义式为:

$$MC = \frac{\Delta TC}{\Delta C} \tag{6.6}$$

由于固定成本不随企业产出水平的变化而变化($\Delta FC = 0$),因此,边际成本也就是增加一单位产量所引起的可变成本的增加量:

$$MC = \frac{\Delta(VC + FC)}{\Delta Q} = \frac{\Delta VC}{\Delta Q} \tag{6.7}$$

边际成本告诉企业要增加多少成本才能增加一单位的产出,它有时也被称为增量成本[1]。

为了加深对各种成本函数的理解并分析它们之间的关系,我们举一个具有典型意义的有关企业短期成本函数的例子。表6.1描述了

---

[1] 在产量变化用离散单位测定,即处理 $\Delta TC/\Delta Q$ 的关系时,增量成本概念可与边际成本互换。由第一节可知,增量成本是一个与决策有关的成本概念,指由于任何决策(包括产量决策)导致的总成本的变化量,它一般不用每个单位去测定。而边际成本仅与产量变化相联系。可见,增量成本比边际成本使用范围更为广泛。

表 6.1　企业的短期成本函数　　　　　　单位:万元

(1) 总产量 Q	(2) 总固定 成本 FC	(3) 总可变 成本 VC	(4) 总成本 TC	(5) 平均 固定成本 AFC	(6) 平均 可变成本 AVC	(7) 平均 总成本 ATC	(8) 边际成本 MC
0	50	0	50	—	—	—	—
1	50	60	110	50	60	110	60
2	50	100	150	25	50	75	40
3	50	125	175	16.7	41.7	58.4	25
4	50	135	185	12.5	33.8	46.3	10
5	50	140	190	10	28	38	5
6	50	150	200	8.3	25	33.3	10
7	50	180	230	7.1	25.7	32.8	30
8	50	240	290	6.3	30	36.3	60

一个固定成本为 50 万元的企业,其可变成本和总成本随产量的增加而增加。总成本(第 4 列)是第 2 列的固定成本与第 3 列的可变成本之和,如 $Q=3$ 时,$TC=FC+VC=50+125=175$。第 5、6、7 列中的各平均成本函数分别由第 2、3、4 列中相应的总量成本函数除以第 1 列的总产量得到。例如 $Q=5$ 时,$AFC=FC/Q=50/5=10$,$AVC=VC/Q=140/5=28$,$ATC=TC/Q=190/5=38=AFC+AVC$。第 8 列是边际成本函数,它既可由第 4 列总成本函数也可由第 3 列的可变成本函数得到,如产量由 2 单位增加到 3 单位时,$MC=\Delta TC/\Delta Q=(175-150)/1=25$,或者 $MC=\Delta VC/\Delta Q=(125-100)/1=25$。

二、短期成本曲线

我们可以把表 6.1 表示的短期成本函数用图直观地描绘出来,这就是图 6.1 所示的短期成本曲线。图 6.1(a)显示的是总成本曲线、可变成本曲线和固定成本曲线。由于固定成本 FC 是不随产量变化而变化的常量,因而其图形为一条截成本轴于 50 元处的水平直线。可变成本在产量为零时也等于零,之后随着产量的增加而增加。在到达拐点 A' 之前,因为企业投入的可变要素相对固定要素来说数量过少,其边际产量不断递增,所以可变成本增长的比率逐渐减慢,OA' 段 VC 曲线因此而向上凸;过 A' 点之后,可变要素与固定要素相比逐渐富裕,其边际报酬开始递减,此时增加一定比率的产量要求投入更大比率的可变要素,因而可变成本增长的速度越来越快,反映在图 A 中就是 A' 点之后 VC 曲线下凹。由于总成本等于固定成本与可变成本之和,因而总成本曲线由固定成本曲线和可变成本曲线垂直相加确定。我们注意到,总成本曲线的形状与可变成本曲线的形状完全一样。

图 6.1(b)中显示的是三条平均成本曲线和一条边际成本曲线,它们根据表 6.1 中的相应数据描绘而成。应注意的是,与上一章边际产量曲线的画法相似,边际成本曲线上的各点的横坐标均对应着两相邻单位产出的中点,如 $MC=25$ 之点的横坐标为 2.5。由于固定成本保持不变,因而随着产量的连续增长,平均固定成本不断递减,最终趋近于零,其形状为一条凸向原点的双曲线。其余三条平均成本曲线表现出一个共同特征——它们都先递减而后递增,呈现出"U"字形。我们看到,MC 曲线先于 AVC 和 ATC 曲线开始上升。当边际成本曲线位于平均总成本曲线与平均可变成本曲线的下方时,这两条曲线不断下降;而当边际成本曲线位于它们的上方时,这两条曲线则不断上升。边际成本曲线与平均总成本曲线和平均可变成本曲线分别交于它们的最低点 B' 和 C' [①]。C' 点在 B' 点的右上方,即平均可变成本先于平均总成本开始递增。其原因在于,$ATC=AVC+AFC$,且 AFC 不断递减,因而仅当平均可

[①] 在 AVC 曲线的最低点,有

$$\frac{dAVC}{dQ}=0. \therefore \frac{dAVC}{dQ}=\frac{d}{dQ}\left(\frac{VC}{Q}\right)=\frac{Q\cdot\frac{dVC}{dQ}-VC\frac{dQ}{dQ}}{Q^2}=\frac{Q\cdot MC-VC}{Q^2} \therefore Q\cdot MC-VC=0$$

即: $MC=VC/Q=AVC$。同理可证在 ATC 曲线最低点,有 $MC=ATC$。

成本的增加额(ΔAVC)大于平均固定成本的减小额时,平均总成本才表现为递增($\Delta ATC>0$)。平均总成本曲线和平均可变成本曲线的垂直距离等于平均固定成本,它们之间的距离不断缩小。

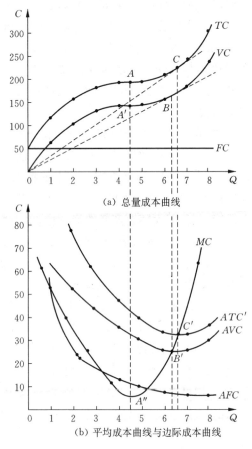

图 6.1 短期成本曲线

从总量成本曲线也可得出单位成本曲线。在(a)图中,原点与 FC 曲线、VC 曲线及 TC 曲线上各点连线的斜率分别等于 AFC、

AVC 和 ATC;而 VC 曲线和 TC 曲线的斜率则等于边际成本 MC[①]。射线 OB 切 VC 曲线于 B 点,由前述关系可知,在 B 点有 $MC = AVC$。同理,在 TC 曲线的 C 点有 $MC = ATC$。B、C 两点分别与(b)图的 B'、C' 点相对应,这直观地说明 MC 曲线穿过 AVC 曲线及 ATC 曲线的最低点。

AVC 曲线、ATC 曲线与 MC 曲线呈"U"形的原因也是可变要素的边际报酬先递增而后递减,对此,我们可作如下解释。

假设劳动是唯一的可变要素,其价格(即工资率)w 固定不变,在此情形下,任一产量水平对应的可变成本 VC 就等于劳动投入量 L 与其价格的乘积,即 $VC = wL$。由式 6.4,可得:

$$AVC = \frac{VC}{Q} = \frac{wL}{Q} = \frac{w}{AP_L} \qquad (6.8)$$

式 6.8 说明,平均可变成本等于工资率与劳动的平均产出之比。由于 w 固定,因而 AVC 与 AP_L 之间是反比关系。回忆一下前面有关章节的内容,我们知道 AP_L 先递增而后递减,其曲线是倒 U 形。这样,AP_L 递增时 AVC 递减,AP_L 递减时 AVC 递增,即 AVC 曲线呈现 U 字形。由方程 6.6,可得:

$$MC = \frac{\Delta VC}{\Delta Q} = \frac{\Delta wL}{\Delta Q} = \frac{w\Delta L}{\Delta Q} = \frac{w}{MP_L} \qquad (6.9)$$

式 6.9 告诉我们,边际成本 MC 和劳动的边际产出 MP_L 成反比。MP_L 先递增、后递减,MC 先递减、后递增,其曲线同样呈 U 形。边际成本曲线的上升部分反映了边际报酬递减规律的作用。

[①] 当可变成本函数连续可导时,(此时 VC 曲线为光滑曲线),有 $MC = \lim\limits_{\Delta Q \to 0} \frac{\Delta VC}{\Delta Q} = \frac{dVC}{dQ}$,即边际成本等于 VC 曲线切线的斜率。由于总成本函数与可变成本函数只相差一个常数(固定成本),所以,$MC = \frac{dTC}{dQ}$,即 TC 曲线切线的斜率也等于边际成本。

第三节 长期成本曲线

在长期,企业不存在任何固定要素,因而也不存在长期固定成本,既然如此,我们只需关心它的长期总成本、长期平均成本与长期边际成本。大家将看到,企业的长期平均成本曲线也是 U 形的,但其形成原因却与同样呈 U 形的短期平均成本曲线完全不同,理解这一点,有助于我们认识企业长期决策与短期决策间的区别。

一、长期生产的经济性

长期中所有生产要素的投入量均可变动,这给企业以极大的灵活性,使得企业可以根据计划产量来设计自己的生产规模,从而以比短期中更低的平均成本进行生产,我们用等产量线图来对此进行阐述。

图 6.2 中的 Q_1、Q_2 是某企业的等产量线图,假定短期内其资本投入量固定在 K_1 水平。对该企业而言,要生产 Q_1 数量的产品,其可变要素劳动的最优投入量为 L_1 单位,此时等成本线 A_1B_1 与

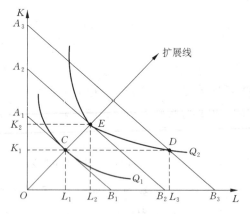

图 6.2 长期生产的经济性

等产量线 Q_1 相切因而成本最小。假设市场对产品的需求增大,企业因此决定增产至 Q_2。短期之内,受固定要素资本的限制,要达到增产的目的,企业只有将可变要素劳动的投入量增加到 L_3,在 D 点进行生产,这令其生产成本上升到等成本线 A_3B_3 所代表的水平。在长期,情况就大不一样了,企业可以在增加劳动投入的同时增加资本的投入,用最优的要素组合 (L_2, K_2) 在 E 点进行生产,这也是生产 Q_2 成本最低的方法(其等成本线 A_2B_2 与等产量线 Q_2 相切)。比较一下等成本线 A_2B_2 与等成本线 A_3B_3,显然前者代表的成本更低,这说明相对于短期而言,长期内的生产更具经济性。

二、长期总成本曲线

生产同一产量,长期成本之所以会低于短期成本,是因为企业在长期可以沿着扩展线(expension path)用最优的投入要素组合进行生产。找出投入要素的最优投入量,结合其价格,我们就能求出生产一定产量所需的最低长期总成本。用此方法,即可由扩展线推导出企业的长期总成本曲线(long-run total cost curve)。

图 6.3(a)显示了企业的扩展线 OE。OE 上的 A 点是生产 $1Q$ 的最优投入组合点,资本和劳动投入量各为 3 个单位。假设资本租金率 r 与劳动工资率 w 均等于 10 元,那么,生产 $1Q$ 的最低长期总成本就等于 60 元 ($LTC = wL + rK = 3 \times 10 + 3 \times 10 = 60$)。把它描绘在长期总成本—产量图上,得到点 A',同理可以得到长期总成本曲线上的其余各点。由于在长期不存在固定成本,因而产量为零时,长期总成本也为零,长期总成本曲线经过原点。需要强调的是,长期总成本曲线上的任何一点均代表长期内生产一定产量的最低总成本。

有了长期总成本曲线,就可以很容易地推导出长期平均成本曲线(long-run average cost curve)与长期边际成本曲线(long-run marginal cost curve)了。长期平均成本等于长期总成本除以相应

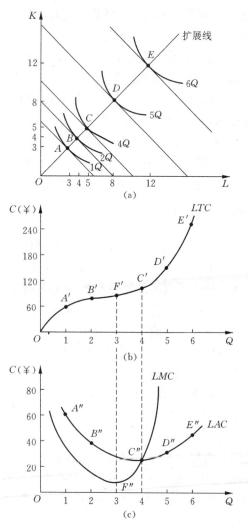

图 6.3 长期成本曲线的推导(扩展线法)

的产量 Q,而长期边际成本则是长期中产量增加一单位所引起的长期总成本的增加量,它们的函数式分别为:

$$LAC = \frac{LTC}{Q} \qquad (6.10)$$

$$LMC = \frac{\Delta LTC}{\Delta Q} \qquad (6.11)$$

例如，由图 6.3(b)中 A' 点可知，生产 $1Q$ 的 $LTC = 60$，因而 $LAC = LTC/Q = 60/1 = 60$ 元，于是我们得到(c)图长期平均成本曲线上的 A'' 点。产量由 0 增加到 $1Q$ 时，LTC 由 0 增加到 60 元，因此，$LMC = \Delta LTC/\Delta Q = (60 - 0)/(1 - 0) = 60$ 元，我们把它画在(c)图 $0.5Q$ 处。长期平均成本曲线和长期边际成本曲线上的其余各点可用同样方法绘出。

从图形上看，长期总成本曲线上任一点与原点连线的斜率等于长期平均成本，其切线的斜率则等于长期边际成本。我们注意到，原点与 LTC 曲线连线的斜率不断减小直至点 C'，越过 C' 点之后则不断增大。同样，长期总成本曲线的斜率在 F' 点之前不断递减，而在 F' 点之后其斜率开始连续上升。与短期边际成本曲线和短期平均成本曲线的关系类似，长期边际成本曲线先于长期平均成本曲线达到最低点，转而上升后穿过长期平均成本曲线的最低点。

请注意，虽然长期平均成本曲线和短期平均成本曲线均呈 U 形，但它们背后的经济原因却完全不同。我们已经了解短期平均成本曲线呈 U 形是因为可变要素边际报酬递减规律在起作用；而长期平均成本曲线呈 U 形却是由规模报酬先递增、之后不变、最后递减造成的。从图 6.3(a)可以看到，由 A 点至 C 点，等产量线愈来愈密(为了图面清晰，我们省去了等产量线 $3Q$)，这意味着在此阶段企业的规模报酬递增，即产出的增长率大于投入要素的增长率。C 点之后，等产量线渐趋稀疏，表明规模报酬开始递减。规模报酬的这种变化决定了长期平均成本曲线的形状。

三、长期成本曲线与短期成本曲线的关系

在上一小节,我们借助于扩展线推出了企业的三条长期成本曲线,此外,还有一种构造 LTC 曲线和 LAC 曲线的等价方法,那就是由短期成本曲线的包络得到。

我们知道,企业的长期总成本函数给出的是生产每一产出水平的最低成本,前提是它能任意改变生产规模。对于某个既定的产出水平,企业可以计算出各种可能的生产规模的总成本,并选择总成本最小的那种生产规模。图 6.4 包含三种生产规模的短期总成本曲线,分别用 STC_1、STC_2 和 STC_3 表示。企业可从中选择任一规模生产产量 OA。对于生产规模 STC_1,其总成本为 AB,对于 STC_2 和 STC_3,总成本分别为 AC 与 AD。显然生产规模 STC_1 的成本最低,因此 A 点位于长期总成本曲线上。如果生产规模无限多,那么对每一产出水平都重复这一过程,就可得到长期总成本曲线,它是短期总成本曲线的包络线(envelope curve),与每一条短期总成本曲线都相切。

既然每条短期总成本曲线都对应着一条短期平均成本曲线,那么,通过比较不同生产规模的短期平均成本,企业也可以选择出生产特定产量的最佳生产规模(平均成本应最低)。图 6.4(b)中的三条短期平均成本曲线 SAC_1、SAC_2 和 SAC_3 分别对应于(a)图的 STC_1、STC_2 和 STC_3 曲线,若计划产量为 OA,三条短期平均成本曲线中,只有 SAC_1 曲线对应的平均成本 AB 最低,因此企业应选择 SAC_1 曲线所代表的生产规模,这与我们上面的结论一致。当计划产量为 OI 时,$SAC_1 = SAC_2 = IE$,此时选择 SAC_1 或 SAC_2 曲线代表的两种生产规模都可以。值得注意的是当产量为 OJ 时,由于 M 是 SAC_1 曲线的最低点,因而有的读者或许认为应该选择生产规模 SAC_1,以使生产运行在短期最低成本点上,但这是不正确的,因为从长期观点来看,选择 SAC_2 代表的生产规模其

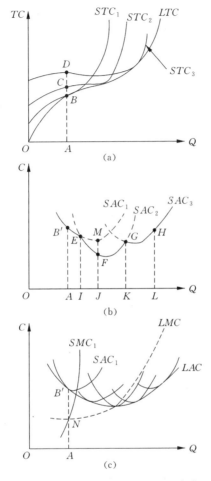

图 6.4 长期成本曲线的推导(包络法)

平均成本只有 JF,要小于第一种规模的平均成本 JM。同理,若产量为 OK,选择后两种生产规模 SAC_2、SAC_3 皆可以。而产量大于 OK,如等于 OL 时,则应选择 SAC_3 代表的生产规模。

可见,假如企业可供选择的生产规模仅有以上三种,那么其长期平均成本曲线就是(b)图中的粗实线 $B'EFGH$，它由三条短期平均成本曲线的各一段组成。如果企业可以选择的生产规模非常之多，如图 6.4(c)所示，此时的长期平均成本曲线就变成了一条光滑的曲线，它是许许多多短期平均成本曲线的包络线。

有趣的是，尽管长期边际成本曲线也可以由短期边际成本曲线推导得出，但它却不是短期边际成本曲线的包络线。实际上，长期边际成本曲线可以定义为：每个产出的最优生产规模所对应的短期边际成本曲线上的相应点的轨迹。如图 6.4(c)，在产出等于 OA 时，最优生产规模为 SAC_1，它的边际成本曲线为 SMC_1，在 OA 产量水平下，$SMC_1 = AN$，N 点即是长期边际成本曲线 LMC 上的一点，LMC 曲线其余各点可以用类似方法得到。

第四节 规模经济与范围经济

一、规模经济与规模不经济

图 6.3(c)与图 6.4(c)中的长期平均成本曲线均呈 U 形，这与企业在产出较低时面临的规模经济和在产出过高时遭遇的规模不经济是一致的。规模经济(economics of scale)指的是产出的增长率大于成本增长率的情形，如产出增加两倍而成本只增加 1.5 倍。相反，规模不经济(diseconomics of scale)则指产出增长率小于成本增长率。

规模经济通常以成本-产出弹性 Ec 来衡量。成本-产出弹性(cost-output elasticity)表示单位产出变动百分率所引起的长期总生产成本变动的百分率：

$$Ec = \frac{\Delta LTC/LTC}{\Delta Q/Q} \qquad (6.12)$$

重新整理,可得

$$Ec = \frac{\Delta LTC/\Delta Q}{LTC/Q} = \frac{LMC}{LAC} \qquad (6.13)$$

式 6.13 说明成本-产出弹性等于长期边际成本与长期平均成本之比。在 LAC 曲线的下降阶段,有 $LMC < LAC$,因而 $Ec < 1$,即存在着规模经济;而在 LAC 曲线的递增部分,则有 $LMC > LAC$,因而 $Ec > 1$,规模不经济。在 LAC 曲线的最低点,$LMC = LAC$,因此 $Ec = 1$,既不存在规模经济,也不存在规模不经济。

规模经济(规模不经济)概念和规模报酬概念之间存在着紧密联系。规模报酬递增表现为产出增加的百分比大于投入要素增加的百分比,在要素价格不变的条件下,这会导致平均成本的下降,即出现规模经济。反之,在要素价格不变的条件下,规模报酬递减将引起规模不经济。而当规模报酬不变时,若要素价格不变,则长期平均成本保持不变,即规模经济与规模不经济相互平衡。所以,一般情况下,规模经济与规模报酬递增(或规模不经济与规模报酬递减)这两个概念可以互换使用。

但是,严格来说,规模经济与规模报酬递增并不等价。这是因为,规模报酬要求投入要素同时按相同比例增加,而规模经济则允许企业在改变生产水平时改变投入要素组合的比例。因此,规模经济概念更为一般,它包含规模报酬递增的特殊情形。

在第五章中曾经讲到的专业化分工和技术因素会带来规模经济。除此之外,生产规模扩大导致的财务状况改善也是引起规模经济的重要原因。例如,企业越大,其采购的原材料、备用物品等生产要素的量越大,因而得到的折扣率可能更高。另外,大企业一般比小企业更容易在市场上发行股票、债券,而且更易取得银行的低息贷款,因而在资本成本率方面拥有优势。这些因素都会导致平均成本的递减,从而得到规模经济的好处。

二、范围经济

许多企业并不仅仅生产一种产品,而是同时进行两种以上产品的生产。例如,航空公司既运送旅客也发送货物,汽车公司生产小汽车、卡车与摩托车,高校兼顾教育与科研等等。这些例子中的企业通常在联合生产多种产品时拥有技术和成本的优势,包括资源和信息的共享、联合市场计划、可提高效率降低成本的统一经营管理等。还有一种联合生产的情况则是有些企业在生产主要产品的过程中也会产生一些副产品,而对之加以利用于企业是有利的。冶炼厂是这种情况的典型,它们在电解主要金属产品时将得到大量的阳极泥,从中可以提炼出多种贵重金属(如黄金、白银等),这些贵金属是其利润的重要组成部分。

如果多种产品的联合生产比单独生产这些产品成本更低,我们就说存在范围经济(economics of scope);反之,若联合生产比单独一一生产成本更高,则是范围不经济(diseconomics of scope)。我们在前文中举的都是有关范围经济的例子,下面再举个范围不经济的例子。某农场主在其果林中套种经济作物,由于果树与作物相互发生不利影响,最终导致两头歉收,成本大增,经营失败,失败原因在于果树与经济作物的联合生产在技术上不可行。

范围经济与规模经济是两个不同的概念,它们之间没有直接联系。企业既可能在规模不经济的条件下获得范围经济,也可能在范围不经济时却享有规模经济的好处。例如,家具业属劳动较密集的行业,仅生产一种家具并不具有规模经济的优势,但是,同时生产沙发、衣柜、卧床等多种产品既可提高原料的利用率,又可扩大市场销路,比单独生产一种产品平均成本更低,因而拥有范围经济的利益。而一个跨行业的企业集团,由于其下属企业各自独立在一个产品领域生产经营,因而享有规模经济。但就其单个企业而言并未获得范围经济。

企业的经营管理者必须对获取范围经济的可能性保持高度的敏感,充分挖掘本企业的生产潜力,大胆开拓,以利用每一个可以创造利润的生产机会。

第五节 学 习 曲 线

前面,我们把企业长期平均成本的下降归因于规模报酬递增,前提是企业的生产规模可随产量的增长而变动。但是,如果企业的生产规模并未发生变化,而其平均生产成本却长时期地连续下降,那又该如何解释呢?

事实上,这种现象非常普遍。由于企业能够在生产过程中不断获取有关经验,提高生产效率,因而其平均生产成本通常会随企业累积产出的增长而下降。形成这种现象的具体原因包括:

1. 工人对设备和生产技术有一个学习与熟悉的过程,生产实践越多,他们的经验就越丰富,技术就越熟练,完成一定生产任务所需的时间也就越短。例如,一名新工人第一次装配自行车也许要花费 10 个小时,而到他第一百次装配的时候,可能就只要 3 个小时了。

2. 企业的产品设计、生产工艺、生产组织会在长期的生产过程中得到完善,走向成熟,这将使产品的成本降低。

3. 企业的协作者(如原料供应厂家)和企业合作的时间越长,他们对企业的了解越全面,其提供的协作就可能越及时、有效,从而降低企业的平均生产成本。

总之,企业通过"干中学"(learning by doing),可在一定限度内降低自己的平均生产成本。学习曲线(learning curve)描绘了企业平均生产成本随累积产出的上升而下降的关系。图 6.5 是学习曲线的一般形状,横轴表示某时刻企业累积生产的产品数量,纵轴表示相应的平均生产成本。在图中的 A 点,企业已产出了 1 000 单位产品,其平均成本为 160 元;到 B 点,产出达到 2 000 单位,平均成本降至 120 元;到 C 点,累积产出增至 3 000 单位,平均成本进一步降到 100 元。注意,平均成本下降的速度越来越慢,因而学习曲线凸向原点。

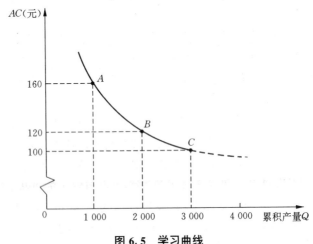

图 6.5 学习曲线

学习曲线的函数形式可表达为:

$$AC = aQ^{-b} \quad (6.14)$$

式中 AC 是累积产量为 Q 时企业的平均生产成本,a、b 是大于零的常数。a 的经济涵义是第一单位产出的平均成本,b 则反映企业学习效应的大小;b 越大,平均成本下降的速度越快(即学习曲线越陡),学习效应越显著;反之,平均成本下降很慢,学习曲线比较平缓,学习效应不显著。

对 6.14 式左右两边取对数,得:

$$\log AC = \log a - b \log Q \quad (6.15)$$

若以 logAC 为纵轴,logQ 作为横轴,学习曲线就变为一条向右下倾斜的直线，$-b$ 为它的斜率。运用累积产量 Q 和与其相对应的平均成本的历史数据，我们可以用回归分析法估算出式 6.15 的参数 $\log a$ 和 b，进而得出学习曲线 6.14。

学习曲线对企业的经营管理决策具有重要意义。它不但可以用来估计企业未来对工人、设备、原料等生产要素的需求量，而且可以用来预测新产品的生产成本，从而决定该新产品的产出数量和价格，它甚至还可用来估计供应商的价格行情等。例如，在得出学习曲线 6.14 之后，企业就能知道每一累积产出水平下的平均生产成本，判断学习效应是否显著。据此，结合其他信息（如市场需求状况），企业可以确定累积产出应该达到的数量、产品价格应定在什么水平等等。

一般来说，企业不同，其平均生产成本随累积产量的下降速度（即学习曲线的斜率）也不同，各行各业的学习曲线之间存在着一定的差异。从企业内部考察，企业职工队伍越稳定，素质越高，它的学习效应就越显著，因而学习曲线更为陡峭。相反，如果企业频繁更换职工，并且聘用的人员素质偏低，那么它的学习效应就会很小，学习曲线也就比较平缓。典型的经验数据显示，大多数企业的累积产量每增长一倍，其平均成本下降 20% 到 30%[1]。

第六节 损益平衡分析与经营杠杆率

本节首先介绍管理决策中常用的损益平衡分析，它是分析固定成本、可变成本、销售收入和利润的关系的一个重要工具。然后，我们运用损益平衡分析法研究企业经营杠杆率对其获取利润能力的影响。

---

[1] 参见 "Managerial Economics in A Global Economy", p291。

一、损益平衡分析

损益平衡分析(breakeven analysis)又称贡献利润分析法,是用于研究企业不同产销量水平下总收益、总成本和利润总额三者关系的一种重要分析方法。这种分析方法主要借助一个由企业的总成本曲线和总收益曲线组成的损益平衡图来进行。在实际应用中,为简化分析,一般假定总成本曲线和总收益曲线都是线性的①,如图 6.6 所示。

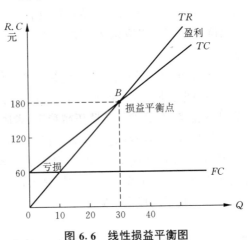

图 6.6 线性损益平衡图

图 6.6 是典型的线性损益平衡图,其横轴测定每时期产品的产销量,纵轴表示销售总收益和总成本。假定企业的固定成本为 60 元,平均可变成本与单位产品价格分别保持 4 元和 6 元不变。这样,图中垂直截距为 60 元的水平直线就表示固定成本,而总成本曲线则是一条斜率为 4(等于固定的平均可变成本)、垂直截距

---

① 虽然线性损益平衡图过于简化,但是,由于使用者通常只关心损益平衡点附近的"有关产销范围",而在这个范围内,线性函数一般又是非常近似的,所以它仍具有很大的实用价值。

为 60 的直线。由于产销量为零时总收益也为零,因而总收益曲线是一条从原点出发,斜率为 6(等于固定的产品价格)的直线。总成本线与总收益线相交于 B 点,对应产销量为 30 单位。因为在 B 点总成本等于总收益($TC = TR = 180$ 元),企业不亏不盈,所以 B 点就是企业的损益平衡点。在 B 点的左边,企业发生亏损(亏损额由 TC 线与 TR 线的垂直距离衡量),而且产销量越小,亏损额越大。极端地,当产销量为零时,企业亏损全部的固定成本。在 B 点的右边,企业的利润大于零(利润额由 TR 线与 TC 线的垂直距离衡量),产销量越大,利润额越高。可见,损益平衡图不仅指明了损益平衡的产销水平,更重要的是,它还表明了产品在每个产销水平上的收益与成本的关系,这对企业营销管理意义重大。

损益平衡图是个很灵活的分析工具,它能够迅速反映企业经营条件变化对企业盈亏状况的影响。例如,假设其他条件不变,产品价格提高,表现在损益平衡图中就是 TR 线的斜率增大,损益平衡点沿 TC 线向左下移动,各个产销水平上的盈亏额相应发生变化。

尽管损益平衡图十分直观,但在分析决策问题时,代数分析法往往更为准确有效。下面我们就来阐述怎样用代数方法求解损益平衡问题。

由式 5.9 可知,总收益(TR)等于产销量 Q 和产品价格 P 的乘积:

$$TR = P \cdot Q \tag{5.9}$$

而由式 6.2 与式 6.4,可得总成本:

$$TC = VC + FC = AVC \cdot Q + FC \tag{6.16}$$

在损益平衡点,总收益和总成本相等,即:

$$TR = TC \tag{6.17}$$

代入式 5.7 与式 6.16,得:

$$PQ = AVC \cdot Q + FC \qquad (6.18)$$

解式 6.18 中的 Q,就得到了损益平衡点的产销量(用 Q_B 表示):

$$Q_B = \frac{FC}{P - AVC} \qquad (6.19)$$

在图 6.6 所示的例子中,$FC = 60$ 元,$P = 6$ 元,$AVC = 4$ 元,代入式 6.19,经计算可得损益平衡产销量 Q_B 为:

$$Q_B = \frac{60}{6-4} = 30 \text{ 单位}$$

结果与图例中的数字一致。式 6.19 中的分母 $(P - AVC)$ 称为单位贡献余额(contribution margin per unit),因为这个余额能够用来抵补固定成本或者增加企业利润。

有时,企业希望知道为获取特定数额的利润,它所需要生产和销售的产品数量。在这种情况下,损益平衡分析法完全可以胜任。以 π_t 代表企业的目标利润,Q_t 表示需要估算的目标产量,只要把 π_t 加进 6.19 式的分子中,我们就可以求出目标产量 Q_t:

$$Q_T = \frac{FC + \Pi t}{P - AVC} \qquad (6.20)$$

仍以图 6.6 为例。假设企业计划赚取利润 60 元,为此它的目标产量应为:

$$Q_T = \frac{60 + 60}{6 - 4} = 60 \text{ 单位}$$

读者可以自行检验这个结果是否正确。

最后,我们需要强调一点,尽管线性损益平衡分析已被证明是一个在管理决策分析中常用且十分有益的工具,但是,由于它的成立需要一些条件①,因此,我们在考虑使用这种方法时,必须小心谨慎,以确保不把它用在严重违背其前提假设的场合,从而避免被分析结果引入歧途。

二、经营杠杆率

经营杠杆率(the rate of operating leverage)指企业固定成本与可变成本的比率,它反映了企业生产经营中使用固定要素代替可变要素的程度。为提高市场竞争力和获取更多的利润,企业常常需要进行技术改造和设备的更新换代,引进新的自动化程度更高的机器,这往往导致企业的固定成本上升而可变成本相对下降,从而引起经营杠杆率的上升。因此,对于企业决策者来说,首先需要弄清楚的就是经营杠杆率和利润两者之间的关系。损益平衡分析法是解决这个问题的有力工具。

如图6.7,假设技术改造前企业的固定成本、平均可变成本和单位产品价格与图例6.6相同,损益平衡点为B,对应的产销量为30单位。技术改造以后,由于引进了高度自动化的昂贵设备,企业的固定成本从60元增到了120元。不过,先进设备的生产效率更高,因此,现在较之以前生产同样数量的产品所耗费的劳动大为减少。也就是说,如今单位产品摊付的工资费用下降了,即平均可变成本减少了,我们假设平均可变成本减为3元。于是,我们得到新的总成本线TC',它的斜率等于3,垂直截距为120元。TC'线与TR线的交点B'即为新的损益平衡点,对应的产销量为40单位。我们看到,经营杠杆率上升后,损益平衡点向右上方移动了($B \rightarrow B'$),其原因在于昂贵的设备开支浩大,间接费用高。

---

① 线性损益平衡分析除假定平均可变成本和产品价格保持不变外,还隐含着另一个假定条件,那就是,企业只生产一种产品或一组固定品种的产品。当企业的产品种类众多且经常更换时,一个明显的困难就是如何把固定成本分摊到各种产品上去。

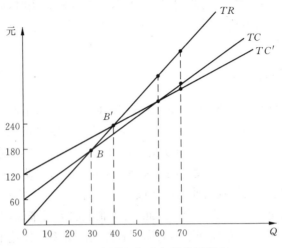

图 6.7 经营杠杆率与损益平衡点

图 6.7 表明,企业的经营杠杆率越高,其利润对产销量的变化越敏感。例如,当产销量从 60 单位增加到 70 单位时,经营杠杆率较低的 TC 线对应的利润(图中由 TR 线与 TC 线的垂直距离衡量)由 60 元增至 80 元,而经营杠杆率较高的 TC' 线对应的利润(图中由 TR 线与 TC' 线的垂直距离衡量)则由 60 元增加到 90 元。实际上,与其说我们关心经营杠杆率,不如说我们更关心产销量的变动对利润额的影响程度,经营杠杆率测定度(the degree of operating leverage,DOL)就是衡量这种影响程度的一个概念。所谓经营杠杆率测定度,是指产品销售量的变动百分比所导致的利润额的变动百分比。用公式表示就是:

$$DOL = \frac{\Delta \pi / \pi}{\Delta Q / Q} = \frac{\Delta \pi}{\Delta Q} \frac{Q}{\pi} \qquad (6.21)$$

对于线性关系,由于 $\pi = Q(P - AVC) - FC$ 和 $\Delta \pi = \Delta Q(P - AVC)$,代入式 6.21,经整理,得到:

$$DOL = \frac{Q \cdot (P - AVC)}{Q(P - AVC) - FC} \qquad (6.22)$$

式 6.22 的分子其实就是全部产销量的贡献余额，而分母则代表企业的全部利润或亏损额。

我们不妨用式 6.22 来计算一下上例中 TC 线和 TC' 线在产销量由 60 单位增加到 70 单位时的经营杠杆率测定度。对于前者：

$$DOL = \frac{60(6-4)}{60(6-4)-60} = \frac{120}{120-60} = 2$$

对于后者：

$$DOL = \frac{60(6-3)}{60(6-3)-120} = \frac{180}{180-120} = 3$$

可见，企业资本越密集，其经营杠杆率越高，相应的经营杠杆率测定度也越高。请注意，经营杠杆率测定度是一个弹性概念，它也可称为利润的经营杠杆率弹性。由于这种弹性测定以成本线和收入线为直线作依据，因此它的变化取决于所要考查的损益平衡图的某个特定部分。例如，经营杠杆率测定度在损益平衡点的附近总是很大，这是因为该范围的利润基数接近于零。还应注意，作为企业管理决策者，不能只看到经营杠杆率度高在赢利时的优势，他还要清醒地认识到，一旦发生亏损，经营杠杆率越高，亏损额将会越大。

第七节　成本函数的经验估计

通过前几节的学习，我们已经了解了成本函数对于企业经营管理决策的重要意义：短期内企业最优产量和价格的确定需要短期成本函数提供有用信息，而长期中企业最优生产规模的规划与设计则离不开对长期成本函数的分析和运用。因此，准确地估计短、长期成本函数至关紧要。本节以回归分析法为主,简要介绍几种常用的成本函数估计方法,并讨论在估计过程中将遇到的一些技术难题及处理办法。

一、短期成本函数估计

估计短期成本函数最常用的方法是时间序列回归法。为了避开把固定成本分配于各种不同产品这一棘手难题①,我们通常在一个含有若干其他相关变量的模型中②,对产量回归全部可变成本,以得出企业的可变成本函数,然后再加上经过适当估计得到的固定成本,短期总成本函数就可以被估计出来了。

用统计分析方法估计可变成本函数,与估计生产函数相似,也可分为两大步骤:第一步是收集相关的成本-产量数据,第二步是建立回归模型对成本进行回归分析。

(一)成本计量与数据收集

要使估计出来的成本函数真实可信,关键是成本计量与数据收集不出现失误。具体来讲,就是要求:

(1)正确地确定需计量的成本的性质;

(2)合理地收集与调整所要分析的成本数据。

可是,在实际操作中这两方面存在的麻烦问题却不少,因此,我们有必要在探讨回归模型之前,先就这些问题作些简要的讨论。

1. 成本性质的确定与计量。从第一节可知,会计成本记录的是企业实际发生的现行成本或过去成本,即历史成木,它是我们所

---

① 企业通常不只生产一种产品,在这种情况下,我们很难区分哪些固定要素参与了某种产品的生产而却未参与其余种类产品的生产,这样,如何分摊固定成本这一难题就产生了。

② 所谓相关变量,是指那些有可能会对企业的成本产生显著的影响的变量,因而我们必须对它们加以分析和说明。这些变量包括:投入要素的质量和价格、产品的质量、品种构成、企业的技术状况、气候条件等等。以 Q 表示产量,X_n 表示相关变量,VC 表示可变成本,模型可以概括为:$VC = f(Q, X_1, X_2, \cdots, X_n)$。

能收集到的关于企业成本数据的第一手资料。但是,由于企业经营管理决策涉及的是将来的活动或事件,因而成本分析应该使用经济成本而非单纯的历史成本或会计成本。所以,收集数据时必须对会计成本加以调整或修改,以得到决策所需的经济成本。首先,每一种投入要素的价格都必须用机会成本来衡量,而不论该要素是否归企业所有;其次,投入生产的存货的价格必须以现行市场价格而非历史成本计量;最后,固定资产应按实际使用进行期限折旧,并把折旧额计入产品成本,不能以会计上的折旧期限为标准。

2. 成本的时差调整。在实际生产中,成本的发生和产品的生产往往不是同时进行的,而是有先有后,存在着一定的时差。因此,为保证成本函数反映的成本-产量的关系正确无误,必须对成本进行时差调整。调整原则是:必须按照产品生产的时期分配相应的成本,而不能按成本发生时期进行分配。例如,企业为了保持生产进度以获取商机,除了必不可少的抢修之外,一般都等到生产淡季再进行设备的维修保养,由此发生的成本虽然落后于生产时期,但却应该在生产时期进行分配。

3. 观察期的长度。根据定义,短期成本函数反映的是在技术水平既定的情况下,企业的生产规模与其成本和产量的关系,这对估计成本函数所需的观察期提出了要求:它必须长到允许产量和成本有充分的变化,同时又必须短到企业的生产规模和技术水平没有改变。前者保证统计的样本容量足够大,后者则保证估计出的成本函数能够在理论上成立。尽管观察期的最佳长度因具体情况而异,但最常用的观察时期为一个月,并连续观察2年至3年。

用时间序列数据进行回归分析,因观察期总长有2年至3年的时间,所以需要考虑通货膨胀对成本的影响。由于产品以实物单位计量而成本却以货币单位计量,因而必须用适当的价格指数对各种成本进行消胀处理。也就是说,因为各种投入要素价格的上升速度通常不同,所以应该分别用各种生产要素对应的价格指数去折算该生产要素价格的可比值,以获得经过剔除通货膨胀因素的实际要素成本。

(二) 短期成本函数的经验模型

有关的成本-产量数据收集充分之后,就可以着手进行回归分析了。这里的关键问题是如何确定成本曲线的正确函数形式,即怎样建立一个适当的回归模型。

由于三次函数的图形是 S 形,和我们在成本理论中讨论的可变成本曲线相似,因此,这种函数形式被广泛应用于可变成本的经验估计。其方程为:

$$VC = aQ + bQ^2 + cQ^3 \tag{6.23}$$

式中 a、b、c 是有待估计的参数。可变成本函数一旦得出,其对应的平均可变成本函数及边际成本函数即可顺势导出,它们的方程分别为:

$$AVC = \frac{VC}{Q} = a + bQ + bQ^2 \tag{6.24}$$

$$MC = \frac{dVC}{dQ} = a + 2bQ + 3cQ^2 \tag{6.25}$$

图 6.8 绘出了这三个成本函数的图形。

除三次函数模型之外,线性模型也经常用来估计可变成本函数。从图 6.9(a)可以看到,在一定的成本-产量观察范围之内,线性可变成本曲线和三次可变成本曲线非常相近。这说明,对于大多数生产体系,用统计方法估计的线性成本曲线已足以拟合成本-产量数据。这种线性可变成本曲线的方程为:

$$VC = a + bQ \tag{6.26}$$

其中 a、b 是模型的参数。必须注意,因为我们估计的是可变成本函数,所以不能把截距参数 a 理解成固定成本。实际上,由于零产

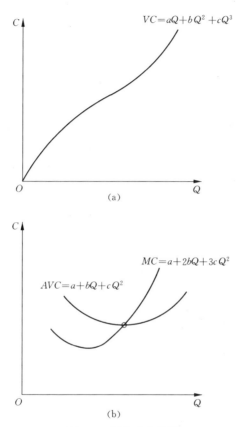

图 6.8 理论成本曲线

出远离成本-产量数据的观察范围[1],因而参数 a 并没有重要的经济含义。

与式 6.26 相应的平均可变成本函数和边际成本函数的方程分别为:

---

[1] 不能把回归方程的应用任意延伸到远离观察数据的范围,否则可能会产生显著误差。

$$AVC = \frac{VC}{Q} = \frac{a}{Q} + b \tag{6.27}$$

$$MC = \frac{\mathrm{d}VC}{\mathrm{d}Q} = b \tag{6.28}$$

它们的图形描绘在图 6.9(b)中,我们注意到,AVC 曲线在产量越过 Q_1 之后变得十分平坦,且不断趋近于水平的边际成本曲线。这种 L 形的 AVC 曲线在成本函数的经验估计中经常出现。根据边际报酬递减规律,理论上 AVC 曲线应该呈现 U 形,可为什么在经验研究中却总是 L 形呢? 一种可能的解释是:虽然企业的固定要

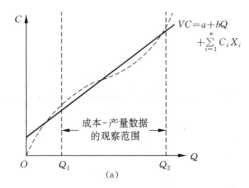

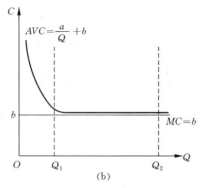

图 6.9 经验成本曲线

素在短期内固定不变,但并不意味着它们在任何产量水平下都被全部投入生产使用。实际情况通常是,在产量较低时,一部分固定要素将闲置起来不被使用,只有等到产量增加了,这部分固定要素才会逐步地投入生产。于是,在一定的产量范围内,固定要素的使用量与可变要素的使用量保持着一个较为稳定的比率,边际报酬递减规律并不发生作用。相应地,企业的平均可变成本和边际成本也保持恒定。

二、长期成本函数估计

估计长期成本函数的基本方法仍是回归分析法。但是,在某些情况下,由于数据的收集存在困难,因而难以用统计方法估计长期成本;而在另外一些场合,或许又要求对用统计方法估计的长期成本进行检验,有鉴于此,经济学家又提出了两种常用的分析方法——适存技术法(Survival technique)与工程技术法(Engineering technique)来处理这两类情形。下面我们对这三种方法一一予以介绍。

(一)横截面数据回归分析法

就使用统计方法而言,估计长期成本曲线与估计短期成本曲线在很多方面彼此类似,但前者更为复杂。从理论上讲,时间序列数据和横截面数据都可用来估计长期成本曲线,但实际上,如果采用时间序列数据,就必须对企业进行足够长时间的观察,以使企业在观察期内得以多次改变生产规模。可这样一来,又很难保证企业的生产技术及产品种类不发生变化,而这两个条件恰恰是长期成本函数成立的前提。所以,我们一般使用横截面数据代替时间序列数据进行长期成本的回归分析。

用横截面数据回归分析法估计长期成本函数,可以避免一些使用时间序列分析法会遇到的问题,但同时也会产生一些新的困难。例如,由于横截面数据是通过对众多企业在同一时点进行观察得来的,因而不需考虑通货膨胀对要素价格的影响问题。然而,由于各个企业分布的地域很可能不同,而不同地域的要素价格又极可能存在差异,因此,必须在回归模型中添加有关投入要素价格的独立变量,否则就可能导致分析结果失真。更加难以处理的问题是各样本企业的会计政策及经营策略并不一致,这使得成本数据的调整工作非常复杂。例如,一些企业与另一些企业相比,其支付给职工的工资较低,但提供的福利待遇却更好,除非把福利待遇也折算进劳动成本,不然就会得出前者的劳动成本低于后者的错误结论。又例如,各样本企业采取的固定资产折旧方法不同,它们计入产品的折旧成本也会不同,因而需要予以调整。

运用横截面数据估计长期成本的另一难题是,我们很难判断各个样本企业是否在其最优生产规模的最低长期平均成本点上(即短期平均成本曲线与长期平均成本曲线的切点)生产。如图 6.10,若四个不同规模的企业(分别用 SAC_1、SAC_2、SAC_3、SAC_4 表示)各自在 A、B、C、D 点进行生产,那么估计出来的长期平均成本曲线 LAC 就真实地反映了企业的长期平均成本;如果各企业实际上分别在 A'、B'、C' 和 D' 点进行生产,那么我们估计出来的长期平均成本曲线就是 LAC',它过高地估计了企业生产成本对生产规模的敏感程度。

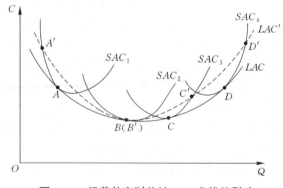

图 6.10 经营效率对估计 LAC 曲线的影响

(二)适存技术法

适存技术法由约翰·斯图亚特·穆勒(John Stuart Mill)在18世纪30年代首先提出。其基本思路是:如果某一行业中大企业与小企业同时共存,那么从长期来看该行业的规模经济不变或者近似不变;如果某个行业在很大的产量范围内存在着规模经济,那么效率更高的大企业(其长期平均成本更低)将把效率低的小企业排挤出去,从而在长期该行业只有大企业才能生存。一个世纪之后,乔治·斯蒂格勒(George Stigler)对适存技术法进行了完善与发展,使之更适于操作。斯蒂格勒认为,可以按照生产规模对一个行业的企业进行分类,然后计算出每类企业的产量在长期内占该行业总产量的份额,如果期间小企业的生产份额下降而大企业的生产份额上升,则证明该行业存在着规模经济;反之,则存在着规模不经济。

斯蒂格勒考查了1930年、1938年和1951年美国各种生产规模的钢铁企业钢产量的份额[①]。他发现,在考查期间,规模小的企业与规模大的企业所占的生产份额均有下降,而中等规模企业所占的生产份额却有所上升。于是,他推断钢铁行业的长期成本曲线呈U形,并且在很大产量范围内其底部较平,如图6.11所示。斯蒂格勒还用适存技术法考查了汽车行业的长期平均成本,并得出汽车行业的长期成本曲线是L形的结论。

尽管适存技术法易于应用,但使用时应注意其存在的局限性。首先,这种方法隐含地假定企业面临的市场结构是高度竞争的,只有依靠经济效率才能够在其中生存。如果这个条件不能满足,那么适存原则将遭到扭曲。其次,由于所要分析的长期成本的长期性,技术变化特别容易对适存技术法的分析结果产生歪曲影响。最后,适存技术法只为我们提供了一种定性的分析方法,却没有给我们

[①] 见 Stigler, "The Economics of Scale", "Journal of Law and Economics", Apr, 1958, pp. 251—274。

提供计量规模经济(或规模不经济)程度的手段。

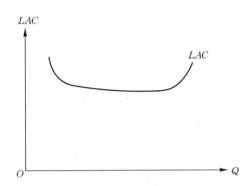

图 6.11　用适存技术法测定的钢铁行业的长期平均成本曲线

(三) 工程技术法

工程技术法以生产函数描述的投入和产出之间的物质关系为依据要素组合,然后把各种生产要素的最优投入量与其价格的乘积加总起来,就可以。其基本原理是:利用生产函数找出各个产量水平对应的最优投入估计出企业的长期成本函数。其实,我们在推导长期成本曲线的过程中,已经运用了这种方法。

相对横截面回归分析法而言,由于工程技术法以现行技术为基础,因而避免了前者会遇到的各样本企业技术状况不尽相同的问题;同样,工程技术法也不会有因企业地理位置不同而引起的投入要素价格的地区差别问题;尤其简便的是,一些在横截面分析中需要进行的复杂工作(诸如成本调整、成本配合等)在工程技术法中都可以予以省略。当然,工程技术法也并非没有缺点。

(1) 它据以为基础的现行技术或许不久就会过时,从而使得估计出的成本函数缺乏实际价值;

(2) 它仅注重企业有关生产技术方面的问题,而忽略了企业发生在管理、财务以及营销等方面的成本,这有可能导致对长期成本的低估;

（3）它以企业生产的"最优化"为计量依据，从而把现实生产理想化了。

尽管如此，在企业应用新技术开发新产品或改良产品质量等场合，由于缺少可用于统计分析的历史数据，因而此时工程技术法在估计长期成本函数时特别有用。事实证明，估计成本的工程技术法对于考查石油精炼、核能发电和化工等部门中的成本-产量关系很有用处。

案例三　国有企业产出的计量分析

自1978年开始的经济、政治体制改革，为我国经济发展提供了强大的推动力。整个80年代，中国经济增长迅速，引起了国内外众多经济学家的广泛关注。学者们感兴趣的是，在此期间，中国经济发展的质量如何？中国政府所期盼的经济增长从粗放型向集约型的转变是否已经实现？占国民经济主体地位的国有企业的改革成效如何？为了解答这些问题，澄清国内外有关文献在这一领域存在的争论，香港大学胡永泰等学者做了大量实证性的计量研究工作[1]。这些研究所采用的方法可以用来分析企业的生产函数，同时，他们的研究结果也是富有启示性的。他们以300家大陆国有大中型企业为样本[2]，收集了它们在1984—1988年期间的有关生产和财务资料，然后运用三要素柯布-道格拉斯生产函数对数据进行回归处理，其回归模型的具体形式为：

$$\ln Q = a_0 + a_T T + a_K \ln K + a_L \ln L + a_M \ln M$$

式中Q代表总产出，K、L、M分别代表资本、劳动和中间投

---

[1]　参见胡永泰等著"How successful has Chinese enterprise reform been? Pitfalls in opposite biases and focus"，载于"Journal of comparative economics"1994年第18期410—437页。

[2]　包括111家机械企业，85家材料企业，58家食品加工企业，37家纺织企业和9家其他类型的企业。

入(如纺织用的棉、造船用的钢等),参数 a_K、a_L、a_M 表示各种生产要素的产出弹性。T 表示时间趋势,即总产出随时间增加的趋势,其系数 a_T 代表全要素生产率①,它是经济增长理论中非常重要的一个概念。a_0 为系统参数。值得注意的是,为了准确度量资本和劳动增加对产出增长率的贡献,在该模型中,非生产性的劳动和资本存量不包括在 L 和 K 之内。另外,由于分析的是时间序列数据,因此必须考虑通货膨胀因素,这里采用的折算指标是企业特定产品价格指数。模型的回归结果如表 6.2 所示:

表 6.2 回归结果

行业＼参数	a_0	a_T	a_K	a_L	a_M	R^2
食品加工	0.353 (1.97)	0.040 (−3.62)	0.132 (5.62)	0.048 (1.46)	0.956 (47.04)	0.933
	$H_0: a_K + a_L + a_M = 1$				$F = 30.33$	
纺织	0.210 (1.64)	0.017 (−1.79)	0.069 (2.25)	0.116 (4.14)	0.855 (41.97)	0.970
	$H_0: a_K + a_L + a_M = 1$				$F = 5.52$	
材料	−0.066 (−0.95)	−0.016 (−2.64)	−0.041 (−2.97)	0.162 (8.09)	0.949 (95.02)	0.986
	$H_0: a_K + a_L + a_M = 1$				$F = 67.21$	
机械	1.017 (10.98)	−0.002 (−0.33)	0.101 (6.41)	0.010 (0.48)	0.834 (75.60)	0.958
	$H_0: a_K + a_L + a_M = 1$				$F = 23.21$	
总体	0.363 (7.11)	−0.014 (−3.49)	0.053 (6.00)	0.086 (7.55)	0.884 (128.50)	0.965
	$H_0: a_K + a_L + a_M = 1$				$F = 14.48$	

---

① 其定义为产量与全部要素投入量的比率,该参数可用来全面衡量生产率变动对经济增长的作用。美国经济学家 J. W. Kendrick 认为,经济增长率主要来自要素投入量的增长率和全要素增长率两个方面。

表中括号内的数字是参数估计值的 t 检验值，R 是相关系数，F 是原假设 H_0 的 F 检验值。当显著水平为 95% 时，由于 $F(1\ 300) = 3.87$，因而 $F > F(1\ 300)$，拒绝 H_0，即表中所示四个行业及总样本都显示出规模报酬递增的特征（$a_L + a_K + a_M > 1$）。这表明，在此期间，我国国有企业仍处于成长阶段，其生产规模没有达到理想的最优状态，还可以通过内部积累、兼并、合并等途径扩大企业规模，以充分发挥规模经济的效益。从这个角度讲，我国在 90 年代大力倡导的企业集团化、规模化是正确的。在四个行业中，当显著水平提高到 99% 时，纺织行业接受 H_0，表现出规模报酬不变。也就是说，纺织行业的规模报酬递增不如其他行业表现的那么明显。

我们再来比较一下各个行业的资本产出弹性 a_K 和劳动产出弹性 a_L。在食品加工行业和机械行业，$a_K > a_L$，即资本增加导致的产出增长率大于劳动增加导致的产出增长率。这表明食品加工和机械行业都是资本密集型的行业，其发展应走密集投入资本的道路，而不应增加过多的劳动投入。反观纺织行业和材料行业，其 $a_K < a_L$，意味着在这两个行业中劳动增加对产出的贡献要大于资本增加对产出的贡献。特别是，表中材料行业的资本产出弹性 $a_K < 0$，这种现象颇为令人费解。我们知道，如果增加资本反而会导致产出下降，那么理性的企业将不会增加它的投入，因而这种情况不应出现。所以，这里出现的 $a_K < 0$，我们可以认为是样本数据存在问题造成的。但由于它不影响整个计量结果的可靠性，因而胡永泰等学者仍把它列于表中。综合所有样本，有 $a_K < a_L$，这反映了 80 年代中期我国工业水平的状况——资本化程度不高。考虑到我国的劳动价格比较低，因而在这种情况下多投入劳动要素是合理的。

最后，分析一下全要素生产率 a_T。在食品加工行业和纺织行业，$a_T > 0$，技术进步、创新和规模经济等因素对产出的增长作出了贡献；而在材料行业和机械行业，$a_T < 0$，技术不是进步而是退步了，这似乎只能用技术及设备的不断落后来解释。再看一看综合值：$a_T < 0$，可见，我国 80 年代经济增长依靠更多的是大规模的数量扩张，而非科技进步、创新等因素。这也从一个侧面说明，这一时

期我国经济增长的总体质量不够理想。

我们这里所做的案例分析给出了一个运用计量方法了解企业生产函数的范例。通过这样的分析,可以得到很多关于企业生产规模合理性、要素使用量合理性、技术进步状况等方面的有用信息。这些信息既有助于我们了解行业和整体经济的现状与前景,又有助于企业了解自身的生产状况。企业将生产函数与外部市场上的产品价格、要素价格以及自身所具备的条件相结合,就可以进行科学的最优决策了。

案例四　企业的成本控制[①]

随着国际、国内市场的竞争日益加剧,从1990年起,上海新光内衣染织厂、上海第五印染厂效益开始滑坡。到1996年底,两厂的印染主业出现了大幅亏损,而且生产越多亏损越大。面对这个有继续扩大之势的"黑洞",1997年下半年,上服集团果断地对新光、五印两厂实施停产,进行改制重组,以期走出困境。两家企业以剥离出来的部分设备、场地等资产作为投资,组建成立了司麦脱印染有限公司。

改制重组为司麦脱公司创造了一个良好的经营管理运行机制,使新公司得以灵活主动地采取措施去参与和适应激烈的市场竞争。为了尽快扭转亏损局面,司麦脱公司经过认真地分析市场情况、行业状况与企业内部存在的问题,制定了严格控制生产成本的扭亏方针。

从亏损原因分析,由于原两厂生产越多,亏损额越大,可见企业不仅亏损了全部固定成本,而且一部分可变成本也不能得到补偿。因而可以断定,企业亏损的主要原因是平均成本太高,超过了产品的价格。我们知道,利润既是企业从事生产的目的,又是企业

---

① 资料来源:解放日报1998年8月3日第五版。

长期存在和发展下去的动力。由于利润等于产品收益和成本的差额,在企业不能控制产品的价格,只能作为价格的接受者的条件下,要获取最大限度的利润或者尽可能地减少亏损,道路只有一条,那就是控制生产成本,使产品的平均成本低于产品的单位价格。我国印染行业企业众多,不存在能够垄断国内市场的超级企业。同时,从国际市场上看,我国印染企业不拥有规模和技术上的优势,因而在国际市场上也不具有垄断地位。这种市场条件决定了司麦脱公司不能抬高产品价格以取得利润,而只能从降低生产成本着手改变经营状况。

司麦脱公司看到,与国外同行业类似企业相比较,原新光、五印两厂的劳动要素投入过多,而生产效率却十分低下,原材料、能源等生产要素也浪费严重。简而言之,问题出在生产要素的投入比例结构不合理。由于企业的生产成本等于各种生产要素的投入数量与其价格的乘积之和,因此,要控制生产成本,就必须优化生产要素的投入和配置,充分发挥它们的使用效率。司麦脱公司采取的具体措施是:在劳动投入方面,实行"空岗位制"。4条全处理生产线压缩进布、落布等简单操作岗位,仅配备相当于3条线的生产人员,从而把原两厂直接从事印染生产2 100多名职工减少到目前的700余人。由于劳动力和机器设备等资本要素的比例结构得到了优化,因而虽然劳动力人数减少了,但人均月产量却比以前增加了一倍,即劳动的边际产品价值提高了。在原材料、能源等要素的投入方面,公司大力改进开工设置和工艺设计,减少不必要的能源和原料消耗,在现有技术装备下充分发挥资本要素的利用率。如今,仅能源一项,司麦脱公司就比以前节约20%。

我们在第六章中曾经强调,企业经营管理者应该高度重视对经济成本的分析,在计算生产要素的成本时,要注意衡量它们的机会成本,以作出正确的决策。司麦脱公司针对原新光、五印两厂资金流转速度慢、流动资金占用庞大的缺陷,做到适用而产、适市而销,减少不必要的生产储备,减少应收账款,加快资金周转速度,提高资金的使用效率。现在,该企业资金年周转速度从原来的不到2次增至7.5次。以同样2.5亿元销售收入为例,司麦脱公司如今只需要3300多万元流动资金,而过去却需多达1亿元的资金来支撑。如果把这笔节约下来的资金存入银行,以目前的银行存款利率计算,每月可获利息数十万元,这笔收入就是以往过度占用的流动资金的机会成本。

由于分析正确、决策科学、措施得力,司麦脱公司在成立后的短短一年多的时间内,全面止住了以前一年逾千万元的亏损,截至1998年7月底,该公司还实现利润700万元,其成本控制是成功的。

当前,我国众多国有企业经营陷入困境,改革步履维艰。虽然"家家有本难念的经",各个企业亏损的具体原因千差万别,但企业冗员过多、生产要素利用率低却可谓是一个通病,这不可避免地会造成企业生产成本的提高,从而使企业丧失产品的市场竞争力。从这个角度来讲,司麦脱公司扭亏为盈的成功经验值得广大企业借鉴。

复习思考题

1. (1) 经济成本和增量成本有什么区别?在企业经营管理决策中哪个更重要?

   (2) 边际成本和增量成本有什么区别?

   (3) 在企业的经营管理决策中应如何对待沉淀成本?为什么?

2. 假设从零产量开始,总可变成本曲线即以递减的速度下降(上升),请问:

   (1) 平均可变成本曲线、平均总成本曲线和边际成本曲线的形状如何?

   (2) 平均固定成本曲线的形状如何?

   (3) 什么类型的成本函数具有如(1)所指的成本曲线?

3. 某企业发现其生产过程中劳动对资本的边际技术替代率大于劳动工资率和资本租金率的比率。试问该企业应如何调整劳动和资本的投入数量,以实现成本的最小化。

4. 短期成本曲线和长期成本曲线均呈 U 形,其形成机理是否相同?为什么?

5. (1) 范围经济的含义是什么?它和规模经济有什么区别?

(2) 学习曲线说明了什么?它和规模经济有什么区别?它对企业的经营管理决策具有什么意义?

6. 某律师受雇于一家公司任法律顾问,年薪 80 000 元。他打算放弃目前的工作去开办一个律师事务所。他估计,为开业,租用办公室每年需要花费 10 000 元,租用办公设备每年需要 15 000 元,雇佣一名秘书每年需要花费 20 000 元,支付电费、电话费等每年需要 5 000 元,而开业后事务所的每年收入将为 120 000 元。假定该律师对继续从事目前的法律顾问职业与开办律师事务所在职业偏好上并无差异,试问:

(1) 该律师开办律师事务所的显性成本每年是多少?

(2) 该律师开办律师事务所的会计成本、隐性成本和经济成本每年各是多少?

(3) 该律师是否应该开办律师事务所?

7. 给定下列企业的总成本表,要求:

(1) 推导出该企业的总固定成本和总可变成本表,并由此推导出平均固定成本、平均可变成本、平均总成本和边际成本表。

(2) 描绘出(1)中各成本曲线图。

Q	0	1	2	3	4	5
TC	30	50	60	81	118	180

8. 某企业产品每件单价 10 元,单位可变成本 6 元,固定成本为 12 000 元。试计算:

(1) 该企业产品的盈亏平衡销售量是多少?

(2) 假设企业的目标利润为 6 000 元,其产品销售量应该是多少？

9. 某自行车厂的生产函数,将产品的平均成本与自行车的累积产量(CQ)和在1~5万辆自行车的范围内、以每年所生产的自行车数量表示的工厂规模(Q)联系在一起,其生产函数的关系式由下式给出：

$$AC = 10 - 0.1CQ + 0.3Q$$

(1) 是否存在学习曲线效应？

(2) 是否存在规模报酬递增或递减？

(3) 从该厂创立以来,共生产了4万辆自行车,且今年生产了1万辆。下年度该厂计划将生产规模扩大到1.2万辆,该厂的平均成本将会上升还是下降？为什么？

10. 给定平均成本函数和平均收益函数：

$$AC = TC/Q = 2 + 2Q^2 + 4Q + 16/Q$$

$$AR = TR/Q = 8 + 2Q^2 - 8Q + 12/Q$$

试计算：

(1) $Q = 4$时的总固定成本、总可变成本、总成本和边际成本。

(2) 盈亏平衡点产量Q。

(3) 利润最大化产量Q。

第四篇 市场结构与价格决策

在这一篇中,我们将在前文的需求分析和生产、成本分析基础上,研究各种市场结构中企业的行为。市场结构(market structure)是指某一商品的买卖双方所处的市场环境,它对企业的行为会产生重要的影响。企业面临的市场需求曲线在不同的市场结构中有一定的差别;同时,企业的供给曲线除取决于生产函数和成本函数外,也与其所处的市场结构有关。本篇将着眼于分析不同的市场结构中企业如何决定其产品的价格和产量,以及各企业在进行价格和产量决策时的相互影响。

第七章研究了企业在完全竞争(perfect competition)市场和完全垄断(monopoly)市场中的价格和产量决定,在完全竞争市场中有无数个企业提供同质的商品,而在完全垄断市场中,只存在一个企业提供商品。第八章研究了企业在垄断竞争(monopolistic competition)市场和寡头垄断(oligopoly)市场中的价格和产量决定,这两类市场在现实中更为普遍,其中垄断竞争市场更类似于完全竞争市场,而寡头垄断市场更接近于完全垄断市场。第九章分析了在各种市场条件下企业的价格决策。在完全竞争条件下,商品价格完全由市场供求决定。而现实中,企业往往处在非完全竞争条件下,企业的价格决策取决于它所处的市场环境和所拥有的市场地位。通过本篇的学习,读者应该能够对企业所处的市场结构进行分析,并帮助企业实施正确的定价策略。

第七章 市场结构：完全竞争和完全垄断

第二、第三篇中对需求和成本的分析主要是一些一般的理论和方法，适用于各种市场结构中的企业。本章则将具体分析其中两种较极端的情况，即在完全竞争市场和完全垄断市场中企业如何根据自身所面临的需求和生产的成本选择其产出水平和价格，以实现利润最大化的目标。我们首先介绍如何区分不同的市场结构，接着具体分析完全竞争市场上均衡价格和产量的决定，以及企业在短期和长期如何选择其最优产出。在对完全垄断市场的分析中，同样着眼于分析垄断企业短期和长期的最优产量和价格的选择。

第一节 完全竞争市场：含义及特征

一、市场结构和竞争程度

所谓市场，是指某种商品或劳务交换的场所，它包含了商品的买者和卖者，并由买卖双方在市场上决定商品的价格。市场结构则是买卖双方所处的市场环境，通常可以按照市场的竞争程度把市场分为四种类型：完全竞争市场、完全垄断市场、垄断竞争市场和寡头垄断市场。不同结构的市场有不同的运行方式，对企业的行为也会有不同的影响。在经济学上，这四类市场的差异主要表现在以

下四个方面:
(1) 交易者数目;
(2) 产品差别程度;
(3) 资源自由流动程度(企业进入市场难易程度);
(4) 个别企业控制价格程度。

表 7.1 不同市场结构间的差别

市场结构类型	交易者数目	产品差别程度	企业进入市场难易程度	个别企业控制价格程度
完全竞争市场	很多	无差别	完全自由	没有
垄断竞争市场	很多	有些差别	长期相当自由	一些
寡头垄断市场	几个	同质或有些差别	有限	相当程度
完全垄断市场	一个	没有替代品	不能进入	很大,但受一定管制

根据市场竞争程度,完全垄断市场、寡头垄断市场和垄断竞争市场被统称为非完全竞争(imperfect competition)市场,这是相对于完全竞争市场而言的。完全竞争市场是一个理想的市场类型,它是研究其他各类市场的基础,所以我们首先来研究这一市场类型。

二、完全竞争市场的特征

完全竞争市场不包含任何垄断的因素,因此必须同时具备以下四个特征。

(一) 企业和消费者的人数非常多

交易者人数众多使得个别企业的销售量和个别消费者的购买量相对于交易总量来说是很小的,因而个别交易者的产量或需求量的变化对价格没有影响。**市场价格由市场需求总量和供给总量共同决定**,个别企业和消费者只是市场价格的接受者,都只能根据既定的市场价格来调整自己的行为。

(二) 商品是同质的

所有企业提供标准化的产品,产品没有差别,因此产品之间具有完全的替代性。对消费者而言,商标、专利、品牌都不存在,产品从原料、包装到服务等方面完全相同,消费者完全不在乎生产企业是哪一家,因而个别企业也就无力控制市场价格。

(三)资源可以自由流动

资源可以在行业间自由流动,保证了企业和消费者在长期内可以自由进入和退出该商品市场。低效率并且亏损的企业会被市场淘汰出去,只有高效率的企业可以存活下去。在长期内行业中的企业数目可以任意变动,并且不存在任何法律的、资金的、技术的障碍阻止企业进出该行业。

(四)信息是完全的

企业和消费者对产品质量和现行的价格具有完全的信息,也完全掌握未来市场可能会发生的变动,因此消费者不会受骗上当,以高于市场价的价格购买商品,同时也不可能以低于市场价的价格购买到商品。因为产品是同质的,每个交易者又都具有完备的信息,所以在完全竞争市场上必定通行单一的价格。

完全竞争市场只是一种纯理论的模式,在现实生活中完全具备上述特征的市场几乎是不存在的。我们更加经常地会观察到一些非完全竞争性质的市场特征,例如,某一特定市场中的企业数是有限的;不同企业的产品会存在各种差别;由于规模经济、技术垄断等因素使得企业进出行业受到了一定限制;消费者也不可能完全掌握市场信息。

当然,在现实生活中,也有一些行业近似这种市场结构,例如股票市场和某些农产品市场。股票市场被认为是基本符合完全竞争假设的市场。市场上股票的购买者和销售者众多,由于他们个人的交易量占总交易量的份额很小,对股票价格的影响微乎其微,因此股票价格一般被认为是由市场供求共同决定的,而市场交易人只是一个价格接受者。人们购买股票都是为了满足其低买高卖的投机需求,就这一点来说,所有的股票对交易者来说都是无差别的。在股票市场上,可以随时买进和抛售股票,因而资源是完全可以自由流动的。同时,国家有关法令政策以及股份公司的财务、经营状况都会定期公布,因此信息也被认为是近乎完备的。即使如此,股票市场也仍存在某些垄断因素,例如即使在市场疲软时,如果有企业或券商大量吸纳某一股票,也会直接引起其股价上扬。除了股票市场之外,某些农产品市场也近似地符合前三个假设,例如农民生产小麦,个人产量只占总产量的极少部分(参见图7.1(a)、图7.1(b)),故不能操纵价格,各地生产的小麦可以被视为是同质的,而且进出小麦市场也几乎不受任何经济、技术方面的限制。

尽管完全竞争市场只是理想中的市场模型,但它在说明和预测现实的经济行为方面还是很有用的,是研究市场运行机制和其他市场结构的基础。在理论上,完全竞争市场的资源配置效率是最优的,从而也成为衡量现实世界中各种市场的效率的一种标尺。因此,研究完全竞争市场的理论十分重要。

三、完全竞争市场的需求曲线和收益曲线

在完全竞争市场中,商品的价格是由市场需求曲线和市场供给曲线的交点决定的。市场需求曲线是个别消费者需求曲线的加总,市场供给曲线则是个别企业供给曲线的加总。但个别企业面临的需求函数与市场需求函数不同,因为完全竞争企业被认为是一个价格的接受者(price taker),它改变销售量不会引起市场价格的变动。它能按现行的市场价格销售它希望销售的全部数量,所以它没有必要降价;同时它也不能提价,因为产品完全同质,而且信息完备,它稍一提价,消费者就会转而购买其他企业的产品,自己产品的销售量便降为零。所以,在完全竞争条件下,企业不存在价格决策问题。单个企业面对的是一条具有完全价格弹性的水平线,价格水平则由市场供求决定。

下面以小麦市场为例来描述一个完全竞争市场。图7.1(a)描述了小麦市场中均衡价格的决定,其中 D 是小麦的市场需求曲线,向下倾斜,表明价格越高,市场需求量越小。S 是小麦的市场供给曲线,向上倾斜,表明价格越高,农户提供的数量越多。假定:

$$Q^D = 150 - 2P, \quad Q^S = 110 + 2P$$

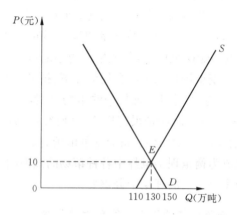

图7.1(a) 完全竞争市场的价格决定

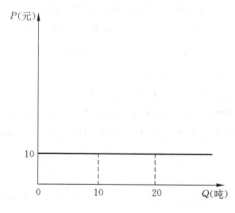

图7.1(b) 完全竞争企业的需求曲线

令 $Q^D = Q^S$

由 $150 - 2P = 110 + 2P$

得 $P = 10$

代入 Q^D 和 Q^S，得 $Q^D = Q^S = 130$

以上计算结果在图形上表现为 D 和 S 的交点 E，E 在纵坐标上对应的位置就是均衡价格 $P = 10$ 元，在横坐标上对应的位置就是均衡产量 $Q = 130$ 万吨。

图 7.1(b)描述了生产小麦的农户面临的需求曲线是一条水平线，具有完全的价格弹性，他对价格没有影响力。如果农户将其产量由 10 吨增加到 20 吨，对市场几乎不会产生任何影响，因为市场总产出高达 130 万吨。按市场价格，他想卖多少就能卖出多少，但只要稍高于市场价格，就一点也卖不出去。

由于完全竞争企业面对既定的价格，企业的总收益 TR 数量上等于商品的市场价格 P 乘以出售商品的数量 Q：

$$TR = P \cdot Q \tag{7.1}$$

P 是常数，因此总收益曲线 TR 是一条向右上方倾斜的直线，并且以 P 作为曲线的斜率，见图 7.2。

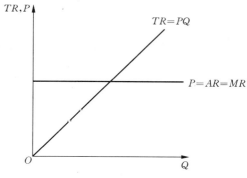

图 7.2　完全竞争企业的收益曲线

在完全竞争市场中,平均收益就等于商品的市场价格:

$$AR = \frac{TR}{Q} = \frac{P \cdot Q}{Q} = P \qquad (7.2)$$

同时,边际收益也等于商品的市场价格:

$$MR = \frac{\Delta TR}{\Delta Q} = \frac{\mathrm{d}TR}{\mathrm{d}Q} = \frac{\mathrm{d}(P \cdot Q)}{\mathrm{d}Q} = P \qquad (7.3)$$

由此,我们得到 $P = AR = MR$ 这一完全竞争市场的显著特征。在图形上表现为企业的需求曲线(价格线)、平均收益曲线和边际收益曲线这三条线重合在一起,见图 7.2。

既然在完全竞争条件下价格是由市场决定的,企业能出售它想出售的任何数量的产品,那么它的产量是否是无限的呢?回答是否定的。因为如果企业的产量超过了一定的限度,就会引起生产成本迅速提高,以至总利润反而减少,甚至亏本。这就促使我们进一步来研究企业的最优产量决策问题。

第二节 完全竞争市场:短期均衡和长期均衡

一、完全竞争企业的短期决策

短期内,企业的固定投入不变,企业规模来不及调整,但可以随需求状况的变动,在一定范围内调整可变投入以改变产量,使得利润最大或亏损最小。

(一)企业利润的最大化

企业的利润等于企业的总收益减去企业的总成本,即:

$$\pi = TR - TC \qquad (7.4)$$

这里的总成本包含了正常利润在内,因此利润是指超过正常利润的超额利润,又称为经济利润。这意味着当超额利润为零时,企业生产所使用的各种生产要素(土地、资本、劳动力、经营者才能)仍然能够获得其正常的报酬。我们在讨论利润最大化问题时,利润均指超额利润。利润最大化的必要条件[1]是:

$$\frac{d\pi}{dQ} = \frac{dTR}{dQ} - \frac{dTC}{dQ} = 0 \tag{7.5a}$$

即
$$MR - MC = 0 \tag{7.5b}$$

对于上面这两个式子读者应该非常熟悉了,其经济学含义是:利润最大化的必要条件可表达为边际收益 MR 等于边际成本 MC,这不仅适用于完全竞争市场,也适用于其他类型的市场。企业在决定产量时,为求得利润最大,总是同时考虑增加产量能增加的收益和成本,即边际收益和边际成本。如果增加一单位产量增加的收益是 20 元,而增加的成本是 15 元,则增加这一单位产量能给企业带来 5 元的利润,若减少这一单位产量则减少了 5 元的利润,因此企业会扩大生产。只要边际收益大于边际成本,企业就会增加生产;如果边际成本大于边际收益,企业就会减少生产,直到边际收益和边际成本相等为止。此时企业的利润最大,或者亏损达到最小[2]。在完全竞争市场中,价格 P 是既定的常数,且 $MR = P$,所以其利润极大化的必要条件为:

$$P = MC \tag{7.6}$$

---

[1] 利润极大化还要满足二阶条件 $\frac{d^2\pi}{dQ^2} < 0$,即 $\frac{d^2\pi}{dQ^2} = \frac{d^2TR}{dQ^2} - \frac{d^2TC}{dQ^2} = \frac{dMR}{dQ} - \frac{dMC}{dQ} < 0$,表示边际收益的增加率小于边际成本的增加率才满足利润最大化的充分条件。在本书对企业利润最大化的分析中,我们都假定当一阶条件满足时,二阶条件也满足。

[2] 亏损最小的一阶条件(必要条件)也是 $\frac{d\pi}{dQ} = 0$ 即 $MR = MC$,我们同样假定二阶条件满足。

图 7.3 只是给出了完全竞争企业利润极大化的必要条件,是否真正有利润,还要进一步考察企业的平均成本的大小。

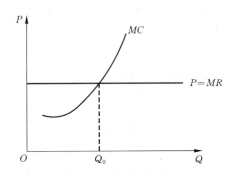

图 7.3 完全竞争企业利润极大化必要条件

由 $\pi = TR - TC = Q \cdot AR - Q \cdot AC = Q \cdot (AR - AC) = Q \cdot (P - AC)$,可得知企业均衡时是盈利还是亏损,取决于市场价格和均衡时的平均成本。

当 $P > AC$ 时,$\pi > 0$ 有利润;

当 $P < AC$ 时,$\pi < 0$ 有亏损;

当 $P = AC$ 时,$\pi = 0$ 盈亏相抵。

(二)完全竞争企业短期产量决策

我们可以用图 7.4(a)和图 7.4(b)来说明完全竞争企业的短期产量决策。当市场价格为 P_1 时,根据 $P_1 = MC$ 找到均衡点 A,相应的均衡产量为 Q_1。这时由于 $P_1 > AC$,企业可获得超额利润 $\pi = Q_1 \cdot (P_1 - AC)$,这是企业按 $P = MR = MC$ 确定的产量 Q_1 能获得的最大利润。在图 7.4(a)中,矩形 P_1AQ_1O 的面积代表企业的总收益 $TR = P_1 \times Q_1$,矩形 CBQ_1O 的面积代表企业的总成本 $TC = AC \times Q_1$,企业利润 $TR - TC$ 就表现为矩形 P_1ABC 的面积,如图中阴影部分所示。短期内,企业无论是增加生产还是减少生产,都会使利润减少。如果产量 $Q > Q_1$,则 $MC > MR$,企业减少生产会增加利润;如果产量 $Q < Q_1$,则 $MR > MC$,企业扩大生产会增加利润,最终使得企业短期均衡产量确定在 Q_1。

若市场价格降为 P_2,MR 与 MC 交于 AC 的最低点 D,D 点决定了企业的产量为 Q_2。在 D 点,$P_2 = AC$,$TR = TC = $ 矩形 P_2DQ_2O 的面积,因此 $\pi = 0$,企业收支相抵,既无盈利也无亏损。AC 的最低点 D 被称为盈亏平衡点(break even),又称扯平点。此时,企业获得正常利润,超额利润为零,企业如果在其他点生产,都会出现亏损。

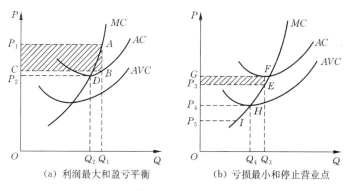

(a)利润最大和盈亏平衡　　(b)亏损最小和停止营业点

图 7.4　完全竞争企业的短期均衡

如果市场价格进一步降低到图 7.4(b)所示的 P_3 时,MR 与 MC 的交点 E 位于平均成本曲线最低点和平均可变成本曲线最低点之间,即 $AVC < P < AC$,这时企业会出现亏损,亏损额为图中矩形 P_3EFG 的面积,由于 P_3 低于平均成本 AC,但高于平均可变成本 AVC,企业虽然已收不回全部成本,但能收回全部可变成本,并且能收回一部分固定成本。从短期看,如果企业停产,就要亏损全部固定成本。用数学表达式表示为:

$$\text{亏损额 } \pi = Q_3 \cdot (AC - P_3)$$

$$\text{固定成本 } TFC = Q_3 \cdot (AC - AVC)$$

由于 $P_3 > AVC$，$\pi < TFC$，因此企业在短期还是应当继续经营下去，并按 $MR = MC$ 原则确定产量，使亏损最小。

倘若市场价格再进一步下降到图 7.4(b)所示的 P_4，MR 与 MC 相交于平均可变成本的最低点 H，H 点决定了企业的产量 Q_4，这时 P_4 恰好等于平均可变成本 AVC。企业刚好回收全部可变成本，但无论生产与否都会损失全部固定成本，这时企业就会停产。因此平均可变成本曲线最低点 H 成为短期停止营业点(shutdown point)。

假使市场价格还在下降，下降到图 7.4(b)所示的 P_5 时，MR 与 MC 的交点 I 已低于平均可变成本。这时，企业不仅不能收回固定成本，而且还要损失部分可变成本，而企业不生产也不过是损失固定成本，所以理性的企业决不会在这个范围内进行生产，因为越生产亏损就越大。

（三）短期供给曲线

企业的供给曲线是指在不同的价格水平下，企业愿意生产和销售的产量变动曲线。我们在上面已经分析过，在一定价格水平上，完全竞争企业为使利润最大，必将遵循 $P = MR = MC$ 这一条件来确定产量。因此，在边际成本曲线 MC 的上升部分，对应于既定价格的点的横坐标衡量的就是该价格水平下企业愿意供给的数量。完全竞争企业的短期供给曲线也就等同于边际成本曲线位于平均可变成本曲线 AVC 上面的部分。当市场价格低于 AVC 曲线最低点的时候，企业会停止营业，其供给量也为零。图 7.4(b)中的粗线部分，即表示完全竞争企业的短期供给曲线。

在完全竞争市场上，有许许多多企业生产同一产品，所以市场的短期供给曲线就是所有企业短期供给曲线的水平加总，也就是所有企业的停止营业点以上部分的 MC 曲线的水平加总，它表示在不同的价格水平下，市场上所有企业愿意提供的总产量的变动。

如图 7.5 所示,假设市场由两个企业组成①,其市场供给曲线分别为 S_1 和 S_2,且它们在市场价格低于 5 时,供给量都为 0,则市场的供给曲线 $S = S_1 + S_2$。

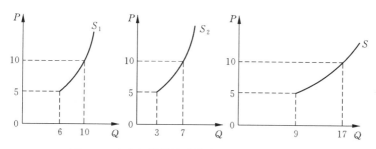

图 7.5 企业短期供给曲线和市场短期供给曲线

二、完全竞争企业的长期决策

在完全竞争条件下,企业为寻求利润最大化或亏损最小化,总要在 $P = MC$ 的产量水平上生产,除非当 $P < AVC$ 时,它才停产。需要指出的是,完全竞争企业的这种均衡是短期的。就长期而言,在完全竞争条件下,企业能够自由地进入或退出该行业,最终会使经济利润或亏损都趋于消失。企业在长期有足够的时间改变其生产规模,这时所有的投入要素都是可变的,企业的成本曲线也会发生变化,固定成本不再存在。只有当市场价格高于企业平均成本曲线最低点时,企业才会继续生产。一旦市场价格低于企业平均成本曲线最低点,企业就会停止生产,退出该行业。

(一)企业长期均衡的调整

图 7.6 表示了一个企业在长期中的均衡调整过程。企业在短期面对水平的需求曲线,假设市场价格为 P_1,企业当前生产规模

---

① 两个企业不能构成完全竞争市场所需要的众多数量,图 7.5 只是用于说明众多企业对形成市场总供给的作用。

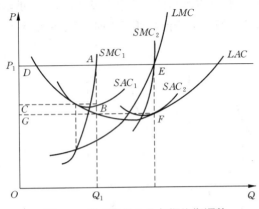

图 7.6 完全竞争企业长期均衡调整

下的短期平均成本曲线和边际成本曲线是 SAC_1 和 SMC_1，企业在 A 点达到均衡，均衡产量为 Q_1。这时 $P_1 > SAC_1$，企业能获得经济利润，图中用矩形 $ABCD$ 的面积表示。然而这个企业规模并不理想，因为此时 $SAC_1 > LAC$，说明企业只要扩大规模，就能享受规模经济的好处，降低成本。企业认为市场价格将保持在 P_1，所以它将扩大企业规模，使得长期边际成本等于市场价格，即 $LMC = P_1$，这时企业的短期边际成本曲线和短期平均成本分别移动到 SMC_2 和 SAC_2，并且 $P_1 = SMC_2 = LMC$，$SAC_2 = LAC$，均衡产量为 Q_2。这一规模的调整使得企业获得的经济利润由 $ABCD$ 扩大到 $EFGD$。当产量大于 Q_2 时，边际成本将大于边际收益，企业的利润会减少。因此，完全竞争企业要在长期获得最大利润，要满足：

$$P = LMC \qquad (7.7a)$$

完全竞争企业要实现规模最优，又要满足：

$$SAC = LAC \qquad (7.7b)$$

以上是单个企业为实现最大利润而作出的规模调整，实际上在完全竞争市场中其他企业也会相应作出规模调整,并且由于企业可以自由进入和退出该市场,企业最终规模的确定取决于市场的长期均衡。

(二)市场长期均衡

假如市场中所有企业都可获得超额利润,都扩大规模,同时其他企业纷纷进入该市场,使产量进一步增加,结果势必造成市场供给曲线向右移动,市场价格下降。在新的价格面前,企业又会根据 $P = LMC$ 的原则调整生产规模。如果这时仍有超额利润,市场供给还会增加,价格也继续下降。如果出现了亏损,有一部分企业就会退出该行业,整个市场供给就会减少,价格又会上升。这样不断调整的结果是出现零利润的长期均衡。由于企业取得了正常利润,就不存在有退出该行业的压力,由于没有超额利润,也就没有吸引其他企业进入市场的动因,这样就形成了企业和整个市场的长期均衡。

在图 7.7 中,如果最初市场价格是 P_1,企业可以得到超额利润。正如我们前面分析的,企业会扩大生产规模,并且新的企业会加入该行业,促使市场供给曲线由 S_1 右移直至 S_2,相应地,价格由 P_1 降到 P_0(见图 7.7(a))。如果价格由 P_1 降到 P_2,企业会出现

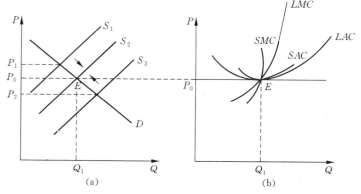

图 7.7 完全竞争行业的长期均衡

亏损,结果企业收缩生产规模,一部分企业退出该行业,价格又回升到 P_0,E 点就是企业和行业的长期均衡点。对于单个企业而言,E 点满足 $P_0 = SAC = LAC = SMC = LMC$ (见图 7.7(b)),这时价格等于短期和长期平均成本最低点,经济利润为零;同时价格也等于短期和长期边际成本,企业获得了最大的利润。所以完全竞争企业的长期均衡条件是:

$$P = SAC = LAC = SMC = LMC \qquad (7.8)$$

为了简化起见,我们在图 7.7(b)中假定市场上所有企业具有相同的成本曲线,其成本曲线都如图上的 SAC,这时 LAC 既是企业的也是行业的长期平均成本曲线。这一假定对于达到均衡并不是必要的。企业可以拥有特定的技术或者某种稀缺的资源,这都会使企业的成本函数有所不同。低成本企业由于拥有某些稀缺的要素,例如肥沃的土地或较高的管理水平,使其平均成本曲线低于 SAC,从而会得到超额利润。其他企业看到低成本企业获得大量的超额利润,就会说服肥沃土地的所有者把土地租给他们,雇用高水平的经理人员为他们工作,竞争促使企业愿意为高质量的生产要素支付更高的价格,直至拥有这块土地或这个经理人员。在长期内,单个企业差异的利润优势也因此而消失,短期内企业的超额利润最终落入了资源所有者(土地所有者或管理者)手中,这就导致了企业在长期内没有超额利润,只有正常利润。

(三)市场长期供给曲线

由以上的分析知道,行业长期均衡点处于行业长期平均成本曲线的最低点,所以行业的长期供给曲线为行业长期平均成本曲线最低点变动的轨迹。在长期均衡中,由于企业规模的变化,部分企业的进入和退出,使得总产量发生变动,总产量的变动又可能影响投入要素的价格,从而导致长期平均成本曲线的移动,进而会对市场长期供给曲线产生影响。由于产量变化对要素价格影响的不同,市场长期供给曲线会出现三种不同的情况(见图7.8)。

1. 成本不变行业的长期供给曲线。如果行业面临的生产要素市场为完全竞争的市场,行业产量扩大对生产要素需求的增加不会引起要素价格的上涨,则单位产品的成本不随产量扩大而变化,即 LAC 不变。这时市场的长期供给曲线是一条水平线,具有完全的价格弹性,如图7.8中的 LS_1 所示。这样的行业被称为成本不变行业(constant-cost industry)。

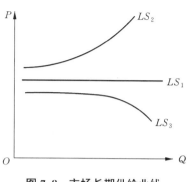

图 7.8 市场长期供给曲线

2. 成本递增行业的长期供给曲线。当某行业所使用的要素是专用性的,或占整个社会对这种投入要素需求量的很大部分时,行业产量的扩大,会引起生产要素价格的上涨。现实中经常会看到这种情况,行业产出增加抬高了原材料的价格,从而提高了企业的生产成本,这种情况被称为"外部不经济"。这时行业的长期供给曲线是一条自左向右上方伸展的曲线,如图7.8中的 LS_2 所示。这样的行业被称为成本递增行业(increasing-cost industry),多数行业属于这一类。

3. 成本递减行业的长期供给曲线。现实生活中也存在一些行业,随着产量的增加,平均成本却随之下降。例如,行业产出扩大会造成更训练有素、效率更高的劳动力;生产规模扩大后,组织专门的运输线路等等,都会节省生产成本,提高效率,这种情况被称为"外部经济"。外部经济的存在使得该行业的长期供给曲线为一条自左向右下方伸展的曲线。这种行业被称为成本递减行业(decreasing-cost industry)。

三、对完全竞争市场的评价

只要企业追求最大利润,在完全竞争条件下,企业一定会达到这样的产量水平,使其价格等于边际成本,并且等于平均成本的最低点。竞争驱使企业在平均成本的最低点生产,因而生产效率达到最高,在全社会范围里节约了资源。从长期来说,生产者只获得正常利润,这也符合消费者的利益。另外,由于 $P=MC$,从社会的角度看,资源在各种产品的生产之间的配置也是最优的。当 $P>MC$ 时,说明企业应该投入更多资源生产该种商品而减少其他商品的生产;反之,当 $P<MC$ 时,企业则应把资源用于生产更多的其他商品。只有当 $P=MC$ 时,社会福利最大,消费者需求得到了最大限度的满足。因此,在完全竞争市场上,单个企业追求最大利润的过程最终能自发地实现社会福利的最大化。不仅企业生产效率能达到最高,而且资源的配置也是最优的。市场机制就像一只"看不见的手",能够实现资源的优化配置[①]。

第三节 完全垄断市场:含义及特征

一、完全垄断市场的含义及成因

在上一节讨论的完全竞争市场中,由于有无数个交易者,因而它们的单独行为不会影响价格,它们都是价格的接受者。而完全垄断市场则是市场结构中的另一个极端:一个市场中只有一个企业控制一种产品的生产和销售,这种市场不存在丝毫竞争因素。垄断企业的需求曲线就是市场的需求曲线,因此当它的产量扩大时,它收取的价格会下降,它是价格的制定者。具体说来,完全垄断的市

[①] 关于市场机制的不足,请参见本书的第十章。

场包含以下三个条件：

1. 市场上只有一个售卖者。唯一的企业控制了该产品的产销量，因此市场需求曲线与企业面对的需求曲线重合，通常是一条向下倾斜的曲线。

2. 产品完全没有替代品。只要存在一定的可替代性，市场就必然存在一定的竞争性。完全垄断企业提供的产品不受任何替代品的竞争威胁。

3. 新企业不能进入该市场。这一点保证了完全垄断市场上只有一家企业，这与完全竞争市场有着根本差别，长期内垄断企业可能取得垄断利润。

完全垄断市场与完全竞争市场类似，也是理论上高度简化的模型，现实中很难找到完全符合以上三个条件的市场结构。上述第二个条件是理解完全垄断含义的关键。社会公用事业一般被认为是垄断行业，但是它们依然存在着一些近似的替代品，因此也不可能是严格意义上的完全垄断。比如城市中独家经营的自来水公司是一个垄断企业，但是自来水也存在替代品，没有自来水可以用井水、河水作为饮用水。自来水公司还与纯净水、饮料甚至牛奶生产者之间存在竞争，当这些产品价格下降、产量增加时，自来水的饮用量就会减少。一旦产品有了替代品，市场就有了一定的竞争性，其价格的制定也会受到一定的限制。

实际上，完全不存在替代品的商品是很少的，一些看起来用途很不一致的商品，在某一用途上却可以互相替代。垄断企业即使没有直接的竞争者，但它仍面临着许多间接竞争或潜在竞争，即使企业可以独霸市场，仍会感觉到一种危机感。理论上的完全垄断企业也并不拥有无限的权力，它并不能无限地提高价格，因为消费者会在商品涨价时降低需求量，使企业利润下降，可见企业经营活动仍会受到市场需求的制约。

完全垄断市场形成的原因主要有四个方面。

(一) 对原材料的控制

某企业控制了生产既定产品的主要原料的全部供给,可以有效阻止竞争、形成垄断。最典型的例子是美国的铝业公司在第二次世界大战前几乎控制了铝土矿(生产铝的主要原料)的所有来源而垄断了这一行业。

(二) 规模经济

在某些行业中存在规模报酬递增,表现为产量增加,长期平均成本曲线向下倾斜,因此只有实力雄厚的大企业才能生产经营。若市场需求是一定的,一家效率高的企业就可以满足全部社会需求,即这家企业达到平均成本最小时的产量大于社会总需求,这时它可以通过增加产量,降低平均成本和售价这一有力的竞争手段击败潜在竞争对手,同时也避免了社会资源的浪费。城市中供水、电力、电讯等公用事业,常由一家企业独家经营,否则势必会形成多重供水、供电线路并存,极大地浪费了资源。即使行业中最初有两个或更多的企业,它们的平均成本必然高于单一企业经营的平均成本,竞争的结果只能是一家效益最好、实力最强的企业生存下来。这种行业需要花费巨额资本才能开始经营,就为潜在进入者设置了天然壁垒。这类行业的垄断被称作天然垄断或自然垄断。

(三) 专利权的控制

由于发明创造的收益易被发明者以外的人所共享,为了鼓励发明创造,保护发明创造者的利益,法律赋予发明人以专利权,使其在一定时间内有使用、保持、转让和许可发明权的权利。专利权的存在排除了其他企业仿制专利产品,拥有专利权者就可以成为垄断者。当前包括中国在内的许多国家争相开发基因工程,寻找新基因并尽快注册,就是为了一旦将来这些基因产品进入生产应用领域就可获得市场垄断地位。

(四) 政府特许

在某些情况下,政府只允许一个企业生产经营某一特定的产品,获取这种特权的企业,在一段时期内便获得了生产经营该种产品的垄断权。例如为了财政收入,烟草行业只允许烟草专卖局经营;为了国家安全,军工产品由国家垄断生产;为了社会安定,麻醉剂也须特许经营;另外,邮政业务、广播、电视也是特许经营的。特许经营限制了竞争,同时政府也会对企业的行为作一定的限制。

二、垄断企业面临的需求曲线和收益曲线

完全垄断市场上只有一家企业,它是产品的唯一生产者,因此它面临的需求曲线就是市场的需求曲线。市场需求曲线的斜率一般都是负的,垄断企业面临的需求曲线一般也是向下倾斜的,表示垄断企业的销售价格与其销售量变化方向相反。表7.2反映了一个假设的垄断企业所面临的需求曲线和收益曲线。

表7.2 垄断企业面临的需求与收益

价格 P(元)	产量 Q	总收益 TR(元)	平均收益 AR(元)	边际收益 MR(元)
10	0	0	10	—
9	1	9	9	9
8	2	16	8	7
7	3	21	7	5
6	4	24	6	3
5	5	25	5	1
4	6	24	4	−1
3	7	21	3	−3
2	8	16	2	−5
1	9	9	1	−7
0	10	0	0	−9

当需求曲线向右下方倾斜时,边际收益不再是常数,而且也不再等于价格和平均收益,这一点完全不同于完全竞争企业。垄断企业面临的需求曲线向右下方倾斜,意味着企业要增加一单位销售量,不仅最后增加的这个单位产品的卖价比以前低,而且全部销售

量的卖价也同样降低。因此增加一个单位产品带来的总收益的增量,即边际收益,总是小于产品的价格。

当需求曲线是线性曲线时,其表达式可以写为:

$$P = a - bQ \tag{7.9}$$

这时企业的平均收益是:

$$AR = \frac{TR}{Q} = \frac{PQ}{Q} = P = a - bQ \tag{7.10}$$

平均收益曲线与企业面临的需求曲线重合。

边际收益表示为:

$$MR = \frac{\mathrm{d}TR}{\mathrm{d}Q} = \frac{\mathrm{d}PQ}{\mathrm{d}Q} = \frac{\mathrm{d}(aQ - bQ^2)}{\mathrm{d}Q}$$

$$= a - 2bQ \tag{7.11}$$

当需求曲线是线性时,边际收益曲线也是线性的,而且边际收益曲线斜率的绝对值等于需求曲线斜率绝对值的两倍。图 7.9 是

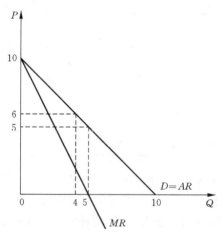

图 7.9 垄断企业的需求曲线和边际收益曲线

根据表 7.2 作的垄断企业的需求曲线和边际收益曲线,直观地反映了两者之间的关系。实际上类似的图形读者已经在本书的第三章中有所了解了。

图 7.9 中,边际收益曲线在需求曲线的下方,且边际收益的下降速度是价格下降速度的两倍。当价格为 4 元时,垄断企业能出售 6 个单位产品,因此总收益 $TR = 24$ 元,当价格上升到 5 元时,企业只能出售 5 个单位产品了,总收益 $TR = 25$ 元,因此 $MR = \frac{\Delta TR}{\Delta Q} = 1$ 元。

比较 $P = a - bQ$ 与 $MR = a - 2bQ$,我们可发现如下特征:

1. 需求曲线与边际收益曲线在纵轴上截距相等(都等于 a),即两曲线相交于纵轴。

2. 边际收益曲线的斜率($-2b$)是需求曲线斜率($-b$)的两倍。

3. 需求曲线在横轴上截距为 $\frac{a}{b}$,边际收益曲线在横轴上截距为 $\frac{a}{2b}$,边际收益曲线的横截距正好是需求曲线横截距的一半。

完全垄断企业的总收益、边际收益与需求弹性之间有密切的关系,对此,我们可以用图 7.10 来表示。

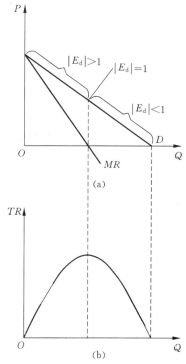

图 7.10 垄断企业的边际收益、总收益和需求弹性

我们还可以发现边际收益与需求弹性存在如下关系：

$$MR = P\left(1 - \frac{1}{|E_d|}\right) \qquad (7.12)$$

对于 TR、MR 和 E_d 之间的关系，我们已经在第三章中进行过较为详细的讨论和证明。

第四节　完全垄断市场：短期均衡和长期均衡

一、完全垄断企业的短期决策

和完全竞争企业一样，完全垄断企业为了谋求最大利润，也必须遵循边际收益等于边际成本的原则。不同的是完全竞争企业只能通过调整产量来实现既定价格下的利润最大化，而垄断企业则可以通过调整产量进而调整价格来达到同样的目的。

假如某垄断企业有如图 7.11 所描绘的需求曲线和成本曲线，那么它将根据 $MR=MC$ 的原则找到边际收益曲线和边际成本曲线的交点 E，由 E 确定的产量 Q_0 是均衡产量，价格 P_0 是均衡价

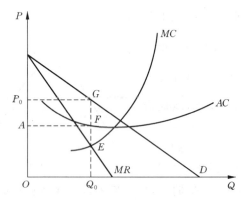

图 7.11　垄断企业的短期均衡利润最大

格。在 Q_0 基础上无论增加产量还是减少产量,边际收益都不等于边际成本,都会使利润减少。

在短期均衡中,垄断企业究竟是盈余还是亏损,主要取决于需求曲线与平均成本曲线的相对位置,产品价格和平均成本的关系决定了利润的有无和大小。图 7.11 反映了垄断企业获得超额利润的情况。在垄断企业的均衡产量 Q_0 上,平均成本为 OA,而价格为 OP_0,平均成本曲线决定了总成本为 $OAFQ_0$ 的面积,需求曲线决定了总收益为 OP_0GQ_0 的面积,所以超额利润是矩形 AP_0GF 的面积,这也是企业短期内可能有的最大超额利润。

由于市场价格并不总是高于平均成本的,和完全竞争企业一样,垄断企业在短期内的生产经营也可能出现盈亏相抵(超额利润等于零)和蒙受亏损的情况。图 7.12(a)、(b)分别表示这两种情况。

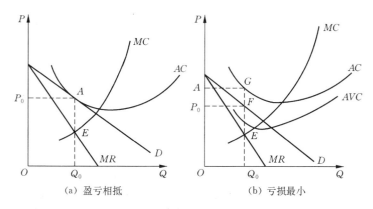

图 7.12 垄断企业的短期均衡

在图 7.12(a)中垄断企业根据边际收益曲线和边际成本曲线的交点,确定能获得最大利润的均衡点 E,对应的价格为 P_0,产量为 Q_0。当产量为 Q_0 时,平均成本恰好与价格相等,这意味着企业的总收益和总成本相等,在图中都等于矩形 OP_0AQ_0 的面积。所以企业的超额利润为零,只能得到正常利润。

图 7.12(b)表示由于某种原因造成需求不足,垄断企业的平均成本曲线出现在需求曲线的上方,企业仍根据边际收益曲线与边际成本曲线的交点 E 来确定均衡价格 P_0 和均衡产量 Q_0,这时的平均成本为 OA,平均成本大于价格 P_0,企业会出现亏损。由于总收益为 OP_0FQ_0 的面积,总成本为 $OAGQ_0$ 的面积,故亏损额为 P_0AGF 的面积,这是短期内可能有的最小亏损。当然,这时 P_0 应大于平均可变成本。垄断企业在短期内,还是应当继续生产经营,因为这样企业除了可以收回全部可变成本,还可以收回部分固定成本,否则要亏掉全部固定成本。倘若 P_0 小于平均可变成本,那么就应停止经营,这与完全竞争市场上企业的短期均衡类似。

二、完全垄断企业的长期决策

就长期而言,由于所有的投入都是可变的,垄断企业与完全竞争企业一样也可以调整其生产规模,以达到长期均衡。所不同的是,完全垄断市场的长期均衡并不伴随着超额利润的消失,因为完全垄断者独占经营,如果它在短期内能获得净利润,由于它不会受到新进入企业的竞争,它的净利润将保持。而如果它在短期内亏损的话,垄断企业可以改变生产规模以获取超额利润,否则企业会因长期亏损的存在而离开该行业。因此,完全垄断企业的长期均衡常以存在超额垄断利润为特征。

图 7.13 描述了一个垄断企业的长期均衡调整过程。企业在短期选择一定的生产规模,短期平均成本曲线和边际成本曲线是 SAC_1 和 SMC_1,根据 $SMC_1 = MR$ 确定的均衡产量为 Q_1,价格 $OP_1 > SAC_1$,企业能获得 $AEFP_1$ 面积的超额利润。但是从长期看,以 SAC_1 和 SMC_1 为代表的生产规模并不是最优的,因为长期边际成本曲线 LMC 低于边际收益曲线 MR,扩大生产规模可以使利润增加。当生产规模扩大到边际收益既等于短期边际成本,也等

于长期边际成本时调整结束,如图所示在 MR 与 SMC_2 和 LMC 交于一点处,相对应的产量和价格分别为长期均衡产量 Q_0 和价格 P_0,这时企业实现了长期利润最大化。值得注意的是,在产量 Q_0 时短期平均成本曲线 SAC_2 恰好与长期平均成本曲线 LAC 相切,表明产出水平 Q_0 是最合适的生产规模,这时企业获得的超额利润为 $BGHP_0$ 的面积。

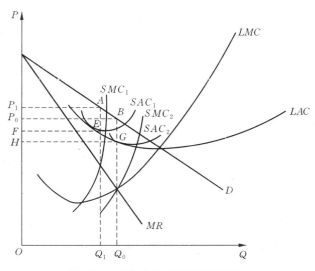

图 7.13　垄断企业的长期均衡调整

所以,完全垄断企业长期均衡的条件是:

$$MR = SMC = LMC \tag{7.13a}$$

$$SAC = LAC \tag{7.13b}$$

在图 7.13 中,垄断企业处在长期均衡时并未在 LAC 的最低点处生产,这一点与完全竞争企业不同。企业在长期均衡时只是选择了对其利润和产量来说的最优生产规模,并在选定产量上达到了短期平均成本最低。但若垄断企业超过均衡点扩大产量,它的平均成本会更低。因此,我们可以对自然垄断给出一个更直观的定义,即最大利润的产量出现在长期平均成本曲线下降阶段的某一点。

三、垄断和可竞争市场[①]

80年代,美国经济学家鲍莫尔(William Baumol)等人提出,许多垄断市场的行为接近竞争性市场行为,这一新理论称为可竞争市场(contestable market)理论。这一理论的依据是即使没有竞争对手真正进入垄断市场,潜在的其他企业的进入威胁同样会使当前的垄断者降低价格,扩大产量。这时,垄断市场就成为一个可竞争市场。这样的垄断市场一般是因规模经济而形成的。

假定某行业由一家企业垄断,因此该企业利用其市场地位把价格确定为可以获得利润的高水平。这时假设另一家企业可以突然进入该行业,以稍低的价格销售产品,抢占市场,获取利润,而当竞争导致价格下降到利润为零的水平时,这一企业又能迅速退出该行业,于是这种潜在的危险会迫使原垄断企业降低价格。使这种潜在威胁有效的前提是:潜在竞争者进入该行业短期获取利润后,一旦价格下降,比较容易退出。因此在这种情况下,形成规模经济的固定资产必须是通用性的,而非专门性的,否则巨额的沉淀成本(sunk costs)会形成退出壁垒,考虑到长期的成本,潜在进入者的威胁就是无效的。所以当竞争者能够"打一枪换一个地方"(hit and run)时,其进入威胁就是有效的,这时的垄断市场实际上是一个可竞争市场。

复习思考题

1. 企业投入要素价格的变动会使企业短期边际成本曲线如

[①] 可参见 William J. Baumol, "Contestable Markets: An Uprising in the Theory of Industrial Structure", American Economic Review, March 1982, pp. 1—5.

何移动,这会影响企业的短期供给曲线吗?如果是企业的固定成本发生了变化,上述影响还会存在吗?试解释原因。

2. 为什么企业在短期内亏本还会继续经营?企业短期内在什么情况下应当停业?企业能长期亏本经营吗?

3. 完全竞争企业长期的最优产量和最优生产规模如何决定?当整个完全竞争市场和所有企业都处于长期均衡时,最优产量和生产规模又是如何决定的?当一个完全竞争企业处于长期均衡时,该行业一定处于长期均衡吗?

4. 垄断企业会在其需求曲线上弹性不足的地方进行生产吗?为什么?

5. 为什么垄断企业的边际收益与价格之间的差距会随着产量的增大而增大?为什么供给曲线的概念对垄断企业来说没有确定的意义?

6. 试比较完全竞争企业的长期均衡和垄断企业的长期均衡。

7. 假设某城市有100家相同的加油站提供同一种汽油,对汽油的市场需求曲线为 $Q^d = 60\,000 - 25\,000P$,而市场供给曲线可表示为 $Q^s = 25\,000P$(当 $P > 0.6$ 时)。

(1) 用图形表示均衡价格和销量。

(2) 如果市场是完全竞争的,用图形来表示单个企业的需求曲线和供给曲线。

8. 假定某产品的市场需求、供给曲线分别如下:

$$Q^d = 1\,000 - 100P$$

$$Q^s = 10 + 200P$$

(1) 求完全竞争均衡产量和价格,并用图形加以表示。

(2) 若政府对每单位产品征税3,求征税后短期内的均衡产量、供给价格和需求价格。

9. 某成本不变的完全竞争行业的代表性企业的产品价格为

$P = 975$,其长期总成本函数为:

$$LTC = Q^3 - 60Q^2 + 1\,500Q$$

试求:

(1) 利润极大时的产量,平均成本和利润。

(2) 该行业长期均衡时的价格和企业的产量。

(3) 用图形来表示上述(1)、(2)。

(4) 若市场需求曲线是 $P = 9\,600 - 2Q$,试问长期均衡时留存于该行业的企业数是多少?

10. 已知垄断者的总成本函数为 $TC = 40Q + Q^2$,产品的需求函数为 $Q = 120 - P$,求:

(1) 利润极大时的销售价格、产量和利润。

(2) 求解垄断者收支相抵时的价格,若垄断者按此限价生产,产量和利润分别是多少?

第八章 市场结构:垄断竞争和寡头垄断

完全竞争和完全垄断是市场结构的两个极端,两者都只是一种理论的抽象,在现实经济活动中是罕见的。实际碰到的是各种中间状态的市场结构,它们介于完全竞争和完全垄断两者之间。我们通常将这些市场结构分为两类:一类是垄断竞争市场,另一类是寡头垄断市场,前者更接近于完全竞争市场,后者更接近于垄断市场。在本章中,将讨论这两种市场结构中企业如何选择价格和产量。本章首先分析在垄断竞争市场中企业如何在短期和长期中决定最优价格和产量,并着重分析了产品差别。接着分析了寡头垄断产生的原因,介绍了基于市场行为的不同假设而形成的各种寡头垄断的模型。在本章的最后,还特别引进了博弈论的方法,对多种寡头垄断企业行为作了分析。

第一节 垄断竞争市场:含义及特征

一、垄断竞争市场的特征

垄断竞争市场既包含垄断的因素,又包含竞争的因素[①]。我们

---

① 1933 年,美国麻省剑桥的张伯伦提出了垄断竞争这一市场结构模型,见 Edward H. Chamberlin, *The Theory of Monopolistic Competition* (Cambridge, Mass: Harvard University Press, 1933)。

在第七章第一节中简要地介绍过这一市场结构的特征:它类似完全竞争,交易者人数众多,个别销售者的行为对其他企业的影响很小,长期而言,企业进出该行业比较容易;它在一定程度上又类似于完全垄断,各企业的产品存在一定的差别。

1. 市场上有很多销售者,每个企业的产量只占市场供给量的很小一部分,因此企业对市场价格的影响十分有限。一个企业在作决策时,估计自己的行为对其他企业不会产生什么影响,因此不必考虑其他企业的反应(这是与寡头垄断市场的根本不同)。

2. 企业可以比较自由地出入市场,垄断行业存在的那些壁垒都不存在,企业完全由利润驱使进入或退出该行业。因此,当达到长期均衡时,垄断竞争企业的利润会趋于消失,类似于完全竞争企业的长期均衡。

3. 不同企业的产品不是同质的,而是有差异的。这种差别主要是指消费者对不同企业生产的同类产品偏好不同,它可以是来自于产品实质上的差别:如由于原材料、加工技术不同而引起的质量、性能的不同;它也可以纯粹来自消费者感觉上的不同,例如由于包装、商标、广告、服务态度等原因使消费者宁愿购买某个企业的产品,而不买另一个企业的产品。在现实经济生活中,一个企业对其产品售后服务的承诺或者某位大牌明星的广告,都可以成为其产品差别的来源。由于产品存在差别,会有一部分消费者忠诚于自己偏好的产品。因此,企业提高价格,会失去一部分消费者,但不会失去所有的消费者;如果降低价格,能增加自己的销售额,但也不会把所有消费者吸引过来。垄断竞争企业面临的是一条向下倾斜的需求曲线,如图 8.1 中的 DD。

垄断竞争市场上的产品往往会形成一定的产品组(product group),如"眼镜"、"电视机"、"香皂"等。在产品组内,产品虽然有差别,但在满足人们基本需要方面是相似的,因此相互是可替代的,形成了一定程度的竞争。产品差别越大,产品之间的替代性就越小,产品的需求价格弹性也就越小,单个企业面临的需求曲线就越陡。

垄断竞争广泛地存在于零售业、服务业和一些生产性行业中,例如,百货店、超级市场、饭馆以及服装业、副食品行业都属于这一类市场结构。这些行业中企业数量多,单个企业产量少,其产品是相似的,但又有差别。企业之间存在着一定程度的竞争,但每个企业对市场又略有影响。对这种市场结构的研究比较有现实意义。

二、垄断竞争企业的需求曲线

由于垄断竞争企业的产品存在差别,企业面临的需求曲线就不会像完全竞争企业那样是一条具有完全价格弹性的水平线,而是一条向右下方倾斜的曲线。企业要增加销售量,就要降低价格,产品差别越大,替代性越小,要增加同样销售量需要降价的幅度越大,需求曲线就越陡。由于垄断竞争市场上产品不是完全不能替代的,所以企业所面临的需求曲线的斜率绝对值小于完全垄断企业的需求曲线斜率的绝对值。

垄断竞争市场中,各企业生产的产品存在差别,因此无法得到市场的需求曲线和供给曲线。为了简化起见,我们用"代表性"企业的行为来描述整个市场,尽管各企业的产品在消费者看来是有差别的,但所有企业的收益、成本和极大化行为都是相同的。如图 8.1 中的 DD 就表示代表性企业的需求曲线,向右下方倾斜。单个垄断竞争企业自以为可以独自行动,对其竞争者没有影响,因此这是一条企业的主观需求曲线。

但是该企业是代表性的,若它的某项产量变动计划是有利可图的,所有企业都想使利润极大化,市场中所有其他企业也会作出同等的变动。因此代表性企业不会沿需求曲线 DD 移动,而是沿着图 8.1 中的 $D'D'$ 曲线移动。$D'D'$ 说明由于所有销售者同时将产出水平作同等变动,单个企业降低价格所引起的产量增加量减少,

$D'D'$ 称为代表性企业的有效需求曲线。

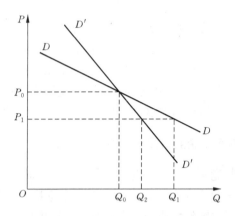

图 8.1 垄断竞争企业的主观需求曲线和有效需求曲线

如图 8.1 所示,企业初始价格—产量组合为 P_0Q_0,企业降低价格到 P_1,若假定其他企业价格不变,其销售量由 Q_0 增加到 Q_1,实际上其他企业势必也会降低价格,该企业的销售量只能由 Q_0 增加到 Q_2。主观需求曲线比有效需求曲线平坦得多,这是垄断竞争企业需求曲线的重要特征。

第二节 垄断竞争市场:短期均衡和长期均衡

一、垄断竞争企业的短期决策

短期内,在同一个产品组里企业的数目不会发生变化,当所有企业产出变化相同时,单个企业面临的有效需求曲线不变。主观需求曲线的位置则取决于所有企业的产出水平,DD 沿着 $D'D'$ "滑动",垄断竞争者按自己的主观意愿来决策,如图 8.2 所示。DD 是企业的主观需求曲线,MR 是相应的边际收益曲线,由 $MR = MC$

决定产销量 Q_1，由 DD 决定价格 P_1。但是由当前有效需求曲线决定的产出水平为 Q_0，决定的价格为 P_0。垄断竞争者认为它只要把价格由 P_0 降到 P_1，产销量就能从 Q_0 增加到 Q_1，其实所有企业都会这样做，于是代表性企业的产销量只能增加到 Q' 的水平。在 Q' 位置，代表性企业的主观需求曲线也由 DD 向左移动到 D_1D_1 的位置，主观的边际收益曲线也向左移动。这一过程持续下去，直到主观需求曲线移到图 8.2(b)所示的位置，这时由 $MR = MC$ 决定的产销量 Q_e 恰好也是由 $DD = D'D'$ 所决定的产销量，这时的价格为 P_e。垄断竞争企业按主观意愿使利润最大化的产量正好等于市场按比例分配给它的产销量，企业实现了短期均衡。

若市场价格高于生产的平均成本，企业就能在短期获得超额利润，图 8.2(b)就描述了这种情况。市场价格如果恰好等于平均成本，企业在短期内盈亏平衡。若市场价格低于平均成本，而高于平均可变成本，企业虽有亏损，但在短期仍然继续生产，使得亏损最小化，因为可以收回部分固定成本。若市场价格低于平均可变成本，企业就要关门停业了。

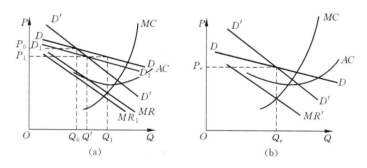

图 8.2 垄断竞争企业的短期均衡

二、垄断竞争企业的长期决策

从长期来看，垄断竞争比较类似于完全竞争，企业可以自由进出该类市场,同时可以选择最优规模,最终会使经济利润趋向零。如果短期内企业有经济利润,就会吸引新企业进入该行业。只要有新的企业加入,同一产品组中的企业数就会增加,单个企业面临的有效需求曲线就会不断向左移动,而主观需求曲线也会相应地不断向左移动。新企业的加入,还可能增加对投入要素的需求,竞争引起要素价格上升,使生产企业的成本曲线向上移动。在这两方面因素共同作用下,经济利润不断下降,直到经济利润完全消失,就不再有新企业进入的动力。同样的,若企业短期内蒙受亏损,从长期看,必然退出该行业。最终,企业的经济利润必然为零,既无迫使企业退出的压力,也无吸引企业进入的动力,这时垄断竞争企业就实现了长期均衡。

图8.3描述了代表性企业的长期均衡状况。企业在达到长期均衡时,边际收益曲线 MR 与长期边际成本曲线 LMC、短期边际

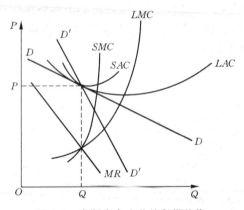

图8.3 垄断竞争企业的长期均衡

成本曲线 SMC 交于一点。需求曲线 DD 与长期平均成本曲线 LAC、短期成本曲线 SAC 相切,且 DD 与 $D'D'$ 相交于该切点,表示总收益等于总成本,经济利润在长期等于零。这时,代表性企业达到长期均衡。所以,垄断竞争企业长期均衡的条件是:

$$MR = LMC = SMC \qquad (8.1a)$$

$$P = LAC = SAC \qquad (8.1b)$$

代表性企业达到长期均衡时,类似于完全竞争企业,经济利润等于零,但是长期均衡点在平均总成本曲线最低点的左边,长期平均总成本曲线处于下降阶段,如果扩大产量,还能降低成本和价格。与完全竞争的长期均衡点相比,垄断竞争的代表性企业以较高的平均成本生产较少的产量,表示经济资源未能得到充分利用,生产能力是过剩的。纯粹从经济学意义上说,这是垄断竞争市场的一个缺陷,但从消费者的角度来看,这未必是一件坏事。如果产品市场是完全竞争的,资源的确得到了充分利用,但市场上都是全无个性可言的同质产品,本来多彩的世界将变得多么单调。垄断竞争市场的过剩生产能力(excess capacity)只是满足消费者多样化需求的代价。

三、垄断竞争条件下的品质竞争和广告竞争

垄断竞争企业如果采取价格竞争,在长期会使得经济利润趋于零,因而大多数企业转而寻求一些非价格竞争方式以增加对企业产品的需求量和忠诚度,使产品缺乏价格弹性。比如说某冰箱厂推出新型的节能型无氟冰箱,迎合了广大消费者对环保型产品的需求,使得企业在价格不变的情况下,产销量有了大幅增长。又比如大牌明星成龙的一句"爱多VCD,好功夫",使得该品牌知名度激升,拥有了众多的信赖者,保持了较高的市场占有率。这两种方法都是采用非价格竞争的手段,努力造成产品的差别,前者是在产品自身品质变异(product variation)上下功夫,使其更好地吸引消费者,称为品质竞争;而后者是从影响消费者对产品的心理感觉上下功夫,这就是广告竞争。

消费者的需求是多样的,企业可以通过提高产品质量、改进产

品性能、精心设计包装、改善售后服务、随产品赠送礼品等各种方式来迎合消费者的需求,展开品质竞争。品质变异能够提高产品的差异性,减轻竞争对手的威胁。一旦自己的产品有了明显的特色,消费者对其会产生一定的忠诚和信赖,其他产品就难以替代它,从而使需求曲线变陡了。

在垄断竞争市场上,广告竞争是品质竞争的重要补充。品质竞争是努力造成产品的差别,以适应不同消费者的需要,而广告竞争则是利用广告的宣传,试图使消费者的需求适应产品的差别。

我们可以把广告简单地分为两类。

1. 信息类广告(informative advertising),为消费者提供有关商品的各种信息,如价格、性能等,这类广告大大节省了消费者的"搜寻"时间和成本。对企业来说,虽然广告需要费用,但让更多的消费者了解自己的产品,增加了潜在消费者的数量,将需求曲线向外移动了。

2. 说服性广告(persuasive advertising),努力使消费者相信自己需要某种产品,或者这种产品是最适合自己的。说服性广告的一个主要目的就是培养消费者对某种品牌的忠诚(brand loyalty),使得需求弹性变小,需求曲线变陡。这种广告使得垄断竞争市场更多地具有垄断的特征。

在现代商业化的社会,广告几乎无孔不入,从广播、电视、电台到报纸、书刊、杂志,以及街头、建筑物、体育场等公共场所的路牌、灯箱、霓虹灯,一些产品不厌其烦地进行轰炸式宣传,更有甚者,不惜重金以求获得黄金时段广告播出权或是世界级明星的一次出场,但是这些广告的确往往能带来奇迹,使企业销售量猛增。

品质变异会导致生产成本的增加,而高昂的广告费用增加了生产成本以外的销售成本。所以当我们考察品质变异或广告宣传是否有利时,首先也要作成本—收益分析。只有当品质变异而增加的成本小于因变异而增加的收益,这种变异才是对企业有利的,但这种有利的变异也只能使垄断竞争企业在短期内取得经济利润。有利的变异会吸引更多的消费者,使企业短期内获得较大的经济利润,但经济利润的存在促使新的企业开发同样的变异产品,从而在长期经济利润趋于消失。因此企业要获得持续的经济利润,必须不断展开品质竞争,开发有利的变异,以期不断获得短期经济利润。

尽管通常来说,广告费用是高昂的,广告的促销效果一般是正的。但广告费的支出并不是越多越好,因为边际收益递减规律对广告支出也是适用的。一般说来,只进行一两次广告宣传,作用不大,而随着广告次数增多,加深了消费者的印象,重复效果增强了消费者对这一品牌的认同,这时广告的效果是递增的。但广告增加到相当次数后,市场趋于饱和,容易接受广告宣传的消费者早已购买了该产品,对其余的那些人,广告较难起作用。因此,广告也有一个从报酬递增到报酬递减的过程。最优的广告费应当使因增加广告费引起的利润的增加数恰好等于广告费的支出。不对广告费用作成本收益核算往往会对企业造成负面影响。以中央电视台的标王秦池集团为例,由于巨额广告费用使企业不堪重负,而广告的促销效应已经释放殆尽,秦池集团很快就陷入了经营困境。

第三节 寡头垄断市场:含义及特征

在前面章节考察的市场结构中,企业总是假定其他企业的行为不会影响自身的决策,因为市场中要么只有一个企业(完全垄断者),没有竞争对手,根本无需考虑其他企业的影响,要么就是有大量的企业(完全竞争和垄断竞争),任何一个企业在市场中的地位都是微不足道的,难以对其他企业产生显著的影响。但是在由少数几个大企业形成的寡头垄断市场(又称寡占市场)中,一个企业在采取行动时必须考虑其竞争者的反应。企业行动的效果不仅取决于企业本身的决策,而且还取决于其他企业的行为方式。

由于寡头垄断是现代经济生活中常见的一种市场结构,下面我们将对它作较为全面的研究。首先分析其含义和特征,并引入集中度的概念。接着考察几种重要的寡头垄断模型:拐折需求曲线模型、古诺模型、卡特尔模型和价格领导模型等。然后介绍一种新的分析方法——博弈论方法,来分析一个企业和其竞争对手在各自追求利润极大化目标的情况下,如何采取行动追求自身的利润目标。

一、寡头垄断的含义

寡头垄断市场上只有少数几家大企业,就控制了产品的绝大部分供给,每个企业都在市场上有举足轻重的地位。如果市场上只有两个企业,就称为双头垄断市场(duopoly),而有多于两个的少量企业的市场则称为寡头垄断市场。这些企业在市场上相互依存,任何一家企业作决策时都必须考虑对手的反应。例如,自1998年1月20日,上汽宣布其非2000型桑塔纳轿车降价2万元左右以来,捷达、富康、标致等国内主要轿车品牌也分别宣布降价,降幅都在10%以上。由于价格竞争的结果通常对各方都不利,寡头垄断企业更多的是采取非价格竞争,如通过广告、服务、品质变异等方式。即使如此,其竞争对手也会作出相应反应。一个典型的例子是,80年代当百事可乐公司大幅增加广告支出后,可口可乐公司很快也投入了大笔资金用于广告宣传。

寡头垄断市场中,企业生产的产品可以是同质的,也可以是有差别的。如果是同质的,称为纯寡头垄断(pure oligopoly),一些原料行业,如钢铁、水泥、铝、铜等行业就属于这种寡头垄断,这种产品一般有国家标准,彼此间替代程度很高。如果产品是有差别的,称为有差别的寡头垄断(differentiated oligopoly),比如汽车等行业。

寡头垄断市场的形成原因可以是多方面的。可能是由于规模经济、专利权或特许经营权的存在使得进入市场有障碍；也可能由于现有垄断企业人为设置障碍，比如限制价格，阻止新企业进入该市场；另外，地方市场分割也是一个重要原因，比如利用关税、配额等手段限制国外商品进入本国市场，保证了本国几家大企业的寡头垄断地位，国内各地方运用行政手段限制外地产品进入，也可以维护本地企业的寡头垄断地位。

寡头垄断市场上企业之间是相互依存的，企业的每一个决策都要考虑其竞争对手的反应，而其他企业的反应方式又是无法完全预料的。我们可以打个比方，非寡占市场中的企业决策好像是运动员在跑步，它只要努力使自己达到最优；而寡占市场中的企业决策却像是运动员在下棋，它必须面对对手的诸多变化，其策略也要不断调整。因此，无法确定一个统一的、经典的理论来描述这种市场结构，只能基于不同的假设建立不同的模型。我们将在下一节中介绍几种基本的模型。

二、集中度和赫菲德指数

我们描述企业对市场的控制能力通常用企业个数这一指标来进行定性说明，如有大量企业、少数几个企业或只有一个企业，这种描述方法是很粗略的。为此，需要引入集中度（concentration ratios）和赫菲德指数（the Herfindahl Index）的概念，用以具体说明某行业的垄断程度。

集中度是指特定行业中若干最大的企业（一般选择最大的4家、8家或20家企业）的产销量占行业总产销量的百分比。将市场上的企业按市场占有率，从大到小排序，依次以 S_i 代表第 i 个企业的市场占有率。用 CR_n 代表市场上 n 家企业的集中度，则

$$CR_n = \sum_{i=1}^{n} S_i \qquad (8.2)$$

其中，n 一般选择 4、8 或 20。

表 8.1 是中国 1990 年一些行业的集中度，给出的数据是最大的四家企业所占的工业产出份额。不同的行业集中度是不同的，如果最大四家企业市场份额接近 100%，很显然是寡头垄断。如果最大四家企业市场份额占 50%～60%，一般也可认为是寡头垄断行业。从表 8.1 中可以看出，在我国，行业的集中度并不高，1990 年时，只有石油加工行业比较接近于寡头垄断行业。

表 8.1 我国 1990 年 14 个工业部门的集中度

行　　业	4 家企业集中度%	行　　业	4 家企业集中度(%)
石油加工	43.55	家用电气设备	14.72
黑色金属冶炼	22.32	家用电器	14.01
基本化学工业	29.26	有色金属冶炼	13.18
化纤工业	22.14	造纸业	7.49
卷烟业	18.12	橡胶制品	7.47
自行车工业	17.20	制药业	6.44
汽车制造业	14.92	棉织业	1.28

资料来源:《中国统计年鉴》,1991 年;《中国工业经济统计年鉴》,1991 年。

对于这些行业集中度的数据，读者还需注意以下两点：一方面，这里讲的集中度都是就整个国家而言的，而不是针对某个局部市场而言的。由于存在运输、营销等成本以及某些人为的政策因素，对于一个地方市场，某个行业的集中度远高于表 8.1 提供的数据。另一方面，集中度与行业定义的宽窄也很有关系，例如，家用电器行业集中度并不高，但若单就彩电行业来说，集中度就会大大提高。

集中度并非是衡量行业竞争程度的唯一方法，另一个被广泛使用的方法是赫菲德指数法，赫菲德指数用行业中所有企业市场占有率的平方和来表示：

$$HI = S_1^2 + S_2^2 + \cdots + S_n^2 = \sum_{i=1}^{n} S_i^2 \qquad (8.3)$$

其中 HI 代表赫菲德指数，n 代表行业中企业总数，S_i 是行业中第 i 个企业的市场占有率。

HI 越高，表示行业的集中程度越高。如果行业是完全垄断的，只存在一个企业，其市场占有率为 100%，则 $HI = 100^2 = 10\,000$。如果行业中有三个企业，其市场占有率分别为 50%、30%、20%，则 $HI = 50^2 + 30^2 + 20^2 = 3\,800$。如果行业中有 n 个企业，它们的市场占有率都相等，则 $HI = n \times \left(\dfrac{100}{n}\right)^2 = \dfrac{10\,000}{n}$，市场上若有 5 个完全相同的企业，$HI = 2\,000$，若有 10 个完全相同的企业，$HI = 1\,000$。当市场是完全竞争的，$n$ 趋于无穷大，则 HI 趋向于零。由此可见，赫菲德指数有如下几个特点。

1. 该指数的计算涉及所有企业的市场份额，而不像集中度的计算只考虑最大的若干企业。

2. 各企业市场占有率之间的差别越大，HI 就越大，表明市场的垄断因素在加强。

3. 其他条件不变时，企业数越多，HI 越小，表明市场竞争因素在加强。

市场的集中程度能够反映个别企业的垄断能力，因此对产品价格和企业利润会产生重要影响。市场集中程度越低，竞争越激烈，企业只能降低价格，减少利润，直至完全竞争使利润趋于消失；市场集中度越高，企业控制市场的能力越强，就能制定并维持较高的价格。因此市场集中程度与价格之间存在一种正相关的关系，可以用下面的函数来表示这种关系。

$$P = F(C, D, SC) \qquad (8.4)$$

其中 C 是产品成本，D 是市场需求，SC 是销售者的集中度，如果假设成本和需求量不变,就可以考察市场集中程度对产品价格的影响。

第四节 寡头垄断市场模型

在这一节里,我们将介绍几种最重要的寡头垄断市场模型,包括拐折的需求曲线模型、古诺模型、卡特尔模型和价格领导模型,这些模型的区别在于对企业的行为假设是不同的。

一、拐折的需求曲线模型

寡头垄断市场上的价格一般比较稳定,为了解释这一现象,美国经济学家斯威齐(Paul Sweezy)在 30 年代提出了拐折的需求曲线模型(The kinked demand curve model)。

这一模型假定市场价格已经定在某一水平 P 上,而企业以不同方向变动价格会引起竞争对手不同的反应。一家企业如果提价,其他企业一般不会跟着提价;而一旦一家企业降价,其他企业一般会跟着降价。图 8.4 是这一模型的图形表示。

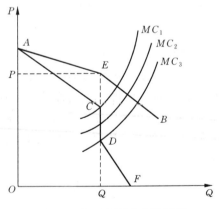

图 8.4 拐折的需求曲线模型

在图 8.4 中，企业如果从价格 P 往上提价，而这种提价又不是由于成本上升引起的，那么竞争对手并不跟着提价，从而趁机抢占市场。因此，P 以上部分的需求曲线很平坦，需求弹性很大。企业如果为了扩大销售从价格 P 向下降价，其他企业怕失去市场份额，也会相应地降价，因而企业削价不会带来销量的显著增加，P 以下部分的需求曲线较陡，需求弹性比较小。由此，寡头垄断企业的需求曲线在价格 P 处发生了拐折，由需求弹性比较大的 AE 段和弹性较小的 EB 段组成。

根据 AE、EB 两段需求曲线可以分别得出 AC、DF 两段边际收益曲线，由于需求曲线是拐折的，边际收益曲线是一条中断的折线。如果当前的边际成本曲线是 MC_1，根据 $MC = MR$ 确定的最优价格是 P，最优产量是 Q。只要边际成本曲线在 CD 间移动时，企业的最优价格和产量决策就不会发生变化。除非由于原材料价格等因素引起成本大幅度变化，寡头垄断企业不会轻易变动价格和产量，这就解释了寡头垄断市场上的价格粘性(price rigidity)现象。

拐折的需求曲线模型以企业跟跌不跟涨的行为假设为基础，较好地解释了寡头垄断市场上价格较平稳的现象，30 年代末一经提出，即被认为是寡占市场的一般理论，但是其缺点是无法说明最初的均衡价格 P 是如何确定的。

二、古诺模型

古诺的双寡头模型(Cournot duopoly model)是一个描述只有两个寡头垄断企业的市场行为的模型，它以 19 世纪初法国经济学家古诺(Augustin Cournot)的名字命名。古诺模型的基本假设是：

(1) 两个寡头垄断者生产同种同质产品；

(2) 每个企业都假定对应于它的产量决策其竞争者的产量是不变的，据此来使自己的利润达到最大。

两个寡头垄断企业共同面对的需求曲线为：

$$P = f(q_1 + q_2) \tag{8.5}$$

其中 q_1、q_2 分别是两个企业的产量,则两企业的利润函数分别为:

$$\pi_1 = Pq_1 - c_1 = f(q_1 + q_2) \cdot q_1 - c_1 \tag{8.6}$$

$$\pi_2 = Pq_2 - c_2 = f(q_1 + q_2) \cdot q_2 - c_2 \tag{8.7}$$

第一个垄断者把 q_2 作为参数,把 π_1 仅视为 q_1 的函数,使 π_1 达到极大;第二个垄断者把 q_1 作为参数,把 π_2 仅视为 q_2 的函数,使 π_2 达到极大。令:

$$\frac{d\pi_1}{dq_1} = 0 \tag{8.8}$$

$$\frac{d\pi_2}{dq_2} = 0 \tag{8.9}$$

从中可以解出每个企业的产出,表示为其竞争者产出水平的函数,其形式为 $q_1 = q_1(q_2)$,$q_2 = q_2(q_1)$,这种函数称为反应函数。古诺均衡解就是同时满足两个反应函数的一组 q_1、q_2 的数值。

我们用一个例子来帮助读者理解这个模型。为简化模型,假设企业边际成本均为零,需求曲线是线性的,两个企业面临的需求函数可写成:

$$P = b - \frac{b}{a}(q_1 + q_2) \tag{8.10}$$

则

$$\pi_1 = \left[b - \frac{b}{a}(q_1 + q_2)\right]q_1 - c_1 \tag{8.11}$$

第一个企业假定 q_2 不变,使 π_1 极大化:

$$\frac{d\pi_1}{dq_1} = b - \frac{2b}{a}q_1 - \frac{b}{a}q_2 = 0 \tag{8.12}$$

从中求出 q_1:

$$q_1 = \frac{1}{2}(a - q_2) \qquad (8.13)$$

这就是第一家企业的反应函数,即当第二家企业产量为 q_2 时第一家企业的利润极大化产量。

同理,可以求得第二家企业的反应函数为:

$$q_2 = \frac{1}{2}(a - q_1) \qquad (8.14)$$

当市场达到均衡时,(8.13)和(8.14)同时成立,求解可得:

$$q_1 = \frac{1}{3}a, \quad q_2 = \frac{1}{3}a$$

上述模型也可以用图 8.5 来表示,图中的 E 点是反应函数 $q_1(q_2)$ 和 $q_2(q_1)$ 的交点。均衡时,两个企业的产量均为 $\frac{1}{3}a$,市场总产量为 $\frac{2}{3}a$,价格为 $\frac{b}{3}$。

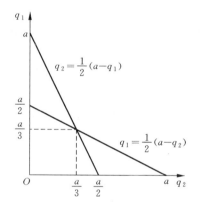

图 8.5 反应函数和古诺均衡

我们可以将古诺寡占模型与完全垄断和完全竞争市场作一简单的比较。如果这是一个垄断市场,则:

$$MR = b - \frac{2b}{a}q$$

由于假设 $MC = 0$,令 $MR = MC$,使利润极大化,得

$$b - \frac{2b}{a}q = 0$$

所以均衡产量 $q = \dfrac{a}{2}$

均衡价格 $P = \dfrac{b}{2}$

如果这是一个完全竞争市场,则价格 $P = MC = 0$

$$b - \dfrac{b}{a}q = 0$$

均衡产量 $q = a$

均衡价格 $P = 0$

由此可见,寡头垄断市场的产量和价格都居于完全垄断和完全竞争之间。

三、卡特尔模型

由于寡头垄断企业之间是相互依存的,如果它们联合起来,共同规定一个价格,它们就有可能像垄断企业那样制定高价,使整个行业的总利润最大。卡特尔就是生产同类产品的企业间一种公开的协议,共同来限制产量,提高价格,操纵市场。石油输出国组织(OPEC)就是一个典型的卡特尔模型。

卡特尔以全体企业的总利润最大为目标来确定各企业的共同价格和产量,然后按各企业的边际成本都相等的原则,分配产量限额。图 8.6 中,假定一个卡特尔中有两家寡头垄断企业,企业 1 和企业 2 的边际成本曲线分别为 MC_1 和 MC_2,据此可以求出卡特尔的边际成本曲线 ΣMC(等于各企业的边际成本曲线横向相加)。卡特尔的需求曲线为 D,相应的边际收益曲线为 MR,MR 与 ΣMC 的交点 E 确定了卡特尔的最优产量 Q 和最优价格 P。整个卡特尔的产量和价格确定后,按边际成本相等的原则进行分配,如图 8.6 所示,企业 1 和企业 2 的最优产量配额分别为 Q_1 和 Q_2,这时两企业分别能获得图 8.6(a)和(b)中相当于阴影部分面积大小的利润。

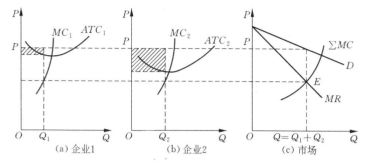

图 8.6　卡特尔的定价与产量分配

同一行业内的企业由相互竞争转而联合成卡特尔,能提高各企业的利润,但是卡特尔往往是不稳定的。卡特尔不能持久的原因除了可能是由于许多国家通过反垄断法禁止企业间串谋或组建卡特尔外,关键在于其内在的不稳定性。

一方面,各成员在如何分配产量、利润方面总是矛盾重重,即使达成了协议,违背协议、扩大产量对每个组成卡特尔的企业都有极大的诱惑。卡特尔通过限制产量来提高价格,每个成员都希望能享受高价格,同时能扩大产量。如果只有一个企业偷偷扩大了产量,对价格不会产生显著影响,它就能使利润大幅增长。每个成员企业都这样做的结果是导致市场供应量激增,价格大幅下降,造成卡特尔的解体,回到了各企业追求利润最大化的竞争状态。由于不能依靠法律和契约对违反卡特尔协议的成员实施有效的惩罚,成员的欺骗行为几乎是不可避免的。这也是博弈论中典型的"囚犯困境"(prisoner's dilemma)问题,对此,我们将在后文中详细论述。

另一方面,卡特尔的高利润也会吸引新的企业进入市场。如果卡特尔无法阻止新企业进入,卡特尔限制产量的结果是使新企业占据了其余的市场份额,最后卡特尔也会失去其垄断利润。另外从长期来看,新的替代产品的出现也会降低卡特尔的垄断利润。

接下来,我们介绍一下石油输出国组织(欧佩克)的一些情况,读者可以从中加深对于卡特尔模型的理解。

石油输出国组织由13个成员国组成,是一个典型的世界石油寡头垄断组织。1973年的阿以战争后,几乎全由阿拉伯国家组成的欧佩克大幅削减石油出口,使世界原油价格暴涨。1978年伊朗发生革命,紧接着又爆发了两伊战争,许多石油设施遭到破坏,促使世界石油价格由1973年的2.91美元/桶上升到80年代初的约40美元/桶。欧佩克向世人展示了卡特尔的威力。但是,从80年代开始,卡特尔的作用开始削弱,其原因是多方面的。

1. 石油价格的提升促使人们使用耗能低的汽车、取暖设施、生产设备等,同时寻找其他能源来替代石油,使得石油的需求弹性变大了。

2. 世界其他地区的石油产量在高价格的鼓励下高速增长。一些开发成本较高的油田在限定的高价条件下也开始盈利(例如英国的北海油田),结果使得欧佩克石油产量占世界原油总产量的份额由1974年的55%降到1991年的不足30%。

3. 卡特尔内部一直为分配产量配额争执不休,内部欺骗时有发生。欧佩克内部石油储量较少的成员国,如印度尼西亚、伊朗,希望提高价格来获得更大的短期利润,而一些石油储量丰富的成员国,如沙特阿拉伯、科威特等则希望降低价格,阻止非欧佩克国家侵占市场,以获得长期利润的最大化。实际的结果是,所有成员国每年都突破了各自的产量配额。

从1982年起,石油价格节节下滑,每桶石油价格从32美元下降到1984年的27美元,到1987年又降至18美元。即使是1990年由于伊拉克入侵科威特引发海湾战争,使石油价格上升,到1991年油价又基本恢复到了海湾战争前的水平。

四、价格领导模型

由于寡头垄断形成的卡特尔常常是不稳定的,而且这种公开的串谋在许多场合是非法的,会受到反垄断法的限制。因此,在寡头垄断企业之间有时会形成一种暗中的默契,即价格领导,以避免价格战。

价格领导模型假设在一个寡占市场中存在一家实力雄厚的大企业,它一般要么是行业中最具实力、成本最低的企业,要么是市场信息灵通,在同行中被公认为是定价能力最强的企业,这家企业就成为主导企业或领导者。除了主导企业之外还有一家或多家小企业,这些企业是追随者。行业中由主导企业制定价格,追随者自动跟着定价。追随者将领导者的产量当作是既定不变的,按照完全竞争的原则确定自己的产量,而领导者则按市场需求与追随企业供给之差确定自己的利润最大化产量。这一模型由德国经济学家斯塔克尔伯格(H. Von Stackelberg)在30年代提出,故又称斯塔克尔伯格模型(Stackelberg Model)。

假定在一个寡头垄断市场中,一家大企业有一定的垄断地位,是价格的制定者,其他企业的地位相当于完全竞争市场上的企业,只是价格的接受者。图8.7说明了这一模型的产量与价格的决定过程。D是整个行业的市场需求曲线,追随企业的边际成本曲线

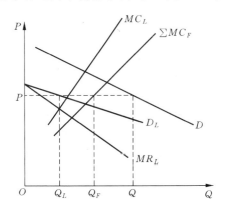

图 8.7 价格领导模型

为 ΣMC_F，是各企业边际成本曲线的水平加总，由于追随企业类似于完全竞争企业，短期内平均可变成本以上部分的边际成本曲线就是短期供给曲线，ΣMC_F 就是这些企业的总供给曲线。领导者的需求曲线是由市场总需求量减去追随企业的总供给量得到的，即图中的 D_L，相应的边际收益曲线为 MR_L。领导者为了使利润最大化，依据 $MR_L = MC_L$，确定其产量为 Q_L，相应价格水平为 P。追随企业接受领导企业制定的价格 P，像完全竞争企业一样，按价格等于边际成本来确定自己的产量为 Q_F。这时市场总产量为 Q，$Q = Q_L + Q_F$。

世界石油市场由于欧佩克的存在，可以用价格领导模型来描述。这时，领导者是欧佩克，它的产量在世界市场上举足轻重，世界石油总需求量减去非欧佩克产量决定其需求及相应的边际收益，据此可以得到利润极大化产量和价格。其他产油国实力不足以操纵市场，只能接受世界市场既定价格，提供完全竞争水平的产量。

第五节　博　弈　论

寡头垄断市场上企业之间高度依存，每个企业都必须选择一定的策略，它在决定采取每一行动之前必须对其他竞争对手的反应有自己的估计，并相应制定下一步的行动。企业之间的这种关系，可以用博弈论(game theory)的方法来进行研究。博弈论又称对策论，是研究各参与者所选策略的方法，它被广泛应用于经济学、政治学、社会学等学科。本节先通过一个经典的博弈的例子介绍有关博弈论的一些基本概念和方法。然后我们运用这一分析方法来研究寡头垄断企业的行为。我们用博弈论的模型解释了寡占市场大量出现的非价格竞争，并且对前面分析过的卡特尔模型给出了博弈论的解释。在现代经济学中，博弈论的方法用得非常多，有兴趣的读者可以找专门论述博弈论方法的书籍加深对这种方法的学习。

一、博弈论和囚犯困境

博弈论是建立在个体行为理性基础上的,个体作出决策始终都是以实现自身的最大利益为唯一目标。一个博弈过程总有一定的参加者,就如同下棋时的棋手,每个独立参加者称为一个博弈方。各博弈方在决策时有一种或多种可选策略,对应于每种决策,它最后得到一定的收益(payoff),例如利润、收入、效用等,我们假定这种结果是可以量化的。

下面我们来介绍一个特别经典的博弈问题,并对它作初步的分析,帮助读者理解和认识博弈问题,这一博弈问题被称为"囚犯困境"。

警察抓住了两名罪犯,但是缺乏足够的证据指证他们所犯的罪行。倘若罪犯中至少有一人认罪,就能确认罪名成立。为了得到所需的口供,警察将这两名罪犯隔离关押以防止他们串供。两名罪犯面临的选择是:如果两人都不认罪,则因证据不足,他们只会以较轻的妨碍公务罪各判1年徒刑;如果两人中只有一人坦白认罪,他将被立即释放而另一人被重判8年徒刑;如果两人都坦白认罪,他们将各被判5年徒刑。

我们可以用数字来代表收益,并用一个特殊的矩阵来表示这个博弈,这个矩阵称为收益矩阵(payoff table)。图8.8表示了两个囚犯的博弈。我们分别用-1,-5,-8表示罪犯被判刑1年,5年,8年的收益,而0表示罪犯被立即释放的收益。图8.8中囚犯

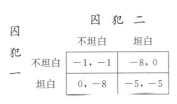

图 8.8 囚犯困境

一、囚犯二是本博弈中的博弈方,它们都有两种可选择的策略:坦白和不坦白。由于两个囚犯被隔离开,因此任何一个人在选择策略

时都不知道另一个人的选择，因此两者的决策可以视为是同时作出的。矩阵中的每组数字代表对应行列的双方所选策略组合下双方各自的得益，其中第一个数字为囚犯一的得益，第二个数字为囚犯二的得益。每个博弈方的得益不仅取决于自己的策略选择，而且也取决于另一方的对应选择。比如对每一个囚犯来说，最好的收益是 0，它就应选择坦白，但如果对方也选择坦白，它的收益就成了 -5。

每个博弈方的唯一目标就是要实现自身的最大利益，它在选择自己的策略时，应该考虑到对方可能作出的选择，并分别考虑自己相应的最佳策略。对囚犯一来说，囚犯二有坦白和不坦白两种可能，如果囚犯二选择不坦白，那么他不坦白的收益是 -1，坦白的收益是 0，他会选择坦白；如果囚犯二选择坦白，那么他不坦白的收益是 -8，坦白的收益是 -5，他也会选择坦白。因此，无论囚犯二采取何种选择，囚犯一使得自身收益最大化的选择都是坦白。同样的道理，囚犯二的最佳选择也是坦白。在这个例子中，我们称坦白是"占优策略"(dominant strategy)，即无论对方如何选择都能使自己利益最大化的策略。因此，该博弈的最终结果是双方都坦白，两个囚犯因证据确凿，同时被判 5 年徒刑。

两个囚犯都选择坦白的策略组合具有稳定性，因为它是唯一的由对方最佳策略组成的策略组合，这时各博弈方都不愿单方面改变策略，从而达到某种均衡状态，这一均衡在博弈论中叫"纳什均衡"(Nash equilibrium)。更为一般地来说，纳什均衡实质上是这样一种策略组合，其中任一博弈方的每个策略都是针对其余博弈方的策略组合的最佳对策。

两个囚犯都坦白的策略所获的收益显然不是最优的，如果两人都拒不认罪，分别只被轻判一年。两个囚犯都要使自身利益获得最大，最终却没能实现最大利益，这种情况在现实生活中屡见不鲜。这说明个人的理性有时并不意味着集体理性。下面介绍的一些模型,很多都属于囚犯困境。寡头垄断企业之间的价格战就是一个典型的例子。

假定在一个双头垄断市场中,两家大企业控制了某产品的绝大部分产销量,而且产品的替代性很强,因此价格成为决定企业市场份额和利润的最主要的因素。

图8.9给出了对两企业价格竞争的一个简单描述。假定每个垄断企业的策略选择都只有两种,维持高价和维持低价。如果两企业价格相同,则利润相同,双方都维持高价,则各获利润100,如果都维持低价,各获利润60。如果其中一个企业在对方不降价的情况下,降低了价格,则可以扩大市场占有率,使自身利润增加,同时对方利润减少。

	企业二 高价	企业二 低价
企业一 高价	100, 100	50, 120
企业一 低价	120, 50	60, 60

图8.9 价格战

最终两企业会选择什么价格策略呢?根据图8.9,选择低价是每个企业的占优策略,结果是两企业同时选择低价,这是本博弈唯一的纳什均衡。对企业一来说,如果企业二定高价,它若定高价,利润为100,它若定低价,利润为120,它会选择低价;如果企业二定低价,它若定高价,利润为50,它若定低价,利润为60,它同样会选择低价。因此,最后两个企业必然都选择低价,尽管这使得两个企业的利润都大幅下降。

上述寡占市场中,各企业独立决策,努力使自己利润极大化,结果却是最坏的,两企业的利润总和是最小的。如果两企业选择合作,通过特定的产量—价格组合来使共同利润最大化,就能使所有企业都得到较好的结果。事实上,合作的结果就是组建卡特尔。但是企业之间的合作往往不能得到有效的监督或强制执行,企业会有强烈的欺骗动机,都偷偷降低自己的价格,最终又回到了类似于囚犯困境的纳什均衡状态。

二、非价格竞争和博弈论

由于价格战的结果往往是两败俱伤,因此寡头垄断企业更多地采用非价格竞争的手段,比如说通过广告、改善服务、品质变异等手段。可口可乐和百事可乐两家软饮料巨头长期在全球展开竞争,但它们几乎不采用价格竞争,而是采用其他非价格竞争手段,维持了各自的垄断利润。

下面运用博弈论方法来分析现实市场中经常出现的企业竞争和决策行为。

(一)广告费用策略

在一个双头垄断市场上,两个企业的产品基本上是一样的,企业如果增加广告支出,能够扩大自己的市场份额,但前提是竞争对手没有同时增加广告支出。假定两企业的广告决策都有两种:广告高预算、广告低预算,它们的收益矩阵如

企业一	企业二	
	低预算	高预算
低预算	1 000,1 000	400,1 600
高预算	1 600,400	800,800

图 8.10 广告费用决策

图 8.10 所示,如果两企业都减少广告支出,双方利润都会提高,若同时增加广告支出,市场份额不变而成本提高,使利润减少,而如果只有其中一家企业增加广告支出,它会抢占另一企业的市场份额,增加自己的利润。类似于前面的分析,这个博弈中,广告高预算是每个企业的占优策略,最终两个企业都会选择高的广告费支出,这时的企业竞争类似于价格战。

事实也能证明这一理论结论。美国政府在 1971 年禁止在广播和电视节目中作香烟的广告,烟厂不得不停止广告竞争,结果是节省了广告费用,香烟的销售量几乎没有减少,企业利润大大增加。但是如果没有政府禁令,企业之间是很难达成这种对各方都有利的协议的。

(二) 市场份额竞争

我们上面讨论的博弈问题中,如果博弈方采取合作的态度,可以得到较高的总收益,这种博弈称为非零和博弈(nonzero sum game),如果博弈中一方的得益总是基于另一方的相应损失,这种博弈称为零和博弈(zero sum game),垄断企业的市场份额竞争就是一个零和博弈。

假定一个双头垄断市场的容量是一定的,因此一个企业扩大1%的市场份额必定会导致另一企业缩小1%的市场份额。每个企业都有三种可供选择的策略争取市场份额。由于一方的收益恰好是对方的损失,我们在图8.11的收益矩阵中只列出了企业1的收益。企业1的收益就是企业2的负收益(损失),因此在这个收益矩阵中企业1依据使自身利益最大来决策,企业2依据使自身负收益最小来决策。

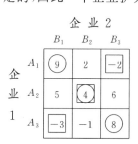

图8.11 市场份额竞争

在这个博弈中,均衡策略是企业1选择A_2策略,企业2选择B_2策略。对应于企业2选择B_2,企业1如果选择A_1,收益仅为2,市场份额增加2%,如果选择A_3收益为-1,而选择A_2收益是4,企业1不愿改变当前的策略。对应于企业1选择A_2,企业2市场份额都会减少,但若选择B_1、B_3分别减少5%、6%,而选择B_2只减少4%,企业2也不会改变当前的策略。这时,双方都选择了针对对方策略组合的最优策略,形成一个纳什均衡。

可以证明(A_2,B_2)这一策略组合是唯一的纳什均衡。针对企业2选择B_1,企业1的最优策略是A_1,图中将这一最优策略用○来表示;企业2选择B_2,企业1的最优策略是A_2;企业2选B_3,企业1应选A_3。针对企业1选A_1,企业2的最优策略是B_3,图中用□表示;企业1选择A_2,企业2应选B_2;企业1选A_3,企业2应选

B_1。因此只有当企业 1 选 A_2,企业 2 选 B_2 是双方的一个均衡策略。

（三）性别战和制式博弈

并非每个博弈问题都只有一个各博弈方都不愿单独改变策略的均衡策略组合。例如,在夫妻俩看时装表演还是看足球比赛的博弈中就有两个均衡策略组合,有人称这一博弈为性别战(battle of the sexes)。

夫妻二人讨论周末计划,妻子偏爱时装表演,而丈夫热爱足球,两人存在分歧,但两人有一点共识,如果不能同行,就哪里也不去,所以形成了图 8.12 所示的收益矩阵。在这个博弈中,双方策略都是相对于对方策略的最佳对策组成的策略组合有两个,即:(时装表演,时装表演)和(足球赛,足球赛)。一旦选了这两个策略组合中任何一个,夫妻俩都不会愿意单独改变策略(一方单独改变策略只能使自己的收益减少),因此,事先也无法确定到底会出现哪一个策略组合。

妻子 \ 丈夫	时装表演	足球赛
时装表演	2, 1	0, 0
足球赛	0, 0	1, 3

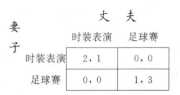

图 8.12　性别战

寡头垄断企业在选择一定的产品标准(如彩电的制式)时,也会出现类似的情形。彩色电视机有不同的制式,由于零部件的通用性,相关设备(如录像机)的可匹配性,企业选择相同的彩电制式会对大家都有好处。若两个企业都生产彩电,可选择 A、B 两制式,则这两个企业面临一个决定制式的博弈,本博弈的收益矩阵如图 8.13 所示。两个企业如果采用不同的制式,对两者都不利。若同采用 A 制式,对企业 1 较有利,若同采用 B 制式,对企业 2 较有

企业1 \ 企业2	A	B
A	2, 1	0, 0
B	0, 0	1, 3

图 8.13　制式博弈

利。最终采用何种方案很大程度上取决于企业的谈判能力。

由于共同利益的存在,总是促使企业形成一种统一的标准。例如,十几年前,有很多种个人计算机的操作系统。而现在,Windows操作系统已成为最主要的个人计算机操作系统。这个例子也能够说明各个国家,甚至国际间对许多重要产品规定统一的规格、标准的原因。

(四)市场进入博弈和承诺(Commitment)

两个企业同时发现了一个市场机会,但该市场容量很小,只够容纳一家企业。如果只有一个企业单独进入该市场,能获得利润 10,如果两个企业同时进入,双方都要承担亏损 6,图 8.14 表示了两个企业的收益。容易发现,这个博弈有两个均衡策略。企业

		企业 2	
		进入	不进
企业 1	进入	−6, −6	10, 0
	不进	0, 10	0, 0

图 8.14 市场进入博弈

1 选择进入时,企业 2 的最优策略是不进,同样企业 2 选择进入时,企业 1 的最优策略是不进。这两个策略组合,前者对企业 1 有利,后者对企业 2 有利。两企业不可能都不进入,白白丧失市场机会,但也不会不顾后果地都选择进入,它们必定会选择其中一个均衡策略,但很难确定是哪一个。

在这个博弈中,如果有一个企业(比如说企业 1)能先行动,会占有先行动的优势,因为它可以选择进入,一旦企业 1 进入以后,企业 2 的最优选择就是不进入,这一结果对企业 1 是有利的。如果两个企业是同时行动的,那么其中一个企业如果能做出可信的进入承诺同样能享受到先行动的优势。比如说,企业 1 在进入该市场前,已经签订了购买生产该产品的专用设备的协议或者是雇用了一批专业技术人员,如果它最终没有进入该市场,势必会承担一笔损失,因此,企业 1 要进入该市场的承诺是可信的,这时企业 2 一般会选择不进入。但如果企业 1 仅仅声称自己要进入该市场,这一

承诺被认为是不可信的,企业2一般不会把它放在心上。

承诺是博弈论中的一个重要概念,其可信性直接关系到博弈的结果。例如,在一个垄断性市场中,企业存在经济利润,因此其他企业也想进入该市场分享利润。面对新进入的企业,原垄断企业一般不会听之任之,而很可能会利用自己的优势,通过降价等手段对新来者进行打击排挤。尽管对新企业的打击对原企业也有相当的代价,很可能使它当前利润大幅减少,甚至必须忍受一定的亏损,但如果它能成功地排挤竞争者,就能长久垄断市场,获得超额利润。这时想进入市场的企业的抉择主要取决于原企业"打击"的承诺是否可信,如果该承诺是可信的,冒险进入注定会失败,它会选择不进入;如果该承诺是不可信的,它进入后可以与原企业分享市场和利润,它会选择进入。这个例子进一步说明了承诺可信与否的重要性。

三、卡特尔模型和重复博弈

卡特尔模型具有内在不稳定性,这一点也可以运用博弈论模型加以解释。如果有两个企业组成一个卡特尔,每个企业有两种策略选择:欺骗和不欺骗,相应的收益矩阵如图8.15所示。如果卡特尔的成员都遵守协定,那么总体利润最大化,利润可以达到

成员国1	成员国2	
	不欺骗	欺骗
不欺骗	100, 100	30, 120
欺骗	120, 30	50, 50

图8.15 卡特尔

200,每个成员得到利润100;如果一方选择欺骗,偷偷扩大产量,另一方不欺骗,总产量的增加导致价格下降,总利润必定下降,由200将为150,但欺骗的一方扩大了市场占有率,得到了大部分利润;如果两个成员都选择欺骗,意味着卡特尔的解体,企业之间又回到原来的竞争状态,每个企业都只能得到较低的利润。

这是一个典型的囚犯困境问题,每个成员的占优策略都是欺

骗,因为无论对方采纳何种策略,自己选择欺骗总比选择不欺骗能获得更多的利润,最终双方都欺骗,只能获得较低的利润。石油输出国组织各成员国都倾向于突破限额,超额生产,最后只能实现对每个成员国都不利的高产低价的纳什均衡,这是这个博弈问题的必然结果。

如果卡特尔成员的策略选择不是一次性的,而是重复多次的,情况可能会有所不同。如果在第一次博弈中,某一成员采用了欺骗的策略,那么它在下一次可能会受到惩罚,其他成员不愿再与其合作。迫于这种威慑,在一个重复博弈中,每个成员倾向于建立一个良好的声誉以便于能和他人长期合作。但是,这还取决于重复博弈的次数,如果博弈只进行有限次,每个成员最后一次的占优策略就是欺骗,这又将导致前一轮的占优策略也是欺骗,最后使卡特尔成员从一开始就选择欺骗,卡特尔的崩溃仍不可避免。只有当博弈次数是无限时,各成员才会受到长期利益的有效约束。

复习思考题

1. 某垄断竞争企业的主观需求曲线和有效需求曲线在价格为 100 处相交,这时该企业是否能在价格水平 120 上达到均衡?为什么?

2. 广告和产品品质变异对企业而言有什么意义?企业应该如何来确定广告和品质变异的数量?

3. 寡头垄断企业最显著的特征是什么?我们通常用什么指标来衡量行业的集中程度?

4. 寡头垄断企业为什么倾向于使用非价格竞争而不是采用价格竞争,博弈论是如何来解释非价格竞争的,它又存在什么局限性?

5. 为什么卡特尔总是不稳定的?OPEC 为何曾经在世界石油

市场上发挥重要影响力而近年来威力日益下降？

6. 某产品市场属于垄断竞争市场,它的需求函数和长期平均成本函数分别为：

$$P = 9 - 0.4Q, \quad AC = 10 - 0.06Q + 0.0001Q^2$$

(1) 计算长期均衡时产品的价格和均衡产量。

(2) 长期均衡时企业的长期平均成本和利润分别是多少？

7. 计算下列行业的赫菲德指数：

(1) 行业由 5 个企业组成,其中 1 个占 50% 市场份额,1 个占 20%,另外 3 个各占 10%。

(2) 行业由 1 个占 60% 市场份额的企业和其余 20 个占相同市场份额的企业组成。

(3) 行业由 40 个同等规模的企业组成。

8. 某企业进行长时期市场调研后发现,本企业产品价格在当前价格水平基础上提价和降价将面临不同的市场需求曲线：$Q = 210 - 30P$ 和 $Q' = 90 - 10P$,

对企业的总成本进行预测显示：$TC = 3.5Q + \dfrac{Q^2}{60}$。

(1) 该企业属何种市场结构的行业,这一行业有何特征？

(2) 企业最优价格和产量是多少？这时利润是多少？

(3) MC 曲线在什么范围内变动时,企业不改变其产量和价格？

9. 假定两个寡头垄断企业行为遵循古诺模型,其成本函数分别为：

$$TC_1 = 4Q_1 + 0.1Q_1^2, \quad TC_2 = 2Q_2 + 0.05Q_2^2$$

两企业生产同质产品,其市场需求函数为 $Q = 200 - 10P$。求：

(1) 两家企业的古诺反应函数。

(2) 均衡价格和两家企业的均衡产量、利润。

10. 某卡特尔由两家企业组成,它们的需求函数分别为 $Q = 120 - 10P$ 和 $Q = 12 - 0.1P$,它们的总成本函数分别为: $TC_1 = 4Q_1 + 0.1Q_1^2$ 和 $TC_2 = 2Q_2 + 0.1Q_2^2$。求卡特尔的最优产量和价格。为了使整个卡特尔的总成本最低,卡特尔应该如何在企业之间分配产量,计算每个企业的利润。

第九章 价格决策

制定适当的价格,是一个市场经济条件下的企业最基本和最重要的生产经营决策之一。我们在前面的章节中分析了企业面临的需求、成本和市场结构,最终要解决的一个基本问题是使企业能够确定其最优的产量和价格,企业决策的依据是使 $MR = MC$,以保证利润最大化或短期的亏损最小化。但是上述讨论主要是理论上的,我们假定企业只面临一个市场,只生产一种产品,并且只有一个利润中心,企业对于成本、需求都有完全的信息,企业的唯一目标是追求利润最大化。而实际中的情况要复杂得多,企业往往面临多个市场,生产多种产品,企业可能有多个子公司,而且对成本、需求和竞争者的反应等信息都是不完全的,很难确切计算出 MR 和 MC 的值。现实中的企业也不一定追求最大的利润,也许有一个满意的利润就够了。因此,有必要进一步探讨企业实际采用的各种定价策略。

本章首先分析了企业面临多个市场采用的差别定价法,企业生产多种产品时的定价方法以及企业内部中间产品转移价格的制定方法,接着又分析了成本加成法、增量分析法等企业在现实中经常采用的定价方法。在这一章中,还特别举了一些实例来帮助读者掌握各种定价方法的运用。

第一节 差别定价法

作为价格制定者的垄断企业,往往不会制定一种统一的价格,而是对不同的消费者群体索取不同的价格。在本节中首先解释了差别定价(price discrimination)的含义和存在的条件,接着分别介绍了一级、二级和三级差别定价。

一、差别定价的含义和条件

差别定价的实质是对同一种产品,针对不同的顾客、不同的市场、不同的时间或者不同的销售数量,采取不同的价格,并且这些不同的价格并非是因为成本的不同而造成的。这种定价方法在国内有时又被翻译为价格歧视,差别定价法在现实生活中比比皆是。

1. 针对不同顾客的差别定价。工业用电和生活用电价格不同;在旅游业中,对国内和国外游客票价不同。

2. 针对不同市场的差别定价。同一产品在国内、国际市场上制定不同的价格;在大城市和农村制定不同的价格。

3. 针对不同时间的差别定价。日场的保龄球、电影等娱乐活动的收费低于夜场;而电话费用在深夜和周末较便宜。

4. 针对不同数量的差别定价。一般来说,一次购买越多,价格就越便宜,这又被称为数量折扣。通常大包装商品的平均价格低于小包装商品,这里就存在数量折扣。

企业通过实行差别定价,占有了部分消费者剩余,从而获得了尽可能大的利润。但并非任何情况下都能实行差别定价,差别定价的存在需要以下三个条件。

1. 企业必须有一定的垄断能力。在一个完全竞争市场上,企业只是一个价格的接受者,它一旦把价格定得略高于市场价格,就会失去所有的消费者。

2. 实行差别定价的企业必须能够有效地分割市场。也就是说，在实行差别定价的市场之间，消费者不能直接倒卖商品。否则，套利者就会从低价市场购入商品转而到高价市场上出售，以赚取差价。这一行为促使低价市场上供给量减少，价格上涨，而高价市场上供应量增加，价格下跌，最终两个市场价格趋于相等。因此，实行差别定价的产品大多是一些一次性消费的产品或劳务，它们是无法转让的。电力、煤气等商品要求在生产者和消费者的设备之间有物质的连接，因此这类商品转售极为困难，所以公用事业收费中能够广泛采用差别定价。

3. 不同市场的价格弹性不同。前两个条件只是保证差别定价可行，这个条件则保证了差别定价有利可图。之所以要实行差别定价，就是为了利用不同市场的价格弹性不同，采取不同的价格，以取得最大利润。对于需求弹性大的市场，制定低价；需求弹性小的市场，制定高价。这样对不同的市场实行不同的价格，可以使总收入变大。如果不同市场的需求弹性都相同，分割市场也就没有意义了。

差别价格一般能使垄断企业利润增加，但它对消费者的影响是不确定的。与单一价格相比，差别价格损害了低需求弹性消费者的利益而在一定程度上有利于高需求弹性消费者。

二、一级和二级差别定价

需求曲线上的每一点给出的是消费者对相应的购买数量愿意支付的最高价格。消费者从单一价格体系中能得到某种消费者剩余。实行一级差别定价（又称完全价格歧视）的垄断者能把市场细分到这样的程度，它使每单位商品都以可能的最高销售价格出售。垄断者用这种方式占有了所有的消费者剩余，从而使销售收入和利润达到最大，如图 9.1 所示。

在图 9.1 中，D 是垄断企业面对的需求曲线，当产品价格为

P_1 时,企业能出售 Q_1 数量的产品。P_1 是消费者为消费最后一单位产品愿意支付的价格,消费者为先前消费的那些产品愿意支付更高的价格,消费者为消费 Q_1 愿意支付的总价格为四边形 AOQ_1C 的面积,而当企业制定单一价格 P_1 时,消费者仅支付了相当于四边形 P_1OQ_1C 面积的价格,三角形 AP_1C 就是消费者剩余。如企业实行一级差别定价,将使每单

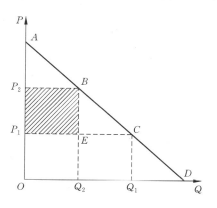

图 9.1 一级和二级差别定价

位产品的销售价格等于消费者愿意支付的价格,从而企业的总收入就是需求曲线下方的面积①,由四边形 P_1OQ_1C 面积增加到四边形 AOQ_1C 面积,企业占有了所有的消费者剩余(三角形 AP_1C 的面积)。在销售量不变的情况下,垄断企业通过实行一级差别价格,使企业的收入和利润大幅增长。

一级差别价格在现实中极少存在,企业很难确切地了解消费者为每单位产品愿意支付的最高价格。较常见的是采用二级差别定价法,即对一部分的产品收取高价,对另一部分产品收取较低的价格。我们同样以图 9.1 来说明这种情况。垄断企业以 P_2 的价格出售 Q_2 数量的产品,这时企业的总收益为四边形 P_2OQ_2B 和四边形 EQ_2Q_1C 的面积之和,与收取单一价格 P_1 相比,垄断企业收入增加了四边形 P_2P_1EB 的面积。相应的,消费者剩余由三角形

---

① 这里暗含一个假定,商品是可以连续细分的,事实上商品总是按一定单位来销售,需求曲线是不平滑的。但正如我们在第三章中所指出的那样,平滑的需求曲线是一个可行的理论上的近似。

AP_1C 的面积减少为三角形 AP_2B 和三角形 BEC 的面积之和，损失了阴影部分的面积。这种定价方式还是较有实践意义的，比如夜间和周末的电话费定为较低的 P_1，而在白天定为较高的 P_2。

三、三级差别定价

三级差别价格是指垄断企业在分割的市场上出售同一种商品，为了使企业的总利润最大化，依据每个市场的边际收益必须等于总产出的边际成本而分别制定的价格。如果两个市场的边际收益不相等，垄断者可以减少边际收益低的市场的销售量，相应增加边际收益高的市场的销售量，在不影响总成本的情况下使总收益增加。边际收益相等并不意味着两个市场的价格必定相等，当两个市场的需求弹性不同时，两个市场的价格就不相等。

假定某企业在两个被分割的市场 A 和市场 B 上出售同一种产品。市场 A 的需求曲线为 D_1，市场 B 的需求曲线为 D_2，对应的边际收益曲线分别为 MR_1 和 MR_2，参见图 9.2。将两市场的需求曲线水平加总，可以得到企业面临的总需求曲线 D。将 MR_1 和 MR_2 水平加总，可求得企业总的边际收益曲线 MR，产品的边际成本曲线为 MC。MR 和 MC 的交点 E 确定了企业利润最大时的总销售量 Q。Q 在两个市场上分配的原则是使不同市场的边际收益

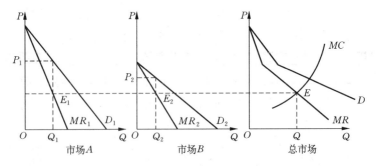

图 9.2 三级差别定价

相等,即 $MR_1 = MR_2 = MR$。从 E 点作水平线分别与 MR_1、MR_2 相交于 E_1、E_2,由 E_1、E_2 决定了 A、B 两个市场的销量分别为 Q_1 和 Q_2,对应的价格分别为 P_1、P_2。市场 A 和市场 B 的销售量之和等于 $Q(Q = Q_1 + Q_2)$。由于两个市场的需求弹性不同,因而确定的价格不同,市场 A 的需求弹性较小,收取较高的价格 P_1,而市场 B 的需求弹性较大,收取较低的价格 P_2。

垄断企业在两个市场上出售产品,需求函数分别为 $Q_1 = Q_1(P_1)$ 和 $Q_2 = Q_2(P_2)$,其反函数分别为 $P_1 = P_1(Q_1)$ 和 $P_2 = P_2(Q_2)$,因此收益函数分别为 $R_1 = P_1(Q_1) \times Q_1$,$R_2 = P_2(Q_2) \times Q_2$,企业的总成本 C 是总产量 $Q = Q_1 + Q_2$ 的函数,因此企业的利润为:

$$\pi = R_1(Q_1) + R_2(Q_2) - C(Q_1 + Q_2) \tag{9.1}$$

为使利润极大化,上式分别对 Q_1、Q_2 求导,并令其等于零,则有

$$MR_1(Q_1) - MC(Q_1 + Q_2) = 0 \tag{9.2}$$

$$MR_2(Q_2) - MC(Q_1 + Q_2) = 0 \tag{9.3}$$

即

$$MR_1 = MR_2 = MC \tag{9.4}$$

利润最大化的条件是各个市场的边际收益相等并且等于企业的边际成本。

由于在垄断市场上

$$MR = P \cdot \left(1 - \frac{1}{|E_d|}\right)$$

故(9.4)式可写成

$$P_1 \cdot \left(1 - \frac{1}{|E_{d1}|}\right) = P_2 \cdot \left(1 - \frac{1}{|E_{d2}|}\right) \tag{9.5}$$

$$\frac{P_1}{P_2} = \frac{1 - \frac{1}{|E_{d2}|}}{1 - \frac{1}{|E_{d1}|}} \qquad (9.6)$$

由(9.6)可知,若 $|E_{d1}| > |E_{d2}|$,则 $P_1 < P_2$,需求弹性较大的市场,价格较低。当且仅当需求弹性相等时,两个市场的价格相等。

【例 9-1】 一垄断企业同时在两个分割的市场上销售产品,两市场的需求函数分别为:

$$Q_1 = 10 - \frac{1}{2}P_1$$

$$Q_2 = 16 - P_2$$

边际成本为 4,不随产量变化而变化。
问:(1)为使利润最大,企业如何在两个市场分别确定销售量和价格?
(2)如果只能实行统一价格,垄断产量和价格分别为多少?
(3)说明实行差别价格所得利润大于实行统一价格时的利润。

解:(1)根据两个市场的需求函数,求其反函数,得到:

$$P_1 = 20 - 2Q_1$$

$$P_2 = 16 - Q_2$$

因此相应的两市场边际收益曲线为:

$$MR_1 = 20 - 4Q_1$$

$$MR_2 = 16 - 2Q_2$$

为使利润最大,令 $MR_1 = MR_2 = MC$

$$20 - 4Q_1 = 4, \quad Q_1 = 4$$
$$16 - 2Q_2 = 4, \quad Q_2 = 6$$

将 Q_1、Q_2 分别代入需求函数,得到:$P_1 = 12, P_2 = 10$

(2) 如果实行统一价格,则两市场需求函数分别为:

$$Q_1 = 10 - \frac{1}{2}P$$

$$Q_2 = 16 - P$$

市场总需求 $Q = Q_1 + Q_2 = 26 - \frac{3}{2}P$ 或 $P = 17\frac{1}{3} - \frac{2}{3}Q$

相应的边际收益曲线为 $MR = 17\frac{1}{3} - \frac{4}{3}Q$

令 $MR = MC = 4$,则

$$17\frac{1}{3} - \frac{4}{3}Q = 4 \quad Q = 10$$

代入总需求函数,得:$P = 10\frac{2}{3}$

(3) 实行差别价格时,市场 1 的利润 $= P_1 \cdot Q_1 - MC \cdot Q_1$
$$= 48 - 16 = 32$$
市场 2 的利润 $= P_2 \cdot Q_2 - MC \cdot Q_2$
$$= 60 - 24 = 36$$
总利润 $= 32 + 36 = 68$

实行统一价格时,利润 $= P \cdot Q - MC \cdot Q = 106\frac{2}{3} - 40$
$$= 66\frac{2}{3}$$

$68 > 66\frac{2}{3}$,说明实行差别价格所得利润大于实行统一价格时的利润。

第二节 多产品定价法

对企业的经济行为进行理论分析时,通常都假定企业只生产一种产品。但实际上,多数企业往往不止生产一种产品,而是同时生产多种产品。如果多种产品在需求之间、生产之间都没有相互关系,只需令每种产品的 $MR = MC$,就能确定每种产品的最优价格和产量。通过使每种产品的利润最大化,可实现整个企业总利润最大。如果多种产品的需求之间或生产过程之间存在相互联系、相互制约的关系,情况就比较复杂,下面将分别讨论需求上有相互联系的产品,以及按固定比例和变动比例生产的联合产品的价格和产量决定。

一、需求上相互联系的产品定价

不同产品在需求上的相互联系是指一种产品的需求会受其他产品的需求的影响。这些产品可能互为替代品,也可能互为互补品。比如,对一家自行车企业来说,它生产女式车、男式车、山地车、变速车等多种自行车,这些自行车一定程度上可以互相替代。如果山地车价格下降,销售量增加,就可能使变速车销量减少。如果这个企业同时生产车胎,自行车和自行车车胎是互补品,自行车需求的增加会引起对车胎需求的增加。因此,对于这些在需求上互相联系的产品,企业为一种产品定价时,必须考虑它对其他产品产生的影响[①]。

需求上的相互联系使产品的边际收益函数发生了变化,如果企业生产两种产品 A 和 B,那么企业的边际收益函数为:

$$MR_A = \frac{\Delta TR_A}{\Delta Q_A} + \frac{\Delta TR_B}{\Delta Q_A} = \frac{\partial TR_A}{\partial Q_A} + \frac{\partial TR_B}{\partial Q_A} \quad (9.7)$$

---

① 需求上有联系的产品也可以用增量分析法定价,参见本章第四节。

$$MR_B = \frac{\Delta TR_B}{\Delta Q_B} + \frac{\Delta TR_A}{\Delta Q_B} = \frac{\partial TR_B}{\partial Q_B} + \frac{\partial TR_A}{\partial Q_B} \qquad (9.8)$$

由于一种产品产量的变化会引起另一种产品需求的变化,因此产品的边际收益由两部分组成:因需求变化引起的自身总收益的变化和另一产品总收益的变化。例如,式(9.7)中$\frac{\Delta TR_B}{\Delta Q_A}$表示由于 A 的销售量变化一单位引起的 B 的总收益的变化量,而式(9.8)中$\frac{\Delta TR_A}{\Delta Q_B}$则反映了由于 B 的销售量变化一单位引起的 A 的总收益的变化量。如果$\frac{\Delta TR_B}{\Delta Q_A}$和$\frac{\Delta TR_A}{\Delta Q_B}$为负值,表示一种产品销量的增加会引起另一产品销量和收益的减少,产品是相互替代的。反之,如果$\frac{\Delta TR_B}{\Delta Q_A}$和$\frac{\Delta TR_A}{\Delta Q_B}$为正值,表示一种产品销量的增加会引起另一产品销量和收益的增加,产品是互补的。

企业为了保证利润最大化,应该使每种产品的边际收益等于其边际成本,即

$$MR_A = MC_A \quad MR_B = MC_B \qquad (9.9)$$

这时确定的价格和产量是最优的。与需求间无关系的情况相比,如果产品是相互替代的,企业会选择较少的产销量;如果产品是互补的,企业会选择较大的产销量。

【例9-2】 假定一家企业生产 A、B 两种产品,其边际成本分别为 20、40,需求曲线分别为 $P_A = 200 - 2Q_A - Q_B$,$P_B = 160 - 2Q_B - Q_A$。问企业应如何确定 A、B 的价格和销售量?

解:产品 A、B 的总收益分别为:

$$TR_A = P_A \cdot Q_A = 200Q_A - 2Q_A^2 - Q_B \cdot Q_A$$

$$TR_B = P_B \cdot Q_B = 160Q_B - 2Q_B^2 - Q_A \cdot Q_B$$

A、B 的边际收益分别为：

$$MR_A = \frac{\partial TR_A}{\partial Q_A} + \frac{\partial TR_B}{\partial Q_A}$$

$$= 200 - 4Q_A - Q_B - Q_B = 200 - 4Q_A - 2Q_B$$

$$MR_B = \frac{\partial TR_A}{\partial Q_B} + \frac{\partial TR_B}{\partial Q_B} = -Q_A + 160 - 4Q_B - Q_A$$

$$= 160 - 4Q_B - 2Q_A$$

令 $MR = MC$

$$200 - 4Q_A - 2Q_B = 20$$

$$160 - 4Q_B - 2Q_A = 40$$

解上述方程，得：

$$Q_A = 40, \ Q_B = 10$$

代入需求方程，得：

$$P_A = 110, \ P_B = 100$$

为了使企业利润最大，应把产品 A、B 的价格分别定在 110 和 100，销售量分别定在 40 和 10。

二、按固定比例生产的联合产品的定价

企业生产的多种产品可以在消费过程中相互联系，也可以在生产过程中相互联系。单一的生产过程中能生产出多种产品，这些产品就称为联合产品。联合产品可以按固定比例生产，也可以按变动比例生产。前者如屠宰场宰杀生猪，同时得到猪肉、猪皮、猪内脏等，其比例一般是不变的。后者如炼油厂提炼原油，可以同时得到汽油、柴油、沥青等，其比例是可以变动的。下面，首先介绍按固定

比例生产的联合产品的价格和产量决策。

如果两种产品总是按固定的比例生产,可以把它们看成是一组产品,而不是多种产品。企业的成本曲线代表产品组的成本,而不是单个产品的成本。但是每个产品有各自的需求曲线和对应的边际收益曲线,参见图9.3。

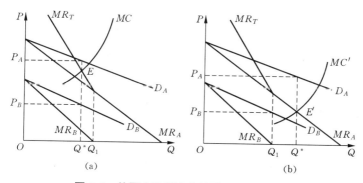

图 9.3 按固定比例生产的联合产品的定价

图 9.3 中,假定 A、B 为按固定比例生产的两种联合产品,A、B 的需求曲线分别为 D_A、D_B,相应的边际收益曲线为 MR_A 和 MR_B,产品组的边际成本曲线为 MC。把 MR_A 和 MR_B 相加可以得到产品组的边际收益曲线 MR_T,如果 Q_1 是 MR_B 等于零时的产量,那么 MR_T 曲线在产量大于 Q_1 时,与 MR_A 曲线重合。这是因为当产品组产量大于 Q_1 时,产品 B 超过 Q_1 部分的产量,企业是不会出售的,这时实际上 MR_B 等于零。

在图 9.3(a) 上找到 MC 与 MR_T 的交点 E,可以确定最优产量 Q^*。对应于 Q^*,在 D_A、D_B 曲线上可以分别确定产品 A 和产品 B 的最优价格 P_A 和 P_B。

如果 MC 和 MR_T 相交于 Q_1 右边的一点 E'(见图 9.3(b)),产品组的最优产量为 Q^*,A 产品的销售量仍为 Q^*,但 B 产品的销售量为 Q_1,$Q^* - Q_1$ 部分的产品 B,由于 MR_B 小于零,企业不会出售。

【例 9-3】 某屠宰场出售猪肉和猪皮,假定这两种产品是以固定比例生产的联合产品,猪肉——猪皮产品组的边际成本为 8。两种产品的需求曲线为:

$$P_1 = 60 - 2Q$$

$$P_2 = 20 - Q$$

问:两种产品价格各应定多少?销量应为多少?

解:根据两种产品的需求曲线,可求得其边际收益曲线分别为:

$$MR_1 = 60 - 4Q$$

$$MR_2 = 20 - 2Q$$

将 MR_1 和 MR_2 相加,可得总边际收益曲线:

$$MR_T = 80 - 6Q$$

令 $MR_T = MC$,得:

$$80 - 6Q = 8$$

$$Q = 12$$

把 $Q = 12$ 代入需求曲线,得:

$$P_1 = 36, P_2 = 8$$

注意!别忘了检验一下这一产量水平上两种产品的边际收益是否都是正值。把 $Q = 12$ 代入两个边际收益方程,得到:

$$MR_1 = 12 > 0$$

$$MR_2 = -4 < 0$$

由于 MR_2 为负值,这种产品的产量应根据 $MR_2 = 0$ 来确定。

令 $20 - 2Q_2 = 0$,得

$Q_2 = 10$,相应的,$P_2 = 10$。

所以,两种产品价格应分别定为 36 和 10,对应的销量分别为 12 和 10。

三、按变动比例生产的联合产品的最优产量组合

某企业生产两种联合产品 A、B,其比例是可变的。我们用图 9.4 来说明这种情况下,A、B 两种产品最优产量组合的决定。图中画出了三条等成本曲线,等成本曲线是在给定成本条件下得到的产品组合,又称产品转换曲线。随着产品 A 产量的增加,势必减少产品 B 的产量。由于在投入品的数量给定时,随着 A 产量的增加,多生产一单位 A 要牺牲的 B 的产量越大,所以等成本曲线是向外凸的。离原点越远的曲线,对应的成本越高。

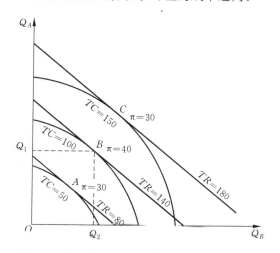

图 9.4 按变动比例生产的联合产品利润最大化

等收益线是获得特定收益的产出组合的轨迹,在完全竞争条件下,产品价格不变,等收益线是一条直线,图 9.4 画出了三条等

收益线。找出等收益线与等成本曲线的切点,这些切点分别代表不同成本水平上最优的产量组合。因为等成本线上的其他点都只能与较低的等收益线相交,代表了较低的产量水平。这些切点既是一定成本条件下,收益最大化的产量组合,又是一定收益条件下,成本最小化的产量组合①。从这些切点中,找出利润最大的切点,即为企业最优的产量组合。

图 9.4 中,根据有关数据画出三条等成本曲线 $TC = 50$, $TC = 100$, $TC = 150$,以及三条等收益曲线 $TR = 80$, $TR = 140$, $TR = 180$。它们的切点分别为 A、B、C。这三个切点中,B 点利润最大 ($\pi = TR - TC = 40$),所以 B 点的产量组合 Q_1、Q_2 是最优的联合产品产量组合。

第三节 转移价格的制定

现代企业往往有很多分公司或分支机构,它们是相对独立的利润中心,一般都自主经营,自负盈亏。由于各分公司的产品彼此关联,一个分公司的产出,正好是另一个分公司的投入,因此它们的定价相互影响。转移价格是指分公司之间进行中间产品转让时的中间产品的价格。例如,一家汽车集团公司拥有专门生产轮胎、发动机的分公司,还有整车组装公司,生产轮胎、发动机的分公司除了向公司外部市场销售轮胎、发动机外,还要向公司内部组装分公司出售轮胎、发动机,内部出售轮胎、发动机的价格就是转移价格。转移价格对于出售中间产品的部门构成其收入,对购买中间产品的部门来说,构成其成本,转移价格的制定关系到利润在各分公司的分配。如果价格定得不当,会导致利润分配不当,损害各分公司的生产积极性,同时也难以保证整个企业的利润最大。下面分三

---

① 所有切点的轨迹称为产品扩展轨迹。

种情况来具体讨论转移价格的制定:
1. 在中间产品无外部市场条件下,转移价格的确定。
2. 中间产品有完全竞争的外部市场条件下转移价格的制定。
3. 有不完全竞争的外部市场条件下,转移价格的制定。

一、无外部市场条件下,转移价格的确定

为了使分析简化,我们在随后的讨论中都假定企业有两个分公司:生产分公司和销售分公司。生产分公司向销售分公司出售中间产品,如果存在中间产品的外部市场,它同样可以向市场出售产品。销售分公司向生产分公司购买中间产品,加工成最终产品后出售,且每生产一单位最终产品需投入的中间产品数量也是一单位。

在中间产品没有外部市场的情况下,生产分公司的中间产品全部供应给销售分公司,同时销售分公司所需的投入品,也只能全部购自生产分公司。这种产品一般是生产分公司为销售分公司定做的,产品没有通用性。图9.5说明了这种情况下,中间产品转移价格的确定。

在图 9.5 中,MC_p 和 MC_m 分别是生产分公司和销售分公司的边际成本,MC

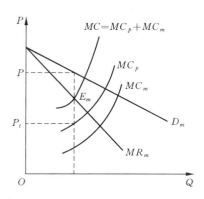

图9.5 转移价格的确定:无外部市场

是总公司生产最终产品的边际成本,$MC = MC_p + MC_m$。D_m 是销售分公司出售最终产品面临的需求曲线,MR_m 是相应的边际收益,为了使总公司的利润最大,令 $MR_m = MC$,MC 曲线和 MR_m 曲线的交点 E_m 决定了企业最优产量为 Q,最终产品的最优价格为 P。由于假定生产一件最终产品需一件中间产品,所以生产分公

司生产的中间产品数量也应当是 Q。生产分公司中间产品的转移价格也就必须定在产量为 Q 时中间产品的边际成本水平上,即定在 P_t 上,此时 $P_t = MC_p$。由此可见,在没有外部市场条件下,中间产品的最优产量由总公司的最优产量确定,价格应定在这个最优产量的边际成本上。

【例 9-4】 某联合企业钢铁公司 A 和机械设备公司 B,它们都自负盈亏。假定 A 生产的特种钢材是专供 B 的,B 也只能从 A 取得这种钢材,没有外部市场。已知 B 生产的机械设备的需求曲线为:

$$P_B = 500 - 10Q$$

钢材的边际成本函数为:

$$MC_A = 100 + 10Q$$

用钢材生产机械设备的边际成本(MC_B)为 100(不包括钢材的转移价格)

问:该企业如何确定钢材的转移价格?

解:根据已知的企业 B 面临的市场需求曲线,可得相应的最终产品边际收益函数为:

$$MR_B = 500 - 20Q$$

最终产品的边际成本为:

$$MC = MC_A + MC_B = 200 + 10Q$$

令 $MR_B = MC$,得到:

$$500 - 20Q = 200 + 10Q \quad Q = 10$$

$Q = 10$ 时,企业 A 的边际成本 $MC_A = 200$

中间产品的转移价格应当等于它的边际成本,所以

$$P_A = MC_A = 200$$

二、完全竞争市场下,转移价格的确定

当生产分公司的中间产品存在外部市场时,中间产品既可以在外部市场出售,也可以卖给销售分公司用来生产最终产品;而销售分公司为了生产最终产品,既可以从市场上购买中间产品,也可以从生产分公司购买中间产品。因此,中间产品的产量不一定和企业的最优产量相等。当外部市场是完全竞争的,中间产品的转移价格应该等于市场价格。因为如果定得高于市场价格,销售分公司就宁可从市场上购买中间产品;如果定得低于市场价格,生产分公司就宁愿向市场出售中间产品。中间产品按市场价格定价后,两个分公司的产量决策见图9.6。

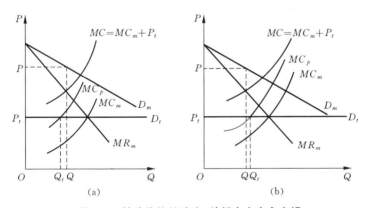

图9.6 转移价格的确定:外部完全竞争市场

在图9.6中,生产分公司面临的是完全竞争的市场,其需求曲线是一条水平线D_t,市场价格为P_t。生产分公司为使利润最大化,使$MC_p = P_t$,得到中间产品的最优产量为Q_t。销售分公司生产的最终产品面临不完全竞争市场,有一条向下倾斜的需求曲线D_m,相应的边际收益曲线为MR_m。最终产品的边际成本为$MC,MC =$

$MC_m + P_t$,其中MC_m是销售分公司的边际成本(不包括中间产品成本)。令$MC = MR_m$,可以得到销售分公司生产最终产品的最优产量Q。

最终产品的最优产量Q与中间产品的最优产量Q_t不一定相等。图 9.6(a)中,$Q > Q_t$,中间产品的数量尚不足本公司的使用,销售分公司还需向市场购入$(Q - Q_t)$数量的中间产品。图9.6(b)中,$Q < Q_t$,中间产品的产量除供本公司使用外还有剩余,生产分公司将向市场出售$(Q_t - Q)$数量的中间产品。

【例 9-5】 如果例 9-4 中的企业 A 面临完全竞争的市场,每单位钢材的市场价格为160,其他条件均不变。问此时该企业应如何确定钢材转移价格和产量?最终产品的产量又是多少?

解:由于企业 A 面临完全竞争市场,钢材的转移价格应该等于市场价格,即

$$P_t = 160$$

企业 A 为实现利润最大化,使$MC_A = P_t$,得到

$$100 + 10Q_t = 160 \quad Q_t = 6$$

最终产品的边际成本为:

$$MC = MC_B + P_t = 100 + 160 = 260$$

边际收益函数为:

$$MR_B = 500 - 20Q$$

令$MR_B = MC$,得到

$$500 - 20Q = 260 \quad Q = 12$$

因此,当钢材的转移价格为160时,最终产品产量为12,钢材产量为6,企业 B 从企业 A 购入 6 单位中间产品,其余 6 单位产品从市场上购买。

三、不完全竞争市场下，转移价格的确定

当中间产品存在不完全竞争的外部市场时，生产分公司同时在企业内部和外部两个市场上出售中间产品，可以制定不同的价格，相当于实行三级差别定价，如图 9.7 所示。

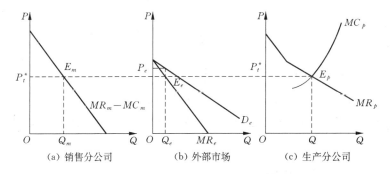

(a) 销售分公司　　(b) 外部市场　　(c) 生产分公司

图 9.7　转移价格的确定：外部不完全竞争市场

图 9.7(a)、(b)分别给出了生产分公司在内部和外部市场上出售中间产品的边际收益曲线。图(a)表示它向销售分公司出售中间产品的情况，MR_m 是销售分公司的边际收益，销售分公司的总边际成本 MC 由 MC_m 和 P_t 两部分组成，其中 MC_m 是不包括中间产品成本的边际成本，即 $MC = MC_m + P_t$。为了使销售分公司利润最大化，令 $MR_m = MC$，可以得到 $P_t = MR_m - MC_m$，$MR_m - MC_m$ 也就代表了生产分公司向销售分公司(内部市场)出售中间产品时的边际收益。图(b)表示中间产品存在不完全竞争的外部市场，需求曲线 D_e 向下倾斜，对应的边际收益曲线为 MR_e。图(c)中，MR_p 是生产分公司在企业内部、外部两个市场总的边际收益曲线，是内部销售时的边际收益 $MR_m - MC_m$ 和外部销售的边际收益 MR_e 的水平加总 ($MR_p = MR_m - MC_m + MR_e$)，$MC_p$ 曲线是生产分公司的边际成本曲线。

图(c)中，MC_p 与 MR_p 的交点 E_p 确定了中间产品总产量为 Q。从 E_p 点作水平线分别与 $(MR_m - MC_m)$ 曲线和 MR_e 曲线相交于 E_m 和 E_e，确定了生产分公司在内部市场上的销量为 Q_m，价格为 P_t^*，在外部市场上销量为 Q_e，价格为 P_e，且满足 $Q_m + Q_e = Q$ 和 $MR_m - MC_m = MR_e = MR_p = MC_p = P_t^*$。

第四节 定价实践

现实生活中，企业面临大量的不确定因素，很难准确计算出 MR 和 MC 的值，我们根据 $MR = MC$ 的原则来确定的市场价格很大程度上只能用于理论分析。因此，我们在这一节里介绍了几种现实中较常用的定价方法。

一、成本加成定价法

成本加成定价法是最常见的一种定价方法，以全部成本（可变成本加上固定成本）作为定价的基础，又称为全部成本定价法。企业定价的步骤通常如下：

1. 由企业估计产品的平均可变成本（AVC），如原材料、燃料、人工等费用。

2. 按照标准产量（通常为生产能力的 70% 到 80%）把固定成本分摊到单位产品上，求得平均固定成本 AFC。

3. 把 AFC 加上平均可变成本 AVC 得到平均成本 AC。

4. 企业以平均成本 AC 为基础加上根据目标利润率确定的利润，制定价格 P。

设企业的目标利润率为 η，则根据成本加成定价法确定的价格为：

$$P = AC \cdot (1 + \eta) \qquad (9.10)$$

【例 9-6】 某企业的生产能力为 1 250 件,标准产量为其生产能力的 80%,产品的平均可变成本为每件 15 元,总固定成本为 5 000元,企业的目标成本利润率为 25%。则根据成本加成定价法,价格应如何确定?

解:由于 $AVC = 15$ 元

$$AFC = \frac{5\ 000}{1\ 250 \times 80\%} = 5 \text{ 元}$$

得到 $AC = AVC + AFC = 20$ 元
因为 $\eta = 25\%$

$$P = AC(1 + \eta) = 20(1 + 25\%) = 25 \text{ 元}$$

通过成本加成法定出的价格还应根据具体的市场情况作适当的调整。例如,企业应根据竞争对手的产品价格,调整目标利润率,使价格维持在适当的水平。

成本加成法中,在全部成本基础上加上的利润,可以按目标成本利润率来计算,也可以按目标投资收益率来计算。在上例中,假定企业总投资 80 000 元,目标投资收益率为 10%,则定价时单位成本加上的利润为:$80\ 000 \times 10\% \div 1\ 000 = 8$ 元,所以价格 $P = 28$ 元。

成本加成法的基础是估计产品的平均成本,我们在第六章中介绍过成本函数的估计。在现实中准确估计单位产品的可变成本和分摊固定成本仍是比较困难的,因此,成本加成法更多的适用于平均成本变动较小的产品。尽管如此,成本加成定价法仍不失为一种简单易用的定价方法,所需的数据比较少且制定的价格比较稳定。

成本加成定价法的另一个优点是如果运用得当,它有可能使企业接近利润最大化的目标。由式(7.12)可知:

$$MR = P\left(1 - \frac{1}{|E_d|}\right) \tag{9.11}$$

其中 MR 是边际收益,P 是产品价格,$|E_d|$ 是需求弹性的绝对值。

由上式求解得:

$$P = \frac{MR}{1 - \frac{1}{|E_d|}} = MR \frac{|E_d|}{|E_d| - 1} \qquad (9.12)$$

企业利润最大化时,$MR = MC$,以 MC 代替等式中的 MR,得:

$$P = MC \frac{|E_d|}{|E_d| - 1} \qquad (9.13)$$

对于平均成本变动不大的产品,MC 近似等于 AC,因此可以得到:

$$P = AC \frac{|E_d|}{|E_d| - 1} = AC \left(1 + \frac{1}{|E_d| - 1}\right) \qquad (9.14)$$

根据上式和式(9.10),可以得出这样的结论:如果平均成本等于边际成本,那么选择目标利润率 $\eta = \frac{1}{|E_d| - 1}$ 来定价,就能实现利润最大化。如果产品需求价格弹性为 -1.5,则 $\eta = 2$,最优目标利润率为 200%;价格弹性为 -2,$\eta = 100\%$;价格弹性为 -5,$\eta = 25\%$。由此可见,目标利润率的大小,与产品需求价格弹性成反向变动关系[①]。这一点在现实生活中经常能观察到,当竞争促使产品的需求弹性变大时,企业的目标利润率必须降低。例如,一般来说,家用电器的价格弹性高于一些专门设备的价格弹性,因此家电企业的利润率只能定得比较低。在完全竞争市场上,需求价格弹性趋于无穷大,目标利润率也就趋于零。

在考虑需求因素后,根据商品需求价格弹性来确定企业的目

[①] 对一个不完全竞争企业来说,由于企业是追求最大利润的,它只会在需求曲线富有弹性的一段($|E_d| > 1$)生产,因为这时 MR 大于零且等于 MC。

标利润率,成本加成定价法也可以达到利润最大化的目标。但是,这一方法仍存在一些缺陷,除了 MC 往往与 AC 不相等外,最主要的是成本加成法依据的是会计成本,而在实际价格决策时还应考虑机会成本。另外,在某些情况下,成本加成定价法是不适用的。例如在前面举的例子中,如果该企业有富余生产能力,是否应该以 18 元价格再接受 250 件新订货?如果按成本加成法,每件价格 18 元低于平均成本 20 元,不该接受这批订货,但是此决策是错误的。因为新增订货多支出的总成本是 3 750 元($15 \times 250 = 3 750$),而收入可以增加 4 500 元($18 \times 250 = 4 500$),接受新增订货可以增加利润 750 元($4 500 - 3 750 = 750$),企业正确的决策是接受这批新的订货。这个例子说明,在某些情况下,需要引进新的定价方法,即增量分析法。

二、增量分析定价法

增量分析定价法,就是比较由价格决策引起的利润增量来判断定价方案是否可行。如果新增总收益大于新增总成本,利润增量为正值,方案可以接受;反之,若利润增量为负值,方案就不能接受。例如,如果企业在短期有富余生产能力,这时固定成本和管理费用已经摊派,企业可以以较低的价格接受新任务,价格只需高于可变成本,就能使利润增加,我们在上一节末的例子中已经说明了这一点。

增量分析定价法的应用是很广泛的,现实生活中,经常出现一些航空公司在飞机起飞前,将剩余的空座位以很低的票价出售,这里运用的也是增量分析法。因为无论有多少乘客,航空公司都要承担一定量的固定成本,而多搭载一名乘客,对它来说增加的成本是很小的,价格只需大于这一增加的成本,对航空公司就是有利的。

如果企业已经没有富余生产能力,那么企业扩大产量或接受新任务时可变成本和固定成本都会增加,这时增量分析的基础不再是平均可变成本,而是平均总成本。即使企业在短期有富余生产能力,降低价格能够增加产量和利润,企业还要注意在长期企业的利润增量。例如,企业短期内把某一产品降价销售有利可图,但从长远来看,降价可能降低了产品的品牌信誉,或者限制了企业中另一些产品的发展,在决策时需要综合考虑这些长期效果。

决策引起的利润增量应当是由决策引起的各种直接的、间接的效果的总和。企业在决定某产品的价格时,不仅要计算该产品的利润增量,还要计算与该产品相关的互补品和替代品的销量变化引起的利润增量。比如,博士伦公司降低隐形眼镜护理液的价格,这一举措带来的增量收益低于其增量成本,但是考虑到护理液价格的降低增加了隐形眼镜的销量,这一决策对公司来说是有利的。因此,如果产品是互补的,一种产品销路扩大会推动互补品的销路扩大,引起利润增加。相反,如果产品是相互替代的,一种产品销路扩大会使其替代品销量减少,可能使利润减少。采用增量分析法时,要考虑价格决策的综合效应。

【例 9-7】 某电扇厂生产微风吊扇,销量持续增长,由于公司扩大生产规模,其生产能力已达到每年 100 000 台,下一年预计产销量为 80 000 台。每台微风吊扇成本估计如下:

材料	6.00(元)
人工	4.00(元)
间接费用分摊	2.00(元)
每台标准成本合计	12.00(元)

除了生产成本外,企业销售每台吊扇的固定销售费用为 1.00 元,保修费用为 0.80 元,这种吊扇当前售价是每台 16 元,这一价格下一年不会改变。

有一家商店提出购买一批微风吊扇,提出两种购买方案:

方案 Ⅰ:按 11.5 元的价格购买 20 000 台,需要保修

方案 Ⅱ:按 11.2 元的价格购买 22 000 台,不必保修

问：企业应采纳哪一种方案，为什么？

方案 I：新增订货的总成本 = 20 000 × (6.00 + 4.00 + 1.00 + 0.80) = 236 000(元)，其中无需再计入生产中的间接费用，因为这些费用已经被 80 000 台产品分摊了。

新增订货的总收益 = 20 000 × 11.5 = 230 000(元)

增量成本＞增量收益，利润增量为负值，不应该采纳这方案。

方案 II：由于新增 20 000 台产量，只需运用富余生产能力，只承担了可变成本，每单位成本为 11 元(6.00 + 4.00 + 1.00 = 11.00)

而继续增加 2 000 台产量，企业必须扩大生产规模，同时要分摊固定成本，每单位成本增加为 13 元(6.00 + 4.00 + 2.00 + 1.00 = 13.00)

新增订货的总成本 = 20 000 × 11.00 + 2 000 × 13.00 = 246 000(元)

新增订货的总收益 = 22 000 × 11.20 = 246 400(元)

增量成本＜增量收益，利润增量为正值，应该采纳此方案。

三、其他定价方法

除了以上几种定价方法以外，实际生活中还有两种比较特殊的定价方法。

(一)新产品的定价

确定新产品的价格，通常可以采用两种不同的策略：一种是先制定高价，随着时间的推移，再逐步降价；另一种是先制定低价，一段时间后，再逐渐提高价格。

企业为新产品制定高价是为了在短期内赚取尽可能多的利润，新产品满足了部分消费者求新求奇的愿望，这部分消费者愿意出较高价格。随着时间的推移，企业逐步降价，一方面可以增加销量，另一方面也可以阻止竞争对手进入市场。

企业为新产品制定低价是为了阻止竞争者进入市场，或者是用低价吸引消费者以扩大市场,企业占领市场后,又可以逐渐提高价格。这是一种为了实现长期目标而牺牲短期利益的定价方法。

企业究竟对新产品采取那种定价策略,应该视新产品本身的特点、目标消费群体的特点和企业自身的销售战略而定。

(二)声望定价

有些商品无论其成本是多少,都要以高出一般市场价格的价格出售,以迎合消费者高价格高质量的心理和以某些高价商品来体现自身身份和地位的愿望。像钻石、貂皮大衣、豪华汽车等就属于这种商品,尽管存在低价的相似替代品,消费者还是对这些高价商品一往情深,因为它们体现了自己的形象。这类商品一旦价格下降过大,失去了高档商品的形象,销量反而可能下降。市场上对这类商品的需求往往并不符合我们在第三章中提出的"需求法则",因此其定价方法也较特殊,没有一般的规律可循。

案例五 寡头垄断市场上的价格竞争

从1998年2月25日起,上海市开始实施《制止盒装纯鲜牛奶低价倾销行为的规定》:"一升盒装鲜奶平均销售成本为5.20元,价格允许下浮幅度为5%。"在当前我国的经济生活中,95%的商品价格已经放开,国家除了对少量关系国计民生的重要商品实行价格管制外,其余商品价格均由市场来决定。国家为了保护消费者利益,对高价暴利行为会予以打击,但为何要制止商品的大幅跌价呢?

我们知道,市场竞争程度的加强会促使商品价格的下降,但是理性的企业不会在价格低于平均成本的水平上生产。然而,在上述规定出台以前,上海超市上打响的牛奶削价大战,已经到了企业产品跌破成本价进行竞争的程度。

在上海盒装鲜奶市场上,原本由"光明"、"三岛"和"快乐家庭"

三种品牌三足鼎立。年初,当"全佳"这一新品牌投放市场时,一石激起千层浪,"三岛"立即由6.30元起跌价。"全佳"起始定价是5.30元,全佳乳制品公司销售部经理表示,其目的是为新品上市促销。然后,"三岛"跌到5.00元,"全佳"跌到4.90元,"光明"推出买大送小,买980毫升的鲜奶送一盒250毫升装鲜奶……恶性的价格大战使牛奶价格一路狂跌,在一家超市一天竟调价6次之多。最后,"全佳"咬咬牙把价格降到3.00元,而一升盒装纯鲜牛奶平均生产成本达4.70元!市场上一升碧纯蒸馏水也已卖到4.90元,牛奶竟比水还便宜。

这场鲜奶价格战类似于我们在第八章第五节中分析的价格战模型。在上海这个地区市场上,鲜奶的绝大部分产销量由少数几个企业控制,在这里,鲜奶市场是一个寡头垄断市场。鲜奶市场上价格调整是企业竞争的主要手段,这首先归因于鲜奶这一商品本身的特点:

1. 鲜奶产品本身替代性很强,因此价格成为决定消费者需求的最主要因素。

2. 鲜奶产品需要冷藏保存,储藏和运输成本都很高,而且产品保质期短,这些因素都促使企业急于销售产品,甚至不惜大幅跌价以防产品过期变质。

3. 各企业的销售渠道类似,绝大部分盒装鲜奶都是通过超市销售的。一方面,超级市场商品价格普遍低于一般的零售价格,另一方面,各种品牌商品在货架上"手拉手,肩并肩"的态势进一步加剧了竞争的激烈程度。

在这种情况下,鲜奶企业以降低价格来争夺市场有其合理的一面。当"全佳"牛奶刚刚投放市场时,以较低的价格促销本来是无可厚非的。而原有的企业当然不会坐视不管,任由"全佳"抢占市场,获取利润,于是出现了竞相跌价的那一幕。每个企业为了维护其市场地位,理性的选择是跌价,因为倘若别的企业都降价而自己维持高价的话,势必会丧失市场,不仅直接影响企业当前利润,也影响企业的未来发展。最终的结果便是大家都跌价,而且每个企业的市场份额都未扩大。这也就是我们在本篇中经常提到的"囚犯困境"问题——一个基于个人理性而非集体理性的纳什均衡。

企业为何不惜使产品售价跌破成本呢？因为鲜奶制品不易保存,企业一旦失去市场,产品积压,如果产品超过保鲜期,企业很快会损失全部投入。而企业即使以低于成本的价格出售一部分产品,仍意味着一笔实实在在的收入,至少能够回收一部分成本,这是由鲜活产品的特点决定的。

在这场价格战中,消费者似乎是渔翁得利,但他们只能得到一些眼前的"实惠",企业不规范的竞争也会给他们带来新的忧虑。首先是产品质量和服务问题。既然价格竞争是最关键的,鲜奶企业为了降低成本,对产品质量和服务缺乏应有的重视也将是自然的。另外,从长远看,消费者不可能长久得利,因为企业要生存、要发展,不可能一直蒙受亏损。恶性价格竞争的结果要么是一部分实力较差的企业破产,形成实力最强的一家企业最终独霸市场的局面,要么就是企业之间进行合作,联手再提价,类似于建立卡特尔。最终都是由过度竞争走向垄断,而垄断又将导致价格的大幅攀升。

市场价格的大起大落既不利于企业的发展,也不利于完善的市场秩序的培育,同时也损害了消费者的长远利益。这场价格战随着上海市物价局出面调停,限价规定出台而告一段落,离谱的价格终于回到了理性的轨道。然而它依然留给我们很多值得思考的地方。

面对恶性的价格竞争,强制性的行政干预是必要的,避免了企业和行业的进一步损失,但是这也毕竟只是权宜之计。对某一特定地区、某一特定行业,这一措施可能是有效的,但是实际情况往往复杂得多。

当前,我国产品市场需求总体疲软,特别是当低水平重复建设导致市场供给过多时,恶性价格竞争现象常常出现。再以我国的集装箱出口为例,1997年12月29日的《文汇报》以"赢得世界第一,落个自相残杀"为副标题报道了这样一个事实:我国集装箱生产厂家压价竞销,使我国在成为世界最大的集装箱生产国的同时,出口一年损失4亿美元。

对于类似这样的企业间恶性价格竞争问题,并不能以政府的直接干预作为唯一的解决办法。从微观层面来讲,企业要以市场为导向来组织生产和销售,加强在非价格竞争方面的投入。从中观层面来讲,同行业的组织(如行业协会),应发挥规范、协调企业行为的职能,防止不利于市场竞争和企业发展的行为出现。从宏观层面来讲,政府应该坚决制止低水平重复建设,努力发展产品结构、质量、服务能够适应市场竞争的企业。国家应加强对市场的监管力度,如通过反对不正当竞争的法律来规范企业行为,在必要的时候适当地干预市场。

案例六　差别定价及其条件

　　垄断企业可以针对不同的消费者群体索取不同的价格,这在现实生活中极为常见,在我国的数码相机市场上,产品价格的制定和变动趋势对于我们认识垄断企业的定价有很多启示。

　　数码相机市场在我国起步不久,方兴未艾。数码相机通过把原来存储在胶片上的摄影图像改为用电子格式存储,加之使用标准的计算机设备,使相片的传输、打印和显示变得更为容易。1997年以前,在中国市场上,数码相机的生产和销售基本上由柯达主宰,同时,柯达在世界数码相机市场上亦占领先地位。

　　在中国市场上,数码相机作为一种高科技产品,价格相当昂贵。低档的数码相机价格在4 000～5 000元人民币,而中高档产品的价格动辄高达万元以上。在国际市场上(例如在日本),同样的低档相机价格大约1 500元人民币左右,而我们国内卖到万元以上的机器,在日本也仅为5 000元人民币左右。值得一提的是,在中国市场销售的大部分数码相机实际上在国际市场上早已过时,而卖给中国用户的价格却相当于国际市场最新主流数码相机的价格!

　　由于存在关税等贸易壁垒,国际市场上的低价相机不能自由地进入中国市场,使国内市场上数码相机的高价位得以维持。更为重要的是,众多数码相机生产企业未进入中国市场,降低了市场的竞争程度,这与数码相机产品的特点有一定的关系。数码相机要发展、推广,需要一些强大的相辅相成的技术,实现打印图片效果需要高质量的彩色打印机,图片的有效管理需要 PC 机相应软件的开发。由于国内这些辅助技术的发展滞后,限制了对数码相机产品的需求量,因而国内经营数码相机的企业很少,垄断的市场结构维持了下来。垄断企业针对国际、国内两个不同的市场制定了不同的价格。就以柯达为例,由于国际市场上竞争比较激烈,其相机价格更接近于完全竞争的价格水品,企业基本上只能接受市场价格,而在中国市场上,柯达一枝独秀,鲜有竞争对手,因此它的定价能力很强。

数码相机作为一种高科技产品,市场分析家们认为:为使数码相机市场腾飞,最新主流机价位最多在 1 000 美元,然而这一价格仍然是普通消费者难以接受的。和其他高科技产品不同,数码相机的市场增长不会从一般消费者开始,而是来自大公司和政府部门。这些大客户通常需要快速地收集和共享图片,购买数码相机理所当然。由于中国的数字化生存方式刚刚起步,居民整体收入水平较低等因素,中国的数码相机需求几乎都为一些大客户所控制,因此需求弹性比较小。同样的产品,在国际市场上竞争激烈,企业面临的市场需求弹性就会大得多。我们在第一节中分析过,两个市场需求弹性的不同,使垄断企业的差别定价变得有利可图。

然而,自 1997 年下半年开始,原先由柯达主宰的市场结构开始崩溃,许多有实力的数码相机生产企业被中国市场上现存的高额利润所诱惑,相继进入中国市场。这应归因于数码相机辅助技术在中国的飞速发展,功能强大的 PC 机的推广,Internet 的普及刺激了对电子图片的需求。垄断的市场结构的解体,直接导致了原先高得离谱的价格体系的结束。高档机型的价格开始从万元人民币以上降至 8 000 元人民币左右,低档机型的价格也从 5 000 元人民币左右跌到 3 000 元上下。

进入 1998 年以来,中国市场上数码相机的用户日益增多,其应用遍及文档、演示文稿、Web 摄影、出版等各方面,因而原来蛰伏着的国外著名品牌数码相机企业开始大举发动市场进攻。爱克发、奥林巴斯、精工、爱普生、佳能、索尼都把数码相机作为主打产品,众多厂商和品牌加入竞争。同时,销售渠道大战也开始了,遍布全国各地的无数中低级经销商开始被大企业的宣传所吸引,纷纷投身市场,使得竞争日趋激烈。竞争激烈程度的显著加剧,使垄断企业逐步丧失了制定差别价格的能力,中国市场上数码相机价格逐步趋近于国际市场价格。相机价格进入下降阶段,高档机型价格开始朝6 000元人民币迫近,低档产品则开始频频冲破2 000元人民币大关。在这种形势下,可以相信,中国市场数码相机价格将进一步下降,迅速接近发达国家。

我们从国内市场上数码相机价格的演变过程可以进一步理解制定差别价格的几个条件:

1. 企业必须是一个垄断者,否则,市场竞争会促使企业成为价格的接收者而非制定者。

2. 企业必须有效地分割市场,否则差别价格将趋于消失。

3. 企业实行差别价格要有利可图,不同的市场要有不同的需求弹性。这三个条件缺一不可,不然的话,差别价格就无法维持。

复习思考题

1. 为什么三级差别定价比一级、二级差别定价更为普遍?在什么情况下,即使企业可能实行差别定价,这一策略对企业而言并无意义?

2. 为什么绝大多数企业都生产不止一种产品?为什么进行多产品生产的企业进行价格和产量决策时必须考虑产品在需求上的关联性?

3. 请讲述正确制定企业内部转移价格的意义。在理论和实践上应如何定价?

4. 成本加成定价法和增量分析定价法的主要区别是什么?什

么情况下适于使用增量分析定价法?

5. 某公司预计本企业 2000 年的生产成本状况如下:

固定成本总数为 500 万元,

可变成本总数为 200 万元。

(1) 假如该公司产品的单位平均可变成本为 20 元,产品的单位全部成本是多少?

(2) 如果该公司将目标利润率确定为 60%,企业应将其产品价格定为多少?

6. 某食品公司生产的冷冻食品直接出售给消费者(市场 1)和饭店(市场 2),消费者和饭店的需求函数分别为:

$$Q_1 = 160 - 10P_1, Q_2 = 200 - 20P_2$$

企业的总成本函数为: $TC = 120 + 4Q$ 求:

(1) 如果垄断企业能实行差别价格,两个市场的利润极大化价格、产量组合是多少?

(2) 实行差别定价与实行统一价格相比,垄断企业的利润能增加多少?

7 某计算器生产企业年生产能力为 200 000 台,其标准产量为生产能力的 75%。为实现标准产量企业总的可变成本为 900 000 元,总的固定成本是可变成本的 120%,企业的目标利润率为 20%。求:

(1) 企业应当如何确定产品价格?

(2) 如果上述价格是使得企业利润极大化的价格,产品的需求价格弹性是多少?

(3) 如果产品的需求价格弹性是 -4,企业的最优目标利润率是多少?

(4) 如果企业接到数量为 20 000 的新订单,报价为 10 元,企业是否应该接受？

8. 某公司生产罐装水果，同时有果汁作为副产品。假定每10个水果能生产一个水果罐头和一瓶果汁，水果罐头（产品 A）和果汁（产品 B）的需求曲线分别是：

$$Q_a = 80 - 5P_a, \quad Q_b = 50 - 5P_b$$

产品组的边际成本函数为：

$$MC = 8 + 0.1Q$$

求水果罐头和果汁的最优产量和价格分别是多少？

9. 某织染联合企业下设自负盈亏的织布分公司 A 和印染分公司 B。假定 A 生产的白布是专供 B 的，B 也只能从 A 取得这种白布，没有外部市场。

已知 B 生产的印花布的需求曲线为：$P_b = 10 - 0.001Q$，白布的边际成本函数为：

$MC_a = 2 + 0.001Q$，把白布染成印花布的边际成本为2元（不包括白布的转移价格）。

问该企业应如何确定白布的内部转移价格。

10. 上题中如果织布分公司面临完全竞争的市场，白布的市场价格为3，其他条件不变，此时应如何确定白布的内部转移价格和产量，企业的最终产品产量为多少？

第五篇　政策环境与制度环境

在前面的几篇中，我们从企业作为市场主体之一的角度出发，分析了市场环境对企业行为和决策的影响。商品市场上的需求和要素市场上的供给都会影响企业的市场决策，所有这些都构成了企业进行管理决策的理论基础。

但是经济主体并不只限于企业和家庭，政府也是一个对社会经济活动产生重要影响的经济主体。现实中，每个国家的政府都会对经济进行某种程度的干预，企业在制订经营决策的时候，不能不考虑到政府的影响。因此，研究政府干预经济的原因及其中的机理，也就成了管理经济学要考察的课题之一。我们将在第十章中分析政府干预经济的原因及一些现实状况。

通过对政府的经济行为进行分析，我们为企业活动的经济舞台提供了完整的背景。但是至此为止，我们的分析还没有上升到制度层面上，我们只是简单地将企业作为一个理性人来考察，而对企业的性质、企业的目标、企业产生的经济逻辑等问题都没有加以详细论述，只是以简单的假设绕开了这些问题。然而这些问题对于管理经济学来说也具有重要意义。因为在现实的管理实践中，企业是由一群理性人结合而成的，我们不能简单地将其当作一个整体来看待。要想获得企业管理的科学决策，充分发挥企业中每个人的作用，就有必要深入企业内部，对企业的性质、目标及企业运行的制度环境等问题加以研究。

在本篇中,我们将从以上两个方面进行进一步的学习,从而为企业的管理决策提供完整的理论基础。通过引入对政策环境和制度环境的研究,使整个管理经济学的理论体系进一步地接近现实生活。同时,读者还将通过本篇对制度环境的分析,了解在我国经济体制转轨时期企业决策行为的特殊性,这既有助于读者理解我国经济生活中的一些现实问题,又有助于读者思考企业如何在一个有中国特色的制度环境下,采取相应的最优决策。

第十章 市场失灵与政府的作用

在前面的几章中,我们分析了市场配置资源的内在机制。市场通过价格信号反映出资源的稀缺程度和理性人的获利机会,在最大化原则的驱使下,企业和消费者通过分散的决策对资源的利用进行边际调整,最终会使资源得到最优配置。这种通过市场来配置资源的机制被亚当·斯密称为"看不见的手"。

但是市场这只"看不见的手"是不是可以解决所有的资源配置问题呢?在现实的经济中,除了企业和消费者这两个经济主体之外,政府也往往积极地参与经济生活,对经济进行干预和调节,那么政府参与经济活动的原因和理由是什么呢?政府干预经济的行为又会对资源的配置产生什么样的影响呢?对于政府的干预,企业的经济决策应该进行怎样的调整?在本章中,我们将首先阐述市场失灵的各种形式,然后针对几种典型的市场失灵情况,分析政府干预对经济的影响。

第一节 市场失灵的几种形式

市场作为一种配置资源的机制并非总是有效的。在有些情况下,仅仅依靠市场的调节,经济无法达到资源的最优配置,我们将这些情况称为"市场失灵"。概括起来说,市场失灵主要包括以下六种情况。

一、外部性(externality)导致的资源配置无效

现实经济中常常会有这样的情况：某个人的行为给他人造成了消极的影响，但是他却不需要为此付出代价；或者相反，他的行为给别人带来了某种好处，但他却得不到相应的回报。在经济学上，我们把这种现象称为外部性现象。由于外部性现象扭曲了人们实际的成本和收益，所以经济行为人最优决策的结果往往会偏离社会最优状况，从而造成效率上的损失。外部性现象的存在，一直是政府对经济实施干预的重要理由，我们将在第二节中对此作出详细的分析。

二、公共物品(public goods)

人们所消费的物品可分为私人物品(private goods)和公共物品。私人物品是指那些只能由一个人来消费的物品。我们日常消费的大部分物品都属于此类。例如一只桔子被一个人吃了，另一个人就不能再吃这只桔子。而公共物品则可以同时被许多人共同消费，其中任何一个人的消费都不影响其他人的消费，例如灯塔、国防、图书馆、公园等等。公共物品本质上是具有外部性的物品，如果完全依靠市场来提供这类物品，结果往往是这类物品不能被提供出来或不能被提供到最优的数量。因此，公共物品往往由政府来提供。关于公共物品的特性以及最优的提供方案，我们将在第三节作详细的论述。

三、信息不对称(asymmetric information)所造成的市场失灵

在前几篇对市场的描述中，有隐含着一个重要的假设，即信息是完全的。但是在现实的各类市场中，信息不完全是一个普遍现象。信息不完全的一个主要体现就是信息不对称，即交易的双方对交易的对象或内容所掌握的信息不对等，其中一方掌握着比另一

方更充分的信息。例如,在商品买卖中,卖者往往比买者更清楚商品的质量;在购买医疗保险的交易中,买保险的人比保险公司更了解自己的健康状况等等。

由于存在着信息的不对称,使得有些对交易双方来说都有好处的交易常常无法达成。因此,政府往往通过有关的法律来保证有关交易信息的提供。例如,有关法律要求商品销售者将商品的主要质量参数印在商品上。① 虽然信息不对称也是导致市场失灵的一个重要原因,但是经济学中对信息不对称问题的解决更多的是在委托—代理理论中涉及,所以我们将在本书第十一章的相关部分进行深入的讨论。

四、垄断造成的市场失灵

对于垄断,我们已经在第四篇中作了分析。垄断是市场自由竞争发展到一定阶段的产物,而垄断的形成又会限制市场上的竞争。无论是从效率的角度,还是从福利分配的角度看,垄断都会对经济产生一定程度的消极影响。所以,在经济学中一般把垄断也视为一种市场失灵的结果,反垄断因此也就成为政府干预经济的一条理由。在第四节中,我们将对反垄断的经济意义以及政府限制垄断的措施加以介绍。

五、经济周期

现代市场经济在其发展历程中表现出了明显的周期性特征。在每一次经济从繁荣走向衰退的过程中,都会导致大量的企业破产,同时伴随着一定程度的对社会生产力的破坏。按照马克思的话

---

① 为了达成交易,交易双方自己往往也会设计一些信息发送机制。例如,生产商品的企业会为其生产的商品提供质量担保;用人公司可以通过制订一个合适的学历标准来获得应聘人员真实能力的有关信息。

说就是"靠牺牲已经生产出来的生产力来发展劳动生产力"①。

自从凯恩斯创立宏观经济学以来,运用适当的宏观经济政策对经济加以干预,以求消除经济周期对经济所造成的负面影响,就一直是各国政府的目标。对于经济周期的调节,政府主要是通过财政政策和货币政策来进行的。当经济处于萧条期的时候,失业问题比较突出,政府就使用扩张性的财政政策和货币政策来促进投资和消费的增加,以推动经济的复苏;当经济显得过热的时候,通货膨胀问题相对比较突出,政府就使用紧缩性的财政政策和货币政策,稳定经济活动的水平。

以上只是对经济周期的最简要的说明,虽然经济周期一般也被看作是市场失灵现象,但这一问题主要是宏观经济学的研究主题。限于篇幅,我们在本章中对这一问题不再作介绍,在这方面有兴趣的读者可以阅读有关的宏观经济学教材。

六、收入分配不均

在完全竞争的市场经济中,收入分配的原则是按照生产要素在产出中的贡献来分配。因此,工资作为投入到生产中的劳动力要素的报酬,由劳动力在生产函数中的边际产出水平所决定;而资本的报酬就是利润,由资本在生产函数中的边际产出水平所决定。从纯粹生产的角度来看,这样的分配是符合效率要求的。但是,由于财富在社会中的初始分配并不一定是合理的,所以这样的收入分配方式并不一定符合机会平等的原则。而且,完全的按要素分配往往导致社会成员贫富差距的拉大,以至于最终引发一系列的社会问题。因此,现代市场经济往往要求政府对收入分配进行干预。

政府干预收入分配的方式有多种多样,最普遍的是采用税收和转移支付政策。政府通过对富人征收高额累进的所得税对穷人

---

① 马克思,《资本论》中译本,第二卷,278页。

进行补贴。北欧一些推行"高税收,高补贴"政策的福利国家就是这方面的代表。但是,过分强调"公平"往往会对"效率"造成损害。因此,到底采取什么样的分配政策,需要同时考虑到这两方面的因素。为了同建设社会主义市场经济的目标相适应,我国提出了"效率优先、兼顾公平"的分配原则,这一原则体现了市场经济的要求。

在经济学上,如果我们认为收入分配问题与社会稳定密切相关,而稳定的社会环境又可以看成是一种公共产品,则公平的收入分配就可以被当作是一种特殊的公共产品。对收入分配的讨论就可以放在公共产品的理论框架下进行。因此,在本章中,我们也不再对收入分配问题进行单独的讨论。

以上对市场失灵的几种形式进行了概要的介绍,下面我们将对外部性、公共产品和垄断等问题分别进行进一步的分析。

第二节 外 部 性

一、外部性概念

外部性产生于个人的成本收益与社会的成本收益之间的差异。如果某人的某个行为给他个人带来的成本小于给社会带来的成本,他的这一行为就具有负外部性;如果他的行为给他个人带来的收益小于给社会带来的收益,则他的这一行为就具有正外部性。由于市场是通过每个理性人追求其个人利益最大化的行为来配置资源的,所以当存在外部性的时候,从社会的角度看,市场配置资源的结果往往不是最优的[①]。这一点我们可以通过图10.1

[①] 在经济学理论中,有一个专门的概念来描述对全社会而言的资源最优配置结果,即帕累托最优(Parato efficiency)。有兴趣的读者可以参考有关的微观经济学教材。

和图 10.2 来加以说明。

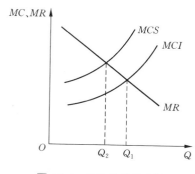

图 10.1 生产的负外部性

图 10.1 反映的是负外部性的情况。图中 MCS 是社会的边际成本曲线，MCI 是个人的边际成本曲线。由于存在负外部性，个人的边际成本小于社会的边际成本，所以 MCI 在 MCS 的下方。MRI 是边际收益曲线。如果仅仅通过市场来调节生产，最大化原则要求个人的边际成本和边际收益相等，因此均衡点在 E_1 点，产量为 Q_1。然而对于社会而言，资源的最优配置要求社会的边际成本和边际收益相等，因此生产应该在 E_2 点进行，最优产量为 Q_2。可见，由于负外部性的存在，对个人而言的最优产量要大于对社会而言的最优产量。

图 10.2 反映了正外部性的情况。图中个人的边际收益曲线 MRI 在社会的边际收益曲线 MRS 的下方，MC 是边际成本曲线。与负外部性的情况刚好相反，市场配置所达到的均衡产量 Q_1 小于对社会而言最优的产量 Q_2。

由于在市场经济中，企业是按照其个别的成本收益来进行决策的，因此当存在外部性的时候，市场中各个企业的分散决策所达到的配置资源结果对全社会而言并不是最

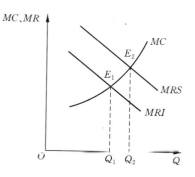

图 10.2 生产的正外部性

优的。

二、解决外部性问题的方法

由于外部性的存在,企业的决策往往导致资源配置的低效率,因此外部性问题的核心就在于如何解决这种资源配置的低效率。

(一) 企业合并

一种简单的解决生产外部性问题的方法是企业合并。如果具有生产外部性的企业与受外部性影响而成本增加的企业进行合并,则原先的外部性对于新成立的企业来说就内部化了。原先造成外部性的企业所不需考虑的成本和收益这时就成了新企业的内部成本与收益,这就使得新企业的私人成本收益同社会的成本收益相一致,从而原先外部性所造成的资源配置低效率的情况也就得到了纠正。例如,一家造纸厂排出的废水给一家纺织厂的水源造成了污染,假如这两家厂合并为一个企业,则造纸厂就不得不考虑排放污水给纺织厂带来的成本增加,这样,原先的外部性就内部化为合并后的企业的成本。

企业合并虽然可以解决生产上的外部性,但是企业是否合并不只取决于外部性问题,还涉及到许多更复杂的方面。而且有许多外部性问题不是发生在企业与企业之间,而是发生在企业与居民之间或居民与居民之间。所以大多数的外部性问题无法通过企业合并来解决,我们必须考虑其他的解决方法。

(二) 庇古税

对制造外部性的经济主体进行征税(或补贴),是一种解决外部性问题的可行方法,这一方法最先由英国的经济学家庇古(Pigour)提出,所以也被称为庇古税。由于外部性产生于私人成本与社会成本之间的差异,因此可以通过向制造外部性的企业征税使其私人成本和社会成本相吻合,从而使企业的决策对社会而言最优。我们可以通过图10.3来说明这一点。

图 10.3 中横轴为某钢铁厂所制造的污染数量,纵轴为货币计量的边际成本和边际收益。MR 曲线表示以货币计量的钢铁厂从制造污染的活动中所获取的边际收益,MCS 代表以货币计量的污染所造成的边际社会成本。为了分析的简便,我们假设钢铁厂制造污染的私人成本为零。按照利润最大化的原则,钢铁厂的最优排污量

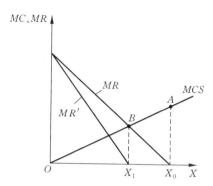

图 10.3 针对外部性的庇古税

应位于 MR 曲线与横轴的交点 X_0 处。但是从社会角度看,最优的污染排放量应为 X_1,此时,钢铁厂的边际收益刚好等于污染所造成的边际社会成本。按照庇古提出的方法,应该向钢铁厂征税以增加其排放污染的成本,征税的边际税额应该等于边际社会成本。这样,如果不考虑征税所带来的收入变动效应,钢铁厂的边际收益曲线就由 MR 变成了 MR',此时根据利润最大化原则,钢铁厂的最优排污量为 X_1,与社会的最优排污量相一致。

庇古的分析所得出的一个直接的结论就是:在发生外部性问题的时候,政府应该进行干预,但是政府干预的目标不是要完全地消除产生外部性的行为,而是将产生外部性的行为控制在一个对社会而言最优的水平上。这一点从图 10.3 中也可以清楚地看出,在图中的 X_1 处,钢铁厂的排污量并不为零。

庇古的分析中有一个隐含的条件,就是社会能够精确地计量外部性的大小。庇古税的税额就是根据社会成本来确定的。这构成了庇古税的一个重要的缺陷,因为社会成本通常难以精确地了解到,从而难以准确地确定庇古税的税额。如果政府可以精确地了解到外部性的大小,那么政府完全可以计算出最优的 X_1 的值,直

接规定钢铁厂的排污量就可以了,而不必再通过征税来调节钢铁厂的排污量。

(三) 科斯定理

对污染问题换一个角度考察,我们会得到一些新的有意思的结论。如果钢铁厂造成的污染给居民带来的边际成本超过了钢铁厂从制造污染中得到的边际收益,那么为什么居民不支付给钢铁厂一笔钱以换取钢铁厂减少污染的行为呢?在图 10.3 中,如果钢铁厂的污染量从 X_0 减少到 X_1,钢铁厂损失的福利相当于三角形 X_0X_1B 的面积,而居民增加的福利则相当于梯形 X_1BAX_0 的面积。居民完全可以支付给钢铁厂一笔相当于三角形 X_0X_1B 的费用,要求钢铁厂将污染减少到 X_1,通过这一交易,居民可以增加相当于三角形 X_0BA 面积的净福利。

科斯(Coase)在其 1960 年的"论社会成本问题"一文中,从上述角度重新考察了外部性问题。科斯认为,之所以会产生外部性问题,关键在于权利没有得到明确的界定。如果不存在交易费用(transaction costs)①,只要从法律上规定了外部性问题中双方的权利,那么双方会通过自主的交易重新调整最初的权利安排,从而使资源配置达到帕累托最优,于是也就不存在外部性了,这一观点也被称为"科斯定理"(Coase's theorem)。

还是以钢铁厂的污染为例。假设居民与钢铁厂之间的谈判不存在交易费用,那么不管政府给予钢铁厂污染的权利,还是给予居民不受污染的权利,双方都会通过谈判达成交易,使钢铁厂的排污量刚好符合帕累托最优的水平。如果钢铁厂拥有制造污染的权利,则由于在 X_1 到 X_0 这一区间,污染带给居民的边际成本大于钢铁厂的边际收益,居民会向钢铁厂购买清洁的环境;如果是居民拥有不受污染的权利,则由于在 O 到 X_1 这一区间,钢铁厂从制造污染

---

① 这一概念可以用来表示市场运行所需的费用。

中得到的边际收益大于污染给居民造成的边际成本,所以钢铁厂会向居民支付一笔费用来购买制造污染的权利,直到排污量达到 X_1 为止。

从上面的论述中可以看出,科斯定理对庇古税的方法和结论进行了反驳。按照科斯定理,如果没有交易费用,最初的权利安排不影响资源配置的结果,无论权利界定给了哪一方,市场都会通过交易费用达到帕累托最优的结果。因此,科斯定理大大削弱了政府在外部性问题中的作用,认为政府不应对制造外部性的一方征税,政府应该使权利得到清楚的界定。

然而,通过更深入的考察,我们发现,只有在满足一些特定的假设前提下,科斯定理的结论才能成立。科斯定理要求不存在"收入效应"的影响,如果行为主体的效用函数受收入多少的影响,则初始的权利安排仍然会对资源的配置发生影响。在污染的例子中,如果居民对新鲜空气的需求受到其收入的影响,比方说居民的收入越高对新鲜空气的需求就越大,那么权利的初始安排就会影响污染的最优排放量。假如政府给予居民不受污染的权利,则相当于增加了居民的收入,从而增加了居民对新鲜空气的需求,反映在图 10.3 上,就是居民的 MSC 曲线会向上移动,因此最优的排污量要比给予钢铁厂排污权利的情况下相对少一些。

另一方面,科斯定理的条件是不存在交易费用。而在现实的世界中,普遍存在的交易费用是无法忽略的。例如,在钢铁厂制造污染的例子中,居民和钢铁厂之间的谈判是需要费用的。而且,在居民之间也存在着组织的费用,如果每一个居民都等着别人"出头"去和钢铁厂谈判,那么就不会有任何一个居民去进行谈判。在存在交易费用的情况下,产权的初始界定无疑就是非常重要的了。

通过以上分析,我们可以看出,在外部性问题上,无论是从庇古税还是从科斯定理的角度来看,政府的干预都是不可或缺的。从科斯定理的角度出发,政府的作用主要表现在对权利的界定以及保证这些权利的实施。例如,《环境保护法》《土地法》《森林法》和《兵役法》等法律的确立和执行。庇古税实际上隐含着权利已经界定这个假设条件,因此庇古税在某种意义上也可以理解为为了降低交易费用而由政府代表全体居民与企业进行交易。

第三节 公 共 物 品

公共物品是一种特殊的与外部性相关的物品,其独特的性质往往造成供给方面的困难,而公共物品的提供对一个社会而言又是不可缺少的,因此我们有必要对其进行考察。

一、公共物品的特性

一般来说,公共物品具有两个重要特性:非竞争性(nonrivalness)和非排他性(nonexcludability)。

非竞争性是指同一单位物品可以被很多人同时消费,其中某个人的消费并不影响其他人对该物品的消费。例如海上的灯塔,过往的船只都可以利用它来确认航道,除非一艘船挡住了另一艘船的视线(这是极其偶然而无关紧要的情况),任何一艘船对灯塔所发出的灯光的利用都不会影响到其他船对灯光的利用。

非排他性是指任何人都无法剥夺或削弱其他人对公共物品的消费资格。例如,无法禁止过往船只对灯塔灯光的利用,也没有办法对利用了灯塔灯光的过往船只收费。

从严格的意义上说,只有同时具备上述两个特性的物品才是公共物品。但是这样纯粹的公共物品是非常少的。例如,公园就不是像其名称听上去那样纯粹的公共物品。对公园的消费只在一定限度内具有非竞争性。如果一个不大的公园内挤满了游客,则每一个游客对公园的消费都影响到了其他游客对公园的消费。而且公园也不具有非排他性,大多数公园都有围墙和售票处,只有买了门票的人才有资格消费公园所提供的闲适环境。但是在一般情况下，公园还是被经济学家们当作公共物品来看待。因此，公共物品的非竞争性和非排他性特性都不是绝对的，一般说来，只要某种物品具有一定的非竞争性或非排他性以至于对这种物品的市场提供造成了困难，我们就可以将其作为公共物品来看待。

二、公共物品提供的最优条件

由于公共物品具有上述两个特性，使得公共物品的需求曲线具有不同于私人物品的特点。

对于私人物品而言，市场需求曲线是由消费者的个别需求曲线在横轴上相加得到的（参见本书的第三章）。而公共物品的社会边际评价曲线（相当于私人物品的市场需求曲线）却是由消费者的个别边际评价曲线（相当于私人物品的个别需求曲线）在纵轴上相加得到的。如图10.4所示。

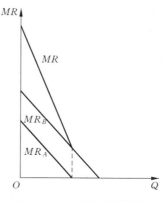

图10.4　公共产品的需求

图10.4中横轴表示公共物品的数量，纵轴表示消费者对该公共物品的边际评价。假设该社会只有 A 和 B 两人，曲线 MR_A 表示消费者 A 对该公共物品的边际评价，曲线 MR_B 表示消费者 B 对该公共物品的边际评价。由于公共物品的非抗争性，在任何数量 Q 下，A 和 B 的消费都互不影响，因此，全社会对该公共物品的边际评价等于 A 和 B 各自的边际评价之和。所以全社会的边际评价曲线应是图中的折线 MR。如果有 n 个消费者，情况依此类推。读者不难发现图10.4与图3.2之间的区别。

从理想的状况来看,公共物品供给的最优条件应该是提供公共物品的边际成本等于全社会对该公共物品的边际评价。但是由于公共物品存在着非抗争性和非排他性,上述最优条件很可能实现不了。我们可以用下述例子来说明这一点。

假设某郊区有甲和乙两个企业,两个企业都感到如果修一条通往城区的公路,则对于企业的产品营销都有好处。假设每个企业对公路的评价以货币来衡量都为 500 万元,公路的造价为 800 万元。应注意公路是公共物品,具有非竞争性和非排他性,即无论这条公路由谁建造,他都无法阻止另一个企业和他一同使用公路。如果甲乙两个企业都决定建造公路,他们将分摊建造公路的费用,每人出 400 万元。如果只有一个企业决定建造公路,则将独自支付 800 万元。于是我们可以得到收益表(表 10.1)。

表 10.1　收益表　　　　　　　　　　　单位:万元

甲＼乙	建造	不建造
建造	100, 100	−300, 500
不建造	500, −300	0, 0

从表 10.1 中,我们可以看出,对甲和乙而言,最好的结果是两个企业都决定建造公路,两个企业分别得到相当于 100 万元的收益。然而这种情况是不会发生的,因为对甲而言,无论乙作出什么决定,甲选择不建造总比选择建造要划算,对乙而言也是一样。所以最后的结果是甲和乙都决定不建造,(不建造,不建造)是这局博弈中唯一的纳什均衡。

通过上述例子,我们可以看出,在公共物品的供给问题上,往往存在着"搭便车"(free ride)的难题,即每个人都想着最好由别人来提供公共物品,自己免费享用,所以往往没有人会提供公共物品。

三、公共物品的供给方案

公共物品的供给面临的关键问题就是如何克服"搭便车"的难题,筹集资金来保证公共物品的生产。解决这一问题可以有以下两种方案。

(一)由政府来提供公共物品

具有非排他性的纯粹的公共物品通常由政府来提供。同时,政府通过税收来补偿公共物品的生产成本。这种方案的好处是能够克服"搭便车"心理造成的公共物品短缺,而且简便易行。但是,征税本身也会带来费用,即"征税成本"。同时,由于每个消费者对公共物品的边际评价各不相同,对所有的消费者都征收同样的税收明显有失公平。因此,政府往往对其提供的公共物品也收取正的价格,这一方面可以减少一些征税,另一方面可以通过消费者支付的价格了解到消费者对公共物品的需求。

按照公共物品提供的最优条件,最好是对消费者实行完全的价格歧视,即对每个消费者征收的税额恰好等于他们各自的边际评价。但是这样的话,消费者就会尽量隐瞒他们的边际评价,以便能够支付较低的税收。因此,必须通过设计一些机制来诱使消费者将自己对公共物品的边际评价显示出来。

(二)由私人来提供公共物品

对于一些具有一定排他性的公共物品,也可以由私人部门来生产。例如有时候,政府会将公路交给私人去建设和经营。但是对于私人企业所提供的公共物品的价格,政府一般会加以限制。如果价格定得太高,则消费者将被迫减少对公共物品的需求,由于公共物品的非抗争性,这会导致社会福利的减少。如果价格定得太低,则公共物品生产的成本难以收回,提供公共物品的私人企业将会面临亏损。因此公共物品的定价要兼顾以上两方面的因素。

第四节 垄断和反垄断措施

一、垄断形成的原因

关于垄断的概念,我们已经在第七章作过介绍。这里简单分析一下垄断形成的原因。

(一)自然垄断

由于技术上的特殊性质,有的产品由一个厂商单独提供比较经济,我们将这种情况称为自然垄断。一般来说,基础设施的生产具有一定程度的自然垄断性。例如,在一个城市里铺设一套煤气管道明显要比铺设两套管道要经济得多,因此城市的煤气一般都由一家煤气公司来经营。

(二)竞争部门的垄断

随着竞争的不断深入,一些竞争性商品市场上的生产企业也会逐渐减少,最终由少数大企业控制了市场。但是迄今为止,我们也只是了解到这种现象的存在,对于引起这类垄断的原因尚不是十分明了。一个比较有代表性的观点认为"规模效应"的存在是导致这类垄断产生的原因。然而,实证研究的结果表明每个竞争性产业的厂商最佳规模的范围都相当大,似乎没有哪个产业会由于最佳规模而导致垄断[①]。

二、垄断对经济的不利影响

(一)垄断导致的效率损失

除了自然垄断的情况以外,我们很难得出垄断在经济上的合

[①] 参阅 G·J·施蒂格勒,《产业组织与政府管制》中文版,上海人民出版社和上海三联书店,1996年。

理性。事实上,垄断往往会造成效率上的损失,不利于实现资源的最优配置。为了理解这一点,我们要将垄断和竞争进行比较。

垄断与竞争相区别的关键在于,在垄断情况下,企业可以通过调节其产量对市场价格发生影响,即市场价格是其产量的函数;而在竞争情况下,企业是市场价格的被动接受者,即无论其产量如何,市场价格不发生改变。因此,与竞争厂商相比,垄断厂商有一种控制市场价格的能力。我们可以通过比较图10.5和图10.6来说明这一点。

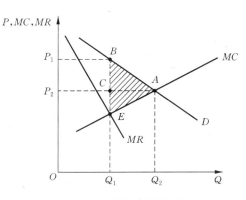

图 10.5 垄断厂商的均衡

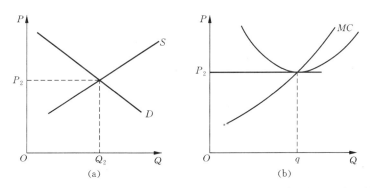

图 10.6(a) 完全竞争市场的均衡　图 10.6(b) 完全竞争市场的厂商均衡

图 10.5 反映了垄断市场上价格和产量的决定,由于垄断厂商对价格有控制能力,因此他有一条向右下倾斜的边际收益曲线 MR。按照利润最大化原则,他将使产量位于 $MC=MR$ 那一点,即 Q_1 点,这时市场价格为 P_1。

图 10.6(a) 反映的是完全竞争市场上的情况,由市场供给曲线(也就是个别厂商的边际成本曲线在横轴上的加总)和市场需求曲线相交决定了价格 P_2 和产量 Q_2。图 10.6(b) 反映了单个的完全竞争厂商的情况。每个厂商都是市场价格的接受者,因此他们的边际收益曲线就是 $P=P_2$ 这条水平线。按照利润最大化原则,他们将使 $MC=P_2$ 因此其产量为 q,将市场上所有单个厂商的产量相加就得到了市场上总的产量 Q_2。

通过比较图 10.5 和图 10.6(a),我们会发现垄断厂商所定的价格要高于完全竞争市场上的价格,而产量要小于完全竞争市场上的产量。图 10.5 中的阴影部分可以视作垄断情况下的福利损失,其中三角形 BCA 可视作损失的消费者剩余,三角形 ECA 可视作损失的生产者剩余。

进一步从生产成本上来比较垄断和竞争,我们会发现,垄断不仅会造成资源配置效率的损失,而且对生产效率也有不利影响。在图 10.5 中,垄断厂商并不在平均成本的最低点生产。而在图 10.6 中,完全竞争厂商是在平均成本的最低点生产的,这是由于完全竞争市场上厂商的进入没有困难,不断进入的厂商会增加市场供给,导致该产品市场价格降低,直到价格等于平均成本的最低点。

(二) 垄断对消费者的不利影响

人们时常会有这样的经验,买了某样商品后会感觉自己赚了便宜,这是因为我们愿意为购买这样商品付更多的钱。这种消费者愿意支付和消费者实际支付之间的差额就是消费者剩余。在上一篇中我们已经指出,垄断厂商可以通过实行价格歧视来掠夺部分甚至全部消费者剩余。如果垄断者能够对市场进行完全的分割,则不会有任何一单位商品是在消费者愿意支付的价格以下卖出的,即任何一个消费者都不会感到自己赚了便宜。虽然市场上的需求总量没有发生变化,但是消费者剩余为零。

(三) 垄断导致的其他不利影响

除了导致效率的损失和消费者利益受损以外,垄断往往还有其他一些方面的不利影响。

1. 大公司对市场的垄断往往会妨碍技术进步。许多相关的技术和工艺不得不采用标准化的模式和大公司的产品相配套。例如,由于 IBM 公司在个人电脑市场上的垄断地位,使得与之匹配的微软公司的软件大行其道,而一些性能更优越的软件则遭到了淘汰的命运。①

2. 随着公司规模的扩大,公司内部的组织管理工作将日益复杂,因此会导致"内耗"的增加,降低企业的管理协调方面的效率。哈维·雷本斯坦名之为"X—非效率"②。虽然学术界对"X—非效率"理论尚存在着争论,但人们越来越明显地感受到大公司的结构僵化、机构臃肿和缺乏灵活性所造成的效率低下。

三、政府的反垄断措施

由于存在着上述种种垄断对经济的不利影响,政府就有了反对垄断的理由。政府对垄断的干预主要采取以下两方面措施。

(一) 政府管制

政府往往对那些具有自然垄断性质的公共事业等行业进行价格管制。由于垄断厂商具有控制市场价格的能力,因此,政府可以通过价格管制来削弱垄断厂商的市场力量,以使资源配置趋向于

---

① 也有经济学家认为大公司能够为技术研究提供充足的经费,所以有利于技术进步。

② 参阅 Harvey Leibenstein, "Allocative Efficiency Vs X-Efficiency", American Economic Review 56, 1966.

最优。政府的价格管制一般有两种选择:边际成本定价和平均成本定价。边际成本定价是指价格等于边际成本,在图 10.7 中,表现为将价格限制在 P_1,这时没有效率的损失。边际成本定价有时会使价格低于厂商的平均成本,造成厂商的亏损。在这种情况下,可以进行平均成本定价。平均成本定价是指价格等于平均成本,在图 10.7 中,表现为将价格限制在 P_2,这时虽然也没有达到资源的最优配置,但是是一种次优选择。

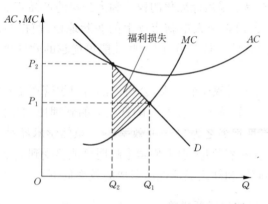

图 10.7 对垄断厂商的限价

也有些经济学家对政府实行价格管制的成效提出了质疑。施蒂格勒通过对美国各州供电情况的考察,认为政府的价格管制只会导致垄断企业变相对地降低服务质量,而无法真正地达到管制的目标,同时只要有来自其他能源的竞争,即使厂商完全垄断了电力的提供,他也无法完全对能源市场实施完全的垄断。①

(二) 反垄断法

除了对一些公共事业进行价格管制,政府还通过反垄断方面的立法来限制大公司的垄断行为。这方面系统的法律最早产生于

---

① 参阅 G·J·施蒂格勒,《产业组织与政府管制》三联中文版。

美国。美国的反垄断法被称为反托拉斯法(Antitrust Acts)。托拉斯(trust)原意是指信托,托拉斯的受托人从竞争性公司的股东那里取得信托证书,行使股份的表决权,支配公司的事务。托拉斯靠这种方式垄断支配企业和市场,并操纵着市场的价格。所以美国将所有的垄断形式都称为托拉斯,将所有的反垄断的法律都称为反托拉斯法。美国的反托拉斯法主要由《谢尔曼反托拉斯法》(Sherman Antitrust Act)、《联邦贸易委员会法》和《克莱顿法》三项基本法和一系列修正案构成。

美国联邦政府于1890年通过了《谢尔曼反托拉斯法》。该法的基本精神体现在两个关键条款中,即第一条和第二条。第一条规定:任何限制州际间或与外国的贸易或商业的契约,以托拉斯或其他形式的联合或共谋,皆为非法;任何人签订上述契约或从事上述联合或共谋,都是严重的犯罪。第二条规定:任何个人或集体垄断或企图垄断州际间的或与外国的商业和贸易,都是严重的犯罪。谢尔曼法颁布后,美国政府进行了多次针对垄断的起诉。1904年西奥多·罗斯福总统命令对以往25年间的许多大联合体进行起诉。后来的塔夫脱总统则对其余的绝大多数联合体进行了起诉。

由于《谢尔曼法》制定、颁布过程比较匆忙,因而其规定比较简单。1914年,美国国会又先后制定了《联邦贸易委员会法》和《克莱顿法》对《谢尔曼法》进行了修改和补充。

《联邦贸易委员会法》的核心条款是第五条:对于商业活动中的各种不公平竞争方法,均就此宣布为非法。1938年又通过了《惠勒-李法》将该条款补充规定为:对于商业中各种不公平的竞争方法和不公平或欺骗性的行为或做法,均就此宣布为非法。根据这一规定,联邦贸易委员会如果认为某个厂商的行为或做法欺骗了消费者,则可以依法对此厂商采取行动,而无须查明该厂商的行为是否对其竞争对手造成了损害,因而也就实现了法律对消费者的双重保护,即通过确保竞争的公平而对消费者进行间接的保护和通过禁止企业的欺骗性行为而对消费者进行直接的保护。

《克莱顿法》的核心条款为第二条和第七条。第二条规定禁止导致削弱竞争或形成垄断的价格歧视。该条款在1936年通过的《鲁滨逊-帕特曼法》中得到了加强。美国波登公司曾利用"双重商标"将所生产的浓缩牛奶按不同的价格卖给不同的顾客,因此触犯了《鲁滨逊-帕特曼法》,这是这方面的一个著名案例。第七条规定禁止企业从事本质上会削弱竞争和形成垄断的合并行为。1950年通过的《塞勒-凯弗维尔修正案》加强了这一禁令。1969年,IBM公司遭到起诉,经过六年的审理,于1981年催促当事人在庭外解决,政府承认IBM公司兼并哈特福德公司,同时IBM放弃兼并康丁公司和格林耐尔公司。1974年,美国电话电报公司(AT&T)遭到反垄断起诉,该案在1982年以判定该公司部分解散而结束。

自从1890年《谢尔曼法》颁布以来,反对私人垄断就成了美国的一项基本国策。① 大多数专门研究工业组织的经济学家认为反托拉斯政策是有效的。大公司在广告方面竞争而不是在价格方面竞争,大公司的官僚机构提高了成本,削弱了创新精神,大公司的兼并活动使经营权和政治权力都在向少数人集中。所有这些都是与竞争和效率背道而驰的,应该对大公司的兼并活动加以限制。

反垄断法的宗旨是保护竞争,防止少数厂商控制市场以损害多数竞争者和消费者的利益。凡是实行市场经济的国家都将反垄断法作为规范市场经济关系的基本法律之一,因此,反垄断法也被称为"经济小宪法"。

(三) 我国的反不正当竞争法

由于过去我国长期实行的是计划经济体制,因此在过去并没

---

① 也有少数持异议的经济学家认为,强制性地执行反托拉斯法是对效率的宣战。从理论上说大公司的规模是与其效率相一致的。但一个大公司往往会招致其竞争对手的怨言,所以常常成为反托拉斯法的牺牲品。

有关于反垄断的明确的法律形式。但是,随着改革开放以来我国经济逐渐向市场经济体制转轨,保护市场竞争、维护市场秩序以及保护消费者合法利益就越来越重要。我国也逐渐加强了这方面的立法工作。在我国的《宪法》、《民法通则》、《经济合同法》、《商标法》、《专利法》以及《消费者权益保护法》等法律中都有相应的对反不正当竞争的规定。但是我国在这方面最重要的法律是1993年制定并通过的《中华人民共和国反不正当竞争法》。

我国《反不正当竞争法》第二条第一款规定:"经营者在市场交易中,应当遵循自愿、平等、公平、诚实信用的原则,遵守公认的商业道德。"该条款为社会主义市场经济中商业行为的开展确立了基本的原则。我国的《反不正当竞争法》所禁止的不正当竞争行为可分为两类。一类是违背公正公平原则和诚实信用原则的不正当竞争行为。这些也是各国普遍存在的传统的不正当竞争行为。属于这类不正当竞争行为的有:欺骗性交易行为、商业贿赂行为、引人误解的虚假宣传行为、侵犯商业秘密行为和不正当有奖销售行为。另一类是我国现实经济活动中所表现出来的特有的不正当竞争行为,包括:公用企业和独占经营者的限制竞争行为、滥用行政权力限制竞争行为、压价销售排挤竞争对手的行为、搭售或附加不合理条件交易行为以及投标招标中相互勾结妨碍公平竞争行为。

我国的《反不正当竞争法》有助于培育公平竞争的市场环境和建立公正的市场秩序,对我国的社会主义市场经济建设起到了重要的作用。

第五节 政府干预下企业决策的若干问题

通过以上几节的理论介绍,我们已经了解到,由于市场失灵的存在,政府必将对资源配置进行干预。因此,对企业的决策而言,就不能不考虑到政府干预对企业的影响。同时,从政府的角度来看,也要考虑到干预行为的实际后果如何。在这一节里,我们就简单地归纳一下政府干预下企业决策所要注意的几个问题。

一、经济效益与社会效益相结合

由于外部性问题的存在,企业在进行决策的时候就不能只考虑决策对企业自身的影响,应该兼顾到决策可能给社会造成的影响。如果企业的决策虽然能给自身带来很大的经济效益,但却会产生负的外部性,那么企业应该考虑重新制订决策。相反,有的决策虽然并不能产生明显的经济效益,但却会产生良好的社会效益,企业对此类决策也应给予充分的考虑。例如,在1998年夏的抗洪抢险过程中,很多企业从社会效益出发,主动作出必要的牺牲,赢得了消费者和社会的尊敬。而长江上游的一些伐木企业,一味追求自身经济效益,不顾社会效益,过度砍伐,严重破坏了长江上游的生态系统,造成了严重的恶果,现已被政府勒令停产。

二、追求适度的企业规模

在有的产业中,企业只有达到了一定规模才能产生经济效益。因此,在此类行业中就要求企业达到必需的经营规模。例如,汽车制造业、造船业、邮电通讯业等等。过去我国在各地地方政府的扶持下,建设了许多整车制造厂,这些厂由于没有达到必要的规模,效益大多很差,造成了资源的大量浪费。但是,必要的规模并不意味着企业规模越大越好。企业的最优规模是与企业所处的行业特点、企业的产权制度以及企业的经营能力等多方面因素相关的。一方面,从企业自身的角度来说,如果在条件不合适的情况下,片面追求企业的规模,结果不仅不能提高企业的经营绩效,反而会给企业背上沉重的包袱,最终导致企业经营效率的下降。在我国社会主义市场经济的建设过程中,这方面的教训已有不少。例如,一度非常成功的巨人集团,由于在企业产权制度尚未得到很好确立的情况下,急于进行企业的扩张,盲目扩大投资范围,最后导致企业面临严重的困境。另一方面,从政府的角度来说,在企业兼并的过程中,应该以企业的市场行为为基础,充分考虑到各方面的因素。那种违反市场规律而"拉郎配"的做法是不可取的。从"强强联合"的主观愿望出发产生的大集团并不一定具有市场竞争力。

另外,政府要考虑到企业扩张或兼并活动可能导致的垄断结果。关于垄断对经济的危害,我们在第四节中已作了介绍。虽然我国目前已经有了旨在确保公平合理的市场秩序的法律,但是尚没有关于限制垄断的明确的法律,这是我们在建设社会主义市场经济的过程中应该注意并加以改进的。

三、公共物品的提供与国有企业的经营范围

国有企业是由政府来经营管理的,政府在资源配置中最主要的职能是提供公共物品,所以国有企业的经营范围应该主要与政府的职能相适应。结合我们在第三节介绍的公共物品理论,我们可以将不同产业按照公共物品与私人物品的标准来进行划分,从而得到国有企业经营的合理的部门范围。

1. 那些关系到国计民生的重要产业,例如国防工业、能源工业、重要的公共工程等等,在目前的情况下具有很明显的公共物品性质。对于这类产业,国有企业应该牢牢抓住不放。

2. 对于一些可实行排他性的公共物品则可以允许私人部门进入,由国有企业与私人企业共同生产,以适应对这类产品不同层次的需求。当然这有一个必要的条件,就是这类产品的定价对私人企业来说是具有盈利性的,否则不会有私人企业投资。例如,教育、通讯以及运输等行业,就可以允许私人进入,私人对这些行业的投资可以对国有部门起到很好的补充作用。

3. 有些公共物品可以采取私人企业生产,政府购买的形式来

提供。政府提供不等于政府生产,通过政府购买可以解决私人企业的生产成本问题。例如,公路、城市高架桥等基础设施建设就可以采取这种方式。

4. 对于竞争性的私人物品的生产,由私人部门经营效率比较高,国有企业应该逐步地有序地从这些行业中退出。例如,服装业、餐饮业、零售业等等就应以私人经营为主。

政府干预是企业外部环境的一个重要部分。以上概要地阐述了在政府干预下,企业决策所要注意的几个问题。然而影响到企业决策的不只是企业的外部环境,企业内部的制度安排以及企业的性质从更为基本的方面影响着企业行为,包括企业的决策。这就要求我们对产权制度和企业的行为进行考察。

复习思考题

1. 何谓市场失灵?请列举市场失灵的几种形式。
2. 政府干预经济运行的理由是什么?
3. 何谓外部性?解决外部性问题有哪些方法?
4. 科斯定理的含义是什么?
5. 公共产品有什么特点?
6. 公共产品的提供和私人产品有什么不同?为什么公共产品无法由私人部门有效地提供?
7. 导致垄断的原因有哪些?
8. 一个社会为什么要限制垄断?
9. 何谓自然垄断?政府应该通过什么方法来限制自然垄断?不同的限价方法对福利的影响如何?
10. 美国的《反垄断法》主要从哪些方面对垄断行为进行限制?

第十一章　产权制度与企业行为

到目前为止,我们一直在频繁使用"企业"这个词,但是我们是在何种意义上使用这个词的呢?在以前的章节里,我们把企业看作是一种经济活动的主体。它们的目标是追求利润的最大化;它们对产品市场和要素市场的价格变动产生灵敏的反应,并决定最优的产量;在既定的产量下,它们又总是选择效率最高的技术组合进行生产。企业是一个理性的经济主体,就像一个理性的经济人那样行事。然而这样的企业是高度抽象的,也是过于简单化的。现实中企业的目标是复杂的,这种复杂性又是由企业的性质所决定的。在一般的经济分析中,企业是经济活动的主体之一,但是从更深层次上说,企业是一个社会组织生产和配置资源的一种制度安排。如果要充分理解企业制度,就必须从产权制度及相关理论入手。

本章就是按照上述逻辑展开的。首先我们研究一个经济中作为最一般制度的产权(property rights)制度。其次,通过介绍企业理论揭示出企业的制度性质。然后,从企业制度的形式上对企业的治理结构加以介绍,最后,介绍我国的国有企业改革,作为对前面理论介绍的总结。读者通过本章的学习将可以深入理解产权制度对于企业运作效率的重要影响,并加深对我国国有企业改革中出现的一系列问题的认识。

第一节 产权理论

一、产权的概念

产权是人们讨论制度问题时所广泛使用的一个概念。在现实的企业管理中，许多方面的问题都与产权有关。在本节中，我们着重从理论上来对产权概念及相关理论加以论述。

简单说来，产权是指个人对稀缺性资源所拥有的权利。产权在概念上与我们平常所说的所有权（ownership）并不完全相同。二者既有联系也有区别。所有权强调的是稀缺性资源的归属，而产权是建立在所有权之上的一组权利。一般而言，产权至少包括以下三方面的权利：

（1）使用权，即某人对某一份资产所拥有的潜在的使用权利；

（2）收益权，即某人所拥有的从一份资产中获得收入的权利；

（3）转让权，即让渡或出售某一份资产的权利。

虽然产权可以看成是由上述三方面构成的权利束，但产权这一概念的成立并不要求上述权利束中的各项权利都由同一个人所拥有。产权可以进行分割，权利束中的各项权利可以由不同的主体所拥有，即使是某一项具体权利，也可以由两个或两个以上的人所共同拥有，而不一定要由一个人持有。例如，对一个股份公司而言，公司资产的收益权由股东们所共同拥有，而公司资产的使用权和支配权却由公司经理所有。

产权从形式上表现为人与物之间的关系，而其实质内容却是人和人之间的关系。从产权的角度来看，人们之间的任何一项交易都可以看作是不同主体之间产权的交换。因此，对于产权所作出的各项安排也就规范了人们在交易中的相互关系。例如，公司的股东和经理之间的契约可以理解为股东用对企业的控制权来交换剩余索取权(即企业利润),因此股东拥有剩余索取权,而经理拥有对企业的控制权。

二、产权的界定和实施

(一)产权的界定

为了使不同主体之间的权利交换得以顺利进行,必须对所交换的权利加以界定,即对权利进行衡量与描述。一个社会用于界定产权的规则可以分为三个层次:法律、社会习俗以及在法律和习俗基础之上由交易双方所签订的合同。任何一个交易中,双方的权利都要受到上述三层规则的制约。其中,法律是一套正规规则,对社会中所有的交易行为都起着强制性的约束作用。社会习俗是非正规规则,存在于一个社会全部成员所共同拥有的某种文化传统之中,对人们的交易行为也起着普遍的,然而非强制性的约束作用。合同是交易双方就某一具体交易的各方面所达成的一致认识,是对一个特定的产权交换所作出的一系列具体规定。合同受到法律和习俗的约束,一旦生效,就对签订合同的人产生约束力。

现实中的任何一项交易,几乎都包含着许多方面的权利的内容。比方说,我在饭店购买一份午餐,我实际上购买的是一束从午餐的消费中获得满足的权利。这一束权利包括我所购买的午餐的数量、味道、营养成分、胆固醇含量,以及饭店服务员的态度、饭店在我吃午餐时所播放的音乐等等。读者还可以继续将这束权利描述得更加详细。我们会发现,即使是在购买午餐这样一笔很简单的交易中,要完全界定清楚交易双方的权利也几乎是不可能的。同样地,当董事会雇用一位经理时,要考虑到这位经理的各个方面,比如他是否具有经营管理才能,是否喜欢开着公司的小轿车去逛街,是否会用公司的电话与国外的朋友聊天等等。所有这些方面都会对公司的经营结果产生影响,而无论多么详细的雇用合同都不可能囊括一位经理的所有方面。所以无论是多么完善的法律,多么明确的习俗,多么详细的合同,都不可能对产权的各个方面作出完全的界定。

(二) 产权的实施

要保证交易得以顺利进行,仅仅对产权进行界定还不够,还必须保证所界定的产权能够得以实施。产权的实施是指对某一份资产的某一项权利可以排他性地实现。如果说某人或某个集体拥有一项产权,则该产权的实施意味着排除其他人对这项产权的干扰和侵犯。这种排他性的产权意味着要花费一定的资源来保护产权不受他人的侵犯。例如,当董事会雇用了一位经理,董事会付给经理年薪,而董事会则获得了使用这位经理管理才能的权利。为了保证董事会对经理管理才能的使用权,董事会对经理必须有一定的监督和激励机制,否则经理的偷懒行为将使全体股东的权利受到损害。

产权的实施可以有多种途径。例如,要保护人们所拥有的房屋不受歹徒的侵犯,既可以由各个房主完全凭借自己所掌握的武力来做到这一点,也可以由国家制订法律建立警察队伍来保护全部公民的房屋免遭歹徒袭击。采取何种方法,要看哪一种方法的成本更低。相比之下,国家的强制力在实施产权方面具有明显的规模效应,即由国家来实施对产权的保护比其他途径要花费相对较少的资源,所以现实中产权的实施常常由国家来执行。

(三) 产权界定的均衡

既然对任何一个交易而言,权利都不可能得到完全的界定,那么在任何交易中就总有一部分产权处于未被明确界定的状态。于是我们不禁要问:产权会被界定到什么程度?现实中哪些因素决定了产权界定的最终结果?

新制度经济学提出了"制度均衡"概念来解答上述问题。通过这一概念,我们可以将现实中的产权的界定看成是一种均衡的结果。界定清晰的产权会给交易各方减少麻烦,降低交易结果的不确定性,这可以视为界定产权所得到的好处。但是界定产权也要花费一定的资源,例如人们为签订合同要花费时间进行反复的谈判。所以,产权界定到什么程度是界定产权的收益和成本在边际上达到均衡的结果。正是产权界定方面成本收益的比较决定了我们应该花多少时间去谈判,应该把一份合同签订到多么详细的程度才算合适,等等。

上述分析是从整个社会的角度来看的,然而事实上并不存在着一个超脱于众人之上的"立法者"来比较整个社会范围内的成本和收益。因此另一种观点认为,制度均衡是全体社会成员博弈的结果。换句话说,产权界定的结果并不是由全社会的成本和收益所决定,而是由各个社会成员或社会成员所结成的集体的成本收益所决定。因此制度均衡是这样一种状态:在既定的产权制度框架下,没有一个给定谈判力量的行为人会认为花费资源对产权作出重新界定是值得的[①]。这一观点有助于我们更好地理解企业管理中的产权问题。比如企业中的股东、经理和员工之间的契约所规定的各自的权利义务结构就是一种产权博弈均衡,这种均衡往往不是从整个企业的总体利益出发来达到的,而是股东、经理和员工从各自利益出发进行谈判的结果。

三、产权制度的变迁

一个社会在产权界定和实施方面所作出的一整套制度安排就是我们平常所说的产权制度。例如,我国在《中华人民共和国宪法修正案》第五条中规定:"国有经济,即社会主义全民所有制经济,是国民经济中的主导力量。国家保障国有经济的巩固和发展。"这就是一项基本的产权制度。有些资本主义国家在宪法中规定"私有

[①] 参阅汪丁丁,《从"交易费用"到博弈均衡》,《经济研究》1995年9月;汪丁丁,《产权博弈》,收于中国社会科学出版社1996年出版的《在经济学与哲学之间》一书中。

财产神圣不可侵犯",这也是一项基本的产权制度。产权制度是一个社会中最基本的制度之一。

通过前面的分析,我们已经知道,现实中的产权制度是一种均衡的结果。但是这种均衡并不是一成不变的,而是随着时间的推移不断演变着的。最早对产权的演变作出系统全面解释的经济学家是马克思。在马克思的政治经济学体系中,强调以历史唯物主义的方法动态地分析经济现象。在马克思看来,生产力和生产关系是一对相互作用的客体,其中,生产力总是不以人的意志为转移而向前发展的,生产关系则总是建立在一定的生产力基础之上的。生产力的发展水平决定了有何种生产关系与之相适应,而生产关系也会反作用于生产力。当生产关系与生产力相适应时,就会促进生产力的发展,反之,则会阻碍生产力的发展。马克思认为在生产关系中最重要的是生产资料的所有权关系。如果我们把生产资料看成是社会生产赖以进行的最基本的资产,那么生产资料的所有权关系也就可以被看作是一种最基本的产权关系。因此,从新制度经济学的角度来看,马克思关于生产力和生产关系之间的辩证关系的理论实质上是一套产权制度变迁的理论。

以诺斯(North)、德姆塞茨(Demsets)等人为代表的新制度学派对产权制度的变迁也进行了深入的研究。德姆塞茨在1967年发表的一篇论文中提出了一个观点,认为产权制度会随着新的交易机会的出现而发生相应的改变[1]。诺斯和托马斯(Thomas)在他们早期的重要著作《西方世界的兴起》一书中则认为,西方世界的兴

---

[1] 参阅 Harold Demsets,"Toward a Theory of Property Rights", American Economic Review, May, 1967. 在这篇论文中,德姆塞茨举出了一个经典的例子:由于欧洲市场的出现,海狸毛皮的价值上升,捕杀海狸就成了有利可图的事而不再仅仅是为了满足食物需要,为了防止在这一新的贸易机会下出现过度捕猎,北美拉布朗多(Laprorador)的蒙特哥奈斯印地安人(Montagnsis Indians)对捕猎海狸的权利达成了相应的默契,海狸聚集地变成了私有财产。

起应归因于其产权关系方面卓有成效的制度变迁。总之,在新制度学派的早期文献中,一个普遍的观点是产权制度的变迁是随着经济中一些新的获利机会的出现而发生的,这些新的获利机会或者是出现了新的贸易机会,或者是由于技术进步而发生了相对价格的变动,而产权制度的变迁总是对经济有效的,那些无效的产权安排会随着经济的发展而呈现出不适应性,最终被废除。

诺斯在其后来的著作中逐渐放弃了"产权制度总是有效的"这一观点。为了解释现实世界中为何会存在无效的产权,诺斯提出了"路径依赖"(path dependence)这一概念。他认为在产权制度的变迁中,并不总是有效的制度取代无效的制度。由于制度的初始建立成本、组织在一个制度框架下的学习和协作效应、与制度相适应的习俗的创立以及人们在一个制度框架下的适应性预期等因素,使得某一制度一经建立,就会产生沿着这一制度变迁路径上的报酬递增效应,从而使得该制度体系不断强化,在社会中固定下来,但是这一制度却不一定在经济上是有效的[①]。

以上讨论的是产权制度变迁的一般理论,具体到企业制度的变迁,我们将在第三节中讨论。对于产权制度以及制度变迁的研究在我国正方兴未艾。我国有些学者将产权制度变迁的理论结合到对我国改革进程的研究中,试图从制度变迁的角度对我国的改革道路作出理论上的解释并提出相应的政策建议。[②]

四、产权制度对经济绩效的影响

(一)产权制度与经济绩效

一个社会中的成员进行什么样的交易才能有利可图,这取决

[①] 道格拉斯·C·诺斯,《制度、制度变迁与经济绩效》(中文版),上海三联书店,1994年。
[②] 可参阅《中国的过渡经济学》,盛洪主编,上海三联书店和上海人民出版社1994年版。

于这个社会中产权界定和实施的状况。因为产权制度规定了人们在交易中的权利和义务,从而影响到人们经济行为的报酬和成本。因此,产权制度也就给定了一个社会中最基本的激励结构。在企业管理中,当产权界定清晰,每一个微观经济主体所拥有的权利与所承担的责任比较明确,也就能最大地发挥主观能动性,去获取收益。反之,如果企业的产权界定不清晰,则企业中人们的权利和责任就比较模糊,不利于企业效率的发挥。我国国有企业改革的目标之一就是产权清晰。

(二) 私有产权与经济绩效

大部分经济学家都坚持这样一个观点:私有产权是最有利于经济效率的产权安排。德姆塞茨认为私有产权可以降低人们在处理外部性问题时的交易费用,由此会将人类社会中的外部性减少到最小程度,而非私有产权将无法解决外部性问题,从而不可避免地面临着效率的损失。[1]

与德姆塞茨的观点相类似,诺斯认为私有产权制度的确立是解释西方世界兴起的主要原因。经济增长要克服的一个关键困难是经济中私人收益率和社会收益率存在着差异。社会的收益来自于私人的活动。私人收益率和社会收益率之间存在着差异意味着某个"第三者"可以不付代价地从别人的活动中得到好处,因而会抑制私人从事创新活动的动力。比方说,没有对知识产权的保护,很多发明将不会产生。私有产权可以提高私人的收益率,使其尽量接近社会收益率。而无效产权最主要的弊端就是对私有产权的破坏。[2]

但是也有经济学家对此持有不同观点。新制度学派的代表人

---

[1] Harold Demsets,"Toward a Theory of Property Rights", American Economic Review, May, 1967.
[2] 诺斯和托马斯,《西方世界的兴起》(中文版),学苑出版社,1988年版。

物之一的Y·巴泽尔也对"私有产权迷信"作出了批评,认为对私有产权的限制并不一定导致经济效率的下降,相反,由于"公共领域"[①]的存在,效率往往要求对私有产权加以一定的限制。

1. 效率往往要求对某一样商品的不同属性进行分割,比如电冰箱卖给消费者之后,其所有权并没有完全转移给消费者,冰箱厂仍然保留一部分权利,比如对冰箱进行修理等权利,因此冰箱厂仍然是冰箱的某些属性的所有者。

2. 一旦商品的产权被分割以后,要保证效率就有必要对私人的权利加以限制。还是以冰箱为例,顾客买到有保修的冰箱,使用起来就可能不太精心甚至会破坏性地使用冰箱,因此,冰箱厂往往对由于某些原因导致的损坏不予保修,并且要求消费者应按照使用要求去做,而且不得将冰箱用于商业目的去赚钱,这样做就对消费者的私人权利加上了一些限制。[②]

其实,上述两种观点本质上并不矛盾。坚持私有产权有效的经济学家们所强调的是私有产权是界定最清晰的产权制度。前面已经说过产权是无法被完全界定的,但私有产权是现实中所能找到的界定最清晰的产权制度。巴泽尔对私有产权的批评实际上是强调产权的分割会促进效率,而要想实现产权的有效分割,也应该以私有产权为基础。在巴泽尔的冰箱的例子中,"合理使用冰箱"这一项权利如果不是私有的,而是由几户人家所共有的,则对冰箱就会发生不合理使用的问题。我们可以想一下为什么办公室里的桌子常常会比家里的旧得快,为什么公有制企业里公款消费的现

---

① Y·巴泽尔,《产权的经济分析》(中文版),上海人民出版社和上海三联书店,1997年。巴泽尔认为由于信息的不完全,产权总是无法得到完全的界定,因此一些未经明确界定的权利就处于所谓的"公共领域",而私人对公共领域内权利的攫取会导致效率的降低。

② Y·巴泽尔,《产权的经济分析》(中文版),上海人民出版社和上海三联书店,1997年版。

象更为普遍。

第二节 企业的性质

在以前的章节中,我们都假设企业是追求利润最大化的经济组织,但是对于企业的性质以及企业是如何运行的,我们并没有加以解释。在这一节中,我们将对企业这一经济组织进行"解剖",考察企业作为一种资源配置制度的性质以及与之相关的一些理论。

一、对企业的传统解释

亚当·斯密在《国民财富的性质与原因》一书的开始曾通过一个扣针工厂的例子来说明分工的好处:如果由一个人来完成扣针制作的全部工序,那么他一天决不会造出 20 枚扣针,但是在当时的工厂里,由于各道工序都有专门的人来进行,因此,每个工人平均每天可以制成 4 800 枚扣针。[①]

虽然斯密在他的著作中并没有就企业的问题继续讨论下去,但是他关于分工的论述影响了后来的经济学家对企业的认识。很多经济学家认为企业是分工协作的生产场所,是一种促进分工的经济组织。这种观点发展到后来,便成了微观经济学教科书中所假设的企业模型。企业是追求利润最大化的经济组织,总是选择最有效的生产方法。但是这种假设只是向我们描述了企业的最大化行为,并没有解释企业行为的产生过程及各种影响因素。至于企业内部,就像是一只"黑箱",传统的微观经济学并未揭示其中的运行机制,我们只知道企业总是表现良好地作出最有效率的选择。

---

① 亚当·斯密(1776),《国民财富的性质和原因的研究》中译本,商务印书馆1972年版第6页。

二、交易费用理论

传统的企业理论其实只是一个假设,并没有揭示出企业的性质和在现实经济中的意义。第一个对传统的企业理论提出质疑,并对企业的性质加以探讨的经济学家是科斯。1937年,科斯发表了《论企业的性质》一文。在这篇论文中,他认为大多数分工并不需要在企业内部展开,通过市场也可以促进分工的发展。比如说一个运动鞋制造商要向市场提供运动鞋,一种选择是可以开办工厂,雇用生产运动鞋所需的各类工人,购买各种生产原料,生产出了运动鞋拿到市场上去卖;另一种选择是不雇用任何人,而是同各道生产工序的生产者签订买卖合同,购买其所需的各种中间产品和劳务,最后他仍然可以提供出市场所需的运动鞋。前一种生产是在企业内部进行的,后一种生产则是通过市场而不是企业来组织的。选择何种生产方式并不影响运动鞋是以分工的形式生产出来的。那么是什么决定了人们选择企业而不是市场来组织生产呢?

科斯认为人们之所以通过企业来组织生产,关键的原因在于市场的运行是有成本的。一个运动鞋制造商如果去和各道工序的生产者去签订合同,他将面临复杂的谈判和为达成协议所必须支出的成本。而在企业内部,生产是通过"命令"来组织的,这将大大节省谈判的费用。科斯所提出的"市场运行的成本"也被称为"交易费用"(transaction costs)。在科斯看来,企业也是一种资源配置的制度形式,是对市场制度的一种替代,通过企业来组织生产和配置资源,可以节省交易费用。①

一般认为,科斯开创了运用交易费用理论来对企业进行分析的先河。在科斯之后,出现了一大批运用交易费用方法研究企业组织的文献。阿尔钦(Alchain)和德姆塞茨在1972年发表了一篇影

---

① R. H. Coase,"The Nature of the Firm", *ECONOMICA*, November,1937.

响很大的论文"生产、信息费用与经济组织"。在这篇文章中,他们对企业的性质提出了不同于科斯的解释。他们认为企业并非是对市场的替代,命令或强制性计划也不是企业的本质特征。企业从本质上说是一种契约关系,是各种要素投入的所有者所签订的契约。为了说明为什么会出现企业,阿尔钦和德姆塞茨提出了队生产(team production)的概念。在队生产中,我们无法通过观察来确定个人对队生产所作出的贡献,换言之,我们无法得到关于各种要素的边际生产率的完全信息。例如,两个人共同设计一个计算机软件,我们无法准确地指出每个人付出了多少劳动,这就是一种队生产。在这种情况下,对每个队成员来说,偷懒是一种理性选择,"搭便车"行为将无法避免。因此,通过"监督"来减少队成员的搭便车行为有利于增加队生产的产出。各种要素的投入者为了解决监督问题,就聘请一位专家,由他来专门监督队成员在队生产中的表现。为了保证这位专家有充分的积极性来对队成员进行监督,队成员将通过监督所增加的产出交给他。同时,为了保证监督有效,队成员还给予他留用和开除队成员的权力。由此,这位监督者就成了企业家,而队生产就成了一个企业。因此企业的产生是为了解决队生产中信息不完全的问题,是为了使监督费用最小化。我们还可以将企业看成是一种专门收集、整理和出售信息的市场制度。①

张五常对科斯的中心论题进行了重新表述:在一个存在着分工的自由经济中,消费者可以通过两种不同的交换方法来获得最终产品。一种方法是消费者可以与多个单一的资源所有者和生产者谈判协商来获得产品的各个部件及最终组装;另一种方法是消费者与代表各种资源所有者的某个人或组织订立契约来获得整个产品,这位代表其实是一位核心代理人,即企业。选择这两种方法

---

① Armen A. Alchian and Harrold Demsets, "Production, Information Cost, and Economic Organization", *American Economic Review*, Vol. 62:777—795, 1972

中的哪一种,完全在于哪一种契约安排的成本更低一些。张五常将科斯的观点与阿尔钦、德姆塞茨两人的观点结合了起来,认为企业的存在是为了节约交易费用,但并不是对市场的替代,而是一种契约关系对另一种契约关系的替代。企业所涉及的是要素所有者之间的一系列长期关系的契约,因此企业实质上是一种更高级的市场形式,是要素市场对商品市场的替代。在要素市场中,价格信号的作用远不如商品市场上那样明显,而主要是用科层关系(hierarchy)替代市场交换关系。例如,一旦劳动者与企业签订了长期契约,劳动力资源就不再对价格信号发生反应了,劳动力是受到管理的,他对工资的变动所作的反应受到了限制。①

虽然科斯提出的交易费用这一概念对分析企业的性质非常有用,但是这一概念并没有得到明确的界定。威廉姆森从交易的不确定性、交易发生的频率以及交易中投资的专用性三个方面对交易费用进行了分析,并且按照上述三个方面不同程度的匹配将交易划分为若干种。为了节省交易费用,各种交易与不同的交易规制结构(governance structure)相适应。三种基本的交易规制结构是:

(1) 古典契约法,即通过分散的市场来达成交易;
(2) 新古典契约法,即长期契约,有第三方仲裁的契约制度;
(3) 关系性契约,即企业组织或双边垄断市场。

与关系性契约相对应的是资产的专用性较高的交易。例如,生产某种对特定产品配套的零部件是一种专用性很强的投资,如果买方不要,这些零部件就没有人要。虽然这类交易在合同谈判时,双方都拥有一定的垄断力量,但是当合同签订后,卖方的专用性投资会使他"套在"这桩交易中,此时如果买方采取机会主义的态度要求毁约或者修改合同,卖方只能被迫接受。由于卖方担心"被

---

① 张五常,"The Contractual Nature of the Firm", *Journal of Law and Economics* Vol. 26:1—21,1983

套",因此这类交易的谈判非常困难,从而交易费用较高。为了降低交易费用,买方和卖方会合并为一个企业。①

三、关于企业理论的新发展

无论是科斯所说的企业替代了市场,还是张五常所说的要素市场替代了产品市场,当一种契约替代另一种契约的时候,在降低了价格机制运行成本的同时,也产生了新的成本即企业内部监督、组织、协调的成本——通常被称为代理成本,这也被一些经济学家视为达成和维持企业契约的交易费用。代理成本包含在商品最终的销售价格中。

格罗斯曼和哈特在有成本契约理论的基础上,提出了一套关于企业合并的理论。上一节介绍的产权理论已经说明了订立契约是有成本的,要在契约中一一列出交易双方对资产的详尽权利是代价高昂的,这使得完全的契约几乎成为不可能的。因此,格罗斯曼和哈特认为任何一个契约中所包含的权利可以分为两类:特定控制权利和剩余控制权利。特定控制权就是契约中所明白列出的权利,剩余控制权是契约中所没有特别列出的权利。对于一个想得到某项资产所有权的人来说,如果一一列出他所希望购买的权利成本高昂时,他可以购买剩余控制权,即除了指明的权利以外的所有权利。在这一组概念基础上,他们认为企业的界限取决于剩余控制权的最优配置。当两个上下游企业没有合并时,他们之间为了达成供货协议,存在着威廉姆森所指出的由于资产的专用性而产生的交易费用,为了降低这部分交易费用,这两个企业应该合并,但是当一企业兼并了另一个时,就剥夺了被收购企业的剩余控制权,

---

① 奥利弗·威廉姆森,《交易费用经济学:契约关系的规制》,原载于 *Journal of Law and Economics*,1979 年 10 月号,第 3—61 页,中文版收于上海三联书店和上海人民出版社 1996 年出版的《企业制度与市场组织——交易费用经济学文选》一书中。

从而扭曲了对原先管理者的激励,这就是企业合并所导致的成本。因此,合适的企业界限是由合并后所引起的成本和合并前的交易费用在边际上的均衡所决定的。格罗斯曼和哈特所得出的结论是:企业的所有权本身会产生收益和成本,因此影响着企业的效率。①

克雷普斯基于博弈论的方法,提出了对企业的另一种解释。他认为任何一次交易都可以视为一场博弈,如果交易是一次性的,那么就是一次性的博弈,双方将面临难以解决的"囚犯困境"问题:由于双方都存在着机会主义倾向,导致的结果可能是交易无法达成。但是如果双方反复进行交易,即博弈是永久性重复的话,这种情况就可能避免,因为采取机会主义的一方的"名誉"将受到损害,对方会由于欺诈性行为而中断同他的交易。然而在现实中,任何交易双方都不可能永久性地反复进行交易。克雷普斯认为解决这一难题的方法就是使交易的一方成为永久存在的一方,其余的人都同这一方进行交易,而且这永久存在的一方的行为又是可觉察的。这样长久存在的一方就会考虑到自己的"名誉"而避免机会主义倾向,而其余各方则承认它的权威性。企业正是这永久存在的一方,各要素投入者都同企业签订契约,接受企业的权威。值得注意的是,只有具有剩余控制权的一方才能建立起自己的"名誉"从而形成权威,因为剩余控制权是未被明确界定的权利,依赖于组织的效率,如果企业效率不高,则这部分权利就难以实现,因此剩余控制权可视作其所有者对自己行为的担保。如果不具有剩余控制权,别人就无法相信他的承诺,从而也无法建立起"名誉"。②

---

① 桑福德·格罗斯曼和奥利弗·哈特,《所有权的成本和收益:纵向一体化和横向一体化的理论》,原载于 *Journal of Political Economics* 第94卷第4期,1986年,第691—719页。该论文中文版收于上海三联书店和上海人民出版社1996年出版的《企业制度与市场组织——交易费用经济学文选》一书中。

② Kreps(1984)"Corporate Culture and Economic Theory", mimeo, Graduate School of Business, Stanford University.

以上这些理论不仅可以解释企业的性质,而且可以解释企业组织的合理边界。我们还可以据此来解释企业兼并的合适范围,产品零部件在多大程度上采取企业内部配套,在多大程度上采取外部配套,等等。这些问题都是企业管理中的重要问题,关系到企业以怎样的规模和组织形式来进行生产,并且也构成了企业决策的重要内容。

第三节　现代企业制度

一、现代企业制度的由来

现代企业制度是一个宽泛的概念,并不仅仅指某一种企业制度形式。一般地,我们用这一概念指那些与现代市场经济体制相适应的各种企业制度。一般来说,企业制度可以分为业主制、合伙制和公司制三种。由于公司制目前已成为市场经济国家中最主要的企业制度形式,因此在通常情况下,当我们提起现代企业制度时,主要是指公司制。

为了更好地理解现代企业制度的概念,我们先简要地回顾一下企业制度的演进过程。

业主制与合伙制起源的时间已无从考察,至少已存在了几千年。相对而言,公司制的历史则比较短。公司制在其数百年的历史中经历了萌芽、发展和成熟三个阶段。公司制萌芽于15世纪地中海沿岸国家的贸易契约。当时地中海地区贸易的发展超出了血缘家庭及合伙关系所能承担的范围,贸易规模的扩大需要更多的资金,同时贸易的风险也增大了。为了适应贸易的发展,出现了由船主或独立商人与投资人签订的一次性贸易契约,由船主或商人来经营,而由想分享贸易好处却又不愿承担贸易风险的人出资。贸易的利润按照契约分配,一旦贸易失败,则出资人的损失仅以其所投入的资本为限,不用承担无限责任。这种一次性的贸易契约可以看成是公司制的萌芽形式。

15世纪末的地理大发现,使得世界的贸易中心逐渐从地中海沿岸国家转移到了大西洋沿岸国家。16、17世纪之间,英国和荷兰等国政府在重商主义的推动下,大力发展海上贸易,特许成立了一批贸易公司。例如,著名的东印度公司就是于1600年由伊丽莎白女王特许成立的。特许贸易公司一般靠募集股金成立,具有法人地位,由董事会监督下的经理人员来经营。它们与政治权力紧密结合,靠向政府提供贷款来换取特许状,并由此在经营上取得垄断地位。

18世纪初,为了追求丰厚的贸易利润,许多商人在没有取得特许状的情况下,通过发行可转让的股票,成立了合股公司。合股公司的股东只负有限责任,公司由经过股东集体授权的经理人员来经营。合股公司的成立对特许公司的垄断地位构成了威胁,遭到了后者的抵制,一度被政府视为非法。但合股公司以各种方法规避政府的禁令,顽强地发展着。经过一百多年的发展,合股公司终于取得了合法地位。1837年美国的康涅狄格州颁布了第一部公司法,其他各州也纷纷效仿。英国也于1844年颁布了公司法,放弃了特许制。公司法的颁布使公司制得到了迅速的发展。到了20世纪,公司制已达到成熟阶段。公司制已成为现代市场经济体制中最主要的企业制度形式,是现代企业制度的主体。

二、公司的组织结构

公司一般有两种,一种是有限责任公司,一种是股份有限公司。二者最主要的区别在于有限责任公司由规定人数的股东出资组成,不得向社会公开募集股本,而股份有限公司可以向社会公开募集股本。目前在市场经济国家中,股份有限公司是制造业、采掘业、运输业、公用事业、银行以及保险业的主要企业组织形式。因此,我们着重讨论股份有限公司的组织结构。

股份有限公司的组织结构一般由股东大会、董事会和经理三部分组成,有的还设有监事会。下面我们就根据我国《公司法》对它们分别进行简单的介绍。

(一) 股东大会

股东大会是股份有限公司的最高权力机构,一般定期召开,也可以临时召开,由公司的全体股东参加,按照每股一票的原则对公司的一些重大事务作出表决。但事实上很多小股东并不出席股东大会,而是"用脚投票",利用在股票市场上的买进和卖出,来表达其对公司经营状况的满意与否。概括起来,股东大会主要有以下权力:

(1) 决定公司的经营方针和投资计划;
(2) 选举和更换董事,决定有关董事的报酬事项;
(3) 选举由股东代表出任的监事,决定有关监事的报酬事项;
(4) 审议批准董事会的报告;
(5) 审议批准监事会的报告;
(6) 审议批准公司的年度财务预算和决算方案;
(7) 审议批准公司的利润分配方案和弥补亏损方案;
(8) 对公司增加或减少注册资本作出决议;
(9) 对发行公司债券作出决议;
(10) 对公司合并、分立、解散和清算等事项作出决议;
(11) 修改公司章程。

(二) 董事会

董事会是由股东大会选举出来的常设权力执行机构,对股东大会负责,一般由大股东来担任,有时公司会邀请一些专家来担任董事会成员。董事会主要行使以下职权:

(1) 负责召开股东大会,并向股东大会报告工作;
(2) 执行股东大会的决议;

（3）决定公司的经营计划和投资方案；
（4）制订公司年度预算和决算方案；
（5）制订公司的利润分配方案和弥补亏损方案；
（6）制订公司增加或减少资本方案以及发行债券方案；
（7）拟订公司合并、分立、解散的方案；
（8）决定公司内部管理机构的设置；
（9）聘任或解聘公司经理，根据经理的提名，聘任或解聘公司副经理、财务负责人，决定其报酬事项；
（10）制订公司的基本管理制度。

（三）经理

经理人员是公司的实际管理人员，由董事会聘用，对董事会负责。经理一般拥有以下权力：

（1）主持公司的生产经营管理工作，组织实施董事会决议；
（2）组织实施公司年度经营计划和投资方案；
（3）拟订公司内部管理机构设置方案；
（4）拟订公司的基本管理制度；
（5）制订公司的具体规章；
（6）提请聘任或解聘公司副经理、财务负责人；
（7）聘任或解聘除应由董事会聘任或者解聘以外的负责管理人员；
（8）公司章程和董事会授予的其他职权。

（四）监事会

有的公司还设有监事会，由劳方和资方共同推选代表组成。在设有监事会的公司中，董事会一般负责日常的管理，与经理人员相类似，而监事会的职责则类似于一般的董事会。我国的《公司法》规定公司须设监事会，由股东代表和适当比例的公司职工代表组成，其中职工代表由公司职工民主选举产生。董事、经理及财务负责人不得兼任监事。监事会行使以下职权：

(1) 检查公司的财务；

(2) 对董事、经理执行公司职务时违反法律、法规或者公司章程的行为进行监督；

(3) 当董事和经理的行为损害公司的利益时，要求董事和经理予以纠正；

(4) 提议召开临时股东大会；

(5) 公司章程规定的其他职权。监事列席董事会会议。

三、委托代理问题

从上述对公司组织结构的描述中，我们可以看出，在公司内部实际上存在着两层委托代理关系。首先是全体股东将他们的资产委托给他们选出来的董事会来监督和管理，然后是董事会将这些资产委托给他们所雇用的经理去经营。在这种委托代理的关系下，所有权和控制权是分离的。作为企业资产所有者的股东并不对企业实施直接的控制，而直接控制着企业的经理并不是企业的所有者。

从公司的发展历史来看，我们不难理解这种所有权与控制权的分离是公司业务发展到一定规模的必然结果。所有权与控制权的分离有利于集中社会资本，分散投资风险以及选拔专业人员来经营和管理企业。所有这些都对企业的发展和整个社会的经济增长产生了积极影响。

但是，所有权与控制权分离以后，也会产生一系列的问题。

从理论上来说，在任何委托代理关系下面，都会存在着代理人行为与委托人目标之间的差异。代理人一般都有自己的效用最大化目标，而且该目标与委托人的目标往往是不一致的。当代理人的行为或其行为的结果无法被委托人充分观察到的时候，代理人就有可能采取牺牲委托人利益的行为来满足自己的最大化目标。在公司的股东和经理之间的委托代理关系中也存在着这样的问题。

经理的目标与股东的目标是不完全一致的。例如,一个经理可能很乐于增加公司的日常预算开支,这样他可控制或直接用于其个人消费的资金就会更多。

那么,究竟是什么原因使得为数众多的股东们放心地将自己的财产交给经理人员去经营呢?是什么因素保证了经理人员的行为没有严重地违背股东的利益呢?这都是委托代理理论所要回答的核心问题,要回答这些问题,我们就必须从内部和外部两方面来考察公司的治理结构(corporate governece)。所谓公司的治理结构,是指为了有效解决公司所面临的委托代理问题而作出的一整套制度安排,可以分为公司内部治理结构和公司外部治理结构。公司内部治理结构是指为了有效地监督和控制代理人而作出的一套制度安排,其功能是能够在事前起到预防性的作用。公司外部治理结构是指公司所处的外部市场结构。外部治理结构虽然在解决委托代理问题中起着更为基础的作用,但其作用的发挥往往是事后的、惩罚性的和补救性的。公司的内部和外部治理结构是相互结合,共同作用的。

四、公司的内部治理结构

(一)公司的分权治理结构

由股东大会、董事会和经理所组成的组织框架是公司制的一般特征。然而,公司内部具体的分权治理结构则没有统一的模式,完全是根据公司所处的现实的市场环境发展演变的结果。目前西方发达市场经济国家的公司内部分权治理结构不仅形式上多种多样,而且都有各自的优点,与各自社会的整体制度安排相适应,我们很难说孰优孰劣。在各种形式的公司内部分权治理结构中,目前最有代表性的是日本和德国的银行主导型以及美国和英国的持股人主导型。

银行主导型公司治理结构的特点是银行持有很大比例的公司

股权,因而既是公司的贷款人又是公司的大股东。例如,1990—1991年日本公众持股公司的股份有25.2%在银行手中。在这种情况下,银行对公司的经营决策有很大的影响力。这种类型的治理结构的优点在于银行对公司的经营过程的监督和控制能力较强;缺点是由于银行和公司的特殊关系,往往造成银行对公司的过多投资,这一问题在日本表现得最为明显,并在始自80年代末的日本经济危机中得到了集中的暴露。

美国—英国式的公司分权治理结构的特点是公司股权分散在为数众多的小股东手中。这导致股东对公司的控制能力较弱。再加上出于"搭便车"心理,每个小股东也没有动力去监督公司的经营。但是,由于英美两国的外部市场非常发达,竞争激烈,因此,来自外部市场的间接控制发挥着相对更为重要的作用。

股份有限公司组织结构的基本框架虽然各国都差不多,但具体的分权治理结构却存在着较大的差异。我国企业应根据自己所处的现实市场环境和企业的特点,在改革中探索与企业发展相适应的公司内部治理结构。

(二)激励机制设计

加强董事会对经理的监督作用是解决委托代理问题的一条途径,但是由于信息不对称情况无法完全消除,所以加强监督的作用总是有限的。从公司内部治理结构来看,另一条途径就是设计有效的激励机制,使经理人员的利益与公司的利益相挂钩。

在发达市场经济国家,经理人员的收入一般由年薪、奖金、公司股票和股票期权等构成。不同的报酬形式起着不同的作用。其中年薪是稳定的收入,起到保障的作用,往往只占经理人员收入的一小部分。奖金是对经理的当期经营绩效的奖励,具有一定的激励作用,但单纯依靠奖金的激励,则会导致经理人员的经营行为短期化,即以牺牲公司的长远利益来换取当前的绩效。与公司的长期经营绩效联系最为紧密的一种报酬形式是股票期权,即让经理人员持有本公司的股票,但不能立刻在股票市场上出售,必须在规定的期限满了以后才能转让。由于股票期权的价值高低与未来的股价相关,因此,经理为了增加这部分收入的价值,就必须以增加公司股票在未来的价格为目标,这样经理的经营目标就会偏向企业的长期利润最大化。除了这些报酬形式,经理人员还可获得退休金等福利。由于退休金是经理在退休以后的主要收入,而一旦被解聘,就得不到退休金,所以退休金的高低往往直接影响到经理人员对本公司的忠诚度。各种报酬形式各有各的作用,所以最优的激励机制设计应该考虑到各方面的影响,形成各种报酬的最优组合。

激励机制的设计跟企业的产权制度相关。业主制企业完全是个人所有,其所有权与控制权是合而为一的,业主的收入直接取决于他的努力程度,因而其激励是充分的。在公司的委托代理关系中,股东不可能掌握代理人工作情况的完全信息,在这种情况下,再详尽的委托代理合同也无法解决委托代理问题。因此,将一部分剩余索取权交给经理就成了解决公司委托代理问题的一条思路[①]。具体的形式可以是提高经理的货币收入,或让经理持有公司的股票或股票期权。

企业的激励机制设计不仅针对经理而言。由于在企业与员工的雇用关系中也存在着委托代理问题,所以对普通员工也存在着激励的问题。对员工的激励,一条基本的原则就是使员工的收入与市场上同类岗位的工资水平相当。有的企业为了充分调动员工的积极性,将工资水平定得略高于市场出清水平,这被称为效率工资(efficiency wage)。此外,企业还可以根据不同的工作岗位采取不同的工资支付形式,如计时工资、计件工资和不变工资。工资支付

[①] 参见张维迎,《企业的企业家——契约理论》,上海三联书店,上海人民出版社,1995年版。

形式是否合理对于企业员工的工作效率有重要影响。但是经济学家们认为,在企业中经理人员的努力与否对于企业绩效的影响更为重要,而普通员工则比较容易监督。所以,我们就不再展开对普通员工的激励问题的讨论了。

五、公司的外部治理结构

与公司的内部治理结构密不可分的是公司的外部治理结构,即公司所处的外部市场环境。对企业经理的工作绩效产生重大影响的外部市场主要是产品市场、资本市场和经理市场三种。如果这三类市场是充分竞争的,那么企业委托代理关系中的信息不对称问题将得到很大程度上的缓解。因此,外部市场的竞争是解决委托代理问题的另一条重要途径,是公司治理结构不可分割的一部分。下面我们分别就产品市场、资本市场和经理市场进行论述。

(一)产品市场

要衡量经理的经营业绩,一个重要方面就是看该公司的生产成本是不是过高。然而关于生产成本的信息只有了解生产过程的经理人员才知道,作为所有者的股东是难以准确掌握的。但是,如果产品市场是完全竞争的,则股东可以通过观察产品的市场价格获取这方面的信息。

我们知道,产品市场是公司所创造出来的商品价值最终实现的地方。如果在产品市场上存在着充分的竞争,按照我们在第七章中得到的结论,产品的价格将非常接近产品的平均成本从而不存在垄断的利润。如果在市场现行的价格之下,一个公司的产品是有竞争力的,那么就可以认为该公司的生产成本是较低的。反之,如果一个公司的市场竞争力较弱,则说明该公司的生产成本是较高的,原因可能是经理的管理不善。

(二)资本市场

资本市场是联结资金来源和用途的地方,包括股票市场、债券市场、资金借贷市场、企业购并市场,等等。由于人们往往可以利用资本市场对某家公司进行控股,因此资本市场有时也被称为"控制公司市场"(market for corporate control)。

如果公司的经理经营不善,公司的股票就会下跌,由于公司股票可以在市场上自由买卖,因此一些有能力的竞争者就会以较低的价格买进大量该公司的股票,从而取得对该公司的控制权,解雇现任的经理,改善公司的经营,获取利润。所以资本市场上对公司控制权的争夺会对公司的经理造成一定的压力,促使其不断改善经营以使公司的股票价值能够上升。

此外,如果公司的股票下跌也会引起股东的不满,最终可能会迫使董事会解雇现任经理,为此,经理也不得不努力使股票增值。

(三) 经理市场

无论是产品市场还是资本市场的竞争,如果要对公司的经理人员产生真正的压力,还必须与经理市场上的竞争相结合。经理市场是经营者提供自己的经营才能和公司选择经理的地方。由于经营者才能是一种重要的生产要素,因此经理市场其实是一种高级的要素市场。

竞争性的经理市场使得经营不善的经理人员有可能随时被竞争者替代,因此会给经理人员造成压力,促使其充分考虑到股东的利益。同时,竞争性的经理市场也使得公司的股东可以更加充分地了解有关经理人员经营能力方面的信息,包括他过去的经营业绩等等。另外,竞争性的经理市场还使得经理成为一项职业化的工作,经理人员必须承担作为一项职业而确立起来的一整套规范和标准。例如,在有的国家,有破产记录的经营者将不得再担任经理职务,这就对在任的经理形成了一种重要的约束力。

第四节 转轨经济中的国有企业改革

为了理解国有企业改革的逻辑起点,我们首先介绍传统计划经济体制下的国有企业。然后我们将对二十年来的国有企业改革历程作一个简要的理论上和实践上的回顾。最后针对当前国有企业改革所遇到的问题,对改革的思路进行一些理论上的探讨。国有企业改革的问题涉及到企业经营管理的方方面面,在这一节中,我们只能试图抓住一些最为本质的问题,以期引起读者的深入思考。

一、传统计划经济体制下的国有企业

在1979年以前,中国实行的是计划经济体制。工业部门中除了国有企业(全民所有制企业)和很少一部分集体所有制企业外,几乎不存在私人生产部门,绝大部分的工业产品都是由国有企业提供的。

(一)国有企业所面临的计划环境

在计划经济体制下,国有企业面临的是如下的环境:政府按照计划规定企业的产品产量和价格;产品实行政府包销;原材料、能源、资金等由政府按计划价格和数量予以调拨;就业人数也由政府按计划统一安排;工人和管理者的工资及福利也由政府作出统一规定。

这样的环境对企业的经营和管理产生了两个问题。

1. 企业的目标是完成计划产量,而并不是利润最大化。企业实际上不是一个经营实体,而仅仅是一个生产单位,经营权在政府手中,企业的厂长和经理根本不用去关心利润,因为根据计划的价格和产量,利润在生产之前就已经确定。

2. 企业职工的生产积极性不高。由于不存在劳动力市场,劳动者的工资水平由政府统一规定且差别很小,所以对劳动者来说,

他的收入与他的努力程度并不密切相关,再加上监督是有成本的,这也造成了我们平常所说的"吃大锅饭"现象。

如果我们看看传统计划经济体制下国有企业的产权关系,就不难理解企业丧失经营自主权是国有企业产权关系下的必然逻辑。

(二) 计划经济体制下国有企业的产权关系

在传统计划经济体制下,国有企业(指全民所有制企业)在法律上属全体中国人民所有,由中央政府代理经营。当然,中央政府不可能对全国所有的国有企业都直接经营,因此,中央政府将国有企业委托给一些下属部门或地方政府经营,而这其中又有一部分国有企业被进一步委托给厅局级部门或县市级地方政府经营。最后,地方政府或政府部门再任命厂长或经理来管理国有企业。由此,国有企业的产权关系包含着一长串委托代理关系。在这串委托代理关系中,全体中国人民是一级委托人,而中央政府是一级代理人,然后,中央政府与地方政府和政府部门之间又存在着次一级的委托代理关系,这种委托代理关系顺着政府内部的行政级别向下递推,最后一级代理人是国有企业的厂长或经理。

由于在计划经济体制下,不存在外部市场和相应的市场信息,与企业生产相关的信息是由下级向上级逐级汇报的,因而在上述一长串委托代理关系中的每一层都存在着严重的信息不对称问题。为了防止代理人滥用权力损害委托人利益,唯一的选择就是限制代理人的权力。因此,企业的经营权在这一长串政府内部的委托代理关系中被层层加以限制,到最终的厂长和经理那里已经几乎没有任何经营自主权。这导致的结果是:掌握着经营权的计划制订者,几乎总是不了解企业准确的成本状况和生产能力,因此,制订的计划在现实执行过程中常常被不断地修改。由于计划者通常是以企业上一期的计划完成情况为基础来制订本期计划的,因此出现了所谓"鞭打快牛"的现象,越是努力生产的企业所得到的计划指标越是难以完成。所以企业的理性选择是通过隐瞒自己真实的生产能力来争取对自己有利的计划,如更多的原材料,更少的产量指标,更低的质量要求等等。由此我们可以看出,过长的委托代理链条中所存在着的信息不对称问题,导致了国有企业和政府之间的契约安排是非常低效率的。

(三)国有企业所承担的非生产性责任

传统体制下的国有企业不仅是一个生产单位,同时还是一个政府机构和一个社会保险机构,承担着过多的政府职能和社会职能。国有企业一般都办有托儿所、学校和医院等等,负责提供给职工住房、子女教育、医疗保险和其他一些福利。国有企业所承担的诸多非生产性责任进一步地模糊了有关企业生产经营的真实信息,使得国有企业的生产和经营效率进一步下降。

二、经济体制转轨过程中的国有企业

经济学家一般将转轨过程定义为一个由计划经济体制向市场经济体制过渡的过程。也有经济学家直接将经济体制转轨定义为企业的产权结构和治理结构的转变[①]。我国经济体制转轨过程的开始以1978年中国共产党第十一届三中全会的召开为标志。我国的经济体制转轨过程在一开始并未明确确立以市场经济体制为目标,在企业改革方面是围绕着"搞活国有大中型企业"这一中心而展开的。进入90年代,我国明确提出了建设社会主义市场经济体制的目标,在企业改革方面也提出了建立与市场经济体制相适应的现代企业制度的目标。

(一)放权让利和承包制

1979年,国有企业改革被提上了改革的日程表。当时国有企

[①] 青木昌彦和钱颖一,《转轨经济中的公司治理结构》,中国经济出版社1995年版第二章。

业最突出的问题表现为"大锅饭"现象严重,管理者缺乏追求效率的激励,工人缺乏努力工作的激励。为了调动管理者和工人的生产积极性,中央选择了"放权让利"的改革方案,即通过向企业下放一部分经营自主权来增加对企业的激励。

1978年10月,重庆钢铁公司等6家企业进行"扩大企业自主权"的试点,取得了良好的效果。1979年,四川省委把试点扩大到100家工业企业和40家商业企业。四川的做法得到了中央的重视和肯定。1979年5月,国家经委等6个部门在京津沪三地选择了首都钢铁公司等8家国有企业进行试点。7月,国务院发布《关于扩大国营工业企业经营管理自主权的若干规定》等5个文件,决定在全国范围内进行改革试点。1980年参加试点的企业达到了6 600多个,约占全国预算内企业总数的16%,产值的60%。1981年5月,国家经委等10个部门联合发布《贯彻落实国务院有关扩权文件,巩固提高扩权工作的具体实施办法》,分8个方面对扩权让利作了规定。1984年5月,国务院发布《关于进一步扩大国营工业企业自主权的暂行规定》,从10个方面扩大了国有企业在生产、计划、产品销售、物资供应、利润留成和支配等方面的权利。

放权让利这一思路的最集中的体现形式就是企业的承包制。政府作为发包方与承包人签订企业承包合同,承包人完成按合同规定的上缴利润,剩下的利润由企业自行支配。承包制的推广可以分为1981—1983年和1987—1989年两个阶段。1981年中央提出增加财政收入,减少财政赤字的要求。地方政府为完成财政上缴,在部分工业企业中实行利润包干的"经济责任制",这一做法很快在全国3.6万个国有企业中进行推广。1981年4月,在国务院召开的全国交通工作会议上,中央正式肯定了承包制的做法,并明确提出在国营工业企业中建立和实行经济责任制。1981年11月,国务院批转国家经委等单位拟定了《关于实行工业生产经济责任制若干问题》。1981年底,有4.2万家企业采取了"盈亏包干"的做法。1983年，普遍的利润包干制由于推广中的一些操作问题而导致了经济秩序混乱和物价上涨，中央于是停止推行承包制，并加快"利改税"的步伐。1983年进行了第一步利改税，1984年进行了第二步利改税，其间还进行了旨在加强对企业约束的"拨改贷"改革。1986年12月5日，中央发布《关于深化企业改革，增强企业活力的若干规定》，提出要"推行多种形式的经营承包责任制，给经营者以充分的经营自主权"。1987年的改革重点是完善企业经营机制，实行多种形式的承包经营责任制，国务院推出了全面承包的企业改革方案。到1987年底，全国国营大中型企业的80%，预算内企业的78%都实行了承包制。1988年2月，中央发布《全民所有制企业承包经营责任制暂行条例》。截至1988年底，实行承包制的企业数量已经占到全国国营大中型企业数量的95%，全国预算内企业数量的90%。

承包制使得企业经营人员和工人的收入与企业利润相挂钩，大大调动了企业的生产积极性，企业的生产效率有明显提高，政府财政收入也得以确保。但是承包制也引发了一系列的问题。一个最主要的问题就是企业的内部人控制(insider control)，即承包人获得了几乎不受监督的企业的控制权。承包合同也是一种委托代理合同，也会产生委托代理问题。但是在计划经济体制下以及计划和市场并存的双轨制下，企业的内部治理结构和外部治理结构都无法有效解决这一问题。

同时，产品市场的不完善，资本市场和经理市场的缺位，导致承包人缺乏竞争压力。企业的内部人控制问题首先表现为承包人经营行为的短期化。承包人的目标函数可以用承包期内的利润最大化来概括，为实现其最大化目标，承包人常常通过少提或不提折旧，掠夺性地使用机器设备等手段，将企业的资产存量转化为承包期内的收入流量，牺牲企业未来的赢利能力而获取眼前利益。此外，企业的内部人控制又表现为承包人的腐败。由于承包人对企业的控制权事实上几乎不受监督,所以他们手中的控制权就成了一种"租金",可以通过出让这种"租金"来获得个人收入。例如,承包人可以将企业的产品低价销售给某个采购员而从他那里收取一笔"好处费",或者高价购买由他亲友承包的另一个国有企业的产品,等等。

承包制引起的另一个问题是承包人通常负盈不负亏。由于承包人没有抵押资产,或者抵押资产太少,所以一旦承包人的经营不善导致企业亏损,则损失几乎完全由作为发包方的国家承担,而承包人一般只是被取消承包权或者被调换去承包另一个国有企业。由于企业的利润由政府和承包人分享,而企业的亏损则完全由政府承担,因此,为了保证企业能够上缴利润,政府往往不得不给予企业更多的权利甚至优惠和保护,例如颁布一些地方性法规,使得当地企业在当地市场上拥有垄断地位。而这种做法只会加剧企业的低效率问题。

(三)现代企业制度改革

在我国经济体制转轨过程中,以"三资"企业、乡镇企业为代表的一部分非国有企业迅速崛起,随着整个经济不断地从计划经济体制向市场体制过渡,国有企业不得不与非国有企业在市场上展开激烈的竞争。但是由于国有企业自身的治理结构存在着严重的问题,再加上又背负着许多社会负担,因此在与非国有企业的竞争中处于非常不利的地位。国有企业的亏损面不断增加,截至1992年,国有企业亏损补贴已达到450亿元①。同时,由于国有企业产权关系不明晰,出现了严重的国有资产流失现象。在承包制下,国有资产流失表现为承包人经营行为短期化和其腐败行为给企业带来的损失。为了解决国有企业所面临的新老问题,中央于1993年

---

① 张军,《"双轨制"经济学:中国的经济改革(1978—1992)》,上海三联书店和上海人民出版社1998年版,第314页。

正式决定建立现代企业制度。1993年11月,中共十四届三中全会通过了《关于建立社会主义市场经济体制若干问题的决定》,明确提出国有企业的改革方向为建立适应市场经济要求的"产权清晰、责权明确、政企分开、管理科学"的现代企业制度。

现代企业制度这一概念,我们在第三节中已经介绍过。从1993年以来的改革历程来看,我国国有大中型企业所要建立的现代企业制度的目标模式主要是股份公司制。政府希望通过对国有企业进行股份制改造,一方面能够获得企业发展所需的资本金,另一方面希望能够改善国有企业的治理结构,由股东大会和董事会对经营人员起到监督作用,以避免国有资产进一步流失。然而,从近几年的股份制改革的实践来看,股份制在改善国有企业治理结构方面的成效仍有待时间检验。

从上述关于我国国有企业改革历程的回顾中可以看出,在国有企业改革这一制度变迁过程中,我国实行的是一条经验主义的改革思路。企业改革的目标是在全国人民的改革实践过程中逐渐显露出"庐山真面目"的。目前关于国有企业改革的具体方案仍在探索之中,国有企业改革的真正出路也只有在全国人民改革的伟大实践中才能找到。经济学家的理论思考是这场国有企业改革实践的一个重要组成部分。下面我们就对经济学家们提出的国有企业进一步改革的思路作一简要的介绍。

三、国有企业改革中的产权改革思路

对于国有企业所面临的困境,不少经济学家认为产权不清晰是国有企业的症结之所在。虽然国有企业的产权关系从法律意义上说是清晰的,但是在目前国有企业的产权安排下,委托代理链条中存在着无法避免的信息不完全和契约不完全情况,代理人中普遍存在的机会主义是代理人在既定制度安排下的理性选择,这导致的后果便是国有资产严重流失。因此,国有企业改革的关键在于

产权改革,必须理顺国有企业的产权关系。

在产权改革思路中也有不同的方案,基本上可以归纳为三种。

1. 从加强国家作为所有者的监督职能的角度出发,提出利用国家主办的金融机构或投资公司取代政府来对国有企业的经营进行监督。这一方面有利于政企分开,另一方面可以确保国家作为企业所有者的权利,保证国有资产保值增值。

2. 对全国的国有企业进行战略性的资产存量结构上的调整。持这一思路的经济学家认为国有资产不应分布在各个产业各个领域中,而应该集中在一些关系到国计民生的产业和领域。对于大多数竞争性行业而言,国有资产应该退出。"抓大放小"就是这一思路的具体体现。这意味着需要对小企业实施大规模的彻底的产权改革。

3. 建立在委托代理理论的基础之上,认为要真正促进国有企业的效率,同时防止国有资产的流失,只有将国有企业的剩余索取权交给经营者。在这一思路下也有两种不同的观点。一种观点认为,改革国有企业所需的战略不是重申国家所有权,而是给予经营人员更多的权利,使之最终成为企业的所有者之一。另一种观点并不强调企业所有权构成的转变,而是从激励机制设计的角度出发,认为应该给予经理人员一部分企业股份,特别是和企业长期经营绩效相挂钩的股票期权,以此使得经理人员的目标和企业的长期发展目标相一致。

综上所述,产权改革的思路主要是从企业的内部治理结构出发,认为理清国有企业的产权关系、设计适当的激励机制是国有企业改革的关键。

四、国有企业改革中的市场建设思路

与坚持产权改革思路的经济学家不同,另有一部分经济学家认为国有企业改革的核心问题不是产权问题,而是国有企业的外部市场环境的问题。同样是从委托代理理论出发,他们认为造成国

有企业经营不善的关键问题在于作为所有者的国家无法掌握关于国有企业经营状况的真实信息,而这是由于缺乏公平竞争的市场所导致的①。

国有企业在参与市场竞争的同时,承担了太多的社会负担。根据林毅夫、蔡昉和李周的估算,1994年全国11.52万个国有企业中共办学校5.69万个,医疗机构1.23万个,年支付教育经费50.8亿元,支付医疗卫生经费67.8亿元,支付离退休统筹费576亿元,购建职工住房支付169.4亿元。国有企业对于在职职工的福利保险费用支出占工资总额的31.8%,而其他所有制类型企业的相应比例仅为14.0%。②同时,由于过去在计划经济体制下推行重工业优先发展战略,国有企业形成了资本密集型的重型产业结构,但公有制下城镇劳动力的全面就业又是一个不可忽略的目标,因此,国有企业在历史上就形成了冗员过多的局面。随着经济体制转轨过程的展开,国有企业的冗员问题日益明显,而为了保证稳定的政治局面,国有企业又不可能把这部分冗员推到劳动力市场上,而只能以隐性失业的形式承担这部分本该由政府承担的责任。目前,国有企业内部的隐性失业问题已经严重阻碍了国有企业经营效率的提高。

正是因为国有企业面临不公平的竞争环境,使得国有企业的经营者可以为自己的经营不善找到借口,而政府无法分辨出国有企业的亏损中哪一部分应该由经营者负责,哪一部分是由于不平等的竞争环境所导致的。因此,持市场建设思路的经济学家认为,国有企业改革的关键不在于企业的内部治理结构,而在于企业的外部治理结构。关键性的措施有两点:

---

① 林毅夫,蔡昉和李周,《充分信息与国有企业改革》,上海三联书店和上海人民出版社1997年版。
② 同上。

1. 除去国有企业所承担的社会职能，使之由政府或其他社会机构来承担。

2. 培育出一个竞争性的市场体系，不仅包括产品市场，而且包括资本市场和经理市场。

这样，就使得国有企业可以平等地与其他市场主体进行竞争。而市场的竞争将给出关于国有企业经营状况的真实信息，在此基础上，才能够逐步形成和选择出适当的企业内部治理结构，从而最大限度地避免经营者的机会主义行为，保证国有资产的保值增值。

案例七 企业排污的负外部性及政府干预

安徽口子集团是一家制酒企业，位于淮河沿岸。该企业向淮河排放的污水构成了对淮河的严重污染。1997年，国家规定了治理淮河污染的硬指标，当年12月31日不能达标的企业将停产整顿。口子酒厂为了达到国家治理淮河污染的排污标准，通过设备将污水"勾兑"清水，以一份污水加十份清水的方法对污水进行稀释。按照国家对酒类企业的排污标准，污水中COD的含量不得超过150。该企业的污水中COD含量未经稀释达到800多，经过稀释后则为80多。

往污水中兑加清水不仅不能减少排放到淮河中的污染物总量，而且还浪费了宝贵的水资源，对于全社会来说，没有丝毫的收益，反而增加了成本，是不经济的。然而，当地的环保局居然承认了口子酒厂对污水的治理是达标的。他们认为，环保部门只能在企业的总排污口进行监督管理，只要企业排放的污水在总排污口达标就可以了。所幸的是，国家环保局污控司并不承认该酒厂对污水的治理是达标的。

这是一个典型的关于企业生产的外部性的案例。通过第十章所学的知识，我们知道，从理论上来说，解决外部性问题有三种途径：企业合并、庇古税以及科斯定理所提出的"界定权利,自由交易"的方法。下面我们就分析一下,在本案例中,应该如何解决企业污染所造成的负外部性问题。

企业合并,一般只适用于一家企业给另一家企业造成外部性的情况,在我们的案例中,酒厂所造成的外部性主要是针对淮河下游沿岸的居民的,因此,企业合并不适用。那么科斯定理所阐述的解决方法是否适用呢?科斯定理的成立隐含着两个条件:一是市场机制完善,二是法制健全。这样,外部性问题中的双方才能够平等地进行谈判,所达成的权利交换协议才能够受到法律的保障。但是,目前我国市场机制和法制建设都不够完善,而且遭受负外部性的淮河下游居民人数多,范围广,难以克服"搭便车"的问题,因此交易成本高昂,无法与酒厂进行权利交换的谈判。因此科斯定理的解决方法对于本案例也不适用。

剩下的解决方法就是庇古税,庇古税的方法体现了政府干预的重要性。应该说,通过政府干预来解决企业污染的问题,是简单而有效的做法。这实际上是规定了企业没有排放污染的权利,企业要排放污染,在一定范围内,必须向政府交庇古税购买这项权利。如果企业排污超出了一定的范围,造成的负外部性非常之大,以至于企业所交的庇古税无法弥补污染的损失,那么政府就不会再出售排污的权利,企业只能对自己的污染行为加以控制。

在本案例中,对污染这一外部性问题,是通过政府干预来解决的。因为淮河污染已经十分严重,所以政府不再出售企业继续污染淮河的权利,即对企业的污染行为下达了硬性的控制指标,如果企业达不到政府规定的排污标准,就得停产。通过对本案例进行更为深入的分析,我们可以从中得出一些更有操作意义的结论。

1. 政府在对外部性问题进行干预时,应制定科学而严密的标准,否则企业从其经济利益出发,会针对政府的干预采取相应的"对策",导致政府的干预达不到预期的效果。在本案例中,淮北市环保局对企业治污达标的所作出的规定就不够科学,仅仅根据总排污口的 COD 含量来判断企业是否达到治污标准,造成的后果是口子酒厂用稀释的方法来达标。

2. 在对外部性问题进行干预时,要考虑到中央政府与地方政府的目标差异。由于我国目前市场经济建设尚不完善,地方政府的"地方保护主义"倾向比较严重,这就常常导致地方政府的目标与中央政府的目标不一致,在干预外部性的实际操作中也就产生了一些问题。在本案例中,作为地方政府的淮北市环保局之所以会承认口子酒厂达标,一个重要的原因是"要保住企业的生命",而这一目标是与作为中央政府的国家环保局根治淮河污染的目标不一致的。

3. 从企业的角度来说,应该考虑到政府干预的影响,将政府干预作为政策变量放到企业的决策分析中。口子酒厂的做法就没有充分考虑到政府干预的力度,企图以欺骗性的手段来达到国家规定的治理污染标准。其结果是既浪费了成本,又要受到政府的惩罚。

4. 政府在对外部性问题进行干预时,也要考虑到成本收益问题。既要充分估计到外部性问题所造成的社会福利损失,同时也要考虑到对外部性的干预可能造成的企业的损失。只有对成本和收益进行了全面的考虑之后,才能选出最优的干预方案。

案例八 国有企业的内部股份制改革

上海钟表行业某长期亏损的国有企业,1995年改制为内部股份制的有限责任公司。公司员工持有30%的股份,国家持有70%股份。1997年,公司的所有员工都持有了股份,实现了全员持股。在员工持股中,公司根据技能、岗位、所承担的资产责任和管理责任的大小等方面因素,适度拉开员工持股的数量,高低限的差距为15倍。在实行全员持股的同时,公司还实行经营群体财产抵押制度。经营者按照有效净资产的2.5%,向董事会抵押30万元,并签定了为期四年的委托代理协议书,除不可抗力的因素外,公司经营责任全权由经营者负责。公司对经营者考核的最主要指标为净资产利润率。董事会参照行业和同类民营企业的水平,将目标设定为8.5%。达到目标,经营者可以分红10%,超过目标部分分红20%,低于目标,有70%～90%的缓冲区,不扣不奖,低于指标70%,抵扣抵押金,由高层经营群体决定是补充抵押金保有经营权,还是取消为期三年的经营者资格。

经过这一改革,该公司的经营状况出现了明显好转。目前,该公司产品70%出口,成为行业中唯一能向瑞士、日本出口的企业。公司还吸引外资600余万美元,同时创办了四家合资企业。公司下属的一家亏损企业,三年来净资产增加了20倍,利润增加2.3倍,销售收入增加14.5倍。

该公司所进行的内部股份制改革是一项关系到企业产权制度的改革,属于产权改革的范畴。该公司之所以能在产权改革后取得显著的经营成效,我们可以运用第十一章学习过的一些理论知识来加以分析。

1. 适度拉开持股份额的做法充分调动了经营者的积极性。由于经营者持有较多的企业股份,因此经营者会较多地考虑到企业的长远利益,从而避免了承包制下容易出现的经营者行为短期化现象。同时,经营者与普通员工在持股份额上的差距,会通过经营绩效转化为两者在收入上的差距,从而可以适度拉开企业内的收入差距,增加对经营者的激励。

2. 由于实行经营群体财产抵押制度,使得经营者也要确实承担经营不善的后果,从而将一部分风险从委托人转到了代理人,对代理人可能发生的侵犯委托人利益的行为起到了一定的约束作用。

3. 在股份制的制度框架下,可以通过实施奖励股、绩效股以及送配股等操作方法,使企业股份逐渐向高级管理人员、关键技术人员集中,从而可以为企业留住人才提供新的思路,以便解决近年来国有企业严重的人才流失问题。

4. 全员持股还调动了普通员工的工作热情。由于员工也成了企业的股东,因此企业的经营绩效与员工的利益直接相关。利益上的一致,有利于加强员工的自我监督意识,减少了委托代理关系中信息不对称所导致的监督成本。同时,普通员工的股份可以通过"集中托管",成为较大的股东,从而进入董事会和监事会,行使有效的监督职能。

通过以上的简要分析,我们可以看出,有效的产权改革可以成功地转换国有企业经营机制,降低国有企业由于委托代理问题而产生的成本,建立起有效的激励约束机制,使企业的经营状况得到改善。

然而,我们也应看到,有效的企业产权制度是与企业的具体条件相适应的,并不存在普遍适用的企业产权制度。内部股份制也存在着一定的限制条件。首先,职工股"不交易、不继承、不转让"的原则使得企业员工对于职工股并不拥有完整的产权,员工实际上只享有收益权。这种不完整的产权,从长远来看,不利于劳动力和资金等要素在企业间的合理流动,因而可能会是一种过渡性的制度安排。其次,企业的产权改革要与市场建设相配合,只有这样,才能保证国有企业公平地参与市场竞争。而市场建设的任务则要由政府部门来促进,不是个别企业的产权改革能够完成的。再次,内部股份制一般适用于规模较小的企业,对于大型的国有企业而言,内部职工持股改革的效果并不显著。最后,产权改革要和一系列的具体措施相配套才能产生良好的效果。搞好一个企业,需要很多机制,员工持股制度只是为企业建立了动力机制,这一机制可以促进其他机制的转变,如果只有动力机制,其他机制建立不起来,企业仍然搞不好。

复习思考题

1. 产权的含义是什么?产权与经济效率的关系怎样?
2. 企业出现的经济原因是什么?
3. 价格机制的运行是否有成本?如果有,其成本体现在哪些方面?
4. 企业作为一种组织,它与市场的关系怎样?有人认为:"企业是某种特殊类型的市场",你认为他的观点有道理吗?

5. 企业合理的经济边界是由什么决定的?

6. 何谓现代企业制度?

7. 股份公司制的基本构架是怎样的?

8. 何谓公司治理结构?公司的外部治理结构与内部治理结构的关系怎样?

9. 何谓委托代理问题,公司制是如何解决委托代理问题的?激励机制设计与委托代理问题有怎样的关系?

10. 国有企业面临的困境主要有哪些?你认为导致国有企业面临这些困境的主要原因是什么?

第六篇 投资与风险

　　本书前几章节研究的是企业在静态和确定条件下的决策问题。在静态条件下,我们以利润最大化作为企业经营活动的目标。但在分析企业的中长期决策时,我们认为假设企业以市场价值最大化为目标更为适当。在第12章中,将研究企业的投资决策问题。与本书前几章节讨论的企业其他经营活动不同,企业的投资属于中长期行为,往往更注重于长远利益。因此,企业进行投资决策时应以市场价值最大化为目标。我们将在第12章中介绍有关投资决策的基本理论,使大家掌握投资决策过程中经常使用的一些基本方法。第13章将研究企业如何在不确定条件下进行决策的问题。在企业的许多决策过程中,决策者事实上无法知道与决策相关的事件未来变化的确切情况。在第13章中,我们将向大家介绍一些处理不确定因素的基本方法,这些方法将有助于提高企业决策的科学性和准确性。

第十二章 投 资 决 策

在本书的第 2 至 4 篇中我们已经反复指出，利润最大化是企业在市场经济中经营活动的目标。假设企业以追求利润最大化为目标不仅为分析诸多问题提供了方便，而且也符合实际情况。然而，在分析企业的投资决策时，却以假设企业追求市场价值最大化的目标更为适当。投资与本书前几章节讨论的企业其他经营活动的不同之处在于，企业的投资属于中长期行为，往往更注重于长远利益。不仅投资活动必须使企业的市场价值最大化，而且其他涉及企业长远利益的决策也要以此为目标。企业的投资要想达到市场价值最大这一目标，就需要在投资前进行投资决策以决定投资的方向和金额。投资决策是一项涉及企业销售、生产、财务等一系列部门的综合性决策事项，也是一个比较复杂的理论和实践问题。本章将介绍有关投资决策的基本理论，并着重通过实例分析使大家掌握投资决策过程中经常使用的一些基本方法。

第一节 投资决策概述

一、货币的时间价值和企业进行中长期行为决策的目标

企业在对其短期行为进行决策时，一般只需考虑如何使收益减去成本的利润最大化。这是因为当企业经营活动的收益和成本

都发生在较短的时间内时,无须考虑它们的时间价值。但在对中长期行为进行决策时,由于由此产生的收益和成本将发生在未来较长的时期内,企业在进行决策时就必须考虑到每一笔收益和成本的时间价值。特别是当收益和成本不在同一时刻发生时,必须要将它们在不同时刻的价值折算为同一时刻的价值方可对这两者进行比较,以便作出正确的决策。在货币经济中,收益和成本都是以货币形式出现的,因此收益和成本的时间价值问题实际上就是货币的时间价值问题。

货币的时间价值可以直观地体现在下面这样的事例中:要想让我现在省下一元钱,将来就必须给我超过一元钱的回报;十年后给我一万元不如现在给我一千元等等。在金融系统日益完善的今天,银行利息往往是表示货币时间价值的最好指标。比如现在省下一元钱存银行一年,设年利率为5%,一年后除了收回一元钱的本金外,还可以得到5分钱的利息,这5分钱就表示一元钱在一年中的时间价值。再比如向银行贷款一万元,一年后偿还,年利率为5%,一年后除了归还本金一万元外,还需偿还五百元的利息,这五百元就表示一万元在一年中的时间价值。由此我们可以引出以下几个关于货币时间价值的重要概念。

1. 货币的未来价值(future value),记作 FV。货币的未来价值可由下式计算:

$$FV = M_0(1 + r)^t \qquad (12.1)$$

其中 M_0 表示本金;r 表示利率;t 表示时间跨度。假设本金为一万元,年利率为5%,5年后的货币未来价值可由(12.1)式计算:

$$FV = 10\,000 \times (1 + 5\%)^5 = 12\,763 \text{(元)}$$

2. 货币的现值(present value),记作 PV。货币的现值可由下式计算:

$$PV = \frac{M_t}{(1+r)^t} \qquad (12.2)$$

其中 M_t 表示第 t 年的货币。假设年利率为 5%,5 年后一万元的现值可由(12.2)式计算:

$$PV = \frac{10\,000}{(1+5\%)^5} = 7\,835\,(元)$$

在介绍了货币时间价值的概念后,我们再引入净现金流(net cash flow)这一概念。净现金流是指每个时期现金流入量和现金流出量之差,用 V 表示。这一概念也可以用下式表示:

$$V_t = I_t - O_t \qquad (12.3)$$

其中 V_t 表示第 t 期的净现金流;I_t 表示第 t 期的现金流入量;O_t 表示第 t 期的现金流出量[①]。有了净现金流和货币的时间价值这两个概念后,我们就可以得到企业进行中长期行为决策的依据。如果企业的某一行为将带来未来 n 年的净现金流,在各种行动方案中进行取舍的第一步是根据货币现值的概念,求出每期各个方案带来的净现金流的现值;第二步是把各期净现金流的现值加总,称其为总和的净现金流现值;第三步是比较各个方案的总和净现金流现值大小,选择其中的最大者。根据以上步骤,实际上我们已经得到了企业中长期行为的决策方法,即令企业的总和净现金流现值最大化。我们可以用下式表示这一方法:

$$\max \sum_{t=0}^{n} \frac{V_t}{(1+r)^t} \qquad (12.4)$$

这一决策方法表明,企业在对其中长期行为进行决策时,其目标已

[①] 如果只存在一个时期的话,正的净现金流就是企业的利润;负的净现金流就是企业亏损。

由利润最大转变为总和净现金流现值最大。由于(12.4)式中的 $\sum_{t=0}^{n}\frac{V_t}{(1+r)^t}$ 也代表企业的市场价值,因此上述决策方法也被称为企业市场价值最大法。相应地,企业使其总和净现金流现值最大的目标也被称为使企业市场价值最大化。①

二、投资

投资是一项预期能在未来带来净收益的支出。投资有生产经营性投资和金融资产投资之分,本章所说的投资都指前者。投资的范围很广,除了大家所熟悉的在土地、厂房、机器等固定资产方面的支出以外,一般还包括以下四个方面。

(一)重置投资

重置投资是指企业用于购买新设备以代替不能继续用于生产的老设备的支出。比如某公司有一台已使用多年的打字机。有一天这台打字机无论怎样修理都再也打不出字了。这时公司购买一台新打字机以代替老打字机的支出就属于重置投资。

(二)更新投资

更新投资是指企业用于设备更新方面的支出。更新与重置不同,更新是设备的进步而重置仅仅是设备的还原。更新投资一般有以下三个目的:

(1)降低产品的平均生产成本;

(2)提高产品的质量;

(3)增加产品的品种。

引进一条自动生产流水线以取代人工生产流水线就是一种更新投资。购买具有VCD-CD双重生产能力的设备以代替只能生产

---

① 在投资理论中,人们还以货币的时间价值为基础发展了一系列有助于提高企业决策准确性的概念。有兴趣的读者可以阅读专门的投资理论教材。

CD 的设备也属于更新投资。这两种更新投资的区别在于前者的目的主要是降低产品的平均生产成本、提高产品质量,而后者的目的是增加产品的品种。

(三) 营销投资

营销投资是指企业用于营销活动的支出。企业的营销活动一般包括产品促销,开拓新兴市场和各类公益活动。营销投资的目的在于扩大产品的需求。与前两种投资不同的是,营销投资并不直接作用于生产过程,对企业的生产能力没有影响。营销投资一般也不会提高企业的固定资产价值,它往往是一种对企业无形资产的投资。冠生园集团出资举办第六届上海国际足球邀请赛就属于营销投资的范围。通过这一举措,冠生园集团大大提高了自己的知名度,树立了名牌企业的形象。

(四) 科研和人力资源投资

科研和人力资源投资是指企业用于科技研究和职工培训等方面的支出。在科学技术已深入人们日常生活的今天,企业的竞争力在很大程度上取决于其科研投资的大小和科研能力的高低,而企业科研能力的高低直接取决于企业在科研方面的人力资源的丰富程度。遗憾的是,我国大部分企业对此认识不足,对科研和人力资源投资的重视程度远远落后于前三种投资。一份于 1998 年初公布的国际竞争力报告显示,我国的科技实力正在逐年下降,其中的原因主要是企业科研实力不足。例如,在所选的全部 46 个国家和地区中,我国企业获得合格工程师的难易程度排在第 44 位,进行技术开发的财力限制程度则排在第 45 位。[1]

三、投资方案

企业一般称投资方向为投资项目。投资项目可以是单一性的,

---

[1] 参见《劳动报》1998 年 1 月 13 日。

即仅有单一的投资方向；也可以是综合性的，即包括多个投资方向。购买打字机或是自动生产流水线都属于单一性的投资项目，而到异地开设企业的分支结构就属于综合性投资项目，因为该项投资涉及到前面提到的多种投资，比如土地、厂房等固定资产投资，树立企业形象、开拓市场的营销投资和进行职工培训的人力资源投资等等。

投资项目还只是企业的投资方向，仅凭投资项目企业无法进行投资决策。企业进行投资决策时的依据是投资方案，其中包含了关于投资项目的各种信息。在综合性的投资项目中，投资方案同时还是投资项目下各种企业行为的最优组合。[1] 如果企业把某项投资作为单一性的投资项目，投资方案应能准确地反映该投资项目的收益、成本等信息，比如购买一条全自动洗衣机生产线所需的资金、这条生产线未来的销售收入等等。如果企业把某项投资作为综合性的投资项目，这时投资方案首先需要反映各项投资的收益、成本等相关信息，然后应根据这些信息使各种投资组合起来发挥最大效益，实现使企业市场价值最大化的目标。仍以购买全自动洗衣机生产线为例，购买的生产线投入生产后新产品进入市场需要相应的营销投资；使用和管理新的生产线需要对职工进行培训，也就是进行人力资源投资。投资方案应确定这三项投资的最优组合，即应进行多少营销和人力资源方面的投资方能配合购买生产线的固定资产投资，使这一综合性的投资项目产生最大效益，从而实现使企业市场价值最大化的目标。

下面我们举一个例子来说明这样的投资组合是怎样制定的。[2] 某家企业的营销部门进行研究发现，市场对该企业产品的需

---

[1] 综合性的投资项目是指该项投资涉及固定资产、营销、科研等多方面的投资。
[2] 在这个例子中，不考虑投资的收益和成本的时间价值，因此企业仍以利润最大化为目标。

求 Q 是产品价格 P 和广告费用支出 T 的函数,需求函数的具体形式如下:

$$P = 10 - 0.0005Q + 0.005T$$

用于生产的初始固定资产投资为 1 000 元,平均生产成本等于边际生产成本,为 3 元。该投资项目除去初始固定资产投资外,还包括广告费用支出这样的营销投资。因此投资方案应当设计出一套投资组合,使这两项投资结合起来产生最大效益,即令企业的利润最大化。可知企业的收益 R 为:

$$R = P \times Q = (10 - 0.0005Q + 0.005T) \times Q$$

而企业的成本 C 为

$$C = 1\,000 + 3Q + T$$

要使企业利润最大化就要求

$$\max_{Q, X} (10 - 0.0005Q + 0.005T) \times Q - (1\,000 + 3Q + T)$$

运用第二章中的最优化技术可知

$$0.005Q = 1$$

$$0.001Q + 0.005T = 3$$

$$\Rightarrow Q = 200; T = 560$$

由此可知在对固定资产投资 1 000 元的同时有必要进行 560 元的营销投资。这一投资组合就构成了该项投资项目投资方案的基础。在此基础上,综合性投资项目的投资方案应与单一性投资项目的投资方案一样,反映出该投资项目的收益、成本等相关信息。这样,企业的决策者就可以根据投资方案,运用投资决策方法(在下文中我们将重点介绍投资决策方法)正确地进行投资决策。

投资项目的收益和成本是投资方案需要反映的两个最重要的

指标,事实上收益和成本这两个指标是进行任何企业决策都必须具备的基本依据。

在投资方案中,一般用投资项目的现金流入量和流出量表示投资项目的收益和成本。投资项目的现金流入量是指一定时期内该项目带来的企业现金收入的增加额。投资项目的现金流入通常由新增的销售收入构成。投资一般会提高企业的销售收入,这部分新增的销售收入构成了投资项目现金流入的主要部分。投资项目的现金流出量是指一定时期内该项目引起的企业现金支出的增加额。前面提到的各种投资所需的现金支出是构成投资项目现金流出量的主要组成部分,垫支流动资金也是构成投资项目现金流出量的重要组成部分。由于构成投资项目现金流入量的主要部分是该项目带来的销售收入,因此投资项目的现金流入量主要取决于未来市场的需求情况,因此要确定投资项目的现金流入量就必须对未来的市场需求情况进行预测。需求预测的具体方法可见第四章,这里不再赘述。构成投资项目现金流出量主要部分的各种投资支出可以由市场行情决定,而垫支的流动资金部分则也要根据对未来市场需求情况的预测进行估算。由此可见,对未来市场需求情况的预测是整个投资方案乃至投资决策过程的基础,对未来市场需求情况预测的准确性直接关系到投资方案乃至根据投资方案进行的投资决策的优劣和成败。

第二节 投 资 决 策

一、投资决策概述

投资决策又称资本预算决策,投资决策用于对企业的投资方案进行取舍,以达到使企业的市场价值最大的目标。本章中的投资仅指生产经营性投资,因此这里的投资决策也可称为长期资本预算决策。本书前面章节研究的企业制定产量、价格等方面的决策都是以使企业利润最大为目标。这些决策都遵循边际收益等于边际成本，即 $MR=MC$ 的原则。企业进行投资决策时，虽然目标由利润最大变为市场价值最大，但最优化技术告诉我们，企业进行投资决策仍应遵循 $MR=MC$ 的原则，使投资的边际收益等于投资的边际成本。[①] 不过，在实践中运用令 $MR=MC$ 的方法来进行投资决策却很困难，主要原因是投资决策与企业制定诸如产量、价格等其他方面的决策相比有其特殊之处。

企业在决定最优产量和最优价格时，往往面对的是固定的成本函数和市场结构，因此很容易计算出产品生产的边际收益和边际成本，运用令这两者相等的方法来进行决策既能直接遵循理论的要求，也有很强的可操作性（可见本书第二至四篇）。然而，企业在进行投资决策时面对的却是一个个不尽相同的投资方案，每个投资方案都有各自的现金流入和流出量，这就导致投资的收益和成本一般是不连续的，要计算投资的边际收益和边际成本实际上也是不可能的。针对这种情况，比较合理的投资决策方法是对每个投资方案进行评估，在资金允许的范围内选择一部分投资方案，使企业的市场价值最大化。因此，投资决策与本书前面章节研究的其他企业决策在方法上有很大差别，下面我们将着重讨论投资决策的方法问题。

二、投资决策的一般方法

企业在进行投资决策前首先要制定投资方案，然后对运用投资决策方法对方案进行评估和取舍。贴现指标是企业运用投资决策方法评估投资方案时使用的主要指标。所谓贴现指标是指一种

[①] 投资的收益和成本与前面章节中的收益和成本略有不同。投资的收益是指投资项目的现金流入量；成本是指投资项目的现金流出量。

考虑时间价值因素的指标,主要包括净现值(net present value)、盈利指数(profitability index)和内部收益率(internal rate of return)等等。根据不同的贴现指标可以把评估投资方案的投资决策方法相应地分为净现值法、盈利指数法和内部收益率法。下面我们将分别介绍这三种使用频率最高的投资决策方法。

(一)净现值法

企业进行投资的目标是使其市场价值最大化,即 $\max \sum_{t=0}^{n} \frac{V_t}{(1+r)^t}$。在第一节中,企业现金流量的时间价值是由利率决定的。但在投资项目中,现金流量的时间价值往往不单由利率决定。这里我们引入贴现率(discount rate)这一概念,并认为投资项目现金流量时间价值由贴现率决定。① 据此,我们把企业进行投资的目标修正为:

$$\max \sum_{t=0}^{n} \frac{V_t}{(1+i)^t} \tag{12.5}$$

其中 i 表示贴现率。从(12.5)式中可以看出,一项投资方案是否可取首先要看它能否增加企业的市场价值。由于企业的市场价值实际上是企业未来净现金流的现值总和,只有在由投资项目的现金流入量现值大于现金流出量现值时投资才会增加企业的市场价值。我们称用投资项目的现金流入量现值减去现金流出量现值的差额为投资项目的净现值。用 NPV 表示净现值,NPV 可由下式表示:

$$NPV = \sum_{t=1}^{n} \frac{I_t - O_t}{(1+i)^t} \tag{12.6}$$

其中 I_t 表示由投资项目在第 t 期带来的现金流入量,O_t 表示投资项目在第 t 期的现金流出量。根据上述原理,容易发现只要 NPV

---

① 本章第3节将介绍决定投资项目现金流量贴现率的方法。

大于零,投资就能提高企业的市场价值,投资方案就是可行的;NPV 等于零表明投资收益与成本的现值相等,投资对企业的市场价值没有影响,投资方案可取可舍;当 NPV 小于零时说明投资收不抵支,非但不能产生效益,而且会使企业的市场价值减少,投资方案必须舍弃。下面我们举例说明净现值法的应用。

以下是一项关于投资 VCD 片生产线项目的各种数据。购买一条 VCD 片生产线需要 2 000 万元,预计这条生产线的寿命为 5 年,每年的产量是 500 万张。销售部门估计头一年每张 VCD 片可以 3 元的价格出售,后四年每张 VCD 片的出售价格降为 2 元;生产部门估计每张 VCD 片的生产成本是 1 元。如果除购买生产线外的现金流都发生在每年年末,贴现率为 0.1,该项投资的净现值是多少,投资是否可行?

表 12.1　投资 VCD 片生产线的现金流量　　　单位:万元

年　份	0	1	2	3	4	5
现金流入量	0	1 500	1 000	1 000	1 000	1 000
现金流出量	2 000	500	500	500	500	500
净现金流量	−2 000	1 000	500	500	500	500

表 12.1 显示了该项投资每年的现金流入和流出量。根据(12.6)式可知,这一投资项目带来的净现值为

$$NPV = -2\,000 + \frac{1\,500 - 500}{1 + 0.1} + \frac{1\,000 - 500}{(1 + 0.1)^2}$$

$$+ \frac{1\,000 - 500}{(1 + 0.1)^3} + \frac{1\,000 - 500}{(1 + 0.1)^4} + \frac{1\,000 - 500}{(1 + 0.1)^5}$$

$$= -2\,000 + 909 + 413 + 376 + 342 + 311 = 351$$

该项投资的净现值为 351 万元,由于净现值大于零,因此投资是可行的。从以上这个例子中我们可以看出净现值法评估投资方

案有两大特点。

1. 净现值法反映货币的时间价值,即反映今天持有货币的价值大于未来持有相同数量货币的价值。更进一步,根据(12.6)式可以知道贴现率 i 是以复利形式计算的,时间越往后,投资收益贴现后被折扣掉的部分也就越大。由此可知在现金流量相同的情况下,投资见效快的方案更好。这样,使用净现值法也就能帮助我们理解为什么不要对"胡子工程"进行投资。

2. 净现值法评估投资方案主要取决于投资方案的收益、成本等客观因素,一般不以投资决策者的主观意志为转移。但是值得注意的是,贴现率的设定是决定一项投资方案是否可行的重要环节。如果我们把贴现率改为 0.15,该项投资的净现值就为负数,应当放弃投资。有兴趣的读者可以按照上述计算方法自己验证一下。

由此可见,贴现率设定是否科学直接决定了投资决策的准确性,一般说来投资方案的贴现率是由投资所需的资金成本决定的。

(二) 盈利指数法

盈利指数法使用盈利指数作为评估投资方案的指标。所谓盈利指数就是指投资产生的收益与投资成本的比率。盈利指数,亦可称为现值指数、现值比例等等,记作 PI。盈利指数可用 12.7 式表示:

$$PI = \frac{\sum_{t=0}^{n} \frac{I_t}{(1+i)^t}}{\sum_{t=0}^{n} \frac{O_t}{(1+i)^t}} \tag{12.7}$$

如果 PI 大于 1,投资项目的现金流入现值就大于现金流出现值,投资可以提高企业市场价值,投资是可行的;PI 等于 1 表明投资项目的现金流入现值与现金流出现值,投资对企业市场价值没有影响,投资方案可取可舍;如果 PI 小于 1 则说明投资项目的现金流入现值小于现金流出现值,投资会使企业的净现金流减少,损害企业市场价值，投资方案必须舍弃。利用表 12.1 的数据我们来计算一下投资 VCD 片生产线的盈利指数，看看利用盈利指数法是否可以得到与净现值法相同的结论。

$$PI = \frac{\dfrac{1\,500}{1+0.1} + \dfrac{1\,000}{(1+0.1)^2} + \dfrac{1\,000}{(1+0.1)^3} + \dfrac{1\,000}{(1+0.1)^4} + \dfrac{1\,000}{(1+0.1)^5}}{2\,000 + \dfrac{500}{1+0.1} + \dfrac{500}{(1+0.1)^2} + \dfrac{500}{(1+0.1)^3} + \dfrac{500}{(1+0.1)^4} + \dfrac{500}{(1+0.1)^5}}$$

$$= \frac{4\,245}{3\,896} = 1.09$$

该项投资的盈利指数大于 1，与前面净现值法得出的结论一致，该项投资是可行的。通过比较(12.6)式和(12.7)式我们可以发现，用净现值法和盈利指数法评估单项投资方案是完全等价的。一项投资的 NPV 大于零即意味着该项投资的 PI 大于 1；同样，一项投资的 NPV 小于零也就意味着该项投资的 PI 小于 1。前面提到关于净现值法的特点同样也体现在盈利指数法上。由此可见，在对某项投资方案进行评估时，可以从净现值法和盈利指数法中任选一种，因为两种方法得出的结论完全一致。

（三）内部收益率法

内部收益率法是根据投资本身内含的收益率来评估投资方案的一种方法。内部收益率是指使投资收益现值等于投资成本现值的投资收益折扣率，用 IRR 表示。IRR 可以由下式求出：

$$\sum_{t=0}^{n} \frac{I_t}{(1+IRR)^t} - \sum_{t=0}^{n} \frac{O_t}{(1+i)^t} = 0 \qquad (12.8)$$

如果内部收益率 IRR 大于贴现率 i，说明投资是可行的；如果 IRR 小于 i，说明投资应被拒绝。由于 IRR 不易直接求出，一般采用试算法求解。试算法的具体过程如下，首先估计一个收益率 i'，用 i' 代表 IRR，计算(12.8)式的左半部分，用 Y 表示。如果 Y 为正数，说明投资的 IRR 超过估计的收益率 i'，应提高 i' 进一步进行计算；

如果 Y 为负数,说明投资方案的 IRR 低于 i',应降低 i' 再进行计算。不断重复以上步骤,直到寻找出使 Y 接近于零的贴现率,而这时的贴现率就是投资的 IRR 的近似值。

下面我们仍利用表 12.1 的数据,使用内部收益率法对投资 VCD 片生产线这一方案进行评估。第一步是对这项投资的 IRR 进行试算。具体的试算过程可见表 12.2。经过四次估算,可以认为这项投资的 IRR 为 0.137。由于 IRR 大于贴现率 i,该项投资是可行的。内部收益率的这一求解过程可以用图 12.1 来表示。图中纵坐标表示(12.8)式左半部即 Y 的值,横坐标表示用于试算 IRR 的 i' 值。i' 小于 IRR 时,随着 i' 的上升,Y 逐渐趋近于零;而当 i' 大于 IRR 时,随着 i' 的下降,Y 逐渐趋近于零。当 Y 等于零时,i' 即为 IRR。在 IRR 附近,图 12.1 中的曲线可被近似地看作是一条直线。只要知道这条直线上的两点坐标(即靠近 IRR 位置的两个不同的 i' 和 Y 值),我们就可以估计出这条直线,并进而用这条直线估计 IRR。在本例中,我们可以求出靠近 IRR 位置的两点坐标分

表 12.2 内部收益率的试算过程

	$i'=0.13$	$i'=0.135$	$i'=0.136$	$I'=0.137$
(12.8)式左半部即 Y 的值	64	19	11	0

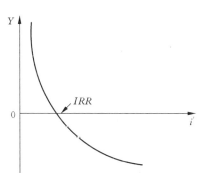

图 12.1 内部收益率的求解过程

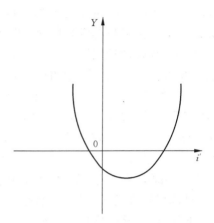

图 12.2 存在两个内部收益率的情况

别为(64,0.13)和(19,0.135),因此就可以求出通过这两点的直线方程:

$$Y = -9\,000i' + 1\,234$$

令 $Y = 0$ 就可以求出 IRR 的值。

我们介绍的三种投资决策方法即净现值法、盈利指数法和内部收益率法对单项投资方案的评估结果是完全等价的,在对单项投资方案进行评估时可以任选一种,以尽量使计算简便为标准。单就这一点而言,净现值法是最受欢迎的投资决策方法而内部收益率法却无用武之地。但是,就经济含义而言,净现值法和盈利指数法虽然考虑了时间价值,可以说明投资方案高于或低于某一特定的贴现率,但却没有揭示投资方案本身可以达到的收益率。而内部收益率法可以计算出投资的收益率,弥补了净现值法和盈利指数法的缺陷。此外,内部收益率法需要注意的一个问题是有的投资方案可能有一个以上的内部收益率。如有一个投资方案要求的初始投资额即第一年开始时的现金流出量为1万元,寿命为两年。第一年结束时的现金流入量为2万元,现金流出量为1万元;第二年结束时的现金流入量为1万元,现金流出量为0.5万元,贴现率为0.1。由于投资方案只涉及两期的贴现,直接用(12.8)式计算内部收益率不会出现求解高次方程的情况,因此可以不用试算法。具体求解过程如下:

$$\left[\frac{2}{1+IRR}+\frac{1}{(1+IRR)^2}\right]-\left[1+\frac{0.5}{1+0.1}+\frac{0.5}{(1+0.1)^2}\right]=0$$

$$\Rightarrow 1.86IRR^2-IRR-1.14=0$$

$$\Rightarrow IRR_1=1.09;\ IRR_2=-0.56$$

用内部收益率法评估该投资方案出现了两个内部收益率,1.09和-0.56。这一点也可以从图12.2中可以看出,把该项目的现金流入量用不同的I'贴现会使Y出现先降后升的情况,于是也就有了两个内部收益率。1.09和-0.56这两个内部收益率给评估投资方案带来了困难,因为第一个内部收益率1.09大于贴现率,投资方案是可行的;而第二个内部收益率-0.56则小于贴现率,应当放弃该项投资方案。这时就必须判断哪个内部收益率是真实可信的。一个简单的方法是再用净现值法或盈利指数法评估该投资方案,确定该投资方案究竟是否可行,然后对相应的内部收益率进行取舍。上面我们使用净现值法评估这一投资方案。

$$NPV=\left[\frac{2}{1+0.1}+\frac{1}{(1+0.1)^2}\right]-\left[1+\frac{0.5}{1+0.1}+\frac{0.5}{(1+0.1)^2}\right]$$

$$=2.65-1.86=0.79$$

可以看出,使用净现值法对该项投资方案的评估结果是该项投资方案的净坝值大于零,因此是可行的。鉴于内部收益率法在评估单项投资方案时的结果应与净现值法一致,第一个内部收益率1.09是真实可信的;而第二个内部收益率-0.56则应舍去。

三、投资决策方法在评估多项投资方案中的应用

在介绍投资决策方法的同时,我们也介绍了这些方法在评估单项投资方案中的应用。但是,在实际的投资决策过程中,更常见的情况是决策者要在多项投资方案中选择一个或几个最佳的方案。在多项投资方案的评估中,不同的投资决策方法往往会导致不同的评估结果,这时就必须对使用不同投资决策方法得到不同结果的原因进行全面的分析,在此基础上有针对性地选择投资决策方法评估投资方案。

以下是可供某企业选择的两个投资方案。两个投资方案的现金流入和流出量等有关数据如表 12.3 所示,贴现率为 0.1。

表 12.3　两个投资方案的现金流量　　　　　单位:元

	年　　份	0	1	2	3
A 方案	现金流入量	0	15 000	15 000	—
	现金流出量	20 000	3 200	1 760	—
B 方案	现金流入量	0	2 000	10 000	10 000
	现金流出量	9 000	800	4 000	4 000

根据净现值法可知投资方案 A 的净现值为 1 669 元而投资方案 B 的净现值为 1 557 元(具体计算过程省略,有兴趣的读者可以自行计算)。如果根据净现值法对这两项投资方案进行选择,自然是方案 A 更胜一筹,因为方案 A 的净现值大于方案 B 的净现值。然而,如果运用盈利指数法对这两项投资方案进行选择的话,就会得出截然相反的结论。投资方案 A 和 B 的盈利指数分布为 1.08 和 1.17,显然盈利指数法的结论更偏向于采用方案 B。这两种投资决策方法在评估多项投资方案中产生差异的原因在于净现值法采用的净现值指标是绝对数指标,它主要反映投资的效益;而盈利指数法采用的盈利指数指标是相对数指标,它主要反映投资的效

率。如果投资方案是互斥的,则以采用方案A较好,因为方案A的获利能力更强,实施方案A能比实施方案B多获利112元。①这也就是说,当多项投资方案互斥时,使用净现值法能更为有效地对投资方案进行选择。如果投资方案是相互独立的,判断哪个方案应优先给予考虑最好使用盈利指数法,因为盈利指数法着重考察投资方案的投资效率。②这一点可以从以上两个投资方案中看出。方案A虽然获利较多,但投资也相对较大;而方案B虽然获利较少,但投资也相对较小。运用盈利指数法评估这两项投资方案就可以显示出方案B的投资效率优于方案A,宜优先实施方案B,然后再考虑方案A。在投资方案相互独立时,切不可根据绝对数指标(净现值)来衡量投资方案的优劣程度,因为投资规模庞大的方案的净现值高于投资规模较少的方案的净现值是十分自然的。

  内部收益率法在评估多项投资方案时的作用与盈利指数法有相似之处,它们都是根据相对比率而不是如净现值法那样根据绝对数来评估方案。运用试算法可以近似地认为方案A的内部收益率为0.16而方案B的内部收益率为0.18。如果这两个投资方案是相互独立的,除了盈利指数法外,还可以使用内部收益率法来确定投资的优先次序,即优先实施内部收益率较高的方案B,如有足够的资金再考虑方案A。内部收益率法与盈利指数法也有区别。用内部收益率法评估多项投资方案时,不必事先选择贴现率,根据内部收益率就可以排定相互独立的投资方案的优先次序,只是最后需要一个切合实际的资金成本或最低报酬率来判断方案是否可

---

  ① 所谓互斥的投资方案是指在诸多投资方案中,只能选择其中的一个。比如现有两个投资方案,A和B。如果投资方案A和B是互斥的,则实施了方案A就不能实施方案B;反过来实施了方案B就不能实施方案A。
  ② 所谓独立的投资方案是指诸多投资方案彼此间不互相影响。比如现有两个投资方案,A和B。如果投资方案A和B是独立的,则实施了方案A可以实施也可以不实施方案B;反过来实施了方案B可以实施也可以不实施方案A。

行。而盈利指数法则需要一个适合的贴现率以便将现金流量折为现值,贴现率的高低将会影响方案的优先次序,这一点可以用图12.3来表示。

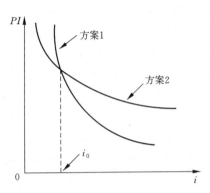

图12.3 不同贴现率下的盈利指数

一般说来,任意两个投资方案都存在着至少一个贴现率使得这两个投资方案的盈利指数相等,在图12.3中即为i_0。当把贴现率设为小于i_0的某个数时,方案1优于方案2;而当贴现率大于i_0时,方案2优于方案1。同样的问题也发生在净现值法中,如图12.4所示。当把贴现率设为小于i_0的某个数时,根据净现值法,方

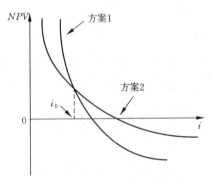

图12.4 不同贴现率下的净现值

案1优于方案2;而当贴现率大于i_0时,净现值法的结果是方案2优于方案1。由此可见,不同的贴现率可以影响投资带来的现金流入和流出量,从而影响投资方案评估的准确性。由于贴现率一般是由投资所需的资金成本决定的,因此如何确定资金成本就成了投资决策中的重要环节,我们将在下一节重点讨论这一问题。

第三节 资金成本

经过上一节的论述我们已经知道了贴现率在投资决策中的重要作用。在实际的投资决策过程中,贴现率是由决策者确定的,而决策者确定贴现率的依据是资金的成本。如果投资所需的资金是借自银行的话,支付给银行的贷款利息就是资金成本,因此可以把银行贷款利率作为投资决策中使用的贴现率;如果投资所需的资金是自有资金的话,这些资金的机会成本就是资金成本,因此可以把自有资金的机会成本率当作贴现率。然而,由于实际上投资所需的资金往往有各种不同的来源,而各种不同来源的资金又往往有各不相同的资金成本,如何确定资金的真实成本并非易事。

一、资金成本概述

资金成本是指企业为筹集和使用资金而付出的代价。由于本书仅涉及生产经营性投资,由此产生的资金成本也就仅指筹集和使用长期资金(包括借入资金和自有资金)而付出的代价。长期资金有时也被称为资本,因此这里介绍的资金成本也可以被称为资本成本。资金成本包括资金筹集费和资金占用费两部分。资金筹集费是指在资金筹集过程中支付的各种费用,如发行债券时支付的印刷费、律帅费、公证费等等。资金占用费是指占用资金所支付的费用,如支付债券的利息等等。相比之下,资金占用费是筹资企业日常现金流量的组成部分,而资金筹集费通常在筹集资金时一次性发生,因此在计算资金成本时可把资金筹集费作为筹资金额的一项予以扣除。

资金成本是企业经营管理中的重要概念。就企业筹资而言,资金成本是选择资金来源、确定筹资方案的主要依据。事实上企业确定筹资方案的根本标准就是使资金成本最小化。就企业投资而言,资金成本则是评估投资方案的重要参数,因为贴现率就是由资金成本决定的。在实际操作过程中,资金成本一般不用绝对金额表示,而是用资金成本率这样的相对数表示。资金成本率是指企业资金占用费与实际筹集资金的比率,可用下式表示:

$$k = \frac{D}{A-F} \qquad (12.9)$$

其中 k 表示资金成本率;D 表示资金占用费;A 表示筹资金额;F 表示资金筹集费。为了简便起见,在下文中提到的资金成本即指资金成本率。

企业的资金筹集方式可以多种多样。一个企业可以从其外部筹集资金,也可以从内部筹集资金。企业从外部筹集资金一般有以下三种方式:①借款;②发行债券;③发行股票。而从企业内部筹集资金主要依靠利用尚未分配的利润。资金筹集方式的不同造成了资金占用费和资金筹集费的不同,相应地也就造成了资金成本乃至投资决策中贴现率的不同。下面我们将着重介绍用这四种不同资金筹集方式筹集到的资金的成本决定方法。

二、借款成本

借款成本是指使用借款方式筹集资金的资金成本。借款成本包括借款利息和筹资费。由于借款利息计入税前成本,可以起到抵税的作用,因此计算借款成本的公式为

$$k_1 = \frac{R_1(1-t)}{L-F_1} \qquad (12.10)$$

其中 k_1 表示借款成本；R_1 表示借款年利息；t 表示税率；L 表示借款额；F_1 表示借款筹资费用。如果使用借款利率而不是利息的话，(12.10)式可以改为如下形式

$$k_1 = \frac{r_1(1-t)}{1-f_1} \qquad (12.11)$$

其中 r_1 表示借款利率；f_1 表示借款筹资费用率，即为 $\frac{F_1}{L}$。

仍以投资 VCD 片生产线为例。假设企业购买生产线所需的 2 000 万元资金完全借自银行，年利率为 11%，每年付息一次，5 年后一次还本，筹集费用率为 0.5%，企业所得税率为 33%。利用 (12.10)式，该项借款的资金成本为：

$$k_1 = \frac{2\,000 \times 11\% \times (1-33\%)}{2\,000 \times (1-0.5\%)} = 7.41\%$$

同样也可以用(12.11)式计算该项借款的资金成本：

$$k_1 = \frac{11\% \times (1-33\%)}{1-0.5\%} = 7.41\%$$

由于这一投资方案的资金成本为 7.41%，因此在投资决策中使用的贴现率应当也为 7.41%，而不是原来的 10%。

三、债券成本

债券成本是指使用通过发行债券筹集资金的资金成本。债券成本主要包括债券利息和筹资费用。债券利息的处理与借款利息相同，应以税后的债务成本为依据。值得注意的是，与借款相比，通过发行债券筹资的费用较高。除去债券印刷费和发行手续费外，债券筹资费用还包括公证费、资信评估费等等，这些费用在筹资额中占相当比重。债券成本的计算公式与借款成本的计算公式非常相似，可由下式表示

$$k_b = \frac{R_b(1-t)}{B - F_b} \qquad (12.12)$$

其中 k_b 表示债券成本；R_b 表示债券年利息；B 表示债券筹资额；F_b 表示债券筹资费用。如果使用债券利率，(12.12)式可改为下式

$$k_b = \frac{r_b(1-t)}{1 - f_b} \qquad (12.13)$$

其中 r_b 表示债券年利率；f_b 表示债券筹资费用率，即为 $\frac{F_b}{B}$。

假设企业通过发行债券的方式筹集到购买 VCD 片生产线的 2 000 万元资金。债券期限为 5 年，票面利率为 9%，筹资费用率为 5%，公司所得税率为 33%。如果使用(12.10)式计算该项投资的资金成本，具体过程如下：

$$k_b = \frac{2\,000 \times 9\% \times (1 - 33\%)}{2\,000 \times (1 - 5\%)} = 6.35\%$$

如果使用(12.13)式计算的话，过程如下：

$$k_b = \frac{9\% \times (1 - 33\%)}{1 - 5\%} = 6.35\%$$

由此我们也可以知道，如果这一投资项目所需的资金全部依靠发行债券筹集，投资决策中的贴现率应设为 6.35%。

四、股票成本

股票成本是指通过发行股票筹资的资金成本。股票成本属于权益资金成本(the cost of equity capital)。权益资金成本同样也包括资金占用费和资金筹集费。权益资金的资金占用费是向股东分配的红利。红利与借款或债券利息不同，它是用扣除所得税后的净利润支付的，因此不能抵减所得税。所以权益资金成本与上述两种资金成本的显著不同在于计算时不能扣除所得税。计算股票成本

通常利用两个模型,一是红利评估模型(the dividend valuation model),另一个是资产定价模型(the capital asset pricing model,简称CAPM)。使用红利评估模型计算股票成本被成为红利评估模型法,而使用资产定价模型计算股票成本被成为资产定价模型法。由于资产定价模型涉及风险概念,我们将在下一章进行讨论。下面首先介绍红利评估模型法。

通过发行股票的方法筹集资金与前两种筹资方式最大的不同在于通过发行股票筹集到的资金数量是事后由证券市场决定的,而用前两种方式筹集的资金数量是事先就确定了的。造成这种差别的原因是股票的价格并不是由其面值决定的。在红利评估模型中,假设人们具有完全信息,股票的市场价格由下式决定:

$$P = \sum_{t=0}^{\infty} \frac{D_t}{(1+k_e)^t} \qquad (12.14)$$

其中 P 表示股票的市场价格;D_t 表示每股第 t 年的红利(由于完美信息,人们在购买股票是就已经知道该股未来各年的红利);k_e 表示购买股票的投资者要求的收益率,实际上也就是通过发行股票筹资的资金占用成本。当发行股票的筹资费用为零时,k_e 就表示通过发行股票筹资的资金成本,即股票成本,而通过发行股票筹集的资金总量就是股票市场价格与股数的乘积。这样,运用(12.14)式就可以计算出股票成本 k_e。如果每年的红利是固定的话,有 $D_t = D$,利用等比数列的求和公式可把(12.14)式简化为:

$$P = \frac{D}{k_e} \qquad (12.15)$$

根据(12.15)式容易得出股票成本的计算公式:

$$k_e = \frac{D}{P} \qquad (12.16)$$

如果每年的红利是以 g 的速度递增的话，(12.14)式可以被改写为：

$$P = \frac{D}{k_e - g} \qquad (12.17)$$

这里 D 指初始的股票红利。根据(12.17)式容易得出股票成本的计算公式：

$$k_e = \frac{D}{P} + g \qquad (12.18)$$

如果通过发行股票筹集资金过程中筹资费用不为零的话，股票成本计算公式如下：

$$k_e = \frac{D}{P(1 - f_e)} + g \qquad (12.19)$$

其中 f_e 为筹资费用率。我们将(12.19)式的推导过程留给读者来完成。

假设某企业发行的股票市场价格为每股 10 元，预计第一年每股红利为 0.5 元，以后每年递增 1%，筹资费用率为 3%。计算该股票成本的过程如下：

$$k_e = \frac{0.5}{10 \times (1 - 3\%)} + 1\% = 6.15\%$$

如果该企业的全部资金都来源于发行股票的所得，该企业投资决策中的贴现率也应设为 6.15%。

五、保留盈余成本

从企业内部筹集资金主要依靠利用尚未分配的利润，也就是保留下来的盈余，因此用这种筹资方式的资金成本被称为保留盈余成本。将保留盈余用于投资也有资金成本，因为保留盈余本身可以为企业带来收益，比如把保留盈余存入银行获得的利息，我们把这种收益称为保留盈余的机会成本。容易看出,利用保留盈余的资金成本即为保留盈余的机会成本。

由于保留盈余成本等于保留盈余的机会成本,计算保留盈余成本等于计算保留盈余的机会成本。计算保留盈余机会成本的方法很多,主要取决于以何种收益衡量这一机会成本。最简单的方法就是用银行的存款利率表示保留盈余的机会成本和保留盈余成本。如果把保留盈余用于购买股票的话,保留盈余的机会成本和保留盈余成本就等于股票投资的收益率。假设购买的股票红利每年以相同速度递增,计算保留盈余成本的公式就等于计算购买股票的收益率,即:

$$k_r = \frac{D}{P} + g \qquad (12.20)$$

其中 k_r 表示保留盈余成本,实际上也就是股票的收益率;其他符号含义与前面相同。由于银行存款率、股票收益率和其他衡量保留盈余成本的指标彼此之间存在着较大差别,因此保留盈余成本的确定带有一定的随意性。

六、综合资金成本

由于受许多因素的制约,在实践过程中企业不可能只用某一种单一的筹资方式,企业投资所需的资金往往要通过多种方式筹集。因此就有必要计算企业投资所用的全部资金的综合成本,即综合资金成本。综合资金成本一般是以各种资金占全部所筹资金的比重为权数,对个别资金成本进行加权平均后确定的,故又称加权平均资金成本。其计算公式为:

$$k_w = \sum_{j=1}^{n} w_j k_j \qquad (12.21)$$

其中 k_w 表示综合资金成本; k_j 表示第 j 种个别资金成本; w_j 表

示第 j 种个别资金占全部资金的比重,即权数。

仍以企业购买 VCD 片生产线为例。在所有的 2 000 万元投资资金中,企业向银行借款 500 万元,通过发行股票筹集 1 000 万元,利用保留盈余 500 万元。根据前面介绍的计算资金成本的方法,算出借款成本为 10%,股票成本为 6%,保留盈余成本为 8%。根据(12.21)式可知该项投资的综合资金成本为:

$$k_w = \left(\frac{500}{2\,000}\right) \times 10\% + \left(\frac{1\,000}{2\,000}\right) \times 6\% + \left(\frac{500}{2\,000}\right) \times 8\%$$
$$= 7.5\%$$

于是我们也知道了这项投资方案中用于投资决策的贴现率应设为 7.5%。

复习思考题

1. 在短期中,我们知道企业将遵循 $MR = MC$ 的原则进行决策。请问在中长期中,企业将遵循怎样的原则进行决策?
2. 什么是投资方案?制定投资方案的依据是什么?
3. 常用的投资决策方法有哪几种?请比较这些方法的异同点,并分析它们的适用性。
4. 某企业利用自有资金进行投资。请问该项投资的资金成本应如何计算?
5. 某人在银行里存了 10 000 元定期存款,年利率为 10%。如果每年计息 1 次,5 年后的货币未来值是多少?如果每半年计息 1 次,5 年后的货币未来值变为多少?
6. A 君和 B 君向 C 君租房。A 君打算租一年的房子,租金在租前一次付清;B 君同样打算租一年的房子,但租金在一年后支付。A 君愿意付 10 000 元,B 君愿意付 11 000 元。假设 B 君信誉良好,年利率为15%,请问C君应该把房子租给谁?

7. 某公司购进一块地,付出100 000元。预计转租出去的话每年可收入11 000元。如果贴现率为10%,请问根据净现值法和盈利指数法,上述投资行为是否合理?

8. 某项投资初期须支付6 000元,在第1年末现金流入为2 500元,第2年末现金流入为3 000元,第3年末现金流入为3 500元。请问该项投资的内部收益率是多少?

9. 某项投资需要1 000万元。其中200万元借自银行,年利率为10%;100万元通过发行债券筹集,年利率为15%,债券筹资费用为1万元;余下的700万元通过发行股票筹集,预计每股每年红利为0.2元,每股市场价格为10元,股票筹资费用为10万元,如果企业所得税率为33%,请问该项投资的综合资金成本是多少?

10. 有以下三项投资方案:

投资 \ 现金流量 \ 时间	0	一年末	二年末
A	−5 000	0	9 000
B	−5 000	4 000	4 000
C	−5 000	7 000	0

请计算:(1)贴现率分别为10%、15%时的投资净现值;(2)各项投资的内部收益率;(3)如果贴现率为5%,使用净现值法,哪项投资更有利?如果使用内部收益率法,哪项投资更有利?如果贴现率变为15%,情况会不会发生变化?

第十三章 风险分析与企业决策

管理经济学的研究对象是企业面对市场应采取怎样的行为以使自身的市场价值最大化，因此管理经济学实际上是一门决策科学。迄今为止，本书讨论的都是在确定情况下企业的决策方法。所谓确定是指事件未来的状态只有一种可能的结果，并且这一结果是已知的。在企业日常决策过程中，有许多决策的确是在确定情况下进行的，短期决策更是如此。但是，我们不难发现，在不少决策过程中，决策者事实上无法知道与决策相关事件未来变化的确切结果，比如证券市场上某一股票的收益率、明年的通货膨胀率等等。这些不确定的因素给企业决策带来了很大的困难和风险。如何处理这些不确定因素就成了管理经济学的一个重要研究课题。本章将向大家介绍一些处理不确定因素的基本方法，读者若将这些方法运用于企业的决策过程，将有助于提高企业决策的科学性和准确性。

第一节 风 险 分 析

一、风险

关于风险的定义有很多，就一般的词义而言，风险是指某种不利事件发生的可能性。在经济学中，通常对风险做如下定义：风险是指一种状态，在这种状态下事件未来的变化有多种可能的结果，而每个结果出现的概率是已知的或是可以测量的。在管理经济学中,风险往往指企业决策中的不确定因素,比如在制定最优价格时企业实际上无法了解未来市场的确切情况。风险的存在给企业的决策带来的很大的困难,但是只要企业的决策者掌握了关于风险的信息,他们仍然可以在面临风险的情况下作出最优决策。风险的信息包括事件未来可能的结果以及产生这些结果的概率。这些信息有时是已知的,比如掷硬币,很明显只存在正面或是反面这两种可能的结果,而产生这两种结果的概率都是50%。在更多的情况下,关于风险的信息并非是已知的,这就要求企业的决策者尽可能地掌握关于风险的信息,以使企业在面临风险的情况下作出准确的决策。购买股票认购证是一个很好的例子,买中的概率并不是大家都知道的公共信息,但是只要经过一定的计算,这种信息还是可以获取的。为了便于展开对风险分析方法的介绍,我们在下文中假设企业已经拥有了关于风险的全部信息。

企业日常面临的风险一般可以被归纳为以下几种。

(一)经营风险

经营风险是指企业在经营决策中遇到的不确定因素。比如企业的决策者无法知道每个消费者的效用函数,从而也就无法获取准确的需求函数;决策者在多数情况下无法知道未来市场价格的确切信息;有时甚至连原材料质量也可能存在着不确定性,影响到企业生产的产品质量。以上这些经营风险都对企业在经营方面的决策带来了困难。

(二)投资风险

投资风险是指企业在投资决策中遇到的不确定因素。比如投资项目的未来净现值往往存在着很大的不确定性,如果对这种不确定性不加处理很可能导致企业制定出错误的投资方案。我国许多企业对VCD机生产线盲目投资的原因归根结底在于对这一投资项目未来净现值的不确定性没有给予充分的考虑。

（三）财产风险

财产风险是指企业财产面临的种种不确定因素。企业财产除了正常的保值增值或是折旧以外，还可能遇到各种意外事件的影响。比如火灾、地震等灾害会造成厂房设备等实物资产的损失，面对这些意外事件企业可以通过购买保险降低风险。又比如证券市场上极不稳定的证券价格也使企业的财产面临风险。这时企业可以通过对证券进行组合投资来降低收益的不确定性，具体的方法将在本章的第四节予以介绍。

造成风险的因素也是多方面的，概括起来有以下几种。

1. 政治因素。政治属于上层建筑，是建立在经济基础之上的。马克思主义的唯物辩证法告诉我们，上层建筑对经济基础亦有很强的反作用。在现实生活中，政治体制、政府构成、政府导向等等因素的变化都会导致经济生活发生各种变化，从而也产生了企业决策中的风险。

2. 市场因素。市场变化对企业的影响主要来自于市场对企业生产产品的需求变化和市场对企业生产所需的原材料的供给变化。市场的任何改变都会造成风险的产生。

3. 技术因素。自 18 世纪工业革命以来，技术一直在加速进步。新技术的出现使原有产品的生产技术落后、设备贬值、成本上升。这一切都使采取新技术的企业在竞争中处于有利位置而使其他企业处于困境。技术的日新月异实际上使企业不得不面临比过去更多的风险。

4. 自然因素。

二、风险的度量

前面我们给出了风险的定义。下面将介绍一些度量风险的方法。这些方法使得风险分析可以融入企业的决策方法之中。

根据风险的定义可知，风险的一个显著特征是未来可能出现的事件具有确定的概率。这样,我们可以通过列出所有可能发生的事件以及这些事件出现的概率来描述风险。在统计学中,列出所有可能出现的事件的概率就能得到所谓的概率分布。表 13.1 显示的就是气象局预测第二天天气情况的概率分布情况。注意所有可能出现的事件的发生概率之和一定为 1 或是 100%,因为所有这些可能出现的事件中将肯定有某一事件在未来发生。以表 13.1 所示的天气预报为例,第二天的天气状况必为多云、阴、小雨或是中雨这四种可能情况中的一种。

表 13.1 天气状况与概率分布

	多云	阴	小雨	中雨
概率	10%	40%	40%	10%

在企业决策过程中,决策者面临的往往不是确定的决策条件。比如进行投资决策时首先要制定出投资方案,并在投资方案中给出投资决策时所需的各种条件,但这些条件常常是不确定的,如投资未来的净现值情况等等。既然有时风险是不可避免的,决策者在制定决策前首先应能准确地反映这些风险的基本特征,给决策提供一个可靠的客观依据。由于上面介绍的概率分布能很好地描述风险的特征,这一方法在企业决策中得到了广泛的应用。

仍以投资 VCD 片生产线为例。企业的营销部门发现,由于该项投资的未来净现值主要取决于 VCD 片的供给情况,VCD 的供给情况又取决于投资 VCD 片生产线的企业数目,而未来到底会有多少企业参与这项投资并不确定,因此该投资项目未来的净现值存在着风险。要制定该投资项目的投资方案首先就要给出未来净现值面临的风险情况。经过营销部门的调研,他们得到了未来进入 VCD 片市场的企业数目与该投资项目未来净现值之间的关系和未来将有多少企业进入 VCD 片市场的概率分布情况,因此他们也得到了该投资项目未来净现值的概率分布。具体结果可见表

13.2。这样企业的决策者就获取了关于风险的信息,知道了风险的基本特征。

表 13.2　投资 VCD 片生产线的风险　　　　　　　　单位:元

未来企业进入数	50—100	100—200	200 以上
未来净现值	4 000 万	1 500 万	0
概率	30%	40%	30%

概率分布给决策者提供了有关决策条件的信息,但却无法给决策者提供决策的依据。在决策过程中,企业的决策者需要知道比概率分布更为具体、更直接地能反映风险对决策产生的影响的信息。为此,我们引入一个统计学上的概念:期望值。期望值也叫平均值,是可能出现的事件的取值与其出现概率的乘积之和。期望值实际上是一个加权平均数,权数就是概率,它的计算公式如下

$$E(X) = \sum_{i=1}^{n} P_i X_i \tag{13.1}$$

其中 $E(X)$ 表示要计算的期望值;X_i 表示第 i 种可能出现的事件的取值;P_i 表示第 i 种事件出现的概率;n 表示可能出现的事件总数。根据(13.1)式,我们可以算出未来净现值的期望值。

$$E(Y) = 30\% \times 4\ 000 + 40\% \times 1\ 500 + 30\% \times 0$$
$$= 1\ 800\ (万元)$$

其中 $E(Y)$ 表示未来净现值的期望值。由此可以看出,期望值可以直接衡量风险给决策条件造成的影响程度,从而大大加强了决策者在风险情况下的决策依据。比如某化妆品生产企业需要在两种成本完全一样的促销手段中选择一种以扩大其市场占有份额,一种是做电视广告,另一种是进行有奖销售。企业的营销部门在对这两种方法进行了仔细研究后发现它们对增加销售量的影响都存在

着不确定性,具体的概率分布如表 13.3 所示。根据表 13.3 给出的数据,可以分别求出使用这两种促销方法增加的期望销售量。

表 13.3 不同的促销手段及各自面临的风险　　　单位:瓶

做电视广告增加的销售量	概　率	进行有奖销售增加的销售量	概　率
5 万	5%	1 万	20%
8 万	35%	5 万	20%
10 万	35%	10 万	20%
15 万	15%	15 万	20%
20 万	10%	25 万	20%

$$E(X_r) = 5\% \times 5 + 35\% \times 8 + 35\% \times 10 + 15\% \times 15$$
$$+ 10\% \times 20$$
$$= 10.8 \text{（万瓶）}$$
$$E(X_s) = 20\% \times 1 + 20\% \times 5 + 20\% \times 10 + 20\% \times 15$$
$$+ 20\% \times 25$$
$$= 11.2 \text{（万瓶）}$$

其中 $E(X_r)$ 表示做电视广告增加的期望销售量;$E(X_s)$ 表示进行有奖销售增加的期望销售量。根据计算可知预期有奖销售可以增加更多的销售量,因此通过比较期望值的大小我们得到的结论是,采取有奖销售的促销方法更为有效。

但是,在实践中企业的决策者却往往会倾向于采取做电视广告的促销方法,这又是为什么呢?通过观察表 13.3 中的数据我们可以发现以下两个特点。

1. 因做电视广告而增加的销售量变化范围在 5 万瓶至 20 万瓶之间,小于进行有奖销售可能带来的销售量增加范围(1 万瓶至

25万瓶)。

2. 与进行有奖销售相比,做电视广告产生的销售量增加额更集中在期望值附近。

距离做电视广告带来的销售增加期望值10.8万瓶不远的可能发生的销售增加量为8万、10万和15万瓶,实际销售增加量出现在这一范围内的概率达到了85%,这也就是说企业做电视广告可以较有把握地使销售量增加8至15万瓶。而进行有奖销售则不然。距离销售增加期望值11.2万瓶附近的可能发生的销售增加量为5万、10万和15万,实际销售增加量出现在这一范围内的概率仅有60%,特别是进行有奖销售还有20%的可能使销售量仅增加1万瓶。结合以上两个特点我们不难发现采用有奖销售方式进行促销有较大的不确定性,风险程度较高。对于一个厌恶风险的企业决策者而言(绝大多数人在大多数情况下无疑都是厌恶风险的),做电视广告增加的期望销售量虽然略少于有奖销售,但由于其效果远比后者确定,因此也就更受决策者的欢迎。

通过以上的讨论我们发现,仅凭概率分布和期望值尚无法完全描述出风险的特征,还需要一个能够显示不确定程度,即风险大小的指标方能使企业的决策者正确地认识风险,作出准确的决策。这里我们再引入两个统计学上的概念,标准差和变异系数,用来测定风险的大小。

每种可能发生的结果的概率乘以这个结果与其期望值之差的平方和为方差,而方差的平方根就是标准差。求解标准差的步骤如下:

1. 根据(13.1.1)式计算期望值

$$E(X) = \sum_{i=1}^{n} P_i X_i$$

2. 从每个可能的结果中减去期望值,得到一组偏离期望值的离差

$$D_i = X_i - E(X) \qquad (13.2)$$

其中 D_i 表示第 i 个可能结果的离差。

3. 用每个离差的平方乘以相应结果发生的概率,然后再把这些乘积相加就可以求出方差的值

$$\sigma^2 = \sum_{i=1}^{n} P_i D_i^2 \qquad (13.3)$$

其中 σ^2 即指方差。根据(13.3)式我们可以发现,方差实际上就是各个可能结果的离差平方的期望值。

4. 求出方差的平方根

$$\sigma = \sqrt{\sum_{i=1}^{n} P_i D_i^2} \qquad (13.4)$$

σ 即为标准差。从(13.3)和(13.4)式中不难看出,每个可能发生的结果越是偏离期望值,标准差就越大;相反,如果每个可能发生的结果越是靠近期望值,标准差就越小。由此可见,标准差可以反映不确定程度,也就是风险的大小。以表13.3中的数据为例,通过以上介绍的步骤我们可以分别求出两种促销手段带来的销售增加量的标准差。由于期望值已经求出,可以直接根据(13.2)式求解离差值。结果可见表13.4。然后再把离差带入(13.4)式即可解出各自的标准差。

表 13.4 两种促销手段增加销售量的离差

电视广告促销增加的销售量的离差	−5.8	−2.8	0	4.2	9.2
进行有奖销售增加的销售量的离差	−10.2	−6.2	−1.2	3.8	13.8

$$\sigma_T = [15\% \times (-5.8)^2 + 35\% \times (-2.8)^2 + 35\% \times 0^2$$
$$+ 15\% \times (4.2)^2 + 10\% \times (9.2)^2]^{\frac{1}{2}}$$
$$= 3.97$$

$$\sigma_s = [20\% \times (-10.2)^2 + 20\% \times (-6.2)^2 + 20\%$$
$$\times (-1.2)^2 + 20\% \times (3.8)^2 + 20\% \times (13.8)^2]^{\frac{1}{2}}$$
$$= 8.35$$

其中,下标 r 和 s 分别表示电视广告与有奖销售这两种促销方式。计算出来的标准差表明用有奖销售进行促销风险较大,这符合我们先前的分析。

当事件的期望值比较接近时,标准差不失为衡量事件风险大小的好指标。但是,当事件的期望值存在着较大差距时,用标准差衡量事件风险就显得不那么科学了。举一个例子,假设有两个投资方案 A 和 B,其净现值的概率分布如表 13.5 所示。这两个投资方案净现值的期望值分别为 53 万元和 1 500 万元,标准差分别为 34.94 和 136.93。如果根据标准差的大小来衡量这两个投资方案的风险,结论无疑是方案 B 的风险远远超过方案 A。然而通过观察表 13.5 中的数据不难发现,方案 B 的不确定程度实际上要小于方案 A,因为方案 B 的净现值有 70% 的可能会达到期望值,而方案 A 中可能出现的净现值分布较散,呈现出更大的不确定性。造成这种情况的原因是由于期望值较大的事件往往伴随着较大的离差,结果导致标准差偏大。那么应用怎样的指标来测量期望值存在较大差距的事件之间的风险程度呢？我们再一次在统计学中找到了答案,这就是变异系数(coefficient of variation)。

表 13.5　期望值差距较大的两个方案　　　　　　单位:万元

	净现值	10	50	100
投资方案 A	概　率	30%	40%	30%
投资方案 B	净现值	1 250	1 500	1 250
	概　率	15%	70%	15%

变异系数是标准差除以期望值的商。计算公式如下

$$V = \frac{\sigma}{E} \tag{13.5}$$

其中 V 表示变异系数；σ 表示标准差；E 表示期望值。这样，变异系数就成了衡量相对风险的指标。变异系数越大，事件的相对风险就越大；反之则反是。以表 13.5 中的数据为例，容易求出投资方案 A 和 B 的变异系数

$$V_A = \frac{1\,222}{52} = 23$$

$$V_B = \frac{18\,750}{1\,500} = 12.5$$

其中 V_A 和 V_B 分别表示方案 A 和方案 B 的变异系数。根据变异系数的大小我们可以得出以下结论：投资方案 A 的相对风险大于投资方案 B。

现在让我们回顾一下风险度量的基本方法及其应用。事件可能出现的结果的概率分布能描述出风险的特征，同时概率分布也是度量风险的基础。计算事件的期望值是在风险状态下进行决策的重要依据，一个对风险程度无动于衷的决策者只需根据期望值的大小就可以像在确定情况下那样进行决策。但在现实生活中，绝大多数人是厌恶风险的，这样就需要有某种能够衡量风险程度的指标帮助决策者进行决策。在事件期望值比较接近时，标准差可以较好地衡量事件的风险程度。而当事件期望值存在较大差异时，变异系数可以衡量事件的相对风险程度。对于一个厌恶风险的决策者来说，当期望值相等时，他将选择标准差较小，也就是风险较小的事件。但是，以上这些标准并不能解决面临风险时的所有问题。在现实世界中，往往是有些事件的期望值小而风险也小；有些事件则是期望值大而风险也大。因此决策者很难仅用以上介绍的标准在这类风险状态下进行决策。为解决这一问题，在下一节中将从经济学中最基本的效用函数入手，讨论决策者在风险条件下的决策方法。

第二节 风险条件下的效用函数以及企业决策

一、风险条件下的效用函数

我们在本书第三章中介绍的效用函数不包括对不确定情况的分析。在第三章中,我们假设决策环境都是确定或是事先知道的,比如假设消费者了解企业生产的每一件产品的质量,或是假设决策者能够知道未来的市场价格。这些假设有时是不符合现实的。事实上,无论是消费者还是决策者,在绝大多数情况下他们面临的是由各种可能发生的事件组成的不确定环境。他们往往只知道各种结果发生的可能性,即概率,但并不知道究竟会发生什么结果。

为了分析风险条件下的效用函数,这里我们引入一个新的概念,预期效用(expected utility)。这个概念类似于为了便于在不确定情况下进行决策而引入的期望值。如果事件 X_i 的效用为 $U(X_i)$,而事件 X_i 发生的概率为 P_i 的话,预期效用可以由下式表示:

$$E(U) = \sum_{i=1}^{n} P_i U(X_i) \tag{13.6}$$

其中 $E(U)$ 表示预期效用。引入预期效用的意义在于可以使用令预期效用极大化的方法来分析在风险条件下的消费者或是决策者的行为。下面我们用购买彩票为例说明预期效用的这一特性。我们假设效用是货币持有量 M 的函数。有一个人的效用函数形式如下:

$$U = \sqrt{M} \tag{13.7}$$

现在有两种彩票可供选择。彩票 A 的价格是 125 元,中奖后可得 625 元,中奖的概率是 20%;彩票 B 的价格是 200 元,中奖后可得

400元,中奖概率为50%。

某人已有1 000元,购买彩票 A 可能会带来两种效用:

1. 未中奖,造成125元的损失,效用为:

$$U = \sqrt{1\,000 - 125} = 29.58$$

发生这种情况的可能性为80%;

2. 中奖,赢了625元,减去125元购买彩票的费用可知效用为:

$$U = \sqrt{1\,000 + 500} = 38.73$$

发生这种情况的可能性为20%。

购买彩票 B 也可能会带来两种效用:

(1) 未中奖,造成200元的损失,根据上述方法计算可知效用为28.28。发生这种情况的可能性为50%;

(2) 中奖,赢了400元,减去200元购买彩票的费用可知效用为34.64。

发生这种情况的可能性为50%。这样,根据(13.6)式可以分别求出购买彩票 A 和 B 的预期效用

$$E_A(U) = 80\% \times 29.58 + 20\% \times 38.73 = 31.41$$

$$E_B(U) = 50\% \times 28.28 + 50\% \times 34.64 = 31.46$$

其中 $E_A(U)$ 和 $E_B(U)$ 分别表示购买彩票 A 和 B 的预期效用。由于购买彩票 B 的预期效用大于彩票 A,所以如要某人在彩票 A 与 B 中选择购买一样的话,他应当选择购买彩票 B。

运用上一节介绍的期望值法求购买彩票 A 和 B 的期望货币持有量,可知它们的期望货币持有量均为1 000元,同不购买彩票的情况一样。我们知道不买彩票的效用是确定的,可以通过(13.7)式计算

$$U = \sqrt{1\,000} = 31.62$$

预期效用同样也是 31.62，因为用预期效用表示就是有 100% 的可能性获得 31.62 的效用。有趣的是，如果让这个人可以选择不买任何彩票的话，他的最佳选择就是不买，因为不买的效用比购买彩票 A 或 B 的预期效用都大，这一点可以从图 13.1 中看出。

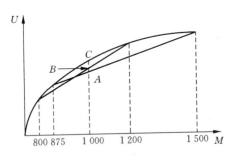

图 13.1　风险回避者的效用函数

图中的曲线为(13.7)式所示的效用函数；A 点为购买彩票 A 的预期效用；B 点为购买彩票 B 的预期效用；C 点为不买彩票，保持 1 000 元货币持有量的效用。如图 13.1 所示，C 点高于 A 点和 B 点，即确定情况下一定货币持有量带来的效用大于风险条件下相同的期望货币持有量带来的预期效用。这是为什么呢？答案是这个购买彩票的人是一个风险回避者(risk averse)，与风险条件下的货币持有比较，他更偏好确定情况下的货币持有。这一特性可以由下式表示

$$U\Big(\sum_{i=1}^{n} P_i M_i\Big) > \sum_{i=1}^{n} P_i U(M_i) \tag{13.8}$$

其中，M_i 表示第 i 种情况下可能的货币持有量。如果在效用函数的定义域内(13.8)式对所有的 M_i 都成立，则效用函数在其定义域内为凹函数。根据求二阶导数的方法，容易判断(13.7)式表示的

效用函数在其定义域内是凹函数,因为 $d^2U/dM^2 < 0$。运用上一节测量风险大小的方法比较购买彩票 A 和 B 的风险大小。易知购买彩票 A 的标准差为 250 而购买彩票 B 的标准差为 200,由此可知购买彩票 B 的风险较小(回忆一下,在期望值相同的情况下,可以用标准差来比较事件的风险程度)。这样我们就知道了为什么具有(13.7)式效用函数的人在选择购买两种彩票时更偏好彩票 B,而在买与不买间会选择不买。

1. 由于如(13.7)式所示的效用函数是凹函数,因此具有这种效用函数的人一定是风险回避者。

2. 购买彩票 A 或 B、或是不买彩票的期望货币持有量都是相同的。

3. 购买彩票 B 的风险小于购买彩票 A,而不买彩票的风险又小于购买彩票 B。

这样,由于风险回避者在期望货币持有量相同的情况下会选择风险较小的行为,以上的情况就得到了良好的解释。

除了风险回避者外,还有一部分人在购买彩票时对待风险的态度是无所谓的。他们只对货币的期望持有量感兴趣,完全不顾及风险的大小。我们称这种人是风险中性的(risk neutral),风险条件下的期望货币持有量给他们带来的效用等于确定情况下的相同货币持有量带来的效用。这一点可以由下式表示

$$U\left(\sum_{i=1}^{n}P_iM_i\right) = \sum_{i=1}^{n}P_iU(M_i) \tag{13.9}$$

如果在效用函数的定义域内(13.9)式对所有的 M_i 都成立,这就意味着效用函数的形式为 $U = \alpha + \beta M$,即效用函数在其定义域内是线性的。具有线性效用函数的人一定是风险中性的。购买彩票 A 或 B 还是不买彩票对于这种人来说是无差异的。

大量的实证研究表明,绝大多数人都是风险回避者,其效用函

数是凹的。但也不排除有些人是风险偏好者(risk loving),比如赌徒。在风险条件下的期望货币持有量给他们带来的效用大于确定情况下的相同货币持有量带来的效用。可以用下式表示这一点。

$$U\Big(\sum_{i=1}^{n}P_iM_i\Big) < \sum_{i=1}^{n}P_iU(M_i) \tag{13.10}$$

如果在效用函数的定义域内(13.10)式对所有的 M_i 都成立,这就意味着效用函数是凸函数,也就是说,效用函数具有二阶导数大于零的性质。在期望货币持有量相同的情况下,风险越大越为风险偏好者所喜爱。下面是风险偏好者一个可能的效用函数

$$U = M^2 \tag{13.11}$$

由于 $d^2U/dM^2 > 0$,(13.11)式是一个凸函数,满足风险偏好者效用函数的要求。在购买彩票 A 或 B 或是不买彩票这三种行为之间,风险偏好者会选择购买彩票 A,理由是购买彩票 A 的风险最大。这一点也可以从图 13.2 中看出。其中 A 点表示购买彩票 A 的预期效用;B 点表示购买彩票 B 的预期效用;C 点表示不买彩票的效用。从图 13.2 中可以直观地发现,购买彩票 A 带来的预期效用是最大的,这是风险偏好者将要选择的行为。

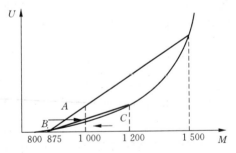

图 13.2 风险偏好者的效用函数

在大多数情况下我们可以把人们分成风险回避、风险中性和

风险偏好这三种类型。然而,事实上一个人很可能既是风险回避者,又是风险偏好者。这表现在在某些情况下这个人是风险回避者,而在另一些情况下这个人却是风险偏好者。比如某个穷人,几乎可以肯定在所有的交易中他都是风险回避者。但是如果有一种彩票,只需花一分钱就可以购买,有百万分之一的可能中得价值1万元的大奖,在这种情况下,这个穷人极可能花一分钱购买彩票,成为一个风险偏好者。这时,这个穷人的效用函数可以由图13.3表示。当 $M \leqslant M_0$ 时,效用函数是凹的,这个穷人属于风险回避型;而当 $M > M_0$ 时,效用函数是凸的,这个穷人属于风险偏好型。①如图 13.3 所示的效用函数的特点是,只要最好的结果不大于 M_0,在所有风险条件下具有这种效用函数的人都是风险回避的。一般说来,几乎所有的日常行为都在这一范围内,即最好的结果不大于 M_0。但在特殊情况下,如购买彩票、赌博等,在风险条件下最好的结果有可能大于 M_0。一旦最好的结果大于 M_0,而最差的结果又比较靠近 M_0 时,具有如图 13.3 所示的效用函数的人都将成为风险偏好者。这一点也可以从图 13.3 中的 A 点高于 B 点上直观地看出。我们称效用函数中拐点对应的货币持有量(即 M_0)为

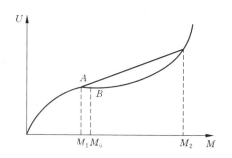

图 13.3　既是风险回避者又是风险偏好者的效用函数

---

① 从数学上讲,M_0 是图 13.3 中曲线的拐点。

临界点。在临界点以上,人们是风险偏好者;而在临界点以下,人们则是风险回避者。一般说来,穷人效用函数中的临界点较小,而富人效用函数中的临界点较大。

二、消费者对待风险的态度以及企业决策

根据以上的分析我们知道大多数人在大多数情况下是风险回避者。针对这一特点,企业决策者应如何采取最佳决策是我们所要关心的问题。

提供保险是为了迎合属于风险回避型的消费者而采取的最普通的措施。特别是为价值高、风险大的耐用品保险已经成了企业重要的营销手段。① 比如某个消费者购买汽车。汽车的价值8万元,汽车出现重大故障从而完全报废的可能性为5%,不出现重大故障的可能性为95%。购买汽车后消费者的效用是其拥有的价值的函数,具体形式如下

$$U = \sqrt{W} \qquad (13.12)$$

购车前该消费者拥有9万元。由于(13.12)式表示的效用函数是下凹的,该消费者属于风险回避型。降低或消除购车后的不确定性可以提高该消费者的效用。这时,为消费者提供保险是降低风险程度的好方法。这里的保险是指汽车销售企业提供完全免费的终身维修服务,而消费者为得到这种服务需支付一笔费用。问题的关键是需要知道消费者支付的保险费在怎样的范围内会提高消费者的效用,或者说消费者愿意为保险支付的最大金额是多少。这一问题可以通过求解下式中的 M 得到解决,其中 M 表示该消费者愿意为保险支付的最大金额,或者说该消费者支付小于 M 的保险费都能

---

① 这里的保险和保险费是指企业对产品质量所做的保证和消费者为得到这种保证所支付的费用。比如汽车公司的终身免费维修保证和消费者为得到这一服务而支付的一笔额外费用。这比通常所说的保险公司的保险业务和保险费用意义更为宽泛。

提高他的效用。

$$\sqrt{90\,000 - M} = 95\% \times \sqrt{90\,000} + 5\% \times \sqrt{90\,000 - 80\,000}$$

解方程可得：$M = 5\,900$（元）

这样做的原理可以从图 13.4 中看出。购买汽车后的期望价值拥有量为 86 000 元，A 点表示这一价值拥有量带来的效用；B 点表示这一价值拥有量的预期效用。由于效用函数是下凹的，即该消费者是风险回避者，A 点高于 B 点。从图 13.4 中可以直观地发现，从 A 点到 C 点间效用函数上的任意一点总高于 B 点，这也就是说花

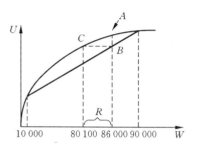

图 13.4　保险费的制定

费一定的代价获取确定的结果是可以提高消费者的效用的。如果保险费小于 M（5 900 元）的话，消费者将愿意支付这笔费用以消除风险，提高效用。企业决策者在了解到消费者愿意支付的最高保险费后，可以在低于这一最高保险费的范围内确定一个保险费的最佳标准，既可以提高消费者的效用，吸引更多的消费者购买自己的产品，又不至于因为承担了风险而使自己受到损失。

消费者可能面临的另一种风险是当有新产品上市时，消费者对其性能和质量没有把握。购买吧，恐怕买回来的产品并不令人满意；不买吧，又可能失去拥有性能更高、质量更好的新产品的机会。如果消费者是风险回避者，他很可能选择不买或是推迟购买、采取观望的态度。针对这种情况，为了吸引更多的消费者购买新产品，企业决策者必须采取措施，降低消费者购买新产品的风险。一般有两种方法可以降低消费者购买新产品的风险。

（一）降低新产品的价格

根据上一节介绍的测量风险大小的方法可以知道新产品的价格越低,购买新产品的风险就越小(读者可以自行对这一结论进行证明)。在必要时,甚至可以采取免费给消费者试用的方法来消除消费者购买新产品带来的风险。事实上这种做法在我国的化妆品、清洁品等行业中已相当普遍。值得一提的是,消费者在低价情况下购买新产品后,经过试用如果发现其性能、质量令人满意的话,还会继续购买。这时,企业则可以利用消费者回避风险的心理来提高产品价格。因为风险回避型的消费者一旦认同了某样产品后,即使该产品有一定幅度的涨价,出于回避风险的考虑消费者很可能还会继续购买该产品,而不是选择其他并不熟悉的产品,因为购买不熟悉的产品可能会带来风险。

(二) 做广告

从客观上讲,做广告并不能降低消费者购买新产品的风险,因为做广告既不能改变购买新产品后可能出现的结果的概率,又不能缩小各种结果的离差。但是,做广告可以改变消费者对购买新产品带来的风险的主观判断。比如某企业推出了一系列的新型健身设备。在未做广告之前,消费者可能会由于怀疑这一系列新产品的质量而认为购买这种产品会有较大的风险。而在该企业进行了大规模的广告宣传后,消费者逐渐地开始认同这一系列新型健身设备的质量,相应地消费者会认为购买该系列产品的风险慢慢变小了。广告学告诉我们,做广告的主要目的之一就是说服消费者相信自己的产品,而根据上述对风险的研究表明,做广告的这一主要目的归根结底是为了降低消费者主观认为的购买产品所带来的风险。除了上述的两种方法外,还有一些可以用来降低风险的其他方法。比如新开的快餐店为了消除消费者对其快餐、服务等方面的怀疑,可以采取加入连锁店的方法来降低消费者面临的风险。诸如超级市场、旅店等也可以采用这种方法来吸引顾客。

以上介绍了当消费者是风险回避者时企业可以采取的一些对

策及其原理。我们知道虽然绝大多数人在一般情况下是风险回避者,但正如前文指出的那样,当最好的可能结果超过了效用函数中的临界点时,人们将成为风险偏好者。针对这一特性,企业同样可以采取相应的促销手段提高自己的市场价值。最常用的方法就是有奖销售。为了使消费者喜爱企业提供的风险(有奖销售),企业决策者必须使最好的可能结果超过消费者效用函数中的临界点,这表现在有奖销售应尽可能地提高最高奖金和获得最高奖金的概率,减少消费者不感兴趣的二、三等奖的比例和奖金。我国有奖销售的最高奖金受到法律的限制。于1993年12月1日起实施的《中华人民共和国反不正当竞争法》明确规定:抽奖式的有奖销售,最高奖的金额不得超过5 000元。有不少企业于是就把最高奖金定为5 000元,比如1997年百事公司推出的"喝可乐,赢大奖"活动就把最高奖定为5 000元,结果收到了很好的效果。要想利用好消费者在其效用函数临界点以上风险偏好的心理,关键在于能否准确地判断出消费者的临界点。由于不同消费者的临界点不尽相同,有时甚至同一消费者在不同情况下其临界点也会发生变化,因此要准确地判断出消费者的临界点并非易事。这往往需要企业营销部门对企业产品的消费群进行长期不懈的观察和研究,这就用到了我们在第三章中所介绍的市场研究方法,读者不妨复习一下前面的内容。

三、企业决策者对待风险的态度以及企业决策

与消费者面对风险的情况一样,企业决策者也经常处于风险之中,需要在风险条件下作出决策。企业决策者同样也有风险回避、风险中性与风险偏好这三种类型之分。大多数决策者在大多数情况下都是风险回避者。以第一节中的促销活动和投资决策为例,如果企业决策者是风险回避者(风险回避就是在第一节中所说的风险厌恶),他就会选择做电视广告和投资方案 B;而如果决策者

是风险偏好者的话,他将选择有奖销售和投资方案 A。在现实世界中,有些事件的期望值小而风险也小;有些事件则是期望值大而风险也大。假设有一家企业,现有资金 5 万元。企业决策者面临两种选择,一是购买债券,二是购买股票。债券和股票的收益依赖于市场的景气程度,其概率分布如表 13.6 所示。

表 13.6 投资债券和股票的风险和收益   单位:万元

概 率	30%(市场较好)	50%(市场一般)	20%(市场较差)
债券净收益	1.5	1	0.5
股票净收益	3.5	0.8	−1.5

根据第一节中介绍的方法易知根据债券净收益的期望值为 1.05 万元,标准差为 0.35;而股票净收益的期望值为 1.15 万元,标准差为 1.77。与第一节中的促销活动和投资方案不同,这里两个选择的特点是事件的期望值小则风险也小,事件的期望值大则而风险也大,因此根据第一节介绍的方法企业决策者难以作出准确的决策。而在学习了各种不同的风险态度的效用函数后,我们可以来解决第一节遗留下来的问题。我们假设企业决策者的效用是其资金持有量的函数,具体形式如(13.7)式所示。根据(13.6)式我们可以分别求出决策者购买债券和股票的预期效用

$$E(U_A) = 30\% \times \sqrt{5+1.5} + 50\% \times \sqrt{5+1} + 20\% \times \sqrt{5+0.5}$$
$$= 2.459$$

$$E(U_B) = 30\% \times \sqrt{5+3.5} + 50\% \times \sqrt{5+0.8} + 20\% \times \sqrt{5-1.5}$$
$$= 2.453$$

其中下标 A 和 B 分别表示购买债券和股票。计算的结果表明,具有如(13.7)式所示的效用函数的企业决策者会选择购买债券,因为购买债券的预期效用大于购买股票的预期效用。而如果决策者

的效用函数如下式所示的话

$$U = M^3 \quad (13.13)$$

购买债券和股票的预期效用将变为

$E(U_A) = 30\% \times (5+1.5)^3 + 50\% \times (5+1)^3 + 20\% \times (5+0.5)^3$
$\quad = 223.66$

$E(U_B) = 30\% \times (5+3.5)^3 + 50\% \times (5+0.8)^3 + 20\% \times (5-1.5)^3$
$\quad = 290.37$

这时,具有如(13.13)式所示的效用函数的企业决策者将选择购买股票,因为购买股票的预期效用大于购买债券的预期效用。为什么两种不同的效用函数会导致这两种相反的选择呢?道理很简单,如(13.7)式所示的效用函数是一个凹函数,具有这种效用函数的决策者是一个风险回避者,因此他更偏好购买风险较小的债券;而如(13.13)式所示的效用函数是一个凸函数,具有这种效用函数的决策者是一个风险偏好者,因此他更偏好购买风险较大的股票。

值得注意的是,并非风险回避者就一定会选择风险较小的事件而风险偏好者就会选择风险较大的事件。决策的依据始终是比较预期效用的大小。比如假设决策者的效用函数为 $U = M^2$,这是一个凸函数,即该决策者是一个风险偏好者。再假设该决策者现有资金10万元。这时,虽然该决策者是一个风险偏好者,但在购买债券和股票这两种选择之间,他却会选择购买风险较小的债券,因为购买债券的预期效用大于购买股票的预期效用(读者可以遵循上述方法自行验证)。因此,我们不能简单地用风险回避或是风险偏好来进行决策,而是要根据具体的情况进行分析和比较。

由于企业无时无刻不面临着各种各样的风险,企业决策者对待风险的态度直接关系到企业的生存和发展。一个进入高度竞争的市场的新企业,其主要决策者如果是一个因循守旧的风险回避者,除非这个新企业具备超过其他企业的雄厚实力,否则很难想象它可以在激烈竞争的市场上立足。翻开新企业成功的案例,我们不难发现,那些成功企业的主要决策者绝大多数是敢于面对风险、承担风险的风险偏好者。虽然风险偏好者失败的概率可能更大,失败的结果也可能更惨,但是如果不为那10%成功的可能性而奋斗的话,很可能连1%成功的机会都没有。与新企业需要风险偏好型的决策者不同,步入成熟期的企业需要风险回避型的决策者。道理很简单,风险偏好型的决策者可以在一夜间令企业成功,也可以在一夜间令企业破产。在企业毫无必要进行冒险的情况下,让风险偏好者担当企业的主要决策者就很危险了。这时企业需要的是能使企业在稳定中求得发展的决策者,显然风险回避者更适合于这个岗位。

第三节 风险条件下的投资决策

在上一章中我们讨论了企业在确定情况下的投资决策问题。这里将重点讨论在风险条件下企业的投资决策方法和资金成本的确定方法。

一、风险条件下的投资决策方法

与确定情况下的投资决策过程一样,在风险条件下进行投资决策首先要制定投资方案。与确定情况下的投资方案不同,风险条件下的投资方案应着重显现投资项目的收益与风险之间的关系。投资项目可能带来的各种收益或损失以及这些可能发生的结果的概率都应尽可能客观地反映在投资方案中。没有准确的投资方案做基础,任何投资决策方法都无法有效地进行。

风险条件下的投资方案需反映出风险的特征,同样投资决策方法也应作出相应的调整。在上一章中,我们主要介绍了使用贴现指标的三种投资决策方法。下面让我们来看一看应如何对这三种投资决策方法中的有关指标进行调整,以反映风险的特征。

在大多数情况下,风险条件下投资方案中的现金流出量是比较固定的。这是因为投资方案中的现金流出量以投资所需的支出为主,而那些投资所需的支出往往是在制定投资方案时就已经固定下来的,一般不易随日后风险的产生而变化。因此,我们把风险条件下投资方案中的现金流出量设定为一个常数 O_F。O_F 可由下式表示

$$O_F = \sum_{t=0}^{n} \frac{O_t}{(1+i)^t} \tag{13.14}$$

其中 O_t 表示第 t 期的资金流出量;i 表示贴现率。由于投资方案中的现金流入量主要由销售收入组成,而我们在第一节中提到的造成风险的三种因素都与企业的销售收入有直接关系,因此风险条件下投资方案中的现金流入量受风险的影响最大。鉴于此,利用第一节的知识,用每期资金的期望流入量来反映风险条件下现金流入量的平均值。

$$E(I_t) = \sum_{i=0}^{n} P_{ti} I_{ti} \tag{13.15}$$

其中 $E(I_t)$ 表示第 t 期资金的期望流入量;I_{ti} 表示第 t 期中第 i 种可能出现的资金流入量;P_{ti} 表示出现在第 t 期中出现资金流入量 I_{ti} 的概率。风险条件下投资决策方法中不仅应有反映风险条件下平均结果的指标,更重要的是还应包括反映风险大小程度的指标。我们知道,标准差可以用来反映风险的大小程度,关键问题是如何把标准差融入投资决策方法中使用的指标。一个比较常用的方法是把资金流入量的贴现率进行风险调整。对于一个风险回避型的决策者来说,风险越大,能反映风险程度的未来资金流入量的贴现

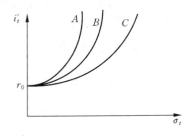

图 13.5 经风险调整后的贴现率

值应越小;相反,风险越小,能反映风险程度的未来资金流入量的贴现值应越大。因此,在存在风险的情况下,经过风险调整的贴现率应较确定情况下的贴现率为大。这一关系可以从图 13.5 中看出。

横轴 σ_t 表示第 t 期资金流入量的标准差;纵轴 i_t' 表示第 t 期经风险调整后的贴现率。其中 σ_t 可以根据下式计算

$$\sigma_t = \sqrt{\sum_{i=0}^{n} P_{it}[I_{it} - E(I_t)]^2} \qquad (13.16)$$

图 13.5 中的 r_0 表示无风险情况下的贴现率,实际上就是在上一章所说的贴现率。图 13.5 中三条代表风险程度与经风险调整后的贴现率之间不同关系的曲线 A、B、C 分别代表三种对待风险的不同态度。这三种不同的态度有一个共同点,那就是随着风险程度的加大,经风险调整后的贴现率也在不断上升。一般称这部分经风险调整后增加的贴现率,即 $i_t - i_0$,为风险溢价(risk premium)。风险溢价的存在说明这三种曲线所分别代表的决策者都是风险回避者。图 13.5 中三条曲线 A、B、C 的不同之处在于,在相同的风险程度下,曲线 A 要求的风险溢价最高,而曲线 C 要求的风险溢价最低。根据我们在上一节学过的知识容易发现曲线 A 代表的决策者对风险的厌恶程度最强,而曲线 C 代表的决策者对风险的厌恶程度最低。从这一点上我们也可以看出,对待风险的不同态度使得不同决策者制定的经风险调整后的贴现率之间存在着差异。这种差异是由决策者对待风险的主观态度造成的,说得更确切一些就是由决策者之间效用函数的差异造成的。

根据以上方法对风险条件下投资决策方法使用的指标进行调整,再用这些经风险调整后的指标取代上一章介绍的确定情况下投资决策方法中使用的指标,即可将确定情况下的投资决策方法修正成为风险条件下的投资决策方法。

1. 净现值法。经风险调整后的净现值可由下式表示：

$$NPV = \sum_{t=0}^{n} \frac{E(I_t)}{(1+i_t)^t} - O_F \qquad (13.17)$$

判断投资方案是否可行的方法依然是 NPV 是否大于零。

2. 盈利指数法。经风险调整后的盈利指数可用下式表示：

$$PI = \frac{\sum_{t=0}^{n} \frac{E(I_t)}{(1+i_t)^t}}{O_F} \qquad (13.18)$$

如果 PI 大于 1,投资方案是可行的;如果 PI 小于 1,投资方案必须舍弃。

3. 内部收益率法。经风险调整后的内部收益率可以由下式求出：

$$\sum_{t=0}^{n} C \frac{E(I_t)}{1+RP_t+IRR)^t} - O_F = 0 \qquad (13.19)$$

其中 RP_t 表示第 t 期的风险溢价。如果经风险调整后的 IRR 大于无风险时的贴现率,说明投资方案是可行的;反之则说明投资方案应当舍弃。

下面我们举一个简单的例子来说明风险条件下投资决策方法是如何运用的。假设某投资项目在五年内有效,贴现率为 10%。投资方案预计投资在未来的五年内现金流出量的现值为 12 万元,每年可能的资金流入量情况则是相同的。以第一年为例,可能的资金流入量情况如表 13.7 所示。这样,根据(13.15)式可以算出每年资金流入量的期望值 $E(I_t)$ 为 4.5 万元,而根据(13.16)式可以算出每年资金流入量的标准差为 1.16。如果某决策者认为这一标准差对应的风险溢价应为 10%,则经风险调整后的贴现率就为 20%。

表 13.7　每年可能的资金流入量　　　　　　　单位:万元

概　　率	30%	40%	30%
可能的资金流入量	3	4.5	3

利用净现值法评估该投资方案。根据(13.17)式可知

$$NPV = \sum_{t=0}^{5} \frac{E(I_t)}{(1+i_t)^t} - O_0 = \sum_{t=1}^{5} \frac{45\,000}{(1+0.2)^t} - 120\,000$$
$$= 14\,577$$

由于经风险调整后的 NPV 大于零,所以对于决策者而言在风险条件下该投资方案是可行的。值得注意的是,在某个厌恶风险程度更强的决策者看来,该投资方案可能应被舍弃。比如某个决策者认为对应 1.16 万元标准差的风险溢价应为 22% 时,于是经风险调整后的贴现率变成 32%。这样,根据(13.17)式计算的 NPV 为

$$NPV = \sum_{t=1}^{5} \frac{45\,000}{(1+0.32)^5} - 120\,000 = -14\,466$$

因此在这个更厌恶风险的决策者看来,由于经风险调整后的 NPV 小于零,所以该投资方案必须舍弃。下面我们再介绍另一种对无风险条件下投资决策方法进行修正的方法。

我们引入一个风险调整系数 α。面对存在风险的资金流入量,决策者心目中有一个与之等价的无风险的资金流入量。这和面对风险时,决策者心目中有一个风险溢价水平与之对应一样。α 可由下式表示:

$$\alpha = \frac{\text{等价的无风险的资金流入量}}{\text{期望的资金流入量}} \qquad (13.20)$$

α 越大,与期望的资金流入量等价的无风险的资金流入量就越大;反之则反是。由此可见,α 实际上就是决策者认为的该项投资方案的风险程度。α 越大,决策者认为的风险程度就越低;反之则反是。对于风险回避型的决策者来说,α 的范围在零到 1 之间。α 越靠近零,说明决策者认为的风险程度越大。当 α 等于零时,说明决策者认为风险无限大;α 越靠近 1,说明决策者认为的风险程度越低。当 α 等于 1 时,说明决策者认为不存在风险。有了风险调整系数 α 后,原有的投资决策方法略做修正后即可用于风险条件下的投资决策。

1. 经修正后的净现值可按下式计算:

$$NPV = \sum_{t=0}^{n} \frac{\alpha_t E(I_t)}{(1+i)^t} - O_F \qquad (13.21)$$

其中 α_t 表示第 t 期的风险调整系数;i 表示无风险时的贴现率。

2. 盈利指数可按下式计算:

$$PI = \frac{\sum_{t=0}^{n} \frac{\alpha_t E(I_t)}{(1+i)^t}}{O_F} \qquad (13.22)$$

3. 内部收益率可以由下式求出:

$$\sum_{t=0}^{n} \frac{\alpha_t E(I_t)}{(1+IRR)^t} - O_F = 0 \qquad (13.23)$$

由于 $\alpha E(I_t)$ 表示等价的无风险情况下的资金流入量,(13.21)至(13.23)式与(12.6)至(12.8)式非常相近。仍以表 13.7 中的数据为例。如果某个决策者认为与处于标准差为 1.16 万元这一风险条件下的 4.5 万元期望资金流入量等价的无风险条件下的资金流入量应为 3.6 万元,我们可以根据(13.20)式计算出该决策者对待这一投资方案所存在的风险的态度 α

$$a = \frac{36\ 000}{45\ 000} = 0.8$$

然后在根据(13.21)式用净现值法评估这一投资方案。

$$NPV = \sum_{t=0}^{5} \frac{0.8 \times 45\ 000}{(1+0.1)^t} - 20\ 000 = 16\ 468$$

由于 NPV 大于零，所以这一投资方案是可行的。但是，如果另有一位决策者认为等价的无风险条件下的资金流入量应为 27 900，即 a 应为 0.62 的话，结果就大不一样了。

$$NPV = \sum_{t=0}^{5} \frac{0.62 \times 45\ 000}{(1+0.1)^t} - 20\ 000 = -14\ 237$$

由此我们可以看出，在评估投资方案是否可取时，根据以上介绍的两种投资决策方法在风险条件下的评估结果在很大程度上取决于决策者本人对待风险的态度。前一种方法按照决策者对待风险的态度对贴现率进行了调整，后一种方法则按照决策者对待风险的态度对期望的资金流入量进行了调整。而决策者对待风险的态度归根结底还是由他的效用函数决定的。

二、风险条件下的资金成本

在上一章第三节中我们曾经对确定情况下的资金成本问题进行了讨论。当企业通过发行证券的方法进行筹资时，出资者是面临一定风险的。比如企业发行债券，购买债券的出资者必然会考虑到一旦企业因经营不善而无力支付利息，甚至无力归还本金的可能性。购买企业发行的股票也同样存在着类似的问题。因此，企业要想通过发行证券的方法进行筹资就必须在给出资者无风险情况下的正常收益外，再给予出资者一定的风险补偿。下面让我们首先考察风险条件下的债券成本。

债券成本主要包括债券利息和筹资费用。在确定情况下,由于企业发行的债券是无风险的,其利息可以与相同期限的国债利息一样。[①] 但是,哪怕是实力最强、信誉最佳的企业在市场经济中也免不了有经营失败的可能。因此,任何企业在发行债券时都应给予出资者一定的风险补偿。这种风险补偿一般表现为在无风险条件下的利息上再加上为补偿风险的利息。这样,风险条件下的债券利息可以由下式表示

$$R_b = R_f + R_r \qquad (13.24)$$

其中 R_b 表示债券年利息;R_f 表示相同期限的国债的年利息;R_r 表示补偿风险的利息。信誉较好、实力较强企业的 R_r 可以较小,因为购买这类企业债券的出资者风险较小;而信誉较差、实力较弱企业的 R_r 则必须较大,因为出资者面临的风险也较大。把(13.24)式代入上一章介绍的确定债券成本的(12.10)式就可以得到风险条件下的债券成本。

购买债券所得的利息是事先规定的,而购买股票(这里仅指普通股)所得的红利则要视企业的利润情况而定。因此,购买股票的出资者往往要面对比购买债券更大的风险。在上一章中,我们介绍了可用于计算股票成本的一个模型,即红利评估模型。这里我们将介绍另一个可用于计算在风险条件下股票成本的资本资产定价模型(the capital asset pricing model,简称 CAPM)。

在 CAPM 中,某一股票对于股票市场上平均风险的相对风险程度可以用一个所谓的"贝塔系数",即 β 来衡量。贝塔系数实际上是一个统计概念,用于计量某一股票的价值变动与整个股票市场平均价值变动之间的相关性,可以通过回归分析的方法求得。我们知道整个股票市场平均价值的变动一般可以用一些市场指数来

[①] 国债被认为是风险最小或是没有风险的债券。

表示,比如美国纽约股市的道琼斯指数,沪市的上证三菱指数等等。这些指数上升10%,说明整个股票市场上的股票平均价值上升了10%;这些指数下降10%,说明整个股票市场上的股票平均价值下降了10%。如果某一股票贝塔系数的绝对值等于1,说明该股票的风险程度与股票市场完全相同,即股票市场上股票平均价值的涨跌幅度与该股票的涨跌幅度完全一致。如果股票贝塔系数的绝对值大于1,说明该股票的风险程度大于股票市场的风险程度。如果股票贝塔系数的绝对值小于1的话,说明该股票的风险程度小于股票市场。如果贝塔系数等于零,则说明该股票完全没有风险。进一步,如果某股票的贝塔系数为正数,说明该股票价值的变动方向与整个股票市场上股票平均价值的变动方向相同;如果某股票的贝塔系数为负数,说明该股票价值的变动方向与整个市场上股票平均价值的变动方向相反。举个例子来说,如果某一股票的贝塔系数是2的话,说明这一股票的风险程度是股票市场的2倍,且其价值的变动方向与市场相同。即如果股票市场上股票平均价值上升10%,这一股票的价值会上升20%;如果股票市场上股票平均价值下降10%,这一股票的价值会下降20%。

由于绝大多数人在绝大多数情况下都是风险回避者,所以在股票市场上风险较大的股票往往要求有较高的收益率;而风险较低的股票往往收益率也较低。我们已经知道,贝塔系数可以用于衡量股票对于股票市场的相对风险程度,而且贝塔系数可以通过回归分析得到,具有较强的实用性,因此往往用贝塔系数作为衡量股票风险程度的指标。这样,贝塔系数较高的股票其收益率也较高,而贝塔系数较低的股票其收益率也较低。股票的贝塔系数与其收益率之间的关系可由下式表示:

$$k_t = k_0 + (k_m - k_0)\beta_t \qquad (13.25)$$

其中 k_t 表示第 t 种股票的收益率;k_0 表示无风险资产的收益率;

k_m 表示股票市场的平均收益率;β 表示第 t 种股票的贝塔系数。(13.25)式表示的股票贝塔系数与其收益率之间的关系亦可见图 13.6 中向上倾斜的直线,一般称这条直线为证券市场线(security market line)。

利用(13.25)式我们可以计算出具有某一风险程度的股票所必须的收益率。

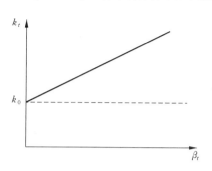

图 13.6　证券市场线

而我们知道,对于购买股票者来说的收益率对于发行股票的企业来说就是筹集资金的成本。因此,根据(13.25)式,我们很容易就可以得到计算通过发行股票筹资的成本的公式:

$$k_e = k_0 + (k_m - k_0)\beta \qquad (13.26)$$

其中 k_e 表示股票成本。举个例子,如果一家企业其股票的贝塔系数为 2,整个股票市场的平均收益率为 12%,无风险资产(如国债)的收益率为 7%,则这家企业通过发行股票筹资的成本为

$$k_e = 7\% + (12\% - 7\%) \times 2 = 17\%$$

如果另一家企业股票的贝塔系数为 0.5 的话,该企业通过发行股票筹资的成本为

$$k_e = 7\% + (12\% - 7\%) \times 0.5 = 9.5\%$$

可见股票风险程度越小的企业通过发行股票筹资的成本也越小,通过发行股票进行筹资相对合算;股票风险程度越大的企业通过发行股票筹资的成本也越大,相对说来不宜通过发行股票进行筹资。

案例九 投资 20 亿元、负债 35 亿元的中州铝厂

总投资 20 亿元的中州铝厂是河南省的重点建设项目。该厂于 1993 年建成投产。因建设中贪大求全，至 1998 年初已累计亏损 3.5 亿元，贷款本息负债高达 35 亿元，负债率达到了 148%。像中州铝厂这样的投资失误在我国并非绝无仅有，类似的案例还有很多。在过去的计划经济时代里，我国就曾多次在投资方向和投资方案的制定上出现过重大失误。造成这些重大投资失误的原因主要有以下两点：

1. 企业投资目标的偏差。在计划经济下，企业往往以产量最大化作为投资的目标，忽视了对市场需求的考察，结果造成产品滞销，出现巨额亏损。

2. 企业投资的责任不清。企业投资决策者可以享受决策成功所带来的利益，却无须承担决策失误的风险。投资责任不清使得投资方案往往未经严格评估就匆匆上马，从而大大提高了出现重大投资决策失误的可能性。

以中州铝厂为例，造成其投资失误的一个重要原因就是企业贪大求全。一味追求"大"和"全"实际上就是企业的投资目标出现了偏差。忽视市场需求、缺乏对未来现金流入量的准确估计，不以企业市场价值最大为目标的投资很容易导致亏损。此外，中州铝厂轻率的投资决策也是造成其巨额亏损和负债累累的一个重要原因。在中州铝厂的 20 亿元总投资中，只有 1.02 亿元由"拨改贷"转为资本金，其余都是利息偏高的银行贷款。在进行投资决策时，中州铝厂显然低估了向银行借款筹集资金的资金成本，结果造成目前高达 148% 的负债率。随着我国经济体制改革的深入和经济市场化程度的提高，市场的作用在经济运行中开始占据主导地位。越来越多的企业开始以市场价值最大为其投资的目标。因此，由于企业投资目标的偏差而导致的投资失误逐渐减少。但是，在我国现代

企业制度尚未完全建立起来的今天,由于投资责任不清而导致的投资失误仍时有发生。如何对企业投资的决策者进行有效监督,令其承担投资决策失误的责任将是未来我国企业改革的重要任务。

案例十 制止不文明行为

如何制止各种不文明行为(如随地吐痰)的发生一直是困挠管理部门的难题。除了对人们进行宣传和教育外,雇佣监察人员对不文明行为的当事人进行罚款是管理部门制止不文明行为的主要手段。例如在上海的虹桥机场、铁路新客站等公共场所,不文明行为一旦被发现,其当事人将被处以 5 元至 20 元不等的罚款。然而,这样的罚款似乎并不足以震慑住那些不文明的人们,不文明行为依然四处可见。假设不文明的人们效用函数如(表 13.7)式。他们持有 1 000 元的货币,进行一次不文明行为将给他们带来价值相当于 10 元的收益。不文明行为被监察人员发现并处以罚款的概率为 0.1,罚款数量为 10 元。不文明的人们不进行不文明行为的效用为:

$$U = \sqrt{1\,000} = 31.623$$

不文明的人们进行不文明行为的预期效用为:

$$E(U) = 0.9 \times \sqrt{1\,000 + 10} + 0.1 \times \sqrt{1\,000 - 10}$$
$$= 31.749$$

由于不文明的人们进行不文明行为的预期效用要大于不进行不文明行为的效用,因此即使面临罚款的威胁,他们仍会进行不文明行为。加大惩罚力度无疑是制止不文明行为的有效手段。具体说来,有两种加大惩罚力度的方法可供管理部门选择:

1. 加强监察人员的执勤力度,提高不文明行为的当事人接受处罚的概率。

2. 增加罚款数量。

在上例中,只要把不文明行为的当事人接受处罚的概率提高到 0.5,就可以制止不文明行为的发生,因为这时不文明的人们进行不文明行为的预期效用为:

$$E(U) = 0.5 \times \sqrt{1\,000 + 10} + 0.5 \times \sqrt{1\,000 - 10}$$
$$= 31.622$$

小于不进行不文明行为的效用。但是,把不文明行为的当事人接受处罚的概率提高到 0.5 就意味着要采取大规模的监察行动,由此将给管理部门带来非常高昂的监察成本。所幸的是管理部门还有另一选择,即增加罚款数量。在上例中,只要把罚款数量增加到 100 元,就可以制止不文明行为的发生,因为这对不文明的人们进行不文明行为的预期效用为:

$$E(U) = 0.9 \times \sqrt{1\,000 + 10} + 0.1 \times \sqrt{1\,000 - 10}$$
$$= 31.602$$

小于不进行不文明行为的效用。由此我们发现,制止不文明行为的一个理想方法就是对不文明行为的当事人处以高额罚款。大连市曾对不文明行为的当事人处以 100 元的罚款,这一措施收到了很好的效果。以上案例还使我们联想到企业生产经营过程中职工的"搭便车"问题。根据上述理论分析和大连市的成功经验,只要对被发现"搭便车"的职工进行严惩,企业无须花费很高的监督成本就可以解决"搭便车"问题。

复习思考题

1. 企业在日常经营活动中会遇到哪些风险?

2. 我们通常使用标准差来衡量风险的大小。但是,有时根据这一方法会得到错误的结论,其中的原因是什么?我们可以使用什么方法来避免错误的发生?

3. 效用函数通常是凹的,我们能不能因此判断人们通常是风险回避的?

4. 与确定情况相比,风险条件下的企业投资决策方法发生了怎样的变化?

5. 购买一张彩票具有如下的回报方案:

概 率	0.05	0.2	0.025	0.5
收 益	7.50元	2.00元	1.00元	0

请问彩票的期望收益是多少?收益的标准差是多少?

6. 有以下两项投资方案:

A	净现值	5	50	150
	概率	0.3	0.3	0.4
B	净现值	1 250	1 500	1 750
	概率	0.25	0.5	0.25

请问哪些投资方案的风险较小?

7. 某种彩票具有如题(5)所示的回报方案。如果 A 君是风险中性者,购买一张彩票需要 1 元,请问 A 君会不会购买彩票?

8. B 君的效用函数为 $u = \sqrt{w}$,其中 w 表示劳动收入。B 君现在的职位可以带来确定的 1 000 元劳动收入。某企业邀请 B 君加盟,B 君可以以 50% 的概率获得 2 000 元劳动收入;以 50% 的概率获得 500 元劳动收入。请问 B 君会不会接受邀请?

9. 某企业去年支付的红利为每股 2 元。C 君预计该企业红利将以每年 5% 的速度增长。如果该企业股票的 β 系数为 1.5,无风险利率为 8%,股票平均的平均收益率为 14%。请问该股票的市场价格为多少时 C 君才会选择购买?

10. 一个消费者在考虑要不要花 2 000 元去买股票。如果他估计一年中有 25% 的概率赚进 1 000 元,有 75% 的概率亏损 200 元,再假设这笔钱存银行的话,年利率是 5%。请问该消费者如果是风险回避者,他是否会购买股票?

复旦博学:经济管理类主要教材

复旦博学·大学管理类系列教材 管理学:原理与方法(第四版),**周三多**;《管理学原理与方法》电子教案,管理学——教与学导引,**周三多**;管理心理学(第四版),**苏东水**;国际市场营销管理(第二版),**薛求知**;国际商务管理(第二版),**薛求知**;人力资源开发与管理(第三版),**胡君辰 郑绍濂**;会计学原理(第三版),**张文贤**;会计学原理习题指南,**张文贤**;现代企业管理(第二版),**王方华**;企业战略管理(第二版),**王方华**;新编组织行为学教程(第三版),**胡爱本**;生产与运营管理(第二版),**龚国华**;生产与营运管理案例精选,**龚国华**;质量管理学(第三版),**龚益鸣**;货币银行学通论(第二版),**万解秋**;市场调查教程,**范伟达**;市场营销学(第二版),**王方华**;电子商务管理,**黄立明**;现代企业财务,**张阳华**;现代投资学原理,**万解秋**;现代企业管理案例选,**芮明杰**;纳税会计,**贺志东**;有效管理IT投资,**黄丽华等译**。

复旦博学·经济学系列 高级政治经济学—社会主义总论,**蒋学模**;高级政治经济学—社会主义本体论,**蒋学模**;世界经济新论,**庄起善**;世界经济新论习题指南,**庄起善**;国际经济学,**华民**;统计学原理(第四版),**李洁明**;国际贸易教程(第三版),**尹翔硕**;经济学基础教程(第二版),**伍柏麟**;经济思想史教程,**马涛**;《资本论》教程简编,**洪远朋**;经济博弈论(第三版、十一五),**谢识予**;经济博弈论习题指南,**谢识予**;古代中国经济思想史,**叶世昌**;经济社会学(第二版),**朱国宏**;新编公共财政学——理论与实践,**唐朱昌**;社会主义市场经济论,**顾钰民**;经济法原理,**胡志民**;现代西方人口理论,**李竞能**;投资经济学(第二版),**金德环**;计量经济学教程,**谢识予**;当代西方经济学流派(第二版),**蒋自强·史晋川**。

复旦博学·金融学系列 国际金融新编(第三版),**姜波克**;国际金融新编习题指南(第二版),**姜波克**;现代公共财政学(第二版),**胡庆康 杜莉**;现代公共财政学习题指南,**胡庆康**;现代货币银行学教程(第二版),**胡庆康**;现代货币银行学教程习题指南(第二版),**胡庆康**;国际经贸实务(第二版),**胡涵钧**;国际金融管理学,**朱叶**;中央银行学教程,**童适平**;中国金融体制的改革与发展,**胡海鸥**;电子金融学,**杨青**;行为金融学,**饶育蕾**;金融市场学教程,**霍文文**。

复旦博学·21世纪经济管理类研究生系列 高级计量经济学,**谢识予**;产业经济学,**干春晖**;现代企业战略,**王玉**;规制经济学,**曲振涛**;中高级公共经济学,**毛程连**;金融博弈论,**陈学彬**。

复旦博学·21世纪人力资源管理丛书 劳动经济学,**曾湘泉**;人力资源管理概论,**彭剑锋**;组织行为学,**孙健敏**;社会保障概论,**郑功成**;战略人力资源审计,**杨伟国**;组织文化,**石伟**;组织设计与管理,**许玉林**;工作分析,**付亚和**;绩效管理,**付亚和**;员工福利管理,**仇雨临**;职业生涯管理,**周文霞**;薪酬管理原理,**文跃然**;员工招聘与人员配置,**王丽娟**;培训与开发理论及技术,**徐芳**;人员测评与选拔,**萧鸣政**;国际人力资源管理,**林新奇**;员工关系管理,**程延园**。

复旦博学·财政学系列 中国税制(第二版),**杜莉**;税收筹划,**王兆高**;政府预算管理学,**马海涛**;国际税收,**杨斌**;比较税制,**王乔**;比较财政学,**杨志勇**;国有资产管理学,**毛程连**;资产评估学,**朱萍**;政府绩效管理,**马国贤**。

复旦博学·广告学系列 现代广告学(第六版、送课件),**何修猛**;广告学原理(第二版、十一五、送课件),**陈培爱**;广告策划创意学(第三版、十一五、送课件),**余明阳**;广告媒体策划,**纪华强**;现代广告设计(第二版),**王肖生**;广告案例教程(第二版),**何佳讯**;广告文案写作教程(第二版、送课件),**丁柏铨**;广告运作策略,**刘绍庭**;广告调查与效果评估(第二版),**程士安**;广告法规管理(第二版),**吕蓉**;广告英语教程,**张祖忻**;色彩与表现,**王肖生**。

复旦博学·会计、财务管理、审计及内部控制系列 会计制度设计(十五规划),**李凤鸣**;会计信息系统,**薛云奎**;政府与非营利组织会计(十五规划),**赵建勇**;会计理论,**葛家树**;中级财务会计(第二版),**张天西**;管理会计,**吕长江**;高级财务会计(十一五规划),**储一昀**;财务管理,**欧阳令南**;国际会计,**王松年**;成本会计(十一五规划),**王立彦**;房地产企业会计,**钱逢胜**;保险公司会计,**张卓奇**;证券公司会计,**瞿灿鑫**;审计理论与案例,**刘华**;内部控制案例,**朱荣恩**;审计学原理,**李凤鸣**;内部会计控制制度设计,**赵保卿**;财务金融学,**张玉明**;公司理财,**刘爱东**;中级财务管理(十一五规划),**傅元略**;高级财务管理(十一五规划),**刘志远**;国际财务管理,**张俊瑞**;财务控制,**朱元午**;财务分析,**张俊民**;财务会计(十一五规划),**张天西**;会计英语,**叶建芳**;战略管理会计,**夏宽云**;银行会计(第二版),**贺瑛**。

复旦博学·工程管理系列 房地产管理学(十一五规划),**谭术魁**;房地产金融,**邓宏乾**;房地产法,**陈耀东**;国际工程承包管理,**李惠强**;工程项目投资与融资,**郑立群**;房地开发企业会计,**冯浩**;房地产估价,**卢新海**;房地产市场营销,**王爱民**;工程经济学,**杨克磊**;工程造价与管理,**李惠强**;投资经济学,**张宗新**,**杨青**;财务管理概论,**彭浩涛**。

复旦博学·21世纪国际经济与贸易系列 世界经济学,**黄梅波**;国际结算,**叶陈刚 叶陈云**;国际经济合作,**湛柏明**;国际服务贸易学,**程大中**。

复旦博学·21世纪旅游管理系列 旅游经济学原理,**罗明义**;现代饭店经营管理,**唐德鹏**;饭店人力资源管理,**吴中祥**;旅游文化学,**章海荣**;生态伦理与生态美学,**章海荣**;旅游策划,**沈祖祥**;猴岛密码,**沈祖祥**。

复旦博学·微观金融学系列 证券投资分析,邵宇等;投资学,张宗新;公司金融,朱叶。

复旦博学·21世纪管理类创新课程系列 咨询学、品牌学教程、品牌管理学,余明阳;知识管理,易凌峰。

复旦卓越:适用于高职高专、实践型本科

复旦卓越·经济学系列 微观经济学,宏观经济学,金融学教程,杨长江等;国际商务单证实务,刘伟奇;市场经济法律教程,田立军。

复旦卓越·21世纪管理学系列 市场营销学教程(十一五、送课件),王妙;市场营销学实训(送课件),王妙;应用统计学(第二版、十一五),张梅琳;质量管理教程(送课件),岑咏霆;人力资源管理教程,袁蔚;管理经济学教程,毛军权;人力资源管理实务,顾沉珠;中小企业管理,杨加陆;艺术市场学概论,李万康;现代公共关系学(第二版),何修猛;人力资源管理(第三版、送课件),杨顺勇等;连锁经营管理(送课件),杨顺勇等;品质管理(送课件),周东梅;商业银行实训教程(送课件),宋羽。

复旦卓越·保险学系列 保险学,龙玉洋;工程保险理论与实务,龙玉洋;汽车保险理论与实务,龙玉国;财产保险,付菊;保险英语,刘亚非;保险公司会计(第二版、送课件),候旭华。

复旦卓越·21世纪物流管理系列教材 总顾问 朱道立 现代物流管理(送课件),黄中鼎;商品学,郭洪仙;供应链管理(送课件),杨晓雁;运输管理学(送课件),刘小卉;仓储与配送管理(十一五),邬星根;物流设施与设备,张弦;物流管理信息系统(送课件),刘小卉;第三方物流教程,骆温平;供应链管理习题与案例,胡军。

复旦卓越·21世纪会展系列 会展概论,龚平;会展营销,胡平;会展经济,陈来生;会展设计,王肖生;会展策划,许传宏;会展实务,张龙德;会展文案,毛军权;博览学,余明阳。

复旦卓越·会计学系列 基础会计(第二版),瞿灿鑫;银行外汇业务会计,陈振嫦;成本管理会计,乐艳芳;管理会计学,李敏;财务管理学,孙琳;小企业会计电算化,毛华扬;审计学,王英姿。

复旦卓越·金融学新系 金融学,刘玉平;国际金融学,贺瑛;中央银行学,付一书;金融市场学,许文新;商业银行学,戴小平;保险学,徐爱荣;证券投资学,章卹;金融法学,张学森;金融英语,刘文国;国际金融实用教程,马晓青。

复旦卓越·国际经济与贸易系列 国际结算(第二版),贺瑛;国际贸易,陈霜华;国际贸易实务(英语),黄锡光;外贸英语函电(英语),葛萍;国际商务谈

判,窦然。

新编经济学系列教材 现代西方经济学(微观经济学)(第三版),**宋承先 许强**;现代西方经济学(宏观经济学)(第三版),**宋承先 许强**;现代西方经济学习题指南(微观)(第四版),**尹伯成**;现代西方经济学习题指南(宏观)(第四版),**尹伯成**;微观经济学教程,**黄亚钧**;公共经济学教程,**华民**;社会主义市场经济学教程,**伍柏麟**;电子商务概论,**赵立平**;项目管理,**毕星**;保险学原理,**彭喜锋**;证券投资分析(第二版),**胡海鸥**;市场营销学(第三版)**徐鼎亚**;《资本论》脉络(第二版),**张薰华**;环境经济学概论,**严法善**;高级宏观经济学,**袁志刚**;高级微观经济学,**张军**。

MBA系列教材 公司财务,**欧阳光中**;管理沟通,**苏勇**;物流和供应链管理,**朱道立**;管理经济学,**袁志刚**;概率论与管理统计基础,**周概容**;市场营销管理,**芮明杰**;投资学,**陈松男**;跨国银行管理,**薛求知**;企业战略管理教学案例精选,**许晓明**;人力资源开发与管理教学案例精选,**胡君辰**;组织行为学,**胡君辰**。

通用财经类教材 投资银行学,**贝政新**;证券投资通论,**贝政新**;现代国际金融学,**刘剑**;金融风险与银行管理,**徐镇南**;中央银行概论,**万解秋**;现代企业财务管理(第二版),**俞雪华**;保险学,**姚海明**;国际经济学(第二版),**王志明等**;财务报表分析,**欧阳光中**;国际贸易实用教程,**徐立青**;网络金融,**杨天翔等**;实用会计,**张旭霞等**。

请登录 http://www.fudanpress.com

内有所有复旦版图书全书目、内容提要、目录、封面及定价,有图书推荐、最新图书信息、最新书评、精彩书摘,还有部分免费的电子图书供大家阅读。

可以参加网上教学论坛的讨论,交流教学方法。

可以网上报名参编教材、主编教材、投稿出书。

填写网上调查表,可由院系统一免费借阅教材样书,教师可免费获得教材电子样书,免费获得邮寄的精品书目,并可免邮费购书一次。

请登录 http://edu.fudanpress.com

复旦大学出版社教学服务网;内有大部分教材的教学课件,请授课老师登陆本网站下载多媒体教学资源。